吉林省省级精品课程配套教材

教育学基础

赵慧君　李春超　主编

科学出版社

北京

内 容 简 介

  本书是在总结公共教育学课程改革的基础上编写而成的。全书共八章,内容包括教育学概述、学生、教师、教育活动、课程与教学、班级管理、教育政策与法规、教学研究。本书内容丰富、体例新颖,与实践紧密结合。

  本书既可作为各级各类高等院校师范专业的公共课教材,也可作为教师继续教育和学习、社会工作者专业进修的参考用书。

图书在版编目(CIP)数据

教育学基础/赵慧君,李春超主编.—北京:科学出版社,2014

吉林省省级精品课程配套教材

ISBN 978-7-03-041212-6

Ⅰ.①教… Ⅱ.①赵… ②李… Ⅲ.①教育学-高等-学校-教材 Ⅳ.①G40

中国版本图书馆 CIP 数据核字(2014)第 128326 号

责任编辑:石 悦/责任校对:胡小洁
责任印制:赵 博/封面设计:华路天然工作室

科学出版社 出版
北京东黄城根北街 16 号
邮政编码:100717
http://www.sciencep.com
北京凌奇印刷有限责任公司印刷
科学出版社发行 各地新华书店经销

2014 年 8 月第 一 版 开本:787×1092 1/16
2025 年 1 月第八次印刷 印张:19 1/2
字数:465 000
定价:49.80 元
(如有印装质量问题,我社负责调换)

前　言

我国高等师范院校的公共教育学课程改革始于 20 世纪 70 年代后期，并且面临两种选择：一则图省事，采取"拿来主义"，可谓驾轻就熟，毕竟我们有之前积累的 17 年学习前苏联的经验；二则另辟蹊径，探索一条适合中国国情的教育学发展之路。当时我们的前辈以超凡的战略眼光和过人的胆识，加上国人特有的勤奋，义无反顾地选择了后者。在随后高师公共教育学课程改革的几十年间，一线的教师们主要完成了两项任务：一是教材的改革；二是授课方式、方法的更新。前者大都以"集体公关"的形式展开，后者多半体现在任课教师的"单打独斗"上。两相比较，更多人对教材的改革投入极大热情，这主要缘于当时还没有一本教育学教材出自国人之手。

1980 年，王道俊主编的《教育学》横空出世，在随后相当长的一段时间内，该书先后印发 6 版，发行量超过 500 万册，并成为多数师范院校开设教育学课的首选用书。如果说王道俊先生的《教育学》在当时还只是"一支独秀"的话，现如今可谓"满园春色"。仅 21 世纪的这十余年，科学出版社、高等教育出版社、人民教育出版社、教育科学出版社等国内著名出版机构，先后出版发行的教育学教材就有许多版本。从一定意义上讲，教育学教材的改革在相当长的一段时间内引领着我国高师公共教育学课程的改革。

长春师范大学的公共教育学课程改革开始于 20 世纪 80 年代。当时，我们不仅起步早，而且最大的特色体现在与心理学课同步展开，协调并进。经过十余年的探索，20 世纪 90 年代，心理学课的"实用、有趣、易懂"和教育学课的"启发诱导、自学讨论、重点讲授、解决问题"两种教学模式在全省师范院校中产生较大影响。再加之教育学授课中我们一直选用王老先生的教材。回首往事，教书人的共同感受是"读一本好书如同品一杯好茶"，让人遐想无限，回味无穷。也正是有了王老先生的这本好书和科学的施教方法，昔日的教学硕果累累，仅我们学校的毕业生就获得过"全国十杰教师"、"全国优秀教师"等各项殊荣。

在自豪与欣喜中，时光飞逝到了 21 世纪，我国的师范教育面临着向教师教育的转型，还遇到了许多新的挑战，诸如"高师院校毕业生就业困难，而中小学又急需大批优秀教师"等难题，我们这些教育人必须通过自己努力来培养新一代的优秀师范生。

2011 年 10 月《教育部关于大力推进教师教育课程改革的意见》（教师［2011］6号）出台，并随之颁布了《教师教育课程标准（试行）》，《中学教师专业标准（试行）》（征求意见稿）也在教育界引起较大反响。我们编写本书，正是依据上述文件精神来重新审视公共教育学课到底应给学生讲些什么内容，或者说什么样的教育学教材更适合教师教育课程改革的需要。虽然近些年教育学教材的编写有多样化、个性化的趋势，但不管如何发展，都不能轻视和忽视教育的基础知识、基本理论、基本观念在教育学教材中的地位和作用，这一点是永恒的，任何时候都不能动摇。

为了保证教材质量，我们邀请了一些专业基础扎实、实践经验丰富的教师参加编写工作。编写组在反复研读、领会上述系列文件的基础上，确定编写的指导思想和原则，拟定教材体例结构和编写提纲。在确定指导思想上，我们力求不落俗套、有创新，且遵循培养未来优秀教师的规律。在编写时尤其注重以下几点：一是体现学以致用，让学生感到学了有用，并且在教育教学实践中能派上用场；二是突出针对性，主要面向师范专业的学生；三是与中小学实践紧密结合。

有了明确的编写指导思路及编写原则后，我们构建了教材的编写体例。一部好的教材必须具备好的体例结构，才能装入好的内容，最终达到内容与形式的完美统一。

本书由赵慧君、李春超担任主编，承担教材执笔任务的基本分工如下（以各章的先后为序）：长春师范大学赵慧君（第一章）；长春师范大学杨清溪、赵慧君（第二章）；长春师范大学孙中华（第三章）；长春师范大学郁芳（第四章）；长春师范大学侯前伟（第五章）；长春师范大学张晓莉、赵慧君（第六章）；长春师范大学李宁（第七章）；长春师范大学李春超（第八章）。赵慧君、杨清溪、李春超承担初稿资料的搜集和整理工作。

鉴于水平所限，编写时间仓促，书中难免存在不妥之处，敬请读者批评指正。本书在编写过程中参阅和引用了大量文献资料，在此谨向原作者表示衷心感谢！

编　者

2014 年 5 月于长春师范大学

目　录

第一章　教育学概述

⭐ **本章概述**

　　本章主要阐明了教育学的研究对象、教育学的学科性质、教育学产生与发展的阶段、学习教育学的意义以及学习教育学的方法五方面问题。通过本章内容的学习，学生应了解教育学的学科性质及发展历程等，明确学习教育学的重要性。

⭐ **学习目标**

　　(1) 了解教育学的研究对象和学科性质。

　　(2) 了解教育学产生和发展的历程。

　　(3) 正确理解学习教育学的意义，掌握教育学的学习方法。

　　关于教育问题，似乎任何人都能说出一二，但是对于将要从事教育工作的教师来说，必须深入了解什么是教育、教育为了什么和怎样进行教育等教育理论和教育实践等基本问题。教育学是研究教育的科学，所以作为未来的教师一定要学习教育学、掌握教育学和研究教育学。

第一节　什么是教育学

一、教育学的词源考察

　　从词源上考察，教育学一词经历了 pedagogue—pedagogy—education—educology 的演进历程。

　　西方最早的教育学一词源于希腊语"pedagogue"。"pedagogue"的原意是教仆。古希腊把陪送奴隶主子弟来回于学校，并帮助他们携带学习材料的奴隶称为教仆。按其语源来说，教育学就是照顾儿童的学问。

　　自 19 世纪末以来，英语国家，无论是英国还是美国，都沿用希腊语的"pedagogue"，并发展成为"pedagogy"，被赋予了"教学法"和"教学论"的含义。随着人们对教育理论的研究和反思，为了使教育学获得平等的学科地位，开始用"education"取代"pedagogy"，认为"education"的涵盖面更广、更科学，有教育活动和教育学科的双重含义。但是由于对"education"的理解不同，容易造成语义上的混乱，如有的人把"education"当做一种活动的教育，有的人又把"education"当作关于一门学科知识的教育学。因此，1951 年，美国俄亥俄州立大学的哈丁（L. W. Harding）提出"educology"一词，用以指称关于研究教育的知识体系，这一提法被部分学者认同，但没有被普遍应用。

现在，在英语国家中，教育学已由过去使用"pedagogy"逐渐转向了使用"education"一词，教育（education）和教育学（pedagogy）几乎成了同义词，甚至已由"education"取代了"pedagogy"。不过在欧洲地区，两词仍区别使用：把"教育"理解为对儿童的培养过程，把"教育学"理解为研究教育儿童的学问。

二、教育学的研究对象

任何一门学科都有自己独特的研究对象。教育学的研究对象是什么？这是教育科学首先要弄清楚的问题。这个问题在教育界一直有着不同的看法。

德国教育家赫尔巴特认为："教育学作为一门科学，是以实践哲学和心理学为基础的。前者说明教育的目的，后者说明教育的途径、手段与障碍。"赫尔巴特还十分明确地指出："教育学是教育者自身所需要的一门科学，但他们还应掌握传授知识的科学。"

法国贝斯特（F. Best）援引马里翁（Marion，H.）的定义说："教育学……既是教育的科学，又是教育的艺术。但是，法国的语言通常不允许用一个词既表示一种艺术，又表示与艺术相对应的科学，我们必须在两者之中作出选择。因此，我直接把教育学定义为教育的科学。为什么教育学是一门科学而不是一门艺术？因为……教育学的本质中更多的是理论分析，而不是活动过程本身，教育学通过理论分析来发现、评价和协调这些过程。"

苏联的教育家斯皮库诺夫认为："教育学是关于专门组织的、有目的的和系统的培养人的活动的科学，关于教育、教养和教学的内容、方式和方法的科学。"

日本的田浦武雄说："对教育进行学术性研究并综合成一个理论体系，这就是教育学。"尽管教育学一词的使用并不一致，"但总的来说，多数人倾向于把它作为对教育的学术性研究的总称。"而且，"只要称得上教育学，就不是简单的有关教育的议论或常识，而必然具有某种理论体系。"

在中国，关于教育学的定义也不同，如教育学是研究教育现象和教育问题，揭示教育规律的科学；教育学是以人的教育为对象，系统研究教育现象、本质、经验、理论和规律的科学；教育学是以人类社会的教育为研究对象，是研究教育现象及其规律的一门社会科学；教育学研究的对象是以教育事实为基础的教育中的一般问题；教育学是研究教育中的一般性问题的科学；教育学是整个教育科学体系中的一个组成部分；教育学所研究的是关于教育的本质、目的、制度、内容、组织和方法，教育者和受教育者的活动以及他们之间的相互关系等问题。

以上关于教育学的定义虽然表述有所不同，各有侧重，但观点基本一致，几乎都涵盖了教育现象、教育问题和教育规律。

综上所述，可以说教育学是研究教育现象和教育问题，揭示教育规律的一门社会科学。

教育现象是与人类社会同生共存的一种社会现象，是指存在于社会之中，可以被感知和认识的教育的外在表现形式。即可以感知、可以认识的古今中外已经存在或正存在于现实的存在物；教育实践的表现物，或正从事着的教育实践；以教与学为主体形式的客观存在。教育现象是复杂的，从纵向上看，有原始教育现象、古代教育现象和现代教育现象；从横向上看，有家庭教育现象、学校教育现象、社会教育现象、自我教育现象和自然形态教育现象。

教育研究离不开教育现象，必须从教育现象入手，但是并不是所有的教育现象都是教育学的研究对象。只有当教育现象被人们关注、议论和评说变成教育问题时才能成为教育学的研究对象。

教育学的研究虽然从教育现象入手，从教育问题出发，但是归根到底还是指向教育规律。透过教育现象，揭示教育规律，指导教育实践。

教育规律是指教育现象与其他社会现象内部诸要素之间内在的、本质的、必然的联系或关系，以及教育发展变化的必然趋势。教育规律存在于一切教育现象和教育活动之中，是一种不以人的意志为转移的客观存在，时刻制约着教育活动的进行，是指导制定正确的教育方针、政策的理论基础。教育学所揭示的规律首先是教育活动的基本规律，即教育与社会发展之间的关系，教育与人的身心发展的关系；在此基础上还要揭示具体的教育工作规律，即学校教育教学工作中的规律。

三、教育学的学科性质

对于教育学的学科性质一直是教育界关注和探讨的热点问题之一。一直有"教育学是科学"、"教育学是艺术"、"教育学是社会科学"、"教育学是人文科学"、"教育学是理论学科"、"教育学是应用学科"等不同认识。由于对教育学学科性质认识上的模糊，使得教育学多年来一直受到理论和实践两方面的责难。

衡量和判断一门学科性质的两个维度：一是这门学科属于自然科学、社会科学，还是思维科学；二是这门学科属于理论学科、应用学科，还是两者兼有的学科。我们可以按照以上两个维度来衡量和判断教育学的学科性质。

首先，教育学是一门社会科学。因为教育学是研究教育现象、教育问题的一门科学，教育现象是一种社会现象。虽然在研究教育问题时也会用到许多自然科学知识和自然科学的研究方法，但是总体上还是运用它们解决社会问题。可以说，教育学属于社会科学范畴，只是不断朝着科学化、综合化的方向发展，兼具科学化和人文化的性质。其次，教育学是一门理论学科，因为它有自己的完整的理论体系。但是，教育学又与一般的理论性学科不同，是一门实践性极强的理论学科。教育科学与教育实践之间有着天然的、密切的联系。教育学既从教育实践中概括出教育理论，又用教育理论指导教育实践，教育学研究不是纯学术性的研究，而是指向教育实际问题的解决，教育学研究成果最终转化为教育实践。

要当好一名教师，不但要有教育理论知识和正确的教育观念，懂得教育规律，还要具有从事教育实践活动的各种能力，教育理论是应用性的理论，光说不练是不行的。教育学能够提出教育工作的原理和方向，却不能对具体的问题都提出解决的方法，因为，影响教育的因素有很多，要做实际分析与研究，也因此说明教育是一门"艺术"

而不仅仅是"技术"，要善于处理好教育学"实用"和"应用"的关系。

第二节　教育学的产生及发展

教育学不是一开始就独立存在的一门社会科学，而是随着社会发展到一定历史阶段、教育实践活动不断丰富的产物。也就是说，教育学的产生和发展经历了一个漫长的历史过程。从人类有了教育活动，到积累教育经验，产生教育思想，以及形成独立的学科，教育经历了混合—独立—细分，不完善、不科学—科学发展阶段，具体可划分为三个发展阶段。

一、教育学的萌芽阶段

在漫长的人类历史发展进程中，随着教育活动的不断丰富、教育活动经验的不断积累，古代的一些哲学家和思想家们开始对之进行总结和概括，对教育问题提出许多精辟的见解和主张。例如，中国古代的孔子、孟子、荀子、朱熹，西方古代的柏拉图、亚里士多德、昆体良等，他们提出了许多教育主张，丰富了人类的教育思想，为教育学的孕育做出了重大的贡献。

在中国古代，最能反映古代教育思想的代表性著作是《论语》和《学记》。《论语》是儒家经典著作之一，由孔子的弟子和再传弟子整理而成，是对孔子与其弟子相互问答的记录，其中记述了孔子丰富的教育思想。例如，"不愤不启，不悱不发"的启发教学，"学而不厌，诲人不倦"的教师人格，"因材施教、学思结合、温故知新"的教学原则，这些教育思想对当今的教育仍然具有指导意义。《学记》是中国乃至世界最早的一部教育专著。《学记》成书于先秦，被认为是儒家思孟学派所撰，全书仅有 1229 字，高度概括了先秦时期的教育经验和儒家教育思想，比西方最早的教育著作、古罗马教育家昆体良的《论演说家的教育》（成书于公元 90 年前后）还早 300 多年。该书对教育的目的和作用、教育制度、教育过程、教学原则及方法、师生关系等问题作了精辟的论述。其中提出的"道而弗牵，强而弗抑，开而弗达""不凌节而施""长善而救其失""禁于未发""教学相长"等一系列教育思想至今还具有借鉴和研究的价值。

古代西方的思想家、哲学家（如苏格拉底、柏拉图、亚里士多德和昆体良等）对教育现象有着十分丰富的感性认识，提出了一些教育主张和教育思想。例如，柏拉图在《理想国》中提出了一个比较系统的教育制度，规定了不同阶级的人的不同的教育内容。亚里士多德最早提出了教育要适应儿童的年龄阶段，进行德智体多方面和谐发展教育的思想。昆体良的《论演说家的教育》比较系统地论述了有关儿童教育的问题，被称为世界上第一本研究教学法的书。

虽然古代先哲们在对教育经验总结的基础上，提出了不少可贵的、精辟的教育主张和教育思想，但是并没有形成独立的教育学理论体系。这些教育思想主要还停留在对教育经验进行描述和总结的层面，并没有上升到系统化的理论高度；同时，这些教育思想还没有独立存在，与哲学、政治思想交织、融会在一起，散见于他们的哲学、政治、伦理、宗教等著作之中。

二、教育学的独立形态阶段

欧洲文艺复兴运动之后，随着资本主义经济的发展和科学的进步，教育实践活动得到发展，教育学的发展进入了一个崭新的阶段。教育学开始从哲学和其他学科中分化出来，许多教育家纷纷阐明各自的教育主张，一批体系比较完整、内容比较丰富的教育专著相继问世，教育学逐渐形成为一门相对独立的学科。

英国哲学家弗兰西斯·培根（F.Bacon，1561~1626）为教育学进入独立形态阶段做出了重要的贡献。

培根在1623年发表的《论科学的价值和发展》一文中，首次在科学分类中把教学的艺术作为一个独立的研究领域，从其他科学中分离出来。从此，标志着教育学在科学体系中有了自己独立的学科体系。

1632年，捷克教育家夸美纽斯（J.A.Comenius，1592~1670）出版了《大教学论》一书，该书旨在"阐明把一切事物教给一切人类的全部艺术"，提出了普及初等教育、建立适应学生年龄特征的学校教育制度，第一次系统地总结了班级授课制度，规定了广泛的教学内容，提出了教学的直观性、彻底性、量力性等教学原则，高度地评价了教师职业，强调了教师的作用等主张。夸美纽斯的《大教学论》成为近代独立形态的教育学的开端，同时也为教育学的科学化起到奠基作用。

此后，英国哲学家洛克（J.Locke，1632~1704）的《教育漫话》，法国思想家卢梭（J.Rousseau，1712~1778）的《爱弥儿》，法国哲学家爱尔维修（C.A.Helvetius，1715~1771）的《论人的理智能力和教育》，瑞士教育家裴斯泰洛齐（J.H.Pestalozzi，1746~1827）的《林哈德与葛笃德》，德国教育家福禄贝尔（F.Froebel，1782~1852）的《人的教育》，英国社会学家斯宾塞（H.Spencer，1820~1903）的《教育论》等专门的教育学著作，为教育学的创立做出了重要的贡献。

近代德国著名的心理学家和教育家赫尔巴特（J.F.Herbart，1776~1841）被公认为"科学教育学之父"及"科学教育学的奠基人"，他试图把教育学建立在科学基础之上。1806年，他出版的《普通教育学》被公认为世界上第一部形成了完整、独立科学体系的教育学著作，是教育学成为一门独立学科的标志。赫尔巴特在该书中构建了比较严密的教育学逻辑体系，以伦理学为基础提出了教育的目的在于培养人的"完美德性"，以心理学为基础建立了教学方法论，提出了教学的阶段理论和教学的教育性原则。赫尔巴特被认为是传统教育的代表人，他提出的有关教育过程的理论，对后世的教育理论和教育实践产生了深远的历史影响。

三、教育学的多样化发展阶段

19世纪中后期，由于科学技术的不断发展，社会学、人类学等新兴学科应运而生，数学、哲学等学科得到了新的发展，这些新老学科的发展使教育学的理论基础开始发生动摇。另外，教育学学科内部也开始反思和批判，产生了许多新的教育学派别，教育学进入了多样化发展阶段。在这些派别中，实验教育学、马克思主义教育学、实用主义教育学占有重要的地位。

　　实验教育学是 19 世纪末 20 世纪初由德国教育家和心理学家梅伊曼和拉伊首创的。他们的代表作有梅伊曼（E. Meuman, 1862～1915）的《实验教育学纲要》和拉伊（W. A. Lay, 1862～1926）的《实验教育学》。实验教育学否定了以赫尔巴特为代表的强调概念思辨的教育学，主张把实验心理学的观察、实验、统计方法引入到教育学研究之中，从而使教育研究实现真正的"科学化"；主张把心理实验与教育实验区分开来，教育实验不能在实验室里进行，要在学校环境和教学实践活动中进行；主张用实验数据作为改革学制、课程和教学方法的依据。实验教育学所强调的定量研究成为 20 世纪教育学研究的一个重要范式，得到了广泛的应用和发展。

　　马克思主义教育学是以马克思主义为理论基础逐渐发展起来的。马克思主义的诞生为科学教育学的建立奠定了科学世界观和方法论基础。马克思主义教育学全面考察和分析了教育这一社会现象，揭示了教育的客观规律，提出了一系列教育观点、理论和思想，如教育起源于劳动，教育形态会随着社会生产的变化而变化，教育与生产劳动相结合是促进人的全面发展的唯一途径等基本观点。苏联著名教育家凯洛夫（N. A. Kaiipob, 1893～1978）、马卡连柯（Антон Семёнович Макаренко, 1888～1939）做出重大贡献，他们的教育思想推进了教育学科学化的进程。例如，凯洛夫阐述了教育的本质问题，论述了教育的作用，提出了教学过程的六个阶段，提出了直观性原则、学生自觉与积极性原则等五大教学原则。他主编的《教育学》不但成为苏联高等师范院校的教育学教材，同时也成为新中国成立初期各级师范院校的教育学教材。马卡连柯提出的集体主义教育，创立了"明日欢喜论"和"严格要求与尊重信任"、"平行影响"等德育原则。总之，马克思主义教育思想成为科学教育学发展的重要标志，对我国及许多国家的教育发展具有积极的影响作用。

　　实用主义教育学是 20 世纪初在美国兴起的一种教育思潮，代表人物是美国哲学家、教育家杜威（J. Dewey, 1859～1952）和克伯屈（W. H. Kilpatrick, 1871～1965）等。实用主义教育学是在批判赫尔巴特传统教育思想基础上提出的，旨在解决教育与社会生活的脱离、教育与儿童生活的脱离这两个重大的教育问题。他们批判了传统教育派的教师中心、课堂中心、教材中心，提出以儿童中心代替教师中心，以活动课程代替分科教学，批判传统教育脱离学生生活实际，不顾学生兴趣和需要等问题，提出"教育即生活"、"学校即社会"、"从做中学"等教育主张。实用主义教育学对 20 世纪世界教育理论研究和教育实践发展产生了极大的影响，推动了教育学的发展。以杜威为代表的实用主义教育思想被称为现代教育思想，与以赫尔巴特为代表的传统教育思想形成了对立。

　　第二次世界大战以后，随着科技的迅猛发展，教育活动本身的日益丰富，教育改革的浪潮不断兴起，进一步促进了教育学的多元化。以布鲁纳、赞可夫等的教育理论具有代表性。

　　美国心理学家和教育家、结构主义教育流派的代表布鲁纳（J. S. Bruner, 1915～）于 1060 年出版了《教育过程》，该书被誉为"教育理论的一个里程碑"。他在书中提出"学科基本结构"的观点，强调"无论我们选教何种学科，务必使学生理解该学科的基本结构"；他十分重视学生能力的培养，认为教学过程不仅是传授知识，更重要的是要培养学生的能力，培养学生的科学探索精神、科学兴趣和创造，所以他大力倡导发现学习，调动学生的积极性，培养儿童独立解决问题的能力。布鲁纳的教育理论对美国及世界许多国家教育改革产生了重要的影响。

苏联著名的教育家、教育理论家和心理学家赞可夫（П·В·Занков，1901～1977）在经过长期教学改革实验的基础上，对教学与发展的关系做出了科学的解释和确切的论证，提出了"发展性教学论"体系，提出"以最好的教学效果促进学生一般发展"的教学指导思想，所谓"一般发展"不仅包括学生智力的发展，而且包括学生情感、意志、道德、性格和集体主义精神的发展。赞可夫的"发展性教学论"体系还包括教学原则、教学大纲、教学法等各方面的观点。赞可夫的"一般发展"的教学理论揭示了教学与发展的关系，对苏联的教育实践和教学论的发展曾起了积极的推动作用，并对其他一些国家的教学论发展也产生了一定的影响。

总之，教育学经历了不断深化、日益分化、广泛拓展和综合的过程，直至今日，逐步形成了一个庞大的学科体系。从学科的层次来看，有各级各类教育学，如学前教育学、高等教育学、普通教育学、职业教育学等。从交叉学科的性质来看，有教育哲学、教育社会学、教育经济学、教育统计学。从教育学自身理论发展来看，有教育原理课程论、教学论、德育原理等。

随着社会的不断发展和对人的发展研究的不断深入，教育学将会不断地出现新的面貌和发展趋势。

第三节　学习教育学的意义与方法

一、学习教育学的意义

教育学一直是高师院校为培养教师开设的一门重要的专业基础课程，是高师院校培养教师的重要组成部分。对未来的教师而言，教育学是学习阶段获得教师任职资格的一门课程。对已经成为教师的人，教育学又是其实施自主劳动的必备工具。总之，学习教育学知识对提高教师专业理论素养和从事教育的实践能力起到奠基作用。学习教育学的意义主要体现在以下几个方面。

（一）掌握教育基本理论，指导教育实践

理论是行动的先导。没有实践的理论，是无根基的理论；没有理论的实践，是盲目的实践。人们在长期的教育实践中积累了一点教育经验，形成了一些对教育问题的认识和看法，往往习惯于用这些经验和认识指导自己的教育实践。但是这些经验并不一定都是正确和有效的。只有通过系统的学习，把教育经验上升到理性认识，形成教育理论才能正确的指导教育实践，提高教育质量。就专门从事教育工作的教师而言，教育理论的学习是教师专业发展的基点，对于教师专业素质的提高具有重要意义。教师不能凭借经验进行施教，要用教育的专业观点来分析和看待教育现象，解决教育问题。教育学可以帮助教师们获得必要的教育理论知识、理性的认识和思考教育问题的能力。

别"枪毙"一个中国的"爱迪生"①

一个母亲，因孩子把她刚买回家的一块金表当成新鲜玩具给摆弄坏了，就狠狠地揍了孩子一顿，并把这件事告诉了孩子的老师。老师幽默地说："恐怕一个中国的'爱迪生'被你枪毙了。"

这个母亲不解其意，老师给她分析说："孩子的这种行为是创造力的一种表现，你不该打孩子。"

"那我现在该怎么办？"这位母亲听了老师的话，对自己的行为后悔不迭。

"补救的办法是有的。"老师接着说，"你可以和孩子一起把金表送到钟表铺，让孩子站在一旁看修表匠如何修理。这样，钟表铺就成了课堂，修表匠成了先生，令郎就成了学生，修理费成了学费，你孩子的好奇心就可以得到满足，说不定，他还可以学会修理呢！"

（二）树立正确的教育观

教育观是指以观念的形式存在于教育工作者和其他社会成员头脑中的、直接影响人们教育行为的教育主张、教育观点和教育评价标准等，包括人才观、质量观、教师观、学生观、教学观和主体观等。要做好教育工作，不仅需要掌握教育理论，同时还需要树立正确的教育观，树立正确的教育观是成为一名教师的根本条件。教师的一切教育活动都是在其教育观的指导下进行的。教师的教育观念不同，其教育行为就不同，教育效果也会截然不同。教师是动态地、发展地看待学生，还是静态地、僵化地看待学生，从根本上反映了教师的教育观。在教学过程中，如果教师把学生当成消极的接受知识的"容器"，就会在教学中采用灌输的方法；如果把学生当成可以点燃的"火把"，就会采用灵活的方式充分调动学生学习的积极性和主动性，引导学生进行自主学习。

同一事件的不同处理②

几个学生手里拿着几套煎饼果子，踩着早自习的上课铃声，上气不接下气地跑到教室。这个"特写镜头"正好被班主任老师撞见。还没等这几名学生坐好，老师就示意他们将煎饼果子送到讲桌上来。几个学生彼此交换了一下眼神，无可奈何地将煎饼果子放到了讲桌上。老师非常生气地将几套煎饼果子使劲地扔到纸篓里。无独有偶，在另一所学校也发生了上课后学生拿着煎饼果子进教室的事情。然而，老师发现以后，迎上前去，急忙撕下了几张教案纸把煎饼果子接了过来，用自己的手绢包上后轻轻地说："委屈一会儿，下早自习给你送来。"下课后，老师一手提着暖瓶，夹着两个杯子，一手拿着煎饼果子交给学生，亲切地说："肚子提抗议了吧，早起十分钟就行了。"一个暖瓶，两个杯子把师生的心连在了一起。

---

① 吕迎春．别"枪毙"一个中国的"爱迪生"．光明日报，1994-11-13.

② 付道春．情境教育学．哈尔滨：黑龙江教育出版社，1996：4.

学习教育学可以帮助学习者冲破单一的封闭式的旧教育思想的束缚，转变传统教育观念，在对教育实践反思的基础上树立科学的教育信念以支持其教育工作。

（三）不断提高专业化水平

随着人类社会和教育的发展，广大教师面临着时代变革、新课程改革、学生身心发展极大变化等各方面的挑战。新形势下教师需要不断提升自身的专业水平，既要成为学科专家又要成为教育专家。优秀的教师要有深厚的学术根底、广博的知识面，既要把握教育的真谛，又要了解学生身心发展的规律，还要懂得"教什么"和"怎样教"。因此，教师必须要积极地、认真地、努力地学习教育学，提高自己的理论素养，树立正确的教育观念，扩展教育视野，提高从事教育工作的能力，增强从事教育工作的光荣感和使命感，进而提高自己的教育教学自觉性，不断进行教育改革与创新，为成为专业化的教师打下良好的基础。

二、学习教育学的方法

（一）坚持以马克思主义为指导

当前，教育学理论不断丰富与发展，形形色色的教育观点、教育流派、教育教学经验交相辉映。教育工作者在获得大量的教育理论知识、扩展视野的同时，还需要辨别教育理论中的是与非，学会去伪存真、科学地借鉴。所以，在学习这些教育理论观点和学说体系时必须坚持以马克思主义为指导，要以马克思主义的立场、观点和方法来认识教育现象，回答当代教育实践中提出的新问题。

（二）坚持理论与实践相结合

教育学是一门实践性很强的理论学科。教育理论来源于教育实践，同时又指导教育实践。教育学为我们提供了教育的普遍规律和原理，指导了教育方向，但是，却不能针对具体问题提出所有的解决方法。所以，教育理论与教育实践就像一枚硬币的两面，必须紧密结合，不能分开。要想真正地、深刻地理解教育理论，就要在教育实践中思考教育的基本问题。尤其对于那些对教育现象和教育事实缺乏感性认识，缺少从教经历的在校学生来说，要尽可能地通过创设情境、案例教学、角色扮演，回忆他们自己受教经历等方式传授教育理论知识，引导他们随时随地感受教育的真谛。

（三）坚持学习与研究相结合

教育家吕型伟曾说过："教育是事业，事业的意义在于奉献；教育是科学，科学的价值在于求真；教育是艺术，艺术的生命在于创新。"当今时代背景下的教师不应是墨守成规的教书匠，而应是与时俱进、不断创新的教育家。所以，学习教育学不能仅局限于记住书本知识，而要广泛阅读教育名著，研究前人的教育理论和教育经验，要学会观察、善于梳理、勤于反思，把学习与研究结合起来，主动地从教育实际中捕捉和提炼出新问题并尝试着在教育理论指导下进行研究。

★ 本章小结

（1）教育学是研究教育问题的一门学科。教育学的研究对象是教育现象和教育问题，其宗旨是揭示教育规律。

（2）教育学属于社会科学范畴，是一门实践性极强的理论学科。

（3）教育学的产生与发展经历了萌芽阶段、独立形态阶段和多样化发展阶段，每个阶段都产生了一批具有代表性的教育家和教育著作，他们的教育思想值得我们学习和借鉴。

（4）学习教育学对成为一名优秀的教师具有重要的意义和作用。

思考与练习 ≫

（1）教育学的研究对象是什么？

（2）教育学的产生与发展经历了哪几个阶段？

（3）有些教师说，他们没有学过教育学，但一样教了几十年课，培养出一代又一代的学生。还有些教师说，孔子没有学过教育学，但并不妨碍他成为万世师表，可见，学习教育学并不是成为一名好教师的必要条件。请谈谈你的看法。

拓展阅读 ≫

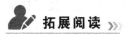

什么是良好的教育①

在我能想到的最重要、最有价值的事情，莫过于受到良好的教育。因为，只有良好的教育才能使我们秉有渊博的知识、清明的才智、通达的性情、宽广的胸怀和高贵的教养。

理想是高于且先于现实而存在的。没有对于什么是良好教育的理想，没有某种关于受过教育的人的理想，我们就无法从事教育。教育正是牵涉于理想与现实之间的、具有鲜明的价值指向的潜能的唤醒，浸淫于"文化—心理"之间的精神创生。真正的教育使得一个人易于领导与合作，而难以奴役和盘剥。

那么，什么是良好的教育呢？也许我们很难给予它一个周全的描述，但我们可以肯定地说：如果一个人从来没有感受过人性光辉的沐浴，从来没有走进过一个丰富而美好的精神世界；如果从来没有读到过一本令他（她）激动不已、百读不厌的读物，从来没有苦苦地思索过某一个问题；如果从来没有一个令他（她）乐此不疲、废寝忘食的活动领域，从来没有过一次刻骨铭心的经历和体验；如果从来没有对自然界的多样与和谐产生过深深的敬畏，从来没有对人类创造的灿烂文化发出过由衷的赞叹……那么，他（她）就没有受到过真正的、良好的教育。

对于所有头脑和心地都很正直的人们，大概都不难达成这样的共识：不论是家人之间的纯美的至爱亲情，还是亲朋故友之间诚挚的友谊；也不论是师生之间的倾情给予，还是陌生人之间默默无言的相互关爱，都能给我们的心灵以温馨的慰藉，给平淡

---

① 肖川．教育的理想和信念．长沙：岳麓书社，2002：33～37.

的日子以清新明丽的感动。在教育中，如果我们能用心去营造一种充满真情与关爱的氛围，良好的教育就有了最切实的保障。

而"凡是教师缺乏爱的地方，无论品格还是智慧，都不能充分地或自由地发展。"没有任何真正的教育是可以建立在轻蔑与敌视之上的，也没有任何一种真正的教育可以依靠惩罚与制裁来实现。真正的教育只能建立在尊重与信任的基础上，建立在宽容与乐观的期待上。真正的教育存在于人与人心灵距离最短的时刻，存在于无言的感动之中。让年青一代在人性的光辉里，拥有一个关怀的人生，这应是良好教育努力达成的一个目的。

书籍是人类文明不灭的火种，人类走向光明与真实境界的灯烛。"没有一艘船像一本书，也没有一匹骏马，能像一页跳跃的诗行——把人带向远方"（狄金森）。正如苏霍姆林斯基所告诫我们的："启发智慧和鼓舞人心的书往往决定一个人的前途。学校首先是书籍。"在书籍中，智慧老人展示给我们的是历史的镜鉴、生命的律则和文明战胜野蛮的曲折。人是理性的动物。"未经审察的人生是没有价值的"（苏格拉底），你真正的生命是你的思想。对某一问题不倦的探究，是个体成长所必经的心路历程，也只有在理性的基础上才能确立自主的尊严。

如果成长中青少年没有对某一项活动较为持久的投入和倾注，如果对一切都只是浅表性的接触，那么，心灵的疆域就不能得以拓展，也不能生发出良好的责任意识和责任能力。中国古训中有所谓"纸上得来终觉浅，绝知此事要躬行"，"纸上得来终觉浅，心中悟出始知深"，前者强调的是活动、实践、躬行对于知识的领会与掌握的意义；后者强调的是"悟"，即个体经验的激活在理解、吸收、建构和掌握知识过程意义。没有比较丰富、深刻的体验来积淀形成一定的经验背景，悟就不易甚至不能产生。因为理解活动并非某种纯粹的智力活动，而是人的整个生存活动的一部分。

大自然的奇妙景观，不仅给人们以美的陶冶，也给人们以智慧的启迪，"千江有水千江月，万里无云万里天"，即使普普通通的一片树叶，平平淡淡的一方晴空，一场罕见的瑞雪，一次壮观的海潮，都能给予我们以绵密的哲学理趣、迷人的艺术灵光。让孩子们领略到自然界的多样与和谐，并由此产生惊异感，从而增进人与自然之间的亲和与交融，这是完美教育不可或缺的要素。

教育是文化传递与文化传播过程。文化是人类本质力量的确证与表征。在宇宙学的参考日历上，人类出现至今的这段时间还不到一天的一千四百四十分之一。然而，就在这段似乎微不足道的时间内，人类创造了繁荣、灿烂、富丽的物质文化，纵横交织、井然有序的制度文化，千姿百态、深邃精湛、幽邃纤细、意蕴丰赡的精神文化。作为人类的一员，这是值得我们每一个人自豪的。这种自豪感是参与分享人类精神财富和进行新的创造的强大动力。

真正幸福的人，是过着值得尊敬和真正人的生活的人，是精神上和物质上都很富有的人，"富有的人同时就是需要有完整的人的生命表现的人。"（马克思）学会过美好的生活，使每一个学生都成为能够创造幸福生活的人，这是完美教育的鹄的。因为个人的自由，群体的和谐，社会的公正，人类的福祉与尊严，全系于良好的教育。

第二章　学　　生

⭐ **本章概述**

　　本章围绕学生展开讨论，首先试图讲清楚学生的内涵、身份、属性以及当前我国学生的规模等基本问题，帮助教师对学生建立起直观的感性认识。其次，本章要明确影响学生身心发展的因素，为教师从事教育工作提供专业基础知识。最后，本章介绍了哲学视野中对学生的一些不同认识，试图帮助教师从学生的身份、学生的学习、学生的发展以及学生的行为方面树立科学的学生观。

⭐ **学习目标**

（1）了解学生的内涵、学生的特殊属性和我国当前各级各类学校的学生规模。

（2）掌握影响学生身心发展的因素，对各因素能够进行系统分析。

（3）了解学生道德发展的一般过程。

（4）了解各种不同的学生观，树立科学的学生观。

第一节　认识学生

一、学生的内涵

　　从字面上看，生是指人的意思，学是指学习活动的意思，学生就是指从事学习活动的人，此时学生更多的是一个指代个体活动的概念。中国古代把教青少年学习的场所称为"学"，所以如果将"学"理解为学校或者学习的场所的话，那么学生也可以理解为学校里的人，此时学生更多的是一个指代身份的概念。无论是将"学"理解为学习活动还是将其理解为学校，学生都是一个与学习活动密切相关的群体。在现代教育系统中，学生这个概念主要是指各级各类学校里学习的人，是教育过程中的受教育者，或者教育对象。在学校教育体系里，学生、教师、学校是相互呼应的概念。本书所使用的学生概念主要指在学校中以学习为主要任务的广大儿童和青少年，他们在身份上属于学校里的教育对象，在活动上属于教育活动中的受教育者。

二、学生的特殊属性

　　作为教师，我们必须清醒地认识到学生的几个特殊属性。在现实教育活动中，很多教师往往正是由于忽视了学生的这几个现实属性，才导致教育手段、方法选择不当。

（一）学生是现实社会的成员

学生首先是社会当中的一员，所以他们应当享有所有社会成员共同享有的基本权利，不能因为他们是儿童而忽视其作为社会平等一员的基本权利。我们经常挂在嘴边的"小孩不懂……"、"小孩不该……"、"小孩不能……"等话语方式其实在一定程度上显示出在我们的文化传统中，学生因为其是"小孩"而受到了诸多限制。我们也不能因为他们是学校和教师的教育对象而忽视其作为一个主体的权利和地位。他们需要教师的指导和帮助，也需要学校的管理和约束，但是这并不意味着学校和教师可以凌驾于学生之上，学生应该像成人一样有权表达自己的意见，展示自己的个性，发挥自己的主动精神。认识到学生是现实社会的成员有助于教师更好地和学生交往，更好地尊重学生。

（二）学生是未完成的人

学生虽然是现实社会的成员，但他还没有完全的成熟，严格地说，他是一个未完成的人。《学会生存》中说："人是一个未完成的动物，并且只有通过经常的学习才能完善他自己。"① 学生在心智、体力等方面都没有达到成熟的社会成员应具有的一般水平。他们对很多事物的认识都是不准确的，或者干脆就是没有认识的，在做一些事情的时候存在不明白、不清楚、犯错误的情况。从某种意义上讲，正是他们的这种不成熟的未完成状态决定了他们要在学校中、在成人的帮助下逐步地发展成熟，逐步地走向完成。认识到学生的这种未完成状态有助于我们正确看待学生的行为，尤其是看待学生的错误行为。

（三）学生是正处于迅速发展过程中的人

在作为学生的儿童和青少年时期，学生的身体和心理都在发生迅速的变化。一个学生从小学到大学，其身高增加接近一倍，体重增加 3～6 倍，知识储备更是要增加成千上万倍。身心发展规律和学生这一身份都促进了学生在这个阶段的迅速发展。尤其在心智和思想方面，学生可以借助教育体系在短短的数年时间中使自己迅速发展到人类社会的一般水平，以便使自己能在人类社会生存和适应下来。然而在告别学生时代后，人的身心发展都不再那么活跃，发展速度显著下降，有的甚至不再发展。学生时代是一个人各方面发展的黄金时期，耽误了这个发展的黄金期，会影响到其整个人生。作为教师，我们应该意识到这一点，努力帮助学生在这段黄金时期实现全面发展。

三、学生的分类

学生可以按照层次、发展程度、分布区域、性别等不同标准进行分类。例如，在层次上有小学生、初中生、高中生、大学生等；在发展程度上有三好学生、优秀学生、

———————————

① 联合国教科文组织．学会生存．上海：上海译文出版社，1979：196.

后进学生等；在分布区域上有农村学生、城市学生等；按照生源地还可以分为本地生、外地生、留学生等；此外，还有女性学生、男性学生，寄宿学生、走读学生，流动学生、留守学生等。

按照学生所在教育机构的层次，学生一般可以分为幼儿园的儿童、小学生、初中生、高中生和大学生几个类别，此外还有在特殊教育机构接受教育的学生。初中生一般还可以分为职业初中学生和普通初中学生，高中生则可分为普通高中学生、职业高中学生、技工学校学生、普通中专学生。大学生按照层次可分为专科生、本科生、研究生，研究生中又有硕士研究生、博士研究生。需要说明的是，博士后并不是一个单纯的教育阶段，它是一个集工作、研究、学习于一体的综合性阶段，严格地讲博士后不属于学生。

四、目前我国各级各类学校学生规模

教育部每年都会发布一个《全国教育事业发展统计公报》，这为我们全面了解我国教育体系中各类学生的数量规模提供了很好的参考材料。初步估计，我们国家13亿多的人口中，大约有2亿是学生，处于中小学阶段的学生规模大约1.5亿左右。以下是《2012年全国教育事业发展统计公报》中相关的学生规模数据。

（一）学前教育阶段的学生

学前教育阶段一般不称为学生，通常称为幼儿。学前教育阶段的幼儿年龄分布一般是3～6岁，也有幼儿园能够招收更小年龄的幼儿，比如"小小班"可能招收24～30个月的幼儿。2012年，全国共有幼儿园18.13万所，比上年增加1.45万所，在园幼儿（包括附设班）3685.76万人，比上年增加261.32万人。幼儿园园长和教师共167.75万人，比上年增加18.15万人。学前教育毛入园率达到64.5%，比上年提高2.2个百分点。

（二）小学阶段的学生

新修订的《中华人民共和国义务教育法》规定"凡年满6周岁的儿童，父母或者其他法定监护人应当送其入学接受并完成义务教育；条件不具备的地区的儿童，可以推迟到7周岁。"由此，很多地方都制定了小学入学年龄的严格规定，即当年的8月31日前需年满6周岁才能入学。因此，我们国家小学生的年龄一般是6～12岁，加之一些地区存在五年制小学，和一些儿童7岁入学，所以整体上，小学生的年龄一般分布在6～13岁。2012年全国共有小学22.86万所，比上年减少1.27万所；招生1714.66万人，比上年减少22.13万人；在校生9695.90万人，比上年减少230.47万人；毕业生1641.56万人，比上年减少21.25万人。小学学龄儿童净入学率达到99.85%；其中，男、女儿童净入学率分别为99.84%和99.86%，女童高于男童0.02个百分点。

（三）初中阶段的学生

与小学相衔接，初中生的年龄一般分布在12～16岁。2012年全国共有初中学校

5.32万所（其中职业初中49所），比上年减少901所；招生1570.77万人，比上年减少63.96万人；在校生4763.06万人，比上年减少303.74万人；毕业生1660.78万人，比上年减少75.90万人。初中阶段毛入学率102.1%，比上年提升2.0个百分点。初中毕业生升学率88.4%，与上年基本持平。

（四）高中阶段的学生

高中与初中衔接，高中生的年龄分布一般在16～19岁。2012年全国高中阶段教育（包括普通高中、成人高中、中等职业学校）共有学校26868所，比上年减少770所；招生1598.74万人，比上年减少65.90万人；在校学生4595.28万人，比上年减少91.33万人。高中阶段毛入学率85.0%，比上年提高1.0个百分点。其中普通高中13509所，比上年减少179所；招生844.61万人，比上年减少6.17万人，降低0.73%；在校生2467.17万人，比上年增加12.35万人，增长0.50%；毕业生791.50万人，比上年增加3.76万人，增长0.48%。全国中等职业教育（包括普通中等专业学校、职业高中、技工学校和成人中等专业学校）共有学校12663所，中等职业教育招生754.13万人，比上年减少59.73万人，占高中阶段教育招生总数的47.17%。其中，普通中专招生277.36万人，比上年减少22.21万人；职业高中招生213.90万人，比上年减少32.52万人；技工学校招生157.06万人，比上年减少6.85万人；成人中专招生105.81万人，比上年增加1.85万人。

中等职业教育在校生2113.69万人，比上年减少91.64万人，占高中阶段教育在校生总数的46.00%。其中，普通中专在校生812.56万人，比上年减少42.65万人；职业高中在校生623.05万人，比上年减少57.93万人；技工学校在校生423.81万人，比上年减少6.62万人；成人中专在校生254.27万人，比上年增加15.55万人。

中等职业教育毕业生674.89万人，比上年增加14.55万人。其中，普通中专毕业生265.31万人，比上年减少4.92万人；职业高中毕业生217.44万人，比上年减少3610人；技工学校毕业生120.51万人，比上年增加1.29万人；成人中专毕业生71.63万人，比上年增加18.54万人。

（五）大学阶段的学生

2012年全国各类高等教育总规模达到3325万人，高等教育毛入学率达到30%。全国共有普通高等学校和成人高等学校2790所，比上年增加28所。其中，普通高等学校2442所（含独立学院303所）；成人高等学校348所。普通高等学校中本科院校1145所，高职（专科）院校1297所。全国共有培养研究生单位811个，其中高等学校534个，科研机构277个。

2012年研究生招生58.97万人，比上年增加2.95万人，增长5.27%，其中，博士生招生6.84万人，硕士生招生52.13万人。2012年在学研究生171.98万人，比上年增加7.40万人，增长4.50%，其中，在学博士生28.38万人，在学硕士生143.60万人。2012年毕业研究生48.65万人，比上年增加5.65万人，增长13.13%，其中，毕业博士生5.17万人，毕业硕士生43.47万人。

2012年普通高等教育本专科共招生688.83万人，比上年增加7.33万人，增长1.08%；在校生2391.32万人，比上年增加82.81万人，增长3.59%；毕业生624.73万人，比上年增加16.58万人，增长2.73%。普通高等学校本科、高职（专科）全日制在校生平均规模9675人，其中，本科学校13999人，高职（专科）学校5858人。

第二节　学生的身心发展

一、学生身心发展的含义

学生的发展是指学生在身体、心理等方面所发生的积极的变化。人的大部分知识技能不能通过遗传直接获取，需要在后天习得。人由初生的天真、无知状态变为成年后有着各种知识、技能、智慧和观念的复杂状态，主要是通过发展完成的。因此，我们提到人的发展时，主要指向了人在身体、心理等各个方面所发生的积极变化。学生时代是一个人发展的黄金时期，学生时代人的身心发展是人身心发展的集中代表。

学生身心发展的基本内容包括我们常说的德、智、体、美、劳等几个方面。学生通过接受德育、智育、体育、美育以及劳动技术教育来实现这几个方面的发展。上述几个方面的教育则主要依靠学校教育中相关学科的课程与教学来实现。例如，小学的品德与社会、品德与生活，中学的思想政治等，这些课程主要面向学生的思想道德发展。

二、学生身心发展的影响因素

学校和教师要帮助学生实现全面发展有一个基本的前提，即要有一套科学合理的方法来对学生进行有针对性的教育。学生在学校接受教育的过程实际是学生由身心发展的较低水平向高水平不断前进的过程。显然，作为学校和教师，我们要非常清楚这一变化过程受到哪些因素的影响，各个因素在什么层面上发挥影响作用，这些因素中哪些是可以控制调整的，哪些是不能改变的。全面了解影响学生身心发展的因素，有利于我们更好地为学生提供科学、合理、适合的教育。

（一）有关影响儿童身心发展因素的经典学说

1. 遗传决定论

遗传决定论的基本观点认为人的身心发展是由遗传决定的，人先天从父母那里获得的遗传素质决定了其一生的发展。这种观点有着悠久的历史。古希腊时代的柏拉图曾在《理想国》中提到一个故事，故事中他讲到有三种天赋素质的人："老天铸造他们的时候在有些人身上加入了黄金，这些人因而是最可宝贵的，是统治者。在辅助者的身上加入了白银，在农民以及其他技工身上加入了铁和铜。"① 柏拉图在这个故事中强

---

① 柏拉图.理想国.郭斌和，张竹明译.北京：商务印书馆，2002：128.

调，金质的人的后代不一定全是金的，铜铁质的人的后代也未必全是铜铁的，但他着重强调的是人初生时所具有的天赋素质决定了他能够成为什么样的人，这是一种对遗传而来的天赋素质的高度肯定。受长期的世袭制度的影响，中国的传统俗语中也有对遗传决定论的通俗表达。"龙生龙，凤生凤，老鼠的儿子会打洞""虎父无犬子"……这些都属于渲染遗传对人的发展的重要影响的遗传决定论。

现代意义上的遗传决定论要提到英国学者弗朗西斯·高尔顿（Francis Galton）。他是《物种的起源》的作者达尔文的表弟，两个人都对博物学比较感兴趣。1869年，高尔顿在他的著作《遗传的天才》（*Hereditary Genius*）中提出，"人类的才能是能够透过遗传延续的"。他通过著名的"名人家谱实验"证明了这一结论。他调查了1768～1868年这100年间英国的首相、将军、文学家和科学家共977名获得智力成熟的人的家谱，结果表明，其中有89个父亲、129个儿子、114个兄弟，共332名杰出人士。而在一般老百姓中每4000人才产生一名杰出人士。因此，他断言"普通能力"是遗传的。在调查的30家有艺术能力的家庭中，他发现这些家庭中的子女也有艺术能力的占64%；而150家无艺术能力的家庭，其子女中只有21%有艺术能力，因此他断言艺术能力也是遗传的。而且他还指出，随着遗传亲属关系程度的降低杰出亲属的比例也显著地下降。他还用80对双生子的资料，以双生子比其他亲兄弟、亲姐妹在心理特点上更为相像的事例，证明人的心理完全是遗传的。

当代的基因科学再次将遗传决定论推向了一个高潮。当代美国生物学家威尔逊提出了著名的"基因决定论"，他认为"包括意识形态在内的社会与人的各方面，都确实服从它的隐蔽的主人——基因，各种最高的冲动都可以还原为生物学行为。"基因决定了人的发展的方向和程度。基因科学研究表明，人的DNA是一套决定着人的方方面面的潜在代码，这套代码在什么程度上左右人的发展还是未知，但随着基因科学的发展，人们发现由基因决定的东西越来越多，从肤色、头发、身高、脸型到力量、速度、疾病甚至寿命，人的生命过程好像早就由基因代码编定好了，生命的过程只是这套代码运行的过程。1990年，在美国的倡议下人类基因组计划（human genome project）启动，它的主要任务是人类的DNA测序，测出人类基因组DNA的30亿个碱基对的序列，发现所有人类基因，找出它们在染色体上的位置，破译人类全部遗传信息。中国于1999年9月积极参加到这项研究计划中，承担其中1%的任务，即人类3号染色体短臂上约3000万个碱基对的测序任务。中国因此成为参加这项研究计划唯一的发展中国家。2006年5月18日，英美科学家宣布完成了人类1号染色体的基因测序图，这表明人类最大和最后一个染色体的测序工作已经完成，历时16年的人类基因组计划终于画上了句号。

诺贝尔精子银行

美国加利福尼亚州在1980年设立了一家"诺贝尔精子银行"，这里收集了一些历届诺贝尔获奖者和各界杰出科学家的精子。他们相信，这些诺贝尔奖获得者和杰出的科学家身上一定有优越的基因，这些优越的基因可能会遗传给生出的孩子。到1987年，已有39个孩子出生。可是人们并没有发现直接有力的证据来证明高智商的父母就一定能培育出绝顶聪明的后代。

2. 环境决定论

环境决定论的基本观点是认为人的发展主要由其所处的环境决定。这种观点同样有悠久的历史，中国先秦时期的墨家和儒家都有过相关的思想。例如，墨子的"素丝说"就以染丝为例来说明环境对人的发展的重要影响。"染于苍则苍，染于黄则黄，所入者变，其色亦变"，"士亦有染"，所以"染不可不慎也"。人好比一段没有颜色的素丝，素丝染成什么颜色就是什么颜色，同样，人受到什么环境的影响就容易成为什么样的人。这个时期流传下来的《孟母三迁》的故事也是在强调环境对人的发展的重要影响。

行为主义心理学的创始人华生也有明显的环境决定论。他曾说过："给我一打（12个）健康的婴儿，如果让我在由我所控制的环境中培养他们，不论他们的前辈的才能、爱好、倾向、能力、职业和种族情况如何，我保证能把其中任何一个人训练成我选定的任何一种专家：医生、律师、艺术家、富商，甚至乞丐和盗贼。"其实华生表达了一个极端的环境决定论观点。他认为只要有相应的环境，就可以培养出人们想要的各种各样的人才。

印度狼孩

1920 年，在印度，人们从狼洞里发现两个由狼哺育的女孩，大的约八岁，小的约一岁半。大女孩被取名为卡玛拉，她大约在 1912 年出生于印度，当年被狼叼走，与狼一起生活了八年。卡玛拉被从狼窝里抓回送到附近一个孤儿院，由辛格牧师夫妇抚养。刚进孤儿院的第一年，卡玛拉只有狼的习性而没有人的心理，她不会说话，不会思考，用四肢行走，昼伏夜行，睡觉也是一副狼相。卡玛拉常半夜起来在室内外游荡，寻找食物，想要逃跑时，像狼一样嚎叫，吃饭、喝水都是在地上舔食。她愿意与猫、狗、羊等动物一起玩，不让别人给她穿衣服，不愿与小孩接近。尽管她每天与人生活在一起，但心理发展极慢，智力低下。第二年，卡玛拉能用双膝行走，能靠椅子站立，能用双手拿东西吃，对抚养她的辛格夫人能叫"妈"。经过三年多她才逐步适应人的生活，能够自己站起，让人给她穿衣服，用摇头表示"不"。辛格夫人外出回来，她能表示高兴。入院四年她才能摇摇晃晃地直立行走，早饭时能说"饭"这个词，这时的智力水平相当于一岁半的孩子。入院六年时，她能说出 30 个单词，与别人交往时有了一定的感情，智力达到两岁半的水平。第七年，卡玛拉已基本上改变了狼的习性，能与一般孩子生活在一起，能说出 45 个单词，能用三言两语表达简单的意思，能够唱简单的歌。她开始注意穿着，不穿好衣服不出屋，有了羞耻心。她能自觉地到鸡窝去拣蛋，受到表扬就非常高兴。第九年（17 岁），当她因尿毒症死去时，智力只有三岁半的水平。

中国辽宁猪孩

王红（化名），女，1974 年 12 月 23 日出生，其后整日与猪生活在一起，1984 年才被人发现。当时《光明日报》、中央电视台都对此进行了报道，经专业人员检测，10 年与猪为伴，造成了王红心理的严重畸形。当她被外界发现时，这个 10 岁的"猪孩"混沌一片，没有大小、长短、上下、颜色等概念，几乎没有记忆力、注意力、想象力、意志力和思维能力，甚至表现的情绪也极为原始简单，只有怨、惧、乐，没有悲伤。据测量表明，她的智商为 39。为帮助"猪孩"王红过上正常人的生活，中国医科大学组织了 9 人的"猪孩"考察组，鞍山市社会福利部门、鞍山市心理研究所决定免费为其进行治疗。全国教育系统先进教师姜云香把王红领回自己的家中，采用特殊引导的教育方法帮助她认字、念诗，培养其独立生活的能力。7 年后，经过全面科学的测定：王红的智力相当于小学二三年级水平；她的智商也从 39 的重度智残，达到 69，接近正常人 70 的最低水准；而她的社会交往能力基本达到了正常人水平。后来，她与当地农民李某结婚，于 2002 年生下一男孩，男孩一切正常。

3. 教育决定论

教育决定论的基本观点是认为人的发展是由其所受的教育决定的，受什么样的教育就会成为什么样的人。这种观点在本质上与环境决定论相似，只是它强调人为制造出的教育环境对人的发展会起到决定性作用。教育决定论的思想发端于洛克的"白板说"。他说："我敢说我们日常所见的人中，他们之所以或好或坏，或有用或无用，十分之九都是他们的教育决定的。人类之所以千差万别，便是由于教育之故。"法国启蒙思想家爱尔维修还提出过教育万能论的观点，爱尔维修认为，人们在生下来的时候，或者是根本没有任何倾向，或者是带有各种趋于一切对立的罪恶和美德倾向。因此，他们只是他们教育的产物。教育的力量的最有力的证明是，经常看到教育的不同与它们的不同的产物或结果有关。"教育使我们成为现在这个样子。"

4. 内发论与外铄论

关于人的发展到底是一个受到内在因素控制的过程还是一个受到外在因素影响的过程，存在两种截然相反的解释。一种解释认为，人的身心发展是由个体内在的一些品质所决定的，好比一个按照内在的编码逐步生成的过程。另一种解释认为，人的身心发展是由外在的影响作用后出现的，发展与否，往哪个方向发展、发展到什么程度都取决于个体所受到的外在影响。前者被称为内发论，后者则被称为外铄论。

历史上有很多支持内发论的观点。孟子是中国古代内发论的代表。他是性善论者，认为人的本性是善的，万物皆备我心，人的本性中包含"恻隐之心"、"羞恶之心"、"恭敬之心"、"是非之心"。这是仁、义、礼、智四种基本品质的根源，"仁义礼智，非由外铄我也，我固有之也。"教育在于遵循人性的自然发展，为其提供有利的外在条件，唤醒人对自己善良本性的自觉。中国古代的道家也是内发论的代表。西方的教育也具有内发论的传统。古希腊的教育思想家认为，知识的种子存在于每个人的心灵之中，教师的作用就是帮助学生自己发现真理，教师的任务就是帮助心灵走向光明。所以，苏格拉底（Socrates，前 469～前 399）提倡运用"产婆术"，柏拉图（Plato，前 427～前347）也认为真正的教育就是将存在于学生身上的潜在能力引发出来，亚里士多德（Aristotélēs，前 384～前 322）把教育看成一个内在发展的过程，是自我展开和自我实现的过程。教育的过程是一个身心自然运动的过程，他们反对外在的强制。柏拉图指出，"对自由人来说，学习中不能有任何奴役的成分。规定的锻炼对身体无害，但强制的学习是不能记在心里的，所以，要避免强制。"近代教育家卢梭（J. J. Rousseau，1712～1778）也认为，人天性本善，"出自造物主之手的东西都是好的"，因此，他提出了自然主义的教育主张。

当然，外铄论也不乏支持者。性恶论、环境决定论、教育万能论、行为主义心理学都持外铄论的观点。我国古代思想家荀子是性恶论者，他说："今人之性，生而有好利焉，顺是，故争夺生而辞让亡焉"。人生性好利、好斗，若顺其本性发展，必将使社会陷入混乱、抢夺之中，是十分有害的。西方中世纪宗教哲学也认为，人生而有罪，故需要惩罚、奴役。近代的一些哲学家（如社会生物论者）也把战争、丑恶归于人性的攻击和自私、贪婪，主张社会的良好发展必须改造人性。英国的哲学家、教育家洛克（J. Locke，1632～1704）是教育万能论者，他认为，人的心灵如同白板，它本身没有内容，可以任意涂抹、刻画，一切发展都来自后天。他尤其重视教育对个体发展的作用，指出"人类之所以千差万别，便是由于教育之故"。行为主义心理学家华生（J. B. Watson，1878～1958）更是典型的外铄论者，他认为，人可以用特殊的方法任意加以改变，或者使他们成为医生、领袖、银行家，或者使他们成为乞丐、盗贼，全然不顾人的内在需要。据此，行为主义心理学提出了 S-R 的模式，认为刺激直接引起反应，有什么刺激就能引起什么反应。由于外铄论认为人的发展来自于外在的力量，所以它比内发论更强调教育对个体发展的重要性，更注重教育的价值。

5. 成熟优势说与学习优势说

关于个体的身心发展是如何发生的，还有两种针锋相对的观点，即学习优势说和成熟优势说。学习优势说主张，人的发展的实现是通过个体的努力学习完成的，或者说是通过他人的积极推动完成的。总之，这种观点在个人发展问题上高度强调人为因素的重要价值。成熟优势说则淡化了人为因素的影响，认为发展的实现是靠个体自身的成熟逐步实现的，随着个体的不断成熟，发展也就自然而然地实现了。学习优势说给人一种积极主动的印象，在实践中能够激励人们付出时间和精力去学习。但是也会导致超前学习和超负荷学习。家长和教师在学习优势说的指导下往往会为学生安排超出其身心发展水平和承受程度的学习任务，导致学生学习负担过重。成熟优势说给人一种消极无为的印象，但成熟优势说指导下的发展往往是省时省力的。有些知识技能如果提前学习，可能要花好长时间，经过反复的训练才能获得，但是如果等到身心成熟到相应的程度再去学习，可能一下就掌握了。例如，在中国的教育体系里，大部分的孩子要花 6 年的时间学完小学阶段的知识和技能，但是一些因为种种原因耽误了学习时间的孩子花一两年时间竟然可以轻松的追上同龄人的学习进度，当我们用 2 年的时间完成了原本要 6 年的时间才能完成的学习任务时，我们是否应该考虑小学阶段学习优势说和成熟优势说的问题呢？

双生子爬梯实验

格塞尔（1880～1961）曾选定单卵孪生姊妹二人做登梯训练。对姊妹甲从生后第 46 周开始训练登梯，每天练习 10 分钟，经过 6 周的训练后，同姊妹乙比较，甲用 26 秒完成登梯动作，乙则用了 45 秒。从第 52 周开始对乙也做登梯训练，两周后再次测验，乙只用 10 秒就完成了登梯动作。

（二）影响学生身心发展因素分析

本书认为影响学生身心发展的因素至少包括 5 个方面，即遗传因素、环境因素、教育因素、个体的主观能动性因素和个人的社会实践活动因素。

1. 遗传

遗传是一种生物现象，是个体从双亲的基因结构中继承的生理解剖上的特点，表现为子女继承了双亲生理上的许多相似性，如身高、体形、肤色、血型、气质等。还有一部分指向了由人体的生理结构决定的生理机能，如出生后感觉的灵敏度、知觉的广度、注意的持久性、记忆的强度、思维的灵活性等。按照目前人类的科学发展水平，遗传因素属于不可控制的因素，对于一个现实的个体来说，这个因素一旦确定就不可改变，对人的发展有极为重要的影响。

遗传为人的身心发展提供了必要的生物前提和发展的潜在的可能性。它是人的发展的一个必要条件，但不是充分条件。具备这个条件只是具备了发展的可能性，不具备就没有发展的可能，但能否顺利发展，还要看其他因素的影响。

2. 环境

环境因素是直接或间接影响个体发展的全部外在因素，广义的环境包括教育。环境可以分为自然环境和社会环境。自然环境主要指人生存的地理条件、气候特点等；社会环境比较复杂，宏观上有生产力水平、社会生产关系、时代背景、文化传统等，微观上有家庭背景、个人遭遇等。

环境因素在现实性上决定了人发展的广度、深度。人所处的社会历史条件决定了他所能达到的发展深度，所接触的事物决定了他发展所能达到的广度。除去教育之外的环境因素对人的身心发展的影响有自发性和偶然性。环境对人的发展的影响是潜移默化的，是耳濡目染的，是无目的的、随机的。环境因素对人的发展的影响是复杂的。环境因素中既有对人发展有利的因素，也有不利因素，一般是没有经过控制和筛选的。

3. 教育

教育可以看做一种特殊的环境，主要指系统的学校教育活动。教育是为了人的身心发展而专门进行的活动，具有目的性、组织性和系统性等特点。没有教育这个因素，人很难获得系统的发展。美国著名的教育学家约翰·杜威曾经说过："事实上，初生的孩子是那样的不成熟，如果听任他们自行其是，没有别人的指导和援助，他们甚至不能获得身体生存所必须的起码的能力。人类的幼年和很多低等动物的崽仔比较起来，原有的效能差得多，甚至维持身体所需要的力量必须经过教导方能获得。那么对于人类一切技术、艺术、科学和道德的成就来说，那就更需要教导了。"

教育因素在人的身心发展诸多影响因素中处于主导地位。首先，教育活动具有明确的目的性和方向性。教育是专门培养人的活动，依据社会发展需要和人的发展需要，确定发展方向和目标。任何教育活动在开始之前就具有了明确的目标和发展方向。而且，各级各类教育活动也因为其目的和方向不同而成为教育体系中的重要组成部分。其次，教育活动具有较强的计划性和系统性。教育活动中可以控制、选择人发展的方向、内容、程度等，这种控制的实现是靠对教育内容的加工实现的，教育的内容一般而言都是经过系统的加工的，程度也是有层次的、渐进的。从内容上看，系统性体现在中小学中系统的开设语文、数学、外语、历史、地理等各种学科的课程，而且不同年龄段的孩子各种学科课程的学习深度也是由浅入深、由易到难的。计划性体现在教育活动的通盘设计上，教育内容的呈现不是随机的，而是经过周密的计划的，先学什么后学什么，固定的教育内容花多少时间学完，这些都是有详细的计划的。再次，教育活动具有高度的组织性。现代学校教育已经是具有高度组织性的社会活动，有专门的人员、专门的机构，还有专门的管理制度体系。从国务院、教育部、教育厅，到地方的教育局、中心校，中国的学校教育具有高度的组织性。

4. 主观能动性

主观能动性是指人的主观世界对客观世界的反应和能动作用，表现为人的需要、动机、目的和意志品质等方面，是个人发展的内因，是个人获得主动的、理想的发展的决定性因素。

主观能动性是个体身心发展的内因，其他因素的顺利发展要依赖内因作用的发挥。如果学生不想发展，或者不愿意往好的方向发展，教师和家长们提供再优越的条件，学生本人拥有再优秀的遗传素质，都无法达成我们所期望的发展结果。因为这些因素如果没有学生主观能动性的配合都无法发挥作用。

主观能动性本身就是心理发展的一个重要组成部分，其作用的发挥是从无到有、由弱到强的过程。它是个体发展过程中形成的一种促进发展的因素。而且这种因素越是经常使用，对人的发展越有显著的作用。教师在教育过程中既不能忽视学生的主观能动性，把学生看作消极的容器，生添硬灌；也不能过分夸大学生的主观能动性，完全主张学生自我发展，忽视淡化教师的作用，从而导致教育过程的自由化，降低教育的效果。

5. 社会实践活动

实践活动主要是指主体同外部世界进行物质或精神交换的活动，它反映了主体内部因素与外部因素的结合与统一。简单理解，实践活动即人们参加的各种有意识的活动。

实践活动从总体上看是人存在的重要形式，也是促进人发展的基本途径，人是在实践活动中并通过实践来使自己获得发展的。活动过程中的体验和活动之后的反思作为经验保存在人的精神世界中，这些经验影响着人的认识，因此实践活动对人的发展产生了重要的影响。人参加什么活动就会使自己在某方面获得一定的发展，形成一定的素质。例如，人参加体育活动就可促进身体的发展，参加思想活动就可促进思维等方面的发展。

需要指出的是，对于一个特定个体的学生来说，遗传、环境基本是无法选择的，教育条件在某种程度上可选择的空间也很有限，因此，对于个体的人来说，最为现实的影响其发展的因素是主观能动性和社会实践活动。我们建议，在教育活动中教师要充分认识到这两个因素对学生发展的重要作用，鼓励学生多发挥主观能动性和多动手实践。①

三、学生道德发展

道德主要指向个体的精神世界，道德的发展一般可以分道德认知的发展、道德情感的发展和道德行为的发展。本书主要介绍瑞士心理学家皮亚杰和美国心理学家柯尔伯格关于道德认知发展的相关理论。

皮亚杰经过研究指出，儿童的道德发展可分为三个阶段：①前道德阶段（0～4岁）。这一阶段的儿童还不能把自己与外界区分开来，将自己与外界混为一谈，以为自己就等同于外界，没有和外界共处的规则意识。②他律阶段（4～8岁）。这一阶段儿童的道德判断是依据外在的规则做出的，他们的道德标准只取决于是否服从这些成人给予的外在规则，道德判断只注意外在的行为结果，而不关注内在的动机，受自身之外的道德规则所支配，具有被动性和客体性。③自律阶段（8～12岁）。儿童这一阶段的道德判断已经从外在的客体性转向内在的主体性，不再简单地服从外部的道德规则，而是用公正、平等、责任去进行判断，认识到规则是共同约定的，要反映共同的利益，而不是成人的权威或霸权。皮亚杰认为，只有当儿童的道德判断达到了自律水平时，才称得上是真正的道德。

柯尔伯格在皮亚杰研究的基础上对儿童的道德发展进行了重新建构。他将个体的道德发展分为三种水平，每种水平又包括两个阶段，所以柯尔伯格的儿童道德发展理论也被称为"三水平六阶段理论。"

首先是前习俗水平（pre conventional level）。处于这一水平的儿童，对是非的判断取决于行为的后果，或服从权威和他人的意见。这一水平包括两个阶段：①奖励与惩罚的道德定向阶段。儿童只根据后果来判断行为的好坏，支配他们行为的是奖励和惩罚。他们为了免遭惩罚而听从权威人物的命令，尚未具有真正意义上的规则概念。②个人的工具性的目的与交换阶段。正确的行为能满足自己需要，也能对别人有好处，

---

① 杨清溪，梁琳. 新课程改革背景下教师应有的教育观. 长春：吉林文史出版社，2013：26～34.

按具体交换原则作公平的交易。这一阶段奉行的道德原则是"你对我好，我就对你好"。

其次是习俗水平（conventional level）。这一水平的主要特点是个体着眼于家庭、社会对其的期望考虑问题，认为道德的价值在于为他人和社会尽义务，以遵循规则的秩序为依据，以维护现行的社会秩序。这一水平包括两个阶段：①相互性的人际期望、人际协调阶段或者好孩子、好公民的定向阶段。以家庭或社会的期望来评价自己的行为，凡是讨人喜欢或者帮助别人而为他们称赞的行为就是好行为，而不考虑行为本身的正确与否。②尊重权威和维护社会秩序定向的阶段。处于这一阶段的儿童判断道德行为的标准在于对社会尽职尽责，恪守社会秩序，维护社会秩序，强调对法律和权威的服从。

最后是后习俗水平（post conventional level）。这一水平的主要特点是个体超越对社会秩序和权威的服从，开始在人类的正义、公正、个人的尊严等层面反思这些规则的合理性，建立一个超越个人或集团利益的普遍原则。这一水平包括两个阶段：①社会契约定向阶段。这一阶段的个体不再把规则当做死板的、必须遵守的，认为它是人为的、可变的，规则只有符合多数人的利益，是民主的、公平的时候，它才可以被接受，因为这种规则是一种人与人共同达成的社会契约。②良心或普遍的伦理原则定向阶段。这一阶段的个体开始基于自己的良心或人类普遍的价值标准判断道德行为，这些价值标准包括普遍的公正原则、互惠原则、人权平等和尊重个人作为人类的尊严原则等。

同时柯尔伯格指出，个体道德水平的发展要按照六个阶段依次前进，不会出现跳跃式发展。而且他还指出，并不是所有的人都能达到第六阶段。

四、学生身心发展的一般规律与教育

学生的身心发展在整体上表现出一定的规律性，认识这些规律有助于我们更好的从事教育工作。

（一）学生身心发展具有顺序性，教育要循序渐进

学生的身心发展是有一定的顺序性的。学生身体的发展遵循自上而下，先中心后边缘的发展顺序。肌肉组织遵循先是大肌肉群，然后是小肌肉群的发展顺序。学生的思维发展也是先有形象思维，后有抽象思维。例如，小学低年级的学生写字母时经常写得歪歪扭扭，直线不直，曲线不圆滑，这个时候很多家长和教师都责怪学生没有认真写。其实这根本不是态度是否认真的问题，这是因为这个阶段的儿童小肌肉群尚未发展完善，而写字时恰恰需要手部的小肌肉群协调配合才能写出圆滑的曲线和平直的直线。因此，面对低年级学生所写得歪歪扭扭的字和面对高年级学生所写得歪歪扭扭的字，教师的态度要有所区别，要循序渐进地对学生逐步提出更高要求。另外，我们经常见到小学生算算术时要掰手指才能算明白，而年龄大的学生很少需要掰手指计算，其实这就是学生使用形象思维计算和抽象思维计算的差别。低年段的学生抽象思维发展不完善，需要借助手指、图片等事物来进行思考。

个体身心发展的顺序性，决定了教育教学工作的顺序性，在不同的发展阶段展开不同的教育活动，同时更应该按照发展的序列来施教，做到循序渐进。不过，强调循序渐进，并不意味着教学要成为发展的尾巴，教学与发展的关系是相互适应、相互促进的，适当地让学生"跳一跳，摘桃子"，把教学落实在最近发展区内是最佳的切实可行的选择。①

（二）学生身心发展具有阶段性，教育不能一刀切

处于同一年龄段的学生在身心发展方面表现出很多相似的特性，而不在同一年龄段的学生在身心发展方面则表现出很多差异。我们把处于同一年龄段的学生所表现出的相似性称为这个年龄段学生身心发展的阶段性特征。依据不同的标准，年龄阶段可做多种划分。一般而言，0～3 岁称为婴儿期，3～6 岁称为幼儿期，6～12 岁称为儿童期，12～15 岁称为少年期，15～25 岁称为青年初期，25 岁之后的划分比较复杂，有人认为青年期一直可以持续到 50 岁，他们也把这个阶段称为中青年阶段。本书主要关注作为学生的阶段，主要分布在 3～25 岁。

不同的年龄阶段的身心发展任务和特征具有显著差异，如处在儿童期的小学生主要使用形象思维思考，喜欢直观性原则指导下的教育活动，而处在青年期的高中学生则更多的使用抽象思维。

不同阶段学生所表现出来的阶段性特征要求我们在教育活动中不能简单地使用一刀切的方法。要针对这种不同特征进行有针对性地设计，采用适合他们年龄特征的教育方式方法。不同年龄段的学生也有不同的身心发展任务，这也要求教育内容要适合学生的接受能力，当然也要适合他们的发展需要。

（三）学生身心发展具有不均衡性，教育要抓住关键期

学生的身心发展作为一个过程，并不是匀速前进的，个体从出生到成熟的整个进程有时候快、有时候慢，在特定的阶段个体某一方面技能发展特别快，而过了相应的阶段，这些技能则发展缓慢。以语言发展为例，2～4 岁是儿童语言发展的关键期，儿童在这个阶段逐步建构起以母语为基础的思维规则。如果因为先天的失聪或没能接受到有效的语言教育和引导，那么很可能出现儿童语言发展障碍。

学生身心发展的不均衡性要求我们的教育工作要抓住其身心发展的"关键期"，及时而教。我国古代的《学记》中说："当其可之谓时"、"时过然后学则勤苦而难成"。所以，教育一定要抓住关键期的有利时机，及时施教。

（四）学生身心发展有个别差异性，教育要因材施教

处于同一年龄阶段的学生在身心发展方面具有相似性，但也有差异性，主要表现为有的学生在某些方面的发展特别快、有些学生在某些方面的发展则明显滞后于同龄人。这种个别差异在同龄人中属于常见现象，但是往往得不到足够的关注，尤其在某些方面

---

① 柳海民．教育原理．长春：东北师范大学出版社，2006：221.

发展滞后的差异，很多情况下这种发展滞后都被家长和教师归结为学生不认真和不努力。其实学生生理方面微小的差异就可能对学生的发展产生巨大的影响，而且学生在气质类型、兴趣倾向方面的差异则会放大他们在身心发展方面的整体差异。另外，学生的这些差异还跟他们所处的发展环境有关，如农村环境和城市环境、知识分子家庭环境和文盲家庭环境等，这些外在因素的影响也会造成学生身心发展方面的差异。

学生身心发展的个别差异性要求教育活动要注意因材施教。针对学生个体的不同特征，采取有针对性的教育措施。美国的加德纳提出了著名的多元智能理论，这套理论明确地指出不同的学生可能在不同的方面有发展优势，要求我们教育工作者要了解学生的优势智能，从而进行有针对性的教育和指导。

第三节　哲学视野中的学生观

一、性善论的学生观

性善论的基本观点是认为人内心深处有向善的本能倾向，或者说有善的种子。战国时期的孟子是性善论的代表性人物。孟子认为人性之初已经有了善端。《孟子》中谈到"恻隐之心，人皆有之；羞恶之心，人皆有之；恭敬之心，人皆有之；是非之心，人皆有之。恻隐之心，仁也；羞恶之心，义也；恭敬之心，礼也；是非之心，智也。仁义礼智，非由外铄我也，我固有之也，弗思耳矣。"可见，孟子认为人性之中是固有一些东西的，而且有的东西是善的，即"仁义礼智"这些"良知"、"良能"，它们是善之端，善的种子。孟子还认为，有了善端不等于就一定会有善，善端需要在后天的教育训练中逐步扩充，从而能有善的表现。但是人性中有的一定是善端，而且有往善的方向发展的趋势。他说"人性之善也，犹水之就下也"，"水无有不下，性无有不善"。古希腊的苏格拉底也可算做是性善论者，他认为人的内心世界在出生之前是非常丰富的，通晓各种知识，但是在出生的时候受到了惊吓，全都忘了，后天慢慢掌握各种知识的过程其实就是一个不断回忆起遗忘的东西的过程。卢梭也说过"出自造物主之手的东西，都是好的，而一到了人的手里，就全变坏了。"这些观点都表现出强烈的性善论倾向。

包括孟子在内的性善论者，他们对学生的认识首先是假设学生内心深处有向善的本能倾向，或者说是有善的种子，也就是说善不是后天习得的，也不是由外而内输入的，而是原本就存在于学生内心深处的。这样的学生假设在教育实践中会引导教师充分的尊重学生、信任学生，给学生更多的自由空间，在方法上也会比较注重像孟子所提到的"存心"、"养性"、"自求"、"自得"，不主张对学生有较多的灌输和管教。

二、性恶论的学生观

与性善论相反，性恶论认为人生下来时不是有善的倾向，而是有恶的倾向，内心深处有着向恶的种子。战国时期的荀子是性恶论的代表性人物。《荀子》中谈到"人之性恶，其善者，伪也。"荀子的性恶论可以分为三个部分，即性伪之分、性伪之合、化性起伪。性伪之分是说研究人性要区分开人性中的先天素质和后天的人为造成的结果。他说"凡性者，天之就也，不可学，不可事。礼义者，圣人之所生也，人之所学而能，所事而成者也。不可学，不可事，而在人者，谓之性；可学而能，可事而成之在人者，谓之伪。是性伪之分也。"即人性中有"性"也有"伪"，"性"是先天的本能，"伪"的是后天造成的。讨论人性时，两者应该区分开。而且荀子认为其中的"性"是恶的，如果后天不加以约束引导，一定会发展为恶。性伪之合是说人性中的"性"与"伪"不应分开，它们是联系统一的。他说"无性则伪之无所加，无伪则性不能自美。性伪合，然后成圣人之名，一天下之功于是就也。故曰：天地合而万物生，阴阳接，而变化起；性伪合，而天下治。"性与伪是素材与加工的关系，只有素材与加工相结合即"性伪合"才能实现对人的改造。化性起伪是荀子人性论的关键。在讨论了"性伪之分"和"性伪之合"后，化性起伪就有了充分条件，用后天人为的环境、教育等因素压制人性中趋向于恶的本能。荀子极为看重后天人为的环境、教育对人的影响，甚至认为只要后天环境得当，"涂之人可以为禹"，他还说"我欲贱而贵，愚而智，贫而富，可乎？曰：其唯学乎！……上为圣人，下为士君子，孰禁我哉！"可见，荀子从化性起伪的立场上，极为重视教育的作用。西方宗教中的原罪说也有性恶论倾向，他们认为人生下来就是有罪的，这一生都要处在赎罪的道路上，有人靠行善赎罪，也有人靠虔诚的祭拜赎罪，还有人靠禁欲或者折磨自己的身体赎罪。这对西方宗教影响的教育产生了重要影响。

在性恶论影响下，我们对学生的假设首先是他是一个有恶的倾向和恶的种子的人，我们的基本认识是这种倾向和种子是必须被扼杀和改变的。因此，我们会觉得我们有责任和义务去改变学生，为他们灌输和塑造我们已经认可的善。在教育方法上显然会特别注重纪律、惩罚、强制和灌输。

三、传统教育派的学生观

传统教育派并无明确的界定，这个概念是因一些新兴的教育主张出现后，为了与原来的教育主张相区别而出现的。主要是以德国的赫尔巴特所倡导的教育学为代表，尤其在杜威的教育哲学出现后，传统教育派和现代倡导的一些教育观点逐步形成了对立的态势。

传统教育派中对很多问题都有大致统一的认识和主张，在学生观的问题亦是如此。我们简要概括传统教育派的学生观，主要有如下几点主张。

第一，学生是教育活动的一个组成部分。传统教育派认为学生是教育活动的一个组成部分，学生是被当做教育活动的要素来加以定位和设计的。这种定位下，学生的主体性往往被忽视，学生的需要虽然是作为教育活动进行的一个重要参考，但这里的学生的需要多是通过教育活动的主导者们猜测而得出的，也就是说，这里的学生需要并不一定就是学生真实的需要。

第二，学生是教师加工改造的对象。学生是教师加工改造的对象，将学生作为教师教育工作的客体。这种定位将学生视为一个客观的、等待加工完善的对象。人们会事先对学生接受完教育之后的结果有一个预设，然后按照这个预设组织教育活动，并将这种预设实现的具体操作交由教师来完成。负担这种使命的教师们往往将自己视为教育活动的主体,将学生的发展变化视为自己工作的结果。显然这样的认识忽视了学生的主动性,如果教育活动按照这样的方式来对学生进行定位的话,那要求教师们要具有高度的专业性和责任心,否则,教师的安排肯定会出现脱离学生真实需要的情况。

第三,学生的发展是由外而内的灌输和填充。传统教育派认为,学生发展的实现是由外而内的一种灌输和填充。学生知识的获取、价值观的形成是由外而内的。在这种认识下,教师、教材等都被作为外在于学生的知识的载体,教学成了将这些外在的知识传递到学生那里的过程。他们经常做的一个比喻是教师有一桶水,然后才可以分给学生每人一碗水。这里被比作水的知识是作为一种物由外而内的在教师和学生中间传递的。这里的教师俨然成为知识的分配者,学生则是知识的接收者,所以才有后来学习负担过重时的"填鸭式"教育之说。先不考虑这种传递是否真的存在,仅按照这样的由外而内的传递过程推演,我们也有必要了解学生接收了知识之后的消化和吸收情况。然而,传统教育派在这一问题上并没能给出让人满意的回答。①

四、存在主义的学生观

存在主义(existentialism)是现代西方哲学的一个重要流派,产生于20世纪20年代的德国。第二次世界大战时从德国传到法国,随即在法国影响逐步扩大,后来陆续传到美国、日本和其他西方国家,存在主义产生了重要的影响,尤其在青年人之间产生了深刻影响。当时经济危机、世界大战、巨大的贫富差距给社会造成剧烈的动荡,引发了整个社会异常严重的道德问题。人与人之间的对立日益加深,整个社会充满了忧虑、烦恼和绝望。科学主义倡导的发展路线带来了飞速发展,但并没有给人们带来相应的幸福,反而成为人类反对自己、折磨自己和支配自己的东西。存在主义就在这种背景下产生,主要关注人的存在问题。它企图通过强调个人的存在来否认社会与外力对人的制约,追寻自我,反对"异化"。因而,在西方社会中产生了广泛的影响。存在主义的影响不仅仅限于哲学领域,还扩展到文学、艺术、道德、教育以及宗教等意识形态领域。存在主义的主要代表人物有德国的海德格尔、雅斯贝尔斯,法国的萨特、马塞尔、梅洛·庞蒂,美国的蒂利希、怀尔德、巴雷特等。②

存在主义哲学最著名的一句话是来自于萨特的名言:"存在先于本质"。意思是人首先存在着,通过他自己的自由选择而决定他的本质。萨特还说:"人不仅是他自己所设想的人,而且还只是他投入存在以后,自己所志愿变成的人。人,不外是由自己造成的东西,这就是存在主义的第一原理。"在认识论上,存在主义反对"认识",强调自我的"内心体验"。人靠对个人的情感、意志的内心体验去规定自己;也靠内心体验和直觉去把握认识对象。人的主观精神是造就自我和决定世界的基础,因而无所谓理性认识的过程。存在主义在教育学领域产生了重要影响,一度形成了存在主义教育哲学流派。诸如《存在哲学与教育学》、《存在主义与教育》、《生存的对话:哲学和教育

---

① 杨清溪,梁琳.新课程改革背景下教师应有的教育观.长春:吉林文史出版社,2013;57~63.
② 张全新.试析存在主义的学生观.当代教育科学,2003,(21):18.

学全集》等一批存在主义教育哲学著作问世。

存在主义教育思想家从存在主义哲学基本观点出发，批判了现存的教育制度和各派教育理论的一些主张，认为他们把人简单化、客观化了，实施的是一种看不到"人"的教育，只强调与个人自由存在相对立的东西，而忽视了人最本真的东西——个人的情欲与要求。存在主义认为教育的本质和目的在于人的"自我生成"或"自我创造"，或者说，"教育是发展关于自由选择以及对选择的意义和责任的认识的过程。"因此，存在主义者是十分强调学生的主体性的，并倡导一种独特的学生观。

首先，学生是有主体性的人。存在主义确认了学生的主体性，强调尊重教育过程中学生的主体性，学生的个性在教育过程中应得到充分尊重。存在主义教育思想家主张师生双方是主体与主体的关系，而不是传统教育中倡导的主体和客体的关系。学生不是教育的客体，也不是教师活动的客体。但存在主义不否定教师的作用，相反他们非常重视教师的作用，认为教师是促使学生进步，帮助未成熟的学生完成"自我实现"的最直接影响者，而且教师在教育过程中也需要彰显自己的主体性。也就是说，在教育过程中，教师和学生都是有主体性的人，他们互为主体，他们的关系是一种主体间关系，也叫主体际性。学生独特而完整的个性应得到教师的尊重，教师不能将学生当成没有主体性的事物，而把自己的主观意志强加给学生。学生对学校教授的知识和道德规范不仅是消极的接受，他们应该从个人的角度，利用自己的主体性积极地去辨别和检验这些知识和道德规则对他个人生活的意义。学生来到学校学习知识和各种道德规则的目的也不是为了别的，而是为了个人的存在。学生不能因受到知识、道德规则的影响而改造甚至泯灭了他自己的个性。

其次，学生是有自由选择权的人。存在主义确认学生的自由选择权，提倡学生利用自己的主体性有意识地果断选择。存在主义者认为人的本质就是人的自由，每个人都有进行独立选择的自由。教育活动要鼓励学生进行自由选择，大胆按照自己的需求和欲望进行选择。那种强行在学生中间推行统一的价值规范，束缚学生自由选择，压制学生个性的教育应该受到严厉的批判，教育是要造就人的自由选择能力，而不是赋予人一种统一的选择能力。人应设计自己的未来，反对所有来自外在的、对个人的"决定论"。存在主义者看来，教师的主要任务就是依靠他渊博的知识将各种可供学生选择的情况客观的介绍给学生，教师应不带任何倾向的与学生交流各种选择的可能性前景，并鼓励学生根据自己的需求做出选择。

最后，学生是要为自己的选择负责任的人。选择既然是自主自由的，那么选择的结果就应当被接受。存在主义者认为，学生的选择是自由的，因此承担选择的责任也是不可避免的。学生不但要对行为的后果负责，而且也要对自己成为怎样的人承担责任，要"勇于成为他自己"。例如，在存在主义倡导的道德教育中，存在主义不主张将道德标准强加给学生，而是提倡让学生自己选择道德行为，选择道德标准。有人担心这会带来严重的社会后果，如果有人不负责任的随意选择伤害社会其他人的利益的行为作为自己的标准，社会将陷入混乱之中。为了避免这种担心，存在主义极力主张，自由选择的前提是要对自己的选择负责。自由选择不代表学生可以随心所欲、为所欲为，因为他必须为自己的行为后果承担责任。①

五、建构主义的学生观

建构主义既是心理学的重要流派，也是哲学的重要流派，在教育领域产生了重要的影响。一般认为，瑞士的皮亚杰所创立的发生认识论开创了认知建构主义理论，后经柯尔伯格、奥苏伯尔和维果斯基等的发展，逐渐形成了一个重要的教育心理学流派。建构主义重视个人经验和情景在人的发展中的重要作用，认为知识是主体主动建构的，不是由外而内的灌输进来的。他们主张在人的发展过程中重视人们已有的经验，并要求在类似于真实社会环境中进行学习，强调教育活动要结合学生实际、回归现实生活，在教育过程中一定要调动学生的主动性，学生的发展过程实际是学生主动建构有关世界的认识的过程。

建构主义理论正在越来越广泛地被运用到教育教学的实践中，并显示出其强大的生命力。当前我国所进行的第八次基础教育课程改革，其中很多理念都深受建构主义的影响，很多教师将建构主义理论奉为教育教学的至上法典。在建构主义引入教学之前，教师在教学过程中处于中心地位，发挥主导作用，课堂教学以教师的讲解为主要实施途径，以知识的传授为主要教育目的，学生在教学中是教师讲解的被动接受者，学生经常被比喻为被动地接受知识灌输的容器。在建构主义引入教学之后，学生变成了学习的主体，学生知识的获得不再是完全由教师灌输而实现，而是靠学生的主动建构实现，因此教学中开始强调学生对知识的主动探索、尝试，并最终建构起来有关客观世界的有意义的理解。

当然，建构主义也因为其主张的教育实践与当前的教育实践有较大差异而遭遇各种阻力，尤其在教学方式方法上，很多教师还不能完全的掌握和透彻的理解建构主义的一些方法。但是无论如何，建构主义都已经在我国的教育实践中产生了重要影响。在建构主义影响下，很多教师的学生观也发生了改变，总结起来，建构主义的学生观主要表现在以下几个方面。

首先，学生是学习的主体。建构主义对学生的第一个定位即是确立学生的主体地位，将学生定位为学习的主体。建构主义认为，学习是学生根据自己已有的经验积极主动地将新学习的内容纳入到已有的认知结构中，主动地建构教学内容的意义，学生发展的实现的关键环节是学生自己的主动建构，教师只是教学过程的组织者、指导者、促进者和帮助者。如果学生不能主动建构，那么教师所做的大量工作都无法取得预期效果。例如，目前建构主义开发出的三种比较成熟的教学方法是：支架式教学、抛锚式教学、随机通达式教学。这三种教学方法都非常强调学生学习的主动性，强调在教师的组织下，学生是学习的主体。具体而言，如在支架式教学中，总共有五个环节，它们依次为：搭脚手架、进入情境、独立探索、协作学习、效果评论。其中，前两个环节和最后一个环节是教师组织实施的，作为教学主体部分的第三、四环节则是先在教师的指导下进行，然后由学生独立完成。可见，学生在整个教学过程中是主动地进

① 张全新．试析存在主义的学生观．当代教育科学，2003，（21）：19.

行探索、协商和讨论，学生自我学习和组织的能力逐渐增强，最后可以达到不需要教师的帮助而能够进行独立学习。在这样的过程中，学生的主体地位已被充分地体现出来。教师在整个教学过程中，自始至终只是在组织、指导学生的学习，而不是向学生灌输，使学生成为被动的知识容器。因此，教学中的主体实现了由教师转向学生。同样，在运用抛锚式教学、随机通达式教学这两种方法的教学中，教师也只是教学的组织者和指导者；在整个教学过程中，学生均是处于积极的状态进行主动探索、主动建构、主动思考的认知主体。①

其次，学生是具有独特个性的个体。建构主义重视学生自己对客观世界的意义建构，他们强调学生个人的意义建构对学生来说是最有价值的，因为不同学生的意义建构可能不一样，所以教师要将学生看成是具有独特个性的个体，而不能对他们进行统一的标准化假设。

建构主义认为，学习是通过意义建构实现的。意义建构的过程就是理解和掌握事物的性质和规律以及事物之间的内在联系的过程。这个过程通过建构主义倡导的"同化"和"顺应"两种方式实现。无论是同化还是顺应，都以学生已有的经验为基础，很多情况下，学生的已有经验是不同的，所以同化和顺应所形成的认知结构可能也不相同。在教学中，由于教师与学生及学生之间各自的经验是不同的，因而他们对同一问题的理解和解释也不会完全相同。持建构主义学生观的教师们会比较能接纳学生对同一问题的不同见解，充分的尊重学生的意义建构。因为，在他们眼里，学生是具有独特个性的个体。

最后，学生是有自己生活世界的人。学生的生活世界不同于成人的生活世界。建构主义要求教师们充分地认识到这一点，以便将学生看做是有自己生活世界的人。由此，教师们则更可能理解学生的行为，从而有针对性地对学生进行引导和教育。

建构主义教育思想的一个重要观点就是强调情境性教学。情境性教学是指教学应该在与现实情境相类似的环境中进行，这样既可以解决学生生活中遇到的具体问题，又可以很好地将教学内容与学生的实际经验联系起来，以促进学生更好地理解教学内容。情境性教学给学生提供了大量的经验基础，有利于学生顺利地进行同化和顺应的意义建构。但要注意的是，学生所接触的情境应是学生的情境，不能是成人的情境，教师在进行情境设计时应充分理解学生的生活世界，然后设计与之相符的情境，不能简单将成人的情境移植到学生的情境教学中，更不能粗暴的以成人情境中的惯用思维范式和价值标准来指挥评价学生情境中的行为。可见，建构主义提倡的情境性教学是把学生看作一个生活中的人，教学要密切联系学生的生活世界。而且这个生活世界，是学生所独有的生活世界，不是简单地将学生拉到现实生活中去体验成人世界。

建构主义之所以单独提出学生的生活世界，是因为学生的生活世界真的不同于成人的生活世界，按照学生的身心发展水平，他们是不能透彻地理解成人的生活世界的。如同目前一些教师抱怨无法理解学生的生活方式一样，学生对于教师的生活或教师所熟悉的人的生活也是难以理解的。脱离生活的教育教学其弊端是非常大的。从教学过

---

① 涂元玲. 论建构主义的学生观. 当代教育论坛, 2004, (03)：40.

程来说，由于过于抽象，或教学中的生活不是学生自己的生活而让学生感觉陌生，会导致学生觉得学习枯燥无味，厌学怕学；从教学的实际效果来说，学生觉得学到的知识也是无所用处，收效甚微。[①]

第四节　教师应有的学生观

学生观是对学生的一种综合性认识，教师的学生观集中地反映在教师对学生的身份、学生的学习、学生的发展以及学生的行为四个方面。教师应在上述四个方面对学生形成科学的认识。

一、学生的身份

（一）学生是生活世界中的人

多年来，学生被置于"书本世界"或"科学世界"之中，学生的生活、成长经验和社会现实成为课程和教学遗忘的角落，教育与生活脱离、课程脱离学生的生活及其经验是当前中小学教育中的通病。[②] 新课程强调回归学生生活，联系学生生活和社会实际。这就要求教师对学生的身份有一个准确的认识，即把学生视为生活世界中的人，而不仅仅是"书本世界"和"科学世界"中的人。

学生作为生活世界中的人有两层含义，首先，学生是人类社会成员中的一分子，他们应平等的享受人类成员的基本权利。社会不能因为学生这个身份而剥夺他们的权利。在以往的课程和教学中，经常出现不能尊重学生的基本权利的情况，如教师不能充分尊重学生的人格，尤其面对学习成绩不好的学生时，更是以一种轻蔑鄙视的态度来处理与学生的交往。学生成绩不好是发展的问题，姑且不追究学生成绩不好的原因有多少是教师造成的，单就以学生成绩来掩盖学生全部表现的做法看也是有诸多不妥的。学生成绩不好是发展的问题，这不涉及学生的人格，教师面对的学生首先是一个应获得人格尊重的人，然后才是一个成绩发展到什么程度的学生。

其次，学生作为一个有特定身份的人，他们有自己特定的生活世界。施之于他们的教育教学除了尊重学生作为人的基本权利外，还应尊重他们的特定生活世界所要求的基本权利。学生对这个世界有自己的理解，有特定的行为方式。作为教师，必须对此有充分的理解和尊重。生活中的学生不是抽象的人，而是具体的人、活生生的人。每个学生都有他自己独特的生长发展过程，都有他自己独立的个性，他们的生长和发展受到他们自己周围复杂的生活背景的影响。这种生活的背景因素涉及生物的、生理的、地理的、政治的、经济的、文化的、家庭的、社区的、国家的、世界的等方面。每个学生的生活背景因此也表现出巨大的差异，所以生活里的学生也各不相同。美国著名教育家古德莱德曾说："学生各不相同，其不同的程度远远超过了我们至今所能认

---

①　涂元玲. 论建构主义的学生观. 当代教育论坛，2004，（03）：41.

②　郭元祥. 新课程背景下学生观的重建. 天津师范大学学报（基础教育版），2003，（03）：15.

识到的。学生是很难把握的。他们不会同样地成长起来。"[1]

另外，学生的认识世界也不同于成人，由于心理发展和时代经历的不同，学生对社会事务的理解可能不同于成人。新课程改革充分注意到了这种差异，要求作为教师的成人在教育教学过程中尽量先从学生的视角去理解学生，对学生的真实想法建立理解之后再对其进行引导和教育。

（二）学生是发展中的人

新课程改革要求教师充分认识到学生是发展中的人。既然是发展中的人，那么学生的发展就尚未完成。联合国教科文组织国际教育发展委员会主席埃德加·富尔（E. Faure）在其向联合国教科文组织提交的著名报告《学会生存》中把人分为分裂的人（man divided）、抽象的人和具体的人（abstract and concrete man）、未完成的人（unfinished man）以及完人（complete man）等不同层次。相对于"完人"来说，学生是一种"未完成的人"。学生不仅在生理上尚未发育完全，而且在人格方面永远具有未完成性。教师意识到这一点后就不能用完人的标准来要求学生，新课程改革就是要避免部分教师观念中所具有的对学生的"完人假设"。

（三）学生是可以与教师平等相处的人

新课程改革要求改变过去师生关系的对立和不平等状态，实现二者之间的民主和平等。在以往的教育教学过程中，学生被看做教育的对象、教师加工改造的对象、教师因为其所掌握的知识权威而具有了交往权威，当教师的知识权威身份被认同时，顺带着在交往中教师的权威身份也被认同。于是学生在教师面前就失去了平等相处的权利，加之我国一直有尊师的传统，尊师、敬师、爱师的观念深入人心，因此教师和学生之间的平等相处很难实现。

新课程改革实施后，对这种情况有了两个方面的改善，首先是在师生交往方面直接提倡民主、平等的师生关系。在学生没有意识到这种改变之前，由教师先主动的以民主平等的方式对待学生。其次是对教师作为知识权威形象的冲击。新课程中，教师不再作为知识的权威出现，而是知识探索的合作者、辅助者。随着这种知识权威身份的转变，交往关系中权威身份也会随之淡化。这也有利于民主、平等的师生关系的形成。

教师对学生身份的正确认识直接影响着教师与学生的交往，而与学生的交往方式不同则可产生极为不同的效果。三毛的小学经历和著名教育家霍懋征左手和右手的教育故事可以引发我们深入的思考。

从三毛自杀看对学生的尊重

台湾著名作家三毛自杀身亡，是一场人生悲剧，令人惋惜。而三毛自杀与她少年时期在学校的一次遭遇有关。三毛读初中时数学成绩很差，她的数学老

---

[1] 郭元祥. 新课程背景下学生观的重建. 天津师范大学学报（基础教育版），2003，（03）：17.

师平时对她十分冷淡，一天三毛做不出习题，老师便把她叫到跟前当着全班同学的面，用毛笔在三毛的眼睛周围画了两个圆圆的"大鸭蛋"，全班同学顿时哄堂大笑。老师等大家笑够了以后，又让可怜的三毛到教室的角落里一直站到下课。下课后，不肯善罢甘休的老师又罚三毛从走廊和大操场上绕上一圈。三毛在学校受到了莫大的精神刺激和老师的百般侮辱，回家后她一个人强忍着痛苦和泪水，从此患上了自闭症。她越来越害怕接触外面的世界，害怕所有的人。这就是三毛自杀的诱因。从这起悲剧中，我们可以看出尊重学生在教育活动中何等重要！

左手和右手的故事

　　霍懋征被周恩来同志称赞为"国宝老师"，被温家宝同志称为"把爱心献给教育的人"。从教期间，教育部要调她去工作，她答应只能"借调"；人民教育出版社请她当编辑，她不去，只承担了教材的编审工作；全国妇联、北京妇联等单位都邀请她任职，但她最终都没有离开孩子和小学课堂。一次上课，一名学习成绩很差的学生举手，问到他他却回答不上来。这名学生哭着说："老师，别人都会，如果我不举手，他们会笑话我。"霍懋征私下和这名学生约定，再提问时，如果会答就举左手，不会就举右手。以后提问，看到他举左手，霍老师就让他回答，看到他举右手就不让他回答，既保护了学生稚嫩的自尊心，也给了他表现的机会。一段时间后，这名学生的成绩进步很大。[①]

二、学生的学习

　　2001年启动的新课程改革要求教师对学生的学习也要有新的认识。要形成有关学生学习的新观念，这些观念包括学生的学习不是灌输，学生的学习不只是知识的获得，学生的学习离不开其积极性和主动性。

（一）学生的学习不是灌输

　　学生的学习不能被理解为灌输的过程。将学生的学习理解为教师把知识由外而内的灌输给学生，然后由学生进行消化吸收，这样的理解在当前的中小学教师观念中有很大的市场。他们在这种观念指导下，往往一味地压制学生，严厉地管束学生，通过反复的训练让学生消化知识，通过机械的模仿和形式化的操作去评价学生。这种观念会造成学生学习负担过重，学生创造力缺失，学生有知识没能力等一系列问题。

（二）学生的学习不只是知识的获得

　　学生的学习是一种全方位的学习，不只是围绕知识的学习，新课程提出的三维立

---

① 霍懋征：以心换心 用爱育爱. 解放日报，2010-2-21.

体目标要求教师们在学生学习时要兼顾知识技能的学习、情感态度价值观的学习和基本的过程方法的学习。要将传统教育教学中提倡的"双基"改为"四基"。即由基本知识、基本技能的学习扩充为基本知识、基本技能、基本的活动经验、基本的过程方法的学习。

（三）学生的学习离不开其积极性和主动性

学生真正的学习是离不开学生自己的积极性和主动性的。没有学生的积极性和主动性参与的学习是被迫学习，反之则是主动学习。被迫学习的起点未经学生选择，学习的方向学生也不明确，而主动学习的起点则有学生的选择，对学习的方向也有良好的预期。被迫学习的过程对学生而言比较痛苦，他们经常会想办法找机会逃出这种学习，整个过程中感受不到快乐，甚至对学习和自己的发展产生厌恶和抵制。对教师而言，被迫学习的过程中需要时刻监督管教，大量的时间精力要被维持学习秩序占用，用于研究业务的时间精力大受影响，没有学生的积极配合还会导致教师情绪不高，教育过程中缺少情感和激情。被迫学习的结果不稳定，往往是通过测试就被迅速遗忘，而且被迫学习的结果中获取的知识不能被很好地利用，学习结果脱离学生实际。

三、学生的发展

（一）学生的发展是有规律可循的

新课程改革的实施要求教师要认识到学生的发展是有规律的，虽然目前我们对于学生身心发展规律的揭示还不够详细，有些问题还不能做出精确的解释和预测，但是这并不能成为教师不相信儿童身心发展规律的存在，不按照已经揭示的教育规律开展教育教学的依据，这只能说明教育学的发展还有很大空间，还有很多有待深入研究的问题。作为教师，一定要坚信学生的发展是有规律的，掌握了学生身心发展规律之后对学生进行的教育才是最为有效的教育。有志成为优秀教师的人还应该在教育教学中尝试自己探索发现儿童身心发展规律。

（二）学生的发展受到复杂因素的影响

学生的发展受到多种因素的影响。影响人身心发展的因素理论告诉我们，人的身心发展至少受到遗传、环境、教育、主观能动性以及社会实践活动五个因素的影响。而且这五个因素不单独起作用，每个因素作用的强度、影响的范围也是不可控制的，因此学生发展是一个受到多重因素复杂作用的过程。教师认识到这一复杂性后，对学生发展结果的解释和发展目标的预期都要通盘考虑这些因素，不能对学生的发展进行简单化理解。

四、学生的行为

对学生的行为的认识和理解有一点需要强调，即教师对学生行为的评价要往前提一个层次。很多教师都以这样的标准来评价学生的行为，学生有错误行为，教师批评学生；学生没有错误行为，教师不批评也不表扬学生；学生有了好的行为，教师表扬学生。其实这种对学生行为的认识是不符合新课程的教育精神的。新课程实施后，教师对学生行为的评价应该往前提一个层次，即学生有错误行为，教师应该耐心地指导教育学生；学生没有错误行为，教师应该表扬学生；学生有好的行为，教师则应更大力度地表扬学生。

（一）学生犯错误属于正常行为

学生是处在发展完善中的个体，之所以以学生的身份出现在教育场域中，就是因为他们需要学习和指导，他们不能总表现出正确的行为。或者可以这样说，儿童的学生身份确认了一个需要广大教师和家长们认真对待的基本事实，即学生犯错误属于学生的正常行为。正是因为他们处在不断地发展完善之中，所以他们才会总犯错误，才会需要教师和父母的指导与帮助。如果他们不犯错误，那么还需要教育干什么？因此，新课程改革强调教师们要树立一种新的学生行为观，学生犯错误属于正常行为，不要把学生的错误当成真正的错误用成人的标准来应对，应把他的错误行为看做一个儿童尝试完善和发展自己所必须经历的生命过程的一部分。

（二）学生没犯错误属于应得到表扬的行为

当我们确认了学生犯错误属于正常行为之后，对于一段时间里没犯错误的孩子就应该表扬。因为对他们来说，保持那么长时间不犯错误也是需要付出自己的努力的，他们应该因这份努力和这样一个无错误行为出现的结果而得到表扬。作为教师，我们不能吝啬手中所掌握的表扬和称赞学生的权力。一方面，因为他们的行为应该得到表扬，另一方面，也因为表扬作为一种重要的教育手段，在学生的发展过程中具有不可估量的作用，新课程提倡多表扬和鼓励学生正是基于这样的考虑。

（三）学生做出我们期望的行为应该加大表扬力度

同样，在学生表现出了我们期望的行为时就应该加大表扬力度。对于学生而言，能够按照教师的要求表现出相应行为，不仅仅是听话的问题，他们还要克服很多儿童固有的行为缺陷，做出额外的努力，属于需要付出较多努力才能表现出的行为。因此，应该加大表扬力度。

☆ 本章小结

教师应对作为教育对象的学生有全面系统的认识。本章尝试对学生进行全方位的介绍，希望以此帮助教师树立一种科学的学生观。本章介绍了学生的内涵、学生的特殊属性、学生的类别和规模；对学生身心发展的一般规律和影响因素做了系统阐述，并从哲学的视角介绍了几种不同的学生观。在这些介绍的基础上，我们试图帮助教师在学生的身份、学生的学习、学生的发展以及学生的行为方面树立起科学的学生观。

思考与练习 »

（1）影响学生身心发展的因素有哪些？如何认识这些影响因素？

（2）学生身心发展的一般规律有哪些？教育应该如何遵循这些规律？

（3）教师应该树立什么样的学生观？请结合自己的受教育经历谈谈你对学生观的认识。

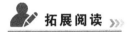

拓展阅读 »

基因决定论之所以错误
——兼评一位科学家的错误说法

方舟子

众多媒体在大力宣扬人类基因组计划的成就之后，突然又批判起了所谓的"基因决定论"。国际遗传学界本来有"遗传决定论"（genetic determinism）的说法，认为是遗传决定了人性，比如社会生物学的创建人爱德华·威尔逊、"自私的基因"理论的倡导者道金斯等——他们不过是因为主张人的一些行为与遗传有关，就被骂为遗传决定论者。"基因决定论"的意思大概也差不多。但是中国批判基因决定论的人，其实本身就是基因决定论的信徒。如担任人类基因组计划在中国的联系人的一位教授，在被记者问到以后是否可能用转基因技术创造出从事特殊服务的"新人类"（比如不吃不拉埋头苦干的转基因奴隶）时，他断言："这是可能的！"，并说如果真的发展到那一步，"那我们就把科学都毁掉、把科学家都杀掉！因为他们干了坏事。"

显然，杨教授反对基因决定论，但他不是从科学的立场，而是从伦理的立场。他称"基因绝对没有好、坏之分"，警告"我们千万不要想扮演上帝的角色"，不是因为我们没有扮演上帝的能力，而是在道德上不允许这么做，是不为也，非不能也。

可惜，道德观因人而异，它的约束力也就往往并不是那么有效，即使要把所有的科学家杀掉，也绝对无法阻止总有人想过过当上帝的瘾。问题是，遗传学是否真能给科学家当上帝的能力？那位教授断言"这是可能的"，而我的看法恰恰相反。基因是否决定了人的先天本性？我们都听到过同卵孪生兄弟即使从小被分开在不同的社会环境下长大，性格也会如何相似，这是遗传能影响人格的一大证据。但这只是极端的情形。另一极端是，即使是连体孪生兄弟，也往往有不同的人格。比如美国19世纪著名的"暹罗连体兄弟"，性格就截然相反，一个暴躁，一个平静；一个思维敏捷但兴趣狭窄，一个反应迟钝但兴趣广泛；一个是酒徒，另一个则是赌徒。他们一出生就连在了一起，一刻也没分离过，这种人格的不同，显然不能归因于环境的不同，而只能说是先天决定的。但是他们的基因却又完全相同。究竟是什么造成了其先天的差异？

从事分子遗传学研究的人，往往有基因决定一切的印象，在小试管中加入已知的基因，就可以预料结果，屡试不爽。但是，任何合格的研究者也都清楚，体外的实验结果不能简单地推广到体内，在试管中由基因决定的结果，在细胞中未必如此。原因之一，是因为试管中的化学分子数目都是大大过量、均匀分布的，而细胞中的化学分子数目则是有限的（比如体外一次实验所用的DNA数目难以计数，而每个细胞却只有两份 DNA）——局部的分子浓度不同，导致了细胞内的化学反应带有很大程度的随机性。

同一个细胞的后代属性各不相同，主要是由于分子过程的随机性，而不是罕见的基因突变（同样是随机的）引起的。这种随机性，使得不论是基因决定论，还是环境决定论，甚至是基因加环境决定论，统而言之，一切的决定论，都无法成立。基因完全相同的细胞克隆，在完全相同的环境下发育，也会得到不尽相同的结果，这种现象在遗传学上被称为"发育噪音"（developmental noisy）。

目前关于大脑发育的主流理论，是"选择理论"，其要点是，在大脑发育过程中，神经元随机地生长形成随机的连接，在外界刺激下，有的连接被加强，有的则消失。这种以随机性为基础的选择性发育的结果，导致了一个人天生的性格和天赋，但是它既非决定于基因，也非决定于环境，发育过程的随机因素在其中占了相当大的比重。操纵基因是可能的，控制环境也是可能的，但是要控制细胞内分子反应的随机因素，却是不可能的，因此，要随心所欲地控制发育结果，也就不可能。

基因决定论之所以错误，不仅仅是因为它在伦理上不道德，更重要的是因为它在科学上不成立。遗传学家之所以当不成上帝，不是因为不愿或被禁止这么做，而是因为谁也无法这么做，是不能也，非不为也。

科学工作者应该告诉公众真相，澄清公众的误解，而不应该附和公众毫无根据的幻想，加重公众不必要的恐惧。我们希望科学家应该以科学家的身份，而不是以神学家、道德家、政治家的身份探讨生物伦理。

（中国青年报主办《青年参考》2000 年 8 月 3 日）

列女传·卷一·母仪传
西汉·刘向

昔孟子少时，父早丧，母仉〔zhǎng〕氏守节。居住之所近于墓，孟子学为丧葬，躄〔bì〕，踊痛哭之事。母曰："此非所以居子也。"乃去，遂迁居市旁，孟子又嬉为贾人炫卖之事，母曰："此又非所以居子也。"舍市，近于屠，学为买卖屠杀之事。母又曰："是亦非所以居子矣。"继而迁于学官之旁。每月朔（shuò，夏历每月初一日）望，官员入文庙，行礼跪拜，揖〔yī，拱手礼〕让进退，孟子见了，一一习记。孟母曰："此真可以居子也。"遂居于此。

译文

孟子小的时候和母亲住在墓地旁边。孟子就和邻居的小孩一起学着大人跪拜、哭嚎的样子，玩起办理丧事的游戏。孟子的妈妈看到了，就皱起眉头："不行！我不能让我的孩子住在这里了！"孟子的妈妈就带着孟子搬到市集，靠近杀猪宰羊的地方去住。到了市集，孟子又和邻居的小孩学起商人做生意和屠宰猪羊的事。孟子的妈妈知道了，又皱皱眉头："这个地方也不适合我的孩子居住！"于是，他们又搬家了。这一次，他们搬到了学校附近。每月夏历初一这个时候，官员到文庙，行礼跪拜，互相礼貌相待，孟子见了之后都学习记住。孟子的妈妈很满意地点着头说："这才是我儿子应该住的地方呀！"于是，居住在了这个地方。

第三章　教　　师

✩ 本章概述

　　教师是教育事业发展的核心力量，更是社会发展的中坚力量。作为即将从事教育工作和教育研究的师范专业学生，一定要清楚地了解教师角色的社会特殊性。本章内容从了解教师职业出发，对教师社会角色、社会地位、职业特点和重要性做了全面的阐述。新的社会环境对教育提出了新的要求，这要求从业教师具备更加全面的职业素质。另外，新教师如何实现专业成长、在胜任教学工作的同时成长为教育家型教师，将是我们追求的目标。本章结合现有教师专业发展现状对教师专业发展阶段、途径和影响因素进行了全面的解析，同时提供了良好的案例供学习者参考。

✩ 学习目标

　　(1) 理解教师是学生学习的促进者，体悟教师工作的意义在于创造条件帮助学生自主发展。

　　(2) 了解中学教师的职业特点和专业要求，自觉提高自身的科学与人文素养，形成终身学习的意愿。

　　(3) 了解教师的权利与责任，遵守教师职业道德。

　　(4) 了解教师专业素养的核心内容，明确自身专业发展的重点。

　　(5) 了解教师专业发展的阶段与途径，熟悉教师专业发展规划的一般方法，学会理解和分享优秀教师的成长经验。

　　(6) 了解教师专业发展的影响因素，学会利用以课程学习为主的各种机会积累发展的经验。

第一节　教师职业概述

　　教师职业是一种专业化的职业，它的产生与发展经历了不同的时期与阶段。发展至今，教师职业已经日趋成熟。这一方面通过教师的社会地位和教育过程中的地位体现出来；另一方面，对于教师职业权利与义务的相关法规的完善也能说明教师职业的规范化程度。

一、教师的含义

　　从普通意义上讲，教师是特殊的社会群体，承担人类文化的传递工作，受社会的委托，通过在学校中对学生的身心施加特定影响，把其培养成为一定社会所需要的人，并以此为主要职责的专业人员。教师概念具有丰富的内涵：

首先，教师是指一种社会职业。这种职业与其他职业在分工上有明显的不同，它以培养人、教育人为主要工作。

其次，教师是指从事教育职业的人。我们可以这样理解，即教师是传递人类科学文化知识和技能，对学生进行思想品德教育，把受教育者培养成一定社会需要的人才的人。

另外，教师可以分为很多类，如幼儿园教师、小学教师、中学教师、大学教师；或根据不同的教育类别分为职业教育教师和普通教育教师。在本章内容中我们主要介绍的是中小学教师。

二、教师职业的产生和发展

教师职业是一个古老而又新兴的职业，既是古代社会分工的产物，又是现代专业化发展的结果。教师职业从远古时代融于生产劳动的非专业化的原始形态，演变为从事古代学校教育的泛专业化形态，最后走向近现代社会的教育专业化形态。教师职业形态的提升，经历了一个漫长的岁月。教师职业的发展与教育内外部的发展密不可分。现代教师是一种具有较高行业标准的职业。教师是从事教育教学的专业人员，这是现代教师职业的基本性质。

职业是人类社会进步、社会分工带来的产物。教师职业是人类社会文明发展到一定高度的标志，它的职业性是伴随着学校的产生而发展的。作为人类文明的重要传承者和创造者，教师职业的性质受到社会历史和经济文化变迁的影响。纵观人类教育发展史，教师职业大致经历了以下四个发展形态。

（一）长者为师的阶段

在人类社会发展的原始阶段，教育活动没有从生产劳动中脱离出来，它与生产生活紧密结合在一起。教育是与新生一代的照看联系在一起的，所以主要是以"长者为师"。同时，由于原始社会中教育与一些重要的社会活动，如祭祀仪式结合在一起，因此传递经验和技巧的工作也由氏族首领、巫师等来承担。

（二）官师合一、僧师合一的阶段

随着人类社会的发展，教育从社会生产实践中脱离出来，成为一项独立的活动，学校教育主要是被统治阶级所垄断，服务于政治和宗教目的（如我国古代所谓学在官府，西方中世纪教会教育），教师常常是由官吏和僧侣等担任。另外，也存在"学者为师"现象，在古代中西方都有一批著名的学者办的学校进行主要教学活动，如西方中世纪大学等。

> **古代西方的学校**
>
> 　　在中国，西周时实行政教合一，官师一体，官学中设有专职教育官。春秋战国时期私学兴起，教师多为各种学派的学者。秦朝主张禁私学，以法为教，以吏为师，推行吏师制度。汉代以后，历代封建王朝都在中央和地方设有官学，私学亦同时并存，教师的基本职责均为"传道、授业、解惑"。西方古代社会的官学亦有官师。在僧院学校、教会学校多以僧侣、神父、牧师为师；民间教育以商员为师。

（三）教师作为专门职业人员

　　教师作为一个大规模职业群体的出现是在近代。19世纪50年代以后，随着大工业革命的成功，大机器生产代替了手工业，科学技术在生产上得到了空前广泛的应用。生产的迅猛发展，不仅要求大大增加劳动者的数量，而且要提高劳动者的质量，从事机器生产的工人必须具备一定的科学文化知识，掌握一定的生产技能，因而提高劳动者的素质、普及初等教育就成为急迫的问题。欧美等国先后实施义务教育。义务教育的普及需要大量的教师，于是一个庞大的职业群体便诞生了。

（四）教师作为专业工作者

　　20世纪60年代以后，尤其是20世纪80年代以来，国际社会与世界各国为提高教育质量和教师的地位，纷纷承认教师职业是一个专业性职业，教师是专业职业者。

> **教师专业性转变历程**
>
> 　　1966年，联合国教科文组织和国际劳工组织通过了《关于教师地位的建议》，强调"教学应被视为专业"。
>
> 　　1971年，日本中央教育审议会通过的《关于今后学校教育的综合扩充与调整的基本措施》提出"教师职业本来就需要极高的专门性"，强调应当确认、加强教师的专业化。
>
> 　　1986年，美国《国家为培养21世纪的教师作准备》、《明天的教师》两个报告中同时提出以教师的专业性作为教师教育改革和教师职业发展的目标。
>
> 　　1994年，我国《教师法》规定："教师是履行教育教学职责的专业人员。"
>
> 　　1996年，联合国教科文组织提出，"在提高教师地位的整体政策中，专业化是最有前途的中长期策略"。

　　教师是传递人类科学文化知识和技能，进行思想品德教育，把受教育者培养成一定社会需要的人才的人，教师职业伴随着学校教育的产生而产生，又随着时代教育的发展而发展。因而她是一个古老而又常新的职业。所谓古老，她起源于人类社会发展的初期，几千年绵延不衰，所谓常新，教师毕竟是社会的存在，往往是与社会同步发展的。不同的时代，不同的社会政治、经济、文化会存在不同的教育制度安排，因而对教师的要求也会不同。

　　因此，我们要全面地认识教师，既需要从纵深的历史维度，更要从时代横向维度，即从时代政治、文化、经济与人的发展等现实社会的具体性来认识。教师是具体的，而非抽象的。

我国有关教师的法律制度

　　当前，我国有关教师的法律制度通常由教师资格制度、教师职务制度、教师聘任制度、教师培养与培训制度、教师考核与奖惩制度、教师待遇制度、教师申诉制度等组成。

　　教师资格制度是国家对教师实行的一种特定的职业许可制度，一般包括教师资格基本条件、资格认定、丧失和撤销的原则以及认定教师资格程序等内容。教师资格一经取得，即在规定范围内具有普遍使用的效力，非依法律规定不得丧失和撤销。《教师法》以及《教师资格条例》中，规定了在各级各类学校实行资格制度，对教师的资格分类、教师资格条件、教师资格考试、教师资格认定都有具体规定。

　　教师资格主要分为幼儿园教师资格、小学教师资格、初级中学教师资格、高级中学教师资格、中等学校教师资格、学生实习指导教师资格、高等学校教师资格。

　　取得教师资格的法定条件包括六个要件：一是必须是中国公民。这是成为教师的先决条件。二是必须具有良好的思想道德品质。这是取得教师资格的一个重要条件。三是必须具有规定的学历或者经国家教师资格考试合格。四是必须具有教育教学能力。五是身体素质。教师工作特点，从客观上要求教师的身体状况应符合有关规定。六是心理素质。教师工作繁重复杂，常常会遇到挑战与挫折、成功与失败、喜悦与悲伤，还要承担来自各方面的压力，所以作为教师要具有良好的心理素质以便从容面对挑战，更好地完成本职工作。

　　教师的任职条件是：一是具备各级各类相应教师资格；二是遵纪守法，具有良好的思想政治素质和职业道德；三是具有相应的教育教学水平、学术水平，能全面、熟练地履行职务职责；四是具备学历、学位及工作年限要求；五是身体健康。

　　教师聘任形式依据其聘任主体实施行为的不同可分为四种形式：一是招聘，即用人单位面向社会公开、择优选拔具有教师资格的人员。二是续聘，即聘任期满后，聘任单位与教师继续签订聘任合同。三是解聘，即用人单位因某种原因不适宜继续聘任教师，双方解除合同关系。四是辞聘，即教师主动请求用人单位解除聘任合同的法定行为。

三、教师的社会作用

(一) 传播和发展人类文化

人是有主观能动性的。人的主观能动性表现为人能认识世界和改造世界，正是在不断地认识世界和改造世界的过程中，文化不断地被创造出来。在新文化与原有文化的相互作用中，人类文化和社会处于一种不断地发展和进步状态。因而新一代人在进入社会生活之前，都应掌握人类创造的已有文化。年青一代掌握人类文化是一个人类文化传承的过程，学校是进行人类文化的代际交接和传承的场所，教师则是进行人类文化的代际交接和传承的执行者。在这里教师是人类文化的传播者、传递者和发展者，学生是人类文化的接受者、接替者和继承者。学校教育传播文化是有目的、有计划、有组织地进行的，它与其他大众媒体和文化出版事业不同。教师要把社会对新一代的要求和期待变为自己对每一个学生的具体的期待，要针对学生实际，进而对知识作出说明、解释和论证，以保证学生理解和掌握。学校和教师进行人类文化的代际传承，具有自觉性、科学合理性和专门性。

教师传递人类文化不仅仅是起一个传声筒的作用，他不但要对知识作说明、解释、论证，而且要对人类文化进行选择、提升和创造。所谓选择就是选择真正科学的知识，选择人类优秀文化，选择符合真善美精神的文化知识，选择适合于学生接受的文化知识等。所谓提升和创造就是指教师对教科书的知识的说明、解释和论证，要结合自己的体验，去阐发和弘扬人类优秀文化传统，引导和鼓舞学生追求真善美。教师对教科书上的知识的说明、解释和论证，还要与人类科学文化的最新发展相结合，并进行自己的创造，去阐发它的最新的内涵和意义，把它提升到新的境界。

(二) 推动社会物质文明和精神文明建设

虽然培养人是教师最主要的责任，但是围绕着培养人这一主题展开，教师的社会作用还包括对于社会物质文明和精神文明建设的推动。首先，教师作为一种专业化的职业有着广泛的社会认同和较高的社会地位，因此，教师这一职业的言行体现着这个社会的文化群体所具备的素养和品质，从较高的层面体现着社会的文明化水平，甚至会成为社会文明的一个标杆；其次，教师会传播和发展文化，教师不仅会"独善其身"，而且还会形成一定的辐射去影响其他的人；最后，教师通过传授文化知识和培养人才，就可以全面推动社会物质文明和精神文明建设。例如，教师在教育活动中培养的有知识懂技术的劳动者，能利用自己的知识、技术制造物质产品；教师通过教育培养的科学技术专家，可以利用自己的创造活动发现新的科学原理或发明新技术，从而创造新产品，或通过改进工艺提高产品质量。

在知识经济时代，科学创新将成为发展高新技术和高技术产业的基础，培养科技创新人才将是提高综合国力和国际竞争力的关键。科技创新人才具有复杂的素质结构，培养这种复杂结构的高素质人才是一个长期艰苦的过程，它需要发挥教师的主动、积极的能动作用。具有发展高技术使命的科技创新人才必须具有高度的责任感、使命感和献身精神，这需要教师的积极影响。高技术时代的科技创新人才主要是要培养选择、运用和创造新知识的能力，它需要教师的精心设计和培养。在国内国际激烈竞争的现代社会，科技创新人才还要注意心理平衡的锻炼，敢于面对挑战，迎接挑战，这也需要教师的指导和培养。

南开大学教师获科技奖励和知识产权管理突出贡献表彰①

　　日前，为了肯定高校科技奖励和知识产权管理取得的成绩，提高科技管理水平和管理队伍素质，发挥先进典型的示范作用，教育部表彰了 100 名在科技奖励和知识产权管理工作中做出突出贡献的高校教师，南开大学贺京同、李培新两位教师名列其中。

　　教育部自 1985 年设立科技奖以来，25 次奖励了全国高校优秀科研成果，对我国的科学技术进步具有重大推动作用，为高校赢得国家科学技术奖打下良好基础。高校的广大科技奖励管理部门和管理人员在这个过程中发挥了重要的组织管理作用。与此同时，作为高校科技工作重要组成部分的知识产权工作，对提升高校科技创新水平和我国的科技创新能力做出了突出贡献，其中也倾注了相关管理部门和人员的共同努力。

（三）参与社会生活和服务社会

　　随着教育终身化潮流的发展，学校、社区与家庭的合作日益密切，就教育而言，社区与家庭的专业性明显要弱于学校，所以在三者合作的建构方面，教师群体作为一项资源得到了社会的普遍认可和重视，教师走进社会，参与社会生活，服务社会也越来越体现出教师群体不菲的社会价值。

思考：
你心中最理想的职业是什么？

四、教师的地位

（一）教师的社会地位

　　教师被称为"人类灵魂的工程师"。古往今来，有不少思想家、科学家都从事过教师职业。他们一方面从事文化研究和传播，另一方面培养人才，对人类社会的发展作出了贡献。古往今来，也有不少思想家、教育家对教师工作给予了很高的评价，主张给教师以崇高的社会地位，倡导社会应尊重教师。中外历史上处于上升或进步阶段的统治阶级或有作为的政治家，一般都很尊重教师。

---

① 南开教师获科技奖励和知识产权管理突出贡献表彰. http://news.nankai.edu.cn/nkyw/system/2010/10/11/000034020.shtml［2014-6-9］.

教育学家——徐特立

徐特立（1877～1968）是我国近代杰出的无产阶级教育家，曾创办湖南省长沙师范学校、省立第一女子师范学校、长沙女子师范学校等学校，并担任校长。大革命时期他担任湖南省农民协会教育科长、农民运动讲习所主任。从1930年起，他一直是我国教育部门的主要领导人，先后任中央苏区教育部代部长、部长，陕甘宁边区教育厅长，中共中央宣传部副部长（主管教育）兼教育研究室主任等。同时，他还担任中央苏区列宁师范学校校长、教材编审委员会主任、苏维埃大学副校长（主持日常工作）、中央农业学校校长、陕甘宁边区新教育协会会长、新教育学会理事长、延安自然科学院院长等职务。他一生十分重视师范教育和教师工作，主张"经师和人师合一"、"教师要做园丁，不要做樵夫"。他还经常以自己的经历鼓励师范生献身教育事业。作为一代师表，他毕生从事教育工作，桃李满天下。毛泽东称他是"革命第一，工作第一，做人第一"，周恩来称他是"人民之光，我党之荣"，朱德称他是"当今一圣人"。有《徐特立文存》、《徐特立教育论语》等传世。

中国古代儒家把教师的地位看得很高，常常把教师与君王相提并论。《尚书·泰誓》中说："天佑下民，作之君，作之师。"将君师视为一体或将君师并列于同等地位。荀况进一步把师纳入"天、地、君、亲"的序列。他说："天地者，生之本也"、"先祖者，类之本也"、"君师者，治之本也。"（《荀子·礼论》）。自汉唐至明清，历代都有大儒。这些人饱学多识，学生也多能根据礼教事师。西方在古希腊时期，国王尊师的例子可以用马其顿王亚历山大与亚里士多德的亲密关系来说明。文艺复兴时期，资产阶级开始登上历史舞台，许多人也对教师职业怀有普遍的尊重。捷克教育家夸美纽斯说过："我们对于国家的贡献，哪里还有比教导青年和教育青年更好、更伟大的呢？"他认为，没有比教师更优越、更光荣的职位。到了现代，由于科学技术在生产中的应用越来越广泛，需要劳动者的文化程度越来越高，各国政府都普遍重视教育，同时大力提高教师的待遇和地位。十月社会主义革命胜利后，苏俄强调要提高教师的社会地位。无产阶级革命家和教育家加里宁称赞教师是"人类灵魂的工程师"。列宁提出"应当把我国人民教师提高到从未有过的，在资产阶级社会里没有也不可能有的崇高的地位。"同时，强调要提高他们与这种地位相称的素养，"而最重要的是提高他们的物质生活条件"。此后，苏联政府为提高广大教师的工资待遇做了不懈的努力，同时通过对优秀教育工作者授予荣誉称号和奖章等方式提高教师社会地位。

那么什么是教师社会地位呢？教师社会地位是指教师在整个社会职业体系中所处的位置。它可以从四个方面体现出来，包括专业地位、经济地位、政治地位、职业声望。

1. 专业地位

社会职业按照专业化的分类可以分为三种：专业性的职业，包括医生、律师和会计师等；半专业或准专业的职业，包括护士等；非专业性职业，包括售货员、操作机器的工人等。而教师正是属于专业性较强的一种职业。

专业的评判标准

（1）从业者必须经过一定时期的专业培训；

（2）从业者必须具有专门的知识与技能；

（3）从业者必须具有服务重于报酬的意识；

（4）从业者必须具有相当的专业自主权；

（5）从业者有自己的专业团体和明确的思想信条；

（6）从业者必须有不断进修的机会。

---

2. 经济地位

教师的经济地位体现在社会给予教师的报酬及其他物质生活条件。

3. 政治地位

教师的政治地位是通过教师在政治上享有的各种权利、待遇和荣誉体现出来的。

4. 职业声望

教师的职业声望主要是指人们对教师职业的社会评价。

教师地位调查

各国教师地位排行（表 3-1）。

表 3-1　各国教师地位

教师地位指数/分	尊敬教师的学生比率/%
1. 中国（100）	1. 中国（75）
2. 希腊（73.7）	2. 土耳其（52）
3. 土耳其（68.0）	3. 新加坡（47）
4. 韩国（62.0）	4. 埃及（42）
5. 新西兰（54.0）	5. 新西兰（38）
……	6. 美国（37）
9. 美国（36.7）	7. 日本（19）
16. 日本（16.2）	……
21. 以色列（2）	21. 韩国（11）

出处：巴乐基 GEMS 财团

调查显示，韩国教师地位在包括经济合作与发展组织（OECD）会员国在内的 21 个主要国家中，排名较高，位居第 4 位。但经统计，在针对学生是否尊敬教师这一项进行调查的结果显示，在所有调查对象国中，韩国排名垫底。

2013 年 10 月 5 日（当地时间），国际教育机构巴乐基 GEMS 财团发布了综合教师年薪、社会地位等调查项目在内的"教师地位指数"报告书。该报告书显示，韩国总分为 62 分，位居中国（100 分）、希腊（73.7 分）、土耳其（68 分）之后，排名第 4 位。教师地位指数是为了了解学生们的学业完成能力与教师地位、年薪的相关关系，由 GEMS 财团和英国苏塞克斯大学彼得·道尔顿教授共同研究开发的指数，以美国、中国、英国等 21 个国家的不同职业、性别、年龄的 1000 名对象为标本进行调查。

根据该指数，韩国教师的人均年薪（PPP 基准）为 43874 美元（约 4699 万韩元），位列新加坡（45755 美元）、美国（44917 美元）之后，排名第三位。紧随其后的分别是日本（43775 美元）、德国（42254 美元）、瑞士（39326 美元）、荷兰（37218 美元）等国。在调查对象国中，教师年薪最低的国家是埃及（10604 美元）。大部分国家的教师都表示，自己的年薪处于适当水平。韩国、日本、新加坡、美国的教师们则认为，自己现在的报酬处于合理水准以上。

有 48% 的韩国人表示"会建议子女成为教师"，位居中国（50%）之后，排名第 2 位。美国（33%）跃居上位圈，排名第 7 位。但日本（15%）却被挤到了第 19 位。类似的回答也反映了教师的社会地位。实际上，在中国，教师的地位与"医生"相近。美国的"图书馆管理员"，日本的"地方政府管理职位"被分类为与教师拥有相似地位的职业群。

但韩国却只有 11% 的人表示"学生尊敬教师"，在这一调查项目中，排名垫底。与此相反，中国（75%）处于压倒性的第 1 位。紧随其后的依次为土耳其（52%）、新加坡（47%）。对于教育系统的信赖度，韩国得分仅为 4.4 分（满分 10 分），低于平均分数（5.5 分），位列第 19 位。另外，对于"教师学业履行的信赖度"，韩国得分也比平均分数（6.3 分）低，仅有 5.4 分。排名甚至低于埃及、捷克等国。该项分数最高的国家为巴西（7.1 分）。

报告书指出，"就如同韩国的国际学生学业评价项目（PISA）排名较高一样，教师的地位也很高"，"但这种倾向并没有与各个领域都保持一致"。"虽然对于教育系统和教师的信赖度较低，但人们依旧建议子女成为教师"。

（二）教师在学校教育过程中的地位

1. 历史渊源

对于教师在学校教育过程中的地位，历史上存在两个派别，这两个派别分别是传统教育派（教师、教材、学校）与现代教育派（学生、活动、社会）。传统教育派以赫尔巴特为主要代表，强调教师在学生中的权威作用，一切教育活动的基础都应以教师为中心，教师在教育过程中处于绝对的主宰地位，学生只是被动的、受支配的客体，在此基础上，进一步强调了教材与学校的作用。现代教育派的代表人物是卢梭和杜威，他们认为在教育的过程中应该以学生为中心，学生的发展是一种自然形成的过程，教师无法主宰学生发展的过程，教师在教育过程中只起到辅助作用，因此，"学生中心论"强调了活动和社会对于学生发展的作用。

2. 讨论现状

教育是一种有目的、有计划、有组织的培养人的社会实践活动，教师与学生是构成教育活动的基本要素。教师与学生在教育过程中的地位和关系问题，则一直是教育学一个主要的理论和实践问题。如何处理师生在教育中的关系，教育史上存在多种不同的理论观点和实践模式，其中具有较大影响力的观点模式主要是以下三种：第一种是以教师为中心的传统教育模式。这种以赫尔巴特为代表的传统教育派所倡导的教育模式，片面强调教师的权威性，忽视学生的主动性，不利于培养学生的自主能力和创造精神，随着社会的发展而日益显现其落后性。第二种是以学生为中心的教育模式。这种以杜威为代表的现代教育派所倡导的教育模式，从一个极端走向另一个极端，片面强调学生的学习主动性，削弱教师的启发引导作用，忽视人类长期积累与总结的间接经验的学习，往往使学生的学习陷入一种自发性、盲目性的探索过程，同样落后于时代的发展。第三种是"以学生为主体，以教师为主导"的观点。这是我国现行许多教育学教科书的主流观点。这种观点既强调充分发挥学生的主观能动性，又注重充分发挥教师的启发引导作用。良好的愿望本无可厚非。然而，由于"主体"与"主导"概念内涵的重叠性，理论上的观点模式实施于教育过程时，往往会出现一种倾向掩盖另一种倾向，甚至会出现一种倾向抑制另一种倾向。最为常见的是，这种观点模式导致一种误解，使教师的"主导"作用凌驾于学生的"主体"地位之上，教师时时处处都成为主导。这必然使学生从属于甚至时时处处从属于教师，并非真正尊重学生的主体地位。

围绕学生在教育过程中的地位、作用和发展目标等问题，人们进行新的理性选择，经过许许多多教育工作者教育实践的检验，这就逐渐形成了主体教育思想。主体教育思想要求教育工作者确立一种现代的教育本质观，这就是：教育是学生在教师为其创设的学习生活环境中，经过自身知、情、意、行等身心活动，消化吸收内外各种因素的影响作用达到自我发展的过程，同时也是一种特殊的生活过程。基于这种新的教育本质观，主体教育思想认为，在教育活动中，教师是教育行为的主体，而学生则是自身生活、学习和发展的主体；现代教育过程是教师与学生双主体协同活动的过程，其核心目标是培养和发挥学生的主体性，而实现这一核心目标的关键是真正建立平等民主、相互尊重的新型师生关系。"双主体论"是主体教育思想的基本观点，"教师启发引导、学生实质参与、师生平等互动"的教育活动模式，则是主体教育思想的基本模式。

五、教师的权利与义务

教师作为一个特定的职业群体，在与国家、学校、学生的相互关系中，既享有一定的权利，也必须履行相应的义务。从法律的角度对教师权利和义务进行解读，是依法治教所要解决的重要问题之一。其意义在于，一方面可以使教师明确所享有的法定权利及界限，更好地行使权利，自觉抵制各种侵害教师合法权益的现象；另一方面又可以使教师更加清晰地认识到其必须履行的法定义务，增强教育教学的自觉性和责任感。

（一）教师所享有的法定权利

教师的法定权利，是指由教育法律所规定的教师可以做出或不做出一定行为，以及要求他人相应做出或不做出一定行为的许可与保障。相对于教师义务而言，教师权利是第一位的。这不仅是法理上的缘故，也是由教师职业的特殊性和重要性所决定的。教师是人类灵魂的工程师，担负着培养人才的使命和重任，与其他直接从事生产劳动的行业不同，其积极性、主动性、创造性的发挥尤为重要。我国《教育法》第三十三条规定："国家保护教师的合法权益，改善教师的工作条件和生活条件，提高教师的社会地位"，从法律的高度体现了国家对教师职业的重视。因此，要充分尊重和维护教师权利，使其心情舒畅，这样才能有利于国家人才战略的实施和教育事业的发展。那么，教师到底享有哪些权利呢？结合我国《教师法》的规定，教师应当享有的基本权利具体包括以下几种。

1. 教育教学权

这是教师作为教育工作者应当享有的最基本的权利，即教师有权"进行教育教学活动，开展教育教学改革和实验"。教师的主要职责就是教育教学，要完成此职责就必须赋予教师相应的权利，即教育教学权。教师的教育教学权有以下两层含义：第一，学校有义务保证具有教师资格、符合任职条件的教师教育教学权的实现，即应安排其从事教育教学岗位。除非本人自愿，不得剥夺其依法享有的教育教学权利，安排其专职从事与教育教学无关的岗位。第二，教师在教育教学活动中享有一定的自主权。教育教学过程是一个复杂的教师与学生之间的互动过程，不能也无法像生产流程那样机械和固定，必须赋予教师相应的自主权，才能充分发挥教师的聪明才智，以提高教育教学质量。教师的自主权主要表现为：一方面，教师应当按照教学大纲、学校教学计划的要求自主确定教学的具体内容、进度及传授知识的具体方法途径，自主组织课堂教学；另一方面，可根据教育教学实际组织开展教育教学改革和实验，因材施教、因地制宜，不断提高教育教学质量。由此可见，教师在教育教学活动中的自主权比较充分，这是由教育教学活动的特殊性决定的。当然，教师的自主权也是有限度的，不能以此绝对拒绝学校对教育教学活动的监督和控制。

2. 从事科研学术活动权

《教师法》规定，教师享有从事科学研究、学校交流，参加专业的学术团体，并在学术活动中充分发表意见的法律权利。教师是知识分子，从事科研学术活动既是其内心的需求，又是社会发展的需要。同时，教师从事科研学术活动可使教师从更高的高度把握教育教学规律，增强教师素质，丰富课堂教学内容，提高教和学的效率和质量。因此，赋予教师从事科研学术活动的权利，意义重大。实践中有些学校，特别是有些中小学认为教师从事科学研究会影响日常教学活动，对其进行打压和限制，这种观点是很狭隘的。教师从事科学研究是否必须要与本专业、本学科一致的问题，法律并没有明确规定。根据"法不禁止即自由"的法理，教师从事科研学术活动的范围并不一定非得与本专业、本学科一致。有些学校人为限制教师科研范围，教语文的必须研究语文，教数学的必须研究数学，这种做法有悖于法律规定。

3. 指导评定学生权

教师有权"指导学生的学习和发展，评定学生的品行和学业成绩"，即指导评定学生权。教师在教育教学活动中起主导作用，通过教师的指导和评定行为，使学生少走弯路，促进学生德智体全面发展。在教育教学过程中，教师的指导和评定行为是两个相互联系、相互促进的手段。教师的指导行为是评定行为的前提，评定行为不是为评定而评定，其本身也是指导行为的一种方式。通过教师的评定，使学生找出差距，激发上进心。二者的落脚点和最终归宿是促进学生的品行、学业成绩等方面的发展。教师的指导评定权与管理、管束权是既有联系，又有严格区分的概念。其联系在于教师的指导评定行为是管理一种方式，管理、管束也是指导行为的一种手段。然而二者的区别也是很明显的。指导评定权是教师的一种"权利"，不具有强制性，更加强调学生在教育教学过程中的主体地位，更加强调学生在教师指导下主动性的发挥；而管理、管束权是一种"权力"，是刚性的，其强调的是当事人双方的不平等地位，管理、管束权的相对方必须要服从。二者的区别实际上代表着两种不同的教育教学理念。实践中有些教师过分强调教师的管理、管束权，过分强调教师的"绝对权威"，动辄要给予学生处分（实际上教师并没有处分学生的权力，具有处分学生权力的主体是学校），这是传统"师道尊严"观念的产物，不利于学生在学习过程中主体地位的实现。由此可见，《教师法》赋予教师指导评价学生的权利，而没有出现"管理、管束"字样是符合教育教学规律的，也是符合当今民主法治社会这一时代背景的。《教师法》指出，教师的主要职责是："尊重儿童的个性，发现和发展儿童的才能，关心儿童的教育和训练，经常致力于培养作为未来成人及公民的道德意识，并以民主、和平与民族友谊的精神教育儿童"。在"符合学生和教师双方自尊心范围内实施仁慈的纪律，不得采用强制和暴力"。这就要求教师在教育教学过程中，合理利用其主导地位，充分调动学生学习的积极性、主动性，慎用强制性手段，实现师生关系的良性互动。

4. 报酬待遇休假权

《教师法》规定，教师享有"按时获取工资报酬，享受国家规定的福利待遇以及寒暑假期的带薪休假"的权利。基于此，教师的报酬待遇休假权主要包括工资权、福利权、休息休假权。

（1）工资权。教师从事教育教学活动，付出了劳动，就要得到报酬，这是市场经济的基本规律。教师工资包括基本工资、津贴、补贴和奖金，是教师个人和家庭生活的主要经济来源。任何机关不得以任何理由扣减或者拖欠教师工资。教师的工资水平应大体与国家公务员的工资水平相一致。

（2）福利权。是指教师享有国家规定的各种福利以及出现生老病死、灾祸等特殊情况下给予的帮助和补偿，包括福利、保险及退休金等方面的权利。目前，我国正在推行"阳光福利"制度,是教师享有福利的一个组成部分。教师保险制度包括医疗保险、养老保险、失业保险等,以保障教师在退休、患病、工伤、生育、失业等情况下获得帮助和补偿。退休金方面的权利是指教师退休后,享受国家规定的退休金和其他待遇,国家为其生活和健康提供必要的服务和帮助。

(3)休息休假权。教师实行国家规定的工时制度,法定工作日以外加班的,应当补休,至于加班是否享受如《劳动法》所规定的"双薪"或"三薪",《教师法》没有规定。

5. 民主管理权

教师享有"对学校教育教学、管理工作和教育行政部门的工作提出意见和建议,通过教职工代表大会或者其他形式,参与学校的民主管理"的权利。依照我国有关教育法律的规定,学校实行的是校长负责制。校长是学校管理的最高负责人,对内全面领导学校教育、教学和行政工作,向全体教职工、学生负责,对外代表学校向举办者负责。校长在管理学校过程中,依照国家的有关规定行使行政决策权、行政指挥权、人事管理权和财务管理权。但是实行校长负责制不能忽视教师享有的"对学校教育教学、管理工作和教育行政部门的工作提出意见和建议,通过教职工代表大会或者其他形式,参与学校的民主管理"的权利,实行校长负责制的目的是为了强化行政指挥功能,提高工作效率。

6. 进修培训权

传授知识是教师的重要职责,而当今社会知识的更新步伐越来越快,终身学习理念已成为人们的共识。教师只有参与进修培训,不断更新自己的知识结构,才能适应这种挑战。各级教育行政部门及学校应当积极为教师进修培训提供机会,并在经费上给予大力支持,这既是教师成长的需要,也是学校及教育事业发展的需要。教师行使进修培训权可能会对学校的正常教学秩序产生冲击,二者是一对矛盾。如何协调,法律并没有明确规定。我们认为,教师进修培训权的实现应当以不对学校正常教育教学秩序产生不良影响为前提。当然,学校也应尽可能为教师进修培训提供方便,这毕竟是符合学校长远利益的。

7. 其他权利

《教师法》第七条虽然仅赋予教师上述六项权利,但我们认为并不是全部。教师除了依法享有上述六项权利,还应当享有法律法规规定的其他权利。比如身份保障权,即非因法定事由、非经法定程序不得处分或辞退教师,其依据是《教师法》第三十七条的规定。该规定的具体内容为:"教师有下列情形之一的,由所在学校、其他教育机构或者教育行政部门给予行政处分或者解聘。(一)故意不完成教育教学任务给教育教学工作造成损失的;(二)体罚学生,经教育不改的;(三)品行不良、侮辱学生,影响恶劣的。教师有前款第(二)项、第(三)项所列情形之一,情节严重,构成犯罪的,依法追究刑事责任。"由此可见,只有具备上述三种情形之一,才可以给予教师行政处分或者解聘教师。实践中有些学校在不具备法定事由的前提下,随意处分或解聘教师，这些行为显然是违法的。

（二）教师应当履行的法定义务

没有无权利的义务，也没有无义务的权利，权利与义务在法律上是一对伴生物。教师享有法定的权利，就必须履行相应的义务。教师的法定义务，是由《教师法》等教育法律规范所规定的教师必须履行的一定作为或不作为，目的是满足权利人的法律要求。从一般意义上讲，权利主体对于权利的行使具有选择权，可以行使也可以不行使，甚至可以放弃，而义务是无条件的，是必须履行的。如果教师不履行法定义务，就要承担相应的法律责任，如果教师不承担法律责任将会受到国家强制力的制裁。按照《教师法》的规定，教师应当履行的义务包括以下几点。

1. 教师履行遵守宪法、法律和职业道德，为人师表的义务

遵守宪法和法律是每个公民的义务，教师是学生的表率，教师如果不能遵纪守法，对学生的影响是很坏的。教师素有"人类灵魂的工程师"的美誉，社会自然对教师的为人处世、道德修养有更高的期待。这就要求教师应当严格要求自己遵守职业道德，做道德的楷模。为人师表，所谓"身正为师，学高为范"，教师职业的特殊性决定了教师言行的示范性，教师应当成为遵纪守法、践行道德的楷模。

2. 教师履行贯彻国家的教育方针，遵守规章制度，执行学校的教学计划，遵守教师聘约，完成教育教学工作任务的义务

搞好教育教学工作是教师的本职工作和应尽的义务。如果教师不能完成职责范围内的教育教学任务而造成工作损失，应承担相应的法律责任。教师在教育教学过程中虽然具有一定的自主权，但并不是没有限制。教师的教育教学活动要始终贯彻国家的教育方针，执行学校的教学计划。如果不能完成教育教学工作任务，要承担相应的法律责任。

3. 教师履行对学生进行宪法所确定的基本原则的教育，爱国主义、民族团结的教育，法制教育以及思想品德、文化、科学技术教育，组织、带领学生开展有益的社会活动的义务

笼统地说，该条所规定的是教师对学生进行思想品德教育的义务。教师的职责不仅是"教书"，还要"育人"。教师应有意识地结合教育教学的业务特点，将思想政治、品德教育贯穿在教育教学工作全过程中。各科教师都应该结合各学科教学内容，在传授科学文化知识的同时，对学生进行思想品德教育，有意识地引导学生树立正确的人生观、世界观、价值观，努力把学生培养成为遵纪守法、道德高尚的公民。

4. 教师履行关心、爱护全体学生，尊重学生人格，促进学生在品德、智力、体质等方面全面发展的义务

教师对学生的爱，是一种出自崇高目的、充满科学精神、持久而又深厚的无私的

爱。它不是基于亲缘关系，不是出自个人的需求，而是来源于教师对事业的深刻理解和高度责任感。关爱每位学生，还要求教师必须要尊重学生人格。人格尊严不受侵犯是公民享有的一项宪法权利。学生作为一名公民，享有宪法所规定的人格尊严，任何人不得侵犯。教师负有教书育人的重任，应采用合法的方式方法，开展对学生进行德、智、体等方面的教育。实践中，教师以爱学生的名义损害学生人格尊严的现象时有发生，这是法律所禁止的，也是对教师职业道德的违背。

5. 教师履行制止有害于学生的行为或者其他侵犯学生合法权益的行为，批评和抵制有害于学生健康成长的现象的义务

保护学生的合法权益和身心健康，是全社会的共同责任。学校教育是对学生进行教育的主要力量，教师对学生的成长更负有义不容辞的责任，这种责任既来源于法律的规定，也来源于教师的职业良心。对于有害于学生健康成长的各种不良现象，教师应予以批评并自觉加以抵制，引导学生分清是非，努力塑造一个相对纯洁的教育环境。同时，对于侵害学生合法权益的行为应当及时制止，比如校园内发生的第三者侵权案件，如果教师不及时制止或采取其他相应措施，是要负法律责任的。

6. 教师履行不断提高思想政治觉悟和教育教学业务水平的义务

教育教学工作需要教师具有一定的思想政治觉悟和专业素养。热爱教育事业的同时要有扎实的教育和科学文化知识及多方面的能力。在高科技迅猛发展、人们的思想观念日新月异的今天，教师作为人类文明的传承者，更应当不断学习，参加进修和各种培训，努力提高自己的职业道德素养和业务水平，方能完成教书育人的重要使命。从这个意义上说，教师进修培训既是一项权利，也是一项义务。

教师的权利和义务首先作为社会事实关系而存在，然后上升为习惯和道德等关系，最后进入教师法等法律从而成为一种法律关系。教师法律关系的内容是一种特定的职业权利和义务，与教师的职业性质、特点和任务密切相关。这种法律关系的存续时间从教师取得资格并正式任职开始，到教师工作终止结束。教师权利的享有和义务的履行都需要法律制度的支持。

学校是否侵权了？

王某从某师范院校毕业后，被聘为某校初中数学教师。一年后，其所教班级的教学成绩明显下降，学生对他意见很大。教研组多次找他谈话，但王某态度消极，在成绩评定时，把对他有意见的学生的成绩评定为不及格。学校根据这种情况，经研究，认为王某不再适宜当教师，决定调他负责学校的治安、收发工作。王某不服，于是，向教育局提出申诉。

思考：

（1）在案例中，学校是否侵犯了王某的教育教学权？为什么？

（2）通过这一案例，你从中受到什么启示？

第二节　教师的职业角色、职业素质与职业道德

一、教师的职业角色

（一）教师的职业角色定位

由于教师职业的专业性与独特性，社会上对于教师的角色有着较多的隐喻和形容。"蜡烛"、"园丁"、"工程师"、"水桶与水杯"、"警察"等隐喻不仅体现着教师的社会地位，同时也反映着教师的职业角色。简要概括，教师的职业角色包括以下几种。

1. 文化知识传递者

教师的工作简而言之可以归纳为四个字"教书育人"，所谓"教书"就是指文化知识的传递。

2. 人类灵魂的工程师

教师具有传递社会传统道德、价值观念的使命。虽然当前的道德观、价值观呈多元的特点，但教师总是代表着社会主导地位的道德观和价值观，并且用这种观点来引导学生。此外，教师对学生的"做人之道"、"为业之道"、"治学之道"等也有引导和示范的责任。

3. 心理卫生保健者

教师要时刻关注学生的心理波动与心理健康。青少年时期是人心理由幼稚走向成熟的时期，也是容易波动的时期，因此教师在"教书育人"的同时，也要注意青少年的心理问题，一方面预防学生心理问题的出现，做到事前教育与引导，另一方面要帮助有心理负担的学生解决问题。

4. 学生集体管理者

教师是学校教育教学活动的组织者和管理者，需要肩负起教育教学管理的职责，包括确定目标、建立班集体、制定和贯彻规章制度、维持班级纪律、组织班级活动、协调人际关系等，并对教育教学活动进行控制、检查与评价。

5. 学生的朋友

教师往往被学生视为自己的父母或朋友。小学低年级的学生倾向于把教师看做父母的化身，对教师的态度类似于对父母的态度。高年级的学生则往往愿意把教师当做朋友，也期望教师能把他们当做朋友看待，希望得到教师在学习、生活、人生等多方面的指导，希望教师能与他们一起分担痛苦与忧伤，分享欢乐与幸福。

"应当成为孩子的朋友，深入到他的兴趣中去，与他同欢乐、共忧伤，忘记自己是教师，这样，孩子才会向教师敞开他的心灵。"

————苏霍姆林斯基：《帕夫雷什中学》

6. 学生的榜样

教师的言行是学生学习和模仿的对象。学生具有向师性的特点，教师的言论行为、为人处世的态度会对学生产生耳濡目染、潜移默化的影响。

教师角色的隐喻分析

（一）"教师是蜡烛"

肯定：奉献与给予。

不足：忽视教师的持续学习与成长；淡漠教师的内在尊严与劳动的欢乐。

（二）"教师是园丁"

肯定：田园式的宽松环境；重视学生的成长过程；注意了学生的个性差异；强调了教师作用的发挥。

不足：存在着淘汰制（间苗）；有人为的强制性（修剪）。

（三）"教师是人类灵魂的工程师"

肯定：工程师——重要的职业；灵魂——关注人类心灵的发展。

不足：暗示一种固定的统一的标准，忽视了学生的差异性；整齐划一，批量生产，易形成新的机械运动。

（四）"要给学生一杯水，教师自己要有一桶水"

肯定：强调教师要有足够的知识储备；学科知识的有效传递（讲究"倒"的过程和方式）。

不足：灌输式教学，学生被当成容器；传递内容单一（只有水），教学内容学科性强；教与学不是一个简单的"倒给"，忽视教学的创造成分。

（五）"教师像警察"

肯定：维持必要的秩序，强调纪律性。

不足：对学生实施严格控制；师生关系过于紧张，缺乏亲和力；着眼于学生的问题与错误，挑剔多而鼓励少。

（二）未来教师职业角色的变化

2001 年发布的《基础教育课程改革纲要（试行）》明确提出：课程改革的具体目标是，要改变课程过于注重知识传授的倾向，强调形成积极主动的学习态度；改变课程结构过于强调学科本位，科目过多和缺乏整合的现状；加强课程内容与学生生活以及现代社会和科技发展的联系，精选终身学习必备的基础知识和技能；倡导学生主动参与、乐于探究、勤于动手，培养学生搜集和处理信息的能力、获取新知识的能力、分析和解决问题的能力以及交流与合作的能力。新课程改革对教师提出了新的要求，呼唤着教师从传统的教育角色中摆脱出来，进入新的角色。

1. 学习能力的培养者

美国教育家布鲁纳提出，教学生学习任何科目，绝不是对学生心灵灌输固定的知识，而是启发学生主动去求取知识。教师不能把学生教成一个活的书橱，而是教他如何去思维，教他学习如何像历史学家研究分析史料那样，从求知过程中去组织属于他自己的知识。从中，我们应该知道，学习应该是一种主体性的活动。而传统教学是以教师为中心的，教师负责教，学生负责学，教学就是教师对学生单向的"培养"活动。教师是知识的占有者和传授者，是学生的控制者与管理者。新课程在强调学生学习主体地位的同时，也要求教师的角色从原有的传道授业者向学生学习能力的培养者转变。

2. 课堂教学的研究者

传统的教学活动和研究活动是彼此分离的。教师的任务只是教学，研究被认为是专家们的"专利"。教师鲜有从事教学研究的机会，即使有机会参与，也只能处在辅助的地位，配合专家、学者进行实验。这种做法存在着明显的弊端，一方面，专家、学者的研究成果并不一定为教学实际所需要；另一方面，教师的教学如果没有以研究为依托的提高和深化，就容易因循守旧，陷入僵化。教师自己就应该是一个研究者，教师即研究者意味着教师在教学过程中要以研究者的心态置身于教学情境之中，以研究者的眼光审视和分析教学理论与教学实践中的各种问题，对自身的行为进行探究，对积累的经验进行总结，使其形成规律性的认识。

3. 学校课程的开发者

在传统的教学中，教学与课程是彼此分离的。教师是按照教科书、教学参考资料、考试试卷和标准答案去教；而教学内容和教学进度是由国家的教学大纲和教学计划规定的，教学参考资料和考试试卷是由专家或教研部门编写和提供的，教师成为教育行政部门各项规定的机械执行者。有专家尖锐地指出，现在有不少教师离开教科书，就不知道教什么；离开参考书，就不知道怎么讲；离开练习册，就不知道考什么。新课程标准倡导民主、开放、科学的新理念，确立了国家课程、地方课程、校本课程三级课程管理政策。地方课程和校本课程的设置，弥补了单一国家课程模式的不足，发挥了地方和学校的资源优势与办学特色，满足了不同地区、学校和学生的需求与特点，既能促进国民基本素质的共同提高，又能促进学生个性的发展。在这种课程设置模式下，教师必须成为积极的课程开发者。

4. 综合知识的掌握者

新课程呼唤综合型教师，这是一个非常值得注意的变化。多年来，学校教学一直是分科进行的，教师的角色一旦确定，不少教师便画地为牢，把自己禁锢在学科堡垒中，不再涉猎其他学科的知识，这种单一的知识结构远远不能适应新课程的需要。此次课程改革，在改革现行分科课程的基础上，设置了分科为主、包含综合课程和综合实践活动的课程，由于课程内容和课题研究涉及多门学科和知识，这就要求教师改善自己的知识结构，成为综合型教师。

5. 信息技术的应用者

21世纪是信息化社会，信息化社会需要信息化人才，信息化人才有赖于信息化教育。《基础教育课程改革纲要（试行）》要求大力推进信息技术在教学过程中的应用，"逐步实现教学内容的呈现方式、学生的学习方式，以及教学过程中师生互动方式的变革。充分发挥信息技术的优势，为学生的学习和发展提供丰富多彩的教育环境和有力的学习工具。"新课程改革的目标之一就是教材立体化，从原有单一的纸质课本转向以文字教材为主体，音像教材和电子教材为两翼，向网络教材发展的教材媒介体系。文字材料没有必要、也不可能承担教材的所有功能。多媒体、立体化的教材更生动、更形象、更活泼，更便于教师进行课堂教学，更利于学生进行自主探索，更益于学生创新精神和实践能力的培养。

（三）教师劳动的特点

1. 教师劳动的复杂性

教师的根本任务是教书育人。教师劳动绝不仅是上完课了事，而是要对学生的全面发展负责，应尽可能渗透到学生发展的方方面面。学生是具有能动性的主体，身处社会之中，接受着各方面的影响。复杂的社会环境和家庭生活都会对学生产生这样那样的影响，其中有正面的也有负面的。正因为影响学生发展的因素极为复杂，所以，教师必须善于观察和分析，有效地利用各种正面影响克服其负面影响，并立足学生现实，调动学生的积极主动性，教育才有可能获得成功。

2. 教师劳动的创造性

教师的劳动具有高度的创造性，它表现在教师要针对不同的学生和不同的教育情况，机智灵活地运用教育规律，达到最优的教育效果。

教师劳动的创造性首先表现在因材施教上。教师的劳动对象是一个个活生生的人，各自具有其特殊性，有着不同的兴趣、爱好、气质、性格和受教育水平。他必须对每个学生的特点提出不同的要求，通过不尽相同的方法、途径，确保每位学生不断发展，使其成为具有丰满个性的社会人。教师劳动的创造性还表现在对教育内容、方法和手段等的不断创新上。随着社会的发展和学生的成长，教师要立足现实，不断选取最适合学生的教育内容，不断发现和创造性地运用有效的教育方法和手段。教师劳动的创造性突出表现在教育机智上。在教育中，会出现事先难以预料的事，要求教师必须随机应变，化不利为有利。

3. 教师劳动的长期性

培养人才是一项长期的事业，教师的劳动具有长期性。教师的教育影响伴随着学生的一生。个体的教师对学生的直接教育或许时间不长，但其对学生产生的影响则可能是终生的，而教师的劳动更是一个长期的过程。

4. 教师劳动的示范性

以身作则、为人师表是对教师的必然要求，教师的劳动具有高度的示范性。要通过示范的方式，以自己的才学、能力、品德去影响学生，通过自己的一言一行去教育学生。教师劳动的示范性贯串于教育的全过程。他必须用内化了的知识、品德、智慧去教育学生，教师应时刻做到以身作则、为人师表，将自己作为一本活生生的教材，在课内、课外、学校和社会生活中保持一致。

二、教师的职业素质

思考：
请说出你心目中的好教师应具备的素质。

（一）教师职业素质的内涵

1. 什么是职业素质

职业素质（professional quality）是劳动者对社会职业了解与适应能力的一种综合体现，其主要表现在职业兴趣、职业能力、职业个性及职业情况等方面。影响和制约职业素质的因素很多，主要包括受教育程度、实践经验、社会环境、工作经历以及自身的一些基本情况（如身体状况等）。

一般说来，劳动者能否顺利就业并取得成就，在很大程度上取决于本人的职业素质，职业素质越高的人，获得成功的机会就越多。

素质包括先天素质和后天素质。先天素质是通过父母遗传因素而获得的素质，主要包括感觉器官、神经系统和身体其他方面的一些生理特点。后天素质是通过环境影响和教育而获得的。因此，可以说，素质是在人的先天生理基础上，受后天的教育训练和社会环境的影响，通过自身的认识和社会实践逐步养成的比较稳定的身心发展的基本品质。

2. 教师职业素质的具体体现

教师职业具有工作对象的特殊性和多变性、学生成长的导向性和示范性、工作内容的超前性和创造性、教师职业的崇高性和不可替代性等特点，这就决定了教师必须具有热爱教育事业、热爱学生、为人师表、学而不厌等高尚的职业道德。

从职业的对象来说，教师的职业对象是活生生的人，不是无生命的物质，是正在成长中的青少年。青少年具有主观能动性，而且是千差万别的。教师面对的是他们的成长，是体力和脑力的发展，是知识的获取，是智慧的增长、品德的养成。而这个过程每个人都不一样，教师要把每一个学生培养成才，如果不研究学生成长规律，不懂得教育的规律，不掌握正确的教育方法，是很难做到的。

从职业的内容和任务来讲，教师的工作不仅要教书，更要育人。教师要使学生身心健康得到发展，把他们培养成有理想、有道德、有文化、有纪律的四有新人。教师不仅是一名教书匠，更需要丰富的专业知识，并能把它们很好地潜移默化地传授给学生，促使学生养成崇高的思想品德。

教师的工作方法也与其他社会职业不同，不像其他职业那样要使用什么工具，而要用教师自己的知识、智慧、人格魅力在和学生共同活动中去影响学生。对学生来说，教师是知识的传播者、智慧的启迪者、情操的陶冶者。教师职业的这些特点要求教师做到"学为人师，行为世范"。教师的一言一行深刻地影响着学生。教师要时时注意自己的行为能不能成为学生的表率，能不能对学生起到积极的影响。

国内外教师对优秀教师职业素质的看法

（1）国外对优秀教师职业素质的看法。

友善的态度；尊重课堂上每一个人；耐性；兴趣广泛；良好的仪表；公正；幽默感；良好的品质；对个人的关注；伸缩性；宽容；颇有方法。

（2）国内（查有梁）关于优秀教师职业素质的调查（表3-2、表3-3、表3-4）。

表3-2　优秀教师职业素质（学生的观点）

序号	项目	百分比/%
1	有责任感	56
2	不刺伤学生自尊心	52
3	对学生一视同仁	52
4	教法生动有趣，容易领悟	44
5	敢于承认自己的错误	43
6	愿意参与学生活动，多和学生接触	41
7	重视学生能力的培养	39
8	理解当代学生的思想	37
9	有组织能力	34
10	对学生有耐心	33

表3-3　优秀教师职业素质（校长、教师的观点）

序号	项目	百分比/%
1	有责任感	86
2	有组织能力	64
3	知识面广	59
4	重视思想品德教育	53
5	教法生动有趣，容易领悟	47
6	敢于创新，有进取心	43
7	教学能抓住重点、突出关键	38
8	注意教与学的及时反馈	37
9	敢于承认自己的错误	34
10	重视学生能力的培养	32

	表 3-4　优秀教师职业素质（家长的观点）	
序号	项目	百分比/%
1	有责任感	87
2	重视思想品德教育	59
3	教法生动有趣，容易领悟	54
4	有组织能力	49
5	重视学生能力的培养	48
6	鼓励学生自己思考问题	46
7	知识面广	46
8	教学能抓住重点、突出关键	45
9	严格要求学生	45
10	讲解透彻明白	32

（二）教师应具备的素质结构

1. 职业道德素质

"学高信为师，身正堪称范"。教师职业道德是至关重要的。17世纪捷克著名教育理论家夸美纽斯强调，教师应是道德卓越的优秀人物，要无限热爱学生。

2. 科学文化素质

教育的竞争实际上是教师素质的竞争。在业务能力上，要求教师从现在的"单一型"向"全能型"发展，做到"博专结合，博中求专"，成为德才兼备、一专多能的复合型教师。

3. 教育理论素质

首先，现代教师必须具有全新的学生观、人才观和教育质量观，面向全体学生全面提高学生素质，促进学生全面发展。其次，教师必须具有终身教育的思想和观念。学校教育不是一种终结性教育，而是终身教育的起点，是为继续学习做准备和打基础的。因此，教师对课程内容的确定和教学方法的选择，都应充分反映终身教育的思想。

4. 教育能力素质

教学过程实际上就是科学研究的过程。当前中小学实施素质教育，许多理论和实践问题需要去研究、去解决。教师不仅要学会分析、钻研和思考，还必须会实验、会写教研论文。在新的教育形式下，教师必须完成由"经验型"向"科研型"的转变。

5. 身体素质

身体素质会被大多数教师所忽视，当前的教师职业倦怠很多的诱因便是教师的"职业病"，所以一名优秀的教师不仅要"学高身正"，而且也要有一个良好的体质。

（三）教师的心理素质要求

实施素质教育的关键是改革课程，转变教育观念，提高教师职业素质。其中教师职业素质尤为重要。在教师职业素质中，心理素质是核心，它直接影响教师潜能发挥，影响学生素质培养。教师对学生的教育，就是心灵对心灵的感受，心灵对心灵的理解，心灵对心灵的耕耘，心灵对心灵的创造，因此，作为"人类灵魂的工程师"，教师从事着教育和培养祖国一代新人的事业，应具备良好的心理素质和特定的人格特点。

1. 积极的心态

人与人之间只有很小的差异，但这种很小的差异却往往造成了巨大的差异，很小的差异就是所具备的心态是积极的还是消极的，巨大的差异就是成功与失败。莎士比亚曾说过这样一句话："赞美是照在人心灵上的阳光，没有阳光我们就不能生长。"心理学家威廉姆·杰尔士也说过这样一句话："人生最深切的要求就是渴望别人的欣赏。"教师的工作就是如何调动起学生的情商，最大限度的激发他们乐于学习的热情。作为教书育人的教师要抱有积极的心态，相信每一个学生都是天才，相信每一个学生都能成功，那么我们就会满怀深情的去关爱每一个学生，从而认真地去教每一个新学生；同时，作为有着积极心态的教师还应该学会赞美学生。

2. 自我控制能力

热忱是促使我们采取行动的重要原动力，而自制则是指引我们行动的平衡轮。教师应学会控制自己的情感和欲望。如果学生说了几句教师不想听的话或者做了教师不愿看到的事，面对如此情况，教师假如缺乏自制能力的话，可能会立即针锋相对，以至导致体罚或变相体罚的发生。其实，发怒的结果总是自己错了。我们能制止自己不发怒，证明我们是对的，我们的学生便无能为力了。行动冷静，则学生也会冷静下来。

3. 永远向上的精神

一驾马车最重要的部分不是车，也不是马，而是挥舞长鞭的驾驭者。教师不仅要善于激发学生的创造性思维的火花，正面激励学生，而且还要理解学生，关心、尊重学生，为学生提供成长发展的机遇。使用正面激励法，主动鼓励和表扬学生，我们的教育就能取得成功。

4. 宽容的态度

宽容大度是教师心理必须具备的品质。社会心理学中把宽容理解为有权力责备处罚而不加以责备处罚、有权力报复而不加以报复的一种道德心理结构。宽容首先表现在能容忍学生对自己的不满。"如果你想有所作为，就要准备承受责难。"假如我们不相信这句话，不按这句话行事，那么我们就永远也不可能成为一名出色的教师。教师的宽容还表现在能容忍学生的缺点和错误。在美国的一些学校，教师不仅善于容忍学生的缺点和错误，而且还鼓励学生犯"合理性错误"，不犯合理性错误的学生是不受欢迎的。

5. 个性魅力

人生的魅力在于人情的美好，人情的美好在于人性的美丽，而人性的美丽在于迷人的个性。心理学中有一个被称为"向师性"的现象，是说如果学生喜欢这一科教师，那么他就会喜欢这一门课程，从而在该课程中表现出极大的兴趣和韧性，也就使这门课成为他拿手的学科。个性魅力就是以高尚的师德、超人的才情、浓厚的学术为基础，升华而成的具有感召性的人格魅力和精神气质。也就是说，一方面教师要有严肃认真、敬业爱生的教育精神；另一方面，教师要有宽广厚实、多才多艺的教学素养。

6. 富有激情

激情切不可以只是表面工夫，它必须发自一个人的内心，要假装也不可能持续很久。产生持久激情的方法之一是定出一个目标，努力工作去达到这个目标，而在达到这个目标之后，再定出另一个目标，再努力去完成。这样做可以提供兴奋和挑战，如此就可以帮助一个人维持激情于不坠。

7. 合作精神

力量和成功是相辅相成的。因此，任何人只要拥有知识及能力，并能够联合他人，就发挥出集体智慧的力量，他（她）就会在竞争中立于不败之地。国际21世纪教育委员会在1996年向联合国教科文组织提交的《教育——财富蕴藏其中》报告中指出，现代教育的四大支柱是：学知、学做、学会合作、学会生存。因此，教师更应该加强合作，从合作中寻找集体智慧的结晶，从合作中提升自己的修养和品位。

三、教师职业道德

教师的职业道德，简称"师德"，是指教师在教育教学活动中应当遵守的道德规范和行为准则。

（一）规范与道德规范

规范是指规定或约定俗成的标准。在社会生活中，有各种各样的规范，如政治规范、经济规范、法律规范、语言规范等。道德规范是社会规范的一种形式，是人们道德关系的普遍规律的反映，是一定社会或阶级对人们行为和关系的基本要求的概括。

（二）不同时期的规范及修订原因

1. 1984 年《中小学教师职业道德要求》

由国家教育委员会和全国教育工会在 1984 年 10 月 13 日颁发的《中小学教师职业道德要求（试行）》（以下简称《要求》）一共提出六条要求：①热爱祖国，热爱中国共产党，热爱社会主义，热爱人民教育事业。②执行教育方针，遵循教育规律，面向全体学生，教书育人，培养学生德、智、体全面发展。③认真学习马列主义、毛泽东思想，学习科学文化知识和教育理论，精益求精，勇于创新。④热爱学生，了解学生，循循善诱，诲人不倦，不歧视、讽刺、体罚学生，建立民主、平等、亲密的师生关系。⑤奉公守法，遵守纪律；热爱学校，关心集体；谦虚谨慎，团结协作；与家长、社会紧密配合，共同教育学生。⑥衣着整洁，举止端庄，语言文明，礼貌待人，以身作则，为人师表。

2. 1991 年《中小学教师职业道德规范》

实践证明，《要求》的颁发对中小学教师队伍建设起到了积极作用。数年来，广大中小学教师遵循职业道德要求，坚持社会主义方向，努力提高业务水平，在教学岗位上辛勤育人，为祖国的社会主义事业做出了新的贡献。但是，形势的发展和教育改革的深入对中小学教师队伍建设提出了新的要求。为此，国家教委和全国教育工会在总结试行情况的基础上对《要求》进行了修订，作为《中小学教师职业道德规范》，并在 1991 年 8 月 13 日进行了颁布。其具体的内容包括：①热爱社会主义祖国，拥护中国共产党的领导，学习和宣传马列主义、毛泽东思想，热爱教育事业，发扬奉献精神。②执行教育方针，遵循教育规律，尽职尽责，教书育人。③不断提高科学文化和教育理论水平，钻研业务，精益求精，实事求是，勇于探索。④面向全体学生，热爱、尊重、了解和严格要求学生，循循善诱，诲人不倦，保护学生身心健康。⑤热爱学校，关心集体，谦虚谨慎，团结协作，遵纪守法，作风正派。⑥衣着整洁、大方，举止端庄，语言文明，礼貌待人，以身作则，为人师表。

3. 1997 年《中小学教师职业道德规范》

随着我国改革开放和社会主义现代化建设事业进入一个新的历史阶段，新的形势对中小学教师队伍建设提出了更高的要求。为此，根据《中共中央关于加强社会主义精神文明建设若干重要问题的决议》、《中共中央关于进一步加强和改进学校德育工作的若干意见》和《中华人民共和国教师法》，1997 年，国家教育委员会和全国教育工会再次对 1991 年《中小学教师职业道德规范》进行了必要的修订，目的在于进一步提高中小学教师的道德素质水平，帮助教师牢固树立科学的世界观和高尚的职业道德，自觉规范自己的思想行为，促使全体中小学教师真正成为人民满意的教育工作者。1997 年《中小学教师职业道德规范》体现了对中小学教师应具有的道德品质和职业行为的最基本要求，核心是爱岗敬业、教书育人和为人师表。1997 年《中小学教师职业道德规范》的八条内容，是通过对教师在学校生活中经常涉及的及防止出现的道德行为作出的规范，确定了每个教师在学校工作中必须遵守的道德基本原则和应该做到的道德行为。

1997年《中小学教师职业道德规范》的八条内容

（1）依法执教。学习和宣传马列主义、毛泽东思想和邓小平同志建设有中国特色社会主义理论，拥护党的基本路线，全面贯彻国家教育方针，自觉遵守《教师法》等法律法规，在教育教学中同党和国家的方针政策保持一致，不得有违背党和国家方针、政策的言行。

（2）爱岗敬业。热爱教育、热爱学校，尽职尽责、教书育人，注意培养学生具有良好的思想品德。认真备课上课，认真批改作业，不敷衍塞责，不传播有害学生身心健康的思想。

（3）热爱学生。关心爱护全体学生，尊重学生的人格，平等、公正对待学生。对学生严格要求，耐心教导，不讽刺、挖苦、歧视学生，不体罚或变相体罚学生，保护学生合法权益，促进学生全面、主动、健康发展。

（4）严谨治学。树立优良学风，刻苦钻研业务，不断学习新知识，探索教育教学规律，改进教育教学方法，提高教育、教学和科研水平。

（5）团结协作。谦虚谨慎、尊重同志，相互学习、相互帮助，维护其他教师在学生中的威信。关心集体，维护学校荣誉，共创文明校风。

（6）尊重家长。主动与学生家长联系，认真听取意见和建议，取得支持与配合。积极宣传科学的教育思想和方法，不训斥、指责学生家长。

（7）廉洁从教。坚守高尚情操，发扬奉献精神，自觉抵制社会不良风气影响。不利用职责之便谋取私利。

（8）为人师表。模范遵守社会公德，衣着整洁得体，语言规范健康，举止文明礼貌，严于律己，作风正派，以身作则，注重身教。

4. 2008年《中小学教师职业道德规范》

在我国的转型时期，为贯彻落实党的十七大精神和胡锦涛总书记"8.31"重要讲话精神，进一步加强教师队伍建设，全面提高中小学教师队伍的师德素质和专业水平，在广泛征求意见的基础上，教育部对1997年国家教育委员会和全国教育工会联合印发的《中小学教师职业道德规范》进行了修订和完善。2008年《中小学教师职业道德规范》的基本内容继承了我国的优秀师德传统，并充分反映了新形势下经济、社会和教育发展对中小学教师应有的道德品质和职业行为的基本要求。

2008年《中小学教师职业道德规范》的六条内容

（1）爱国守法。热爱祖国，热爱人民，拥护中国共产党领导，拥护社会主义。全面贯彻国家教育方针，自觉遵守教育法律法规，依法履行教师职责权利。不得有违背党和国家方针政策的言行。

（2）爱岗敬业。忠诚于人民教育事业，志存高远，勤恳敬业，甘为人梯，乐于奉献。对工作高度负责，认真备课上课，认真批改作业，认真辅导学生。不得敷衍塞责。

（3）关爱学生。关心爱护全体学生，尊重学生人格，平等公正对待学生。对学生严慈相济，做学生良师益友。保护学生安全，关心学生健康，维护学生权益。不讽刺、挖苦、歧视学生，不体罚或变相体罚学生。

（4）教书育人。遵循教育规律，实施素质教育。循循善诱，诲人不倦，因材施教。培养学生良好品行，激发学生创新精神，促进学生全面发展。不以分数作为评价学生的唯一标准。

（5）为人师表。坚守高尚情操，知荣明耻，严于律己，以身作则。衣着得体，语言规范，举止文明。关心集体，团结协作，尊重同事，尊重家长。作风正派、廉洁奉公。自觉抵制有偿家教，不利用职务之便谋取私利。

（6）终身学习。崇尚科学精神，树立终身学习理念，拓宽知识视野，更新知识结构。潜心钻研业务，勇于探索创新，不断提高专业素养和教育教学水平。

（三）新规范的特点

新修订的《中小学教师职业道德规范》在条目数量上由原来的八条减少到六条，但在具体内容上得到了充实，并且新规范有了自身更鲜明的特点。其特点体现在：①符合时代的要求，与时俱进。②对教师的精神境界提出了更高的要求。③体现以人为本，以生为本的理念。④高举素质教育的大旗，促进学生全面发展。⑤注重教师的个人修养，提高教师整体素质。⑥树立终身学习理念，拓宽知识视野。

师德观的演变与发展[①]

（一）古希腊、罗马时期的师德观

古希腊、罗马时期的师德观主要有两种：一种观点认为，教师对学生应该严格，使得学生绝对服从，提倡对学生实施体罚。柏拉图提出必须使儿童服从教师，由教师对儿童进行经常监督，如果他们不服从，就使用"威胁和殴打"。甚至对于儿童的游戏，他也非常强调纪律，认为"如果游戏中缺乏纪律，儿童与之同化，要求他们长大后成为严肃而守法的人们是不可能了"。另一种观点认为，教师应对学生友善，应依靠自身的才德把学生教育成为品德高尚的人。希腊哲学家德谟克利特认为，教师应教育学生多动脑筋，勤于思考，"应该尽力想得更多，而不是知道得更多"。亚里士多德强调通过实践养成良好的习惯，他是西方最早提倡"习惯成自然"的人，他还要求教师必须在学习、品德、人格、习惯上为学生树立良好的榜样，为人师表。昆体良是西方第一个系统论述教师

---

① 李国庆，赵国金．西方教师职业道德发展研究及借鉴．高等教育管理，2011，（5）：9．

职业道德的人，他认为，要做好教育教学工作，要培养完美的雄辩家，教师是至关重要的。昆体良对教师提出了极高的要求，首先，教师必须在道德上是值得学习的榜样，他既不能允许学生失德，更不能允许自己失德。其次，教师要以父母般的感情对待自己的学生，既爱护备至，又严格要求。

（二）中世纪的师德观

托马斯·阿奎那提出："在教学过程中，教师应当充分考虑到学生的心智活动状况和学生的个人经验以及接受知识的能力，努力调动学生的积极性，激发学生的思考，避免盲目地向学生灌输知识，与此同时，教师应当考虑到学生的个性差异。"经院哲学家安瑟伦在与一位修道院院长谈话时，阐发了关于教师职业道德的见解。他说："一个著名的教育制度却正在把人变成牲口。告诉我，如果在你的庭院中种一棵树，你紧紧地把它绑起来，不给它生长枝叶的地方，结果会是什么呢？这些可怜的孩子交给你了，你就应该帮助他们成长，使他们思想成熟；但是如果不给他们自由，其身心发展必遭挫折。如果从你这里得不到温存，他们就将从错误的角度来看待一切。"

（三）文艺复兴时期的师德论述

文艺复兴时期的教育思想家反对教师的权威主义和对学生的体罚，崇尚自由精神。他们期望发展儿童的积极性和独立性，并激发儿童的创造性。意大利人文主义教育家维多里诺主张对学生实行自治，减少惩戒，禁止体罚。维夫斯要求教师尊重儿童，在他看来，"没有比教师用残酷和威胁、发怒和鞭打，要求幼小儿童做这做那，更为愚蠢的了。这样的教师，他们自己就应该鞭打"。伊拉斯谟认为，教师应关心儿童的身心发展，尊重儿童的个性，要鼓励与严厉并重，采取"中庸之道"，在对学生有深入了解的基础上，去说服教育学生。文艺复兴时期关于师德问题还非常强调教师自身素质，强调教师要德才兼备。夸美纽斯在《组织完善的学校的要法》一文中宣称："教师的职责伟大而光荣，是太阳底下最光辉的职业，教师要充分了解自己职业的社会意义，充满自尊心和自信心，加强品德修养，成为道德卓越的人；教师的职责在于用善良的范例，以诚恳、积极、顽强的态度去诱导学生，做学生的表率；教师应当无限热爱自己的工作，教师自己越是热忱，他的学生越会显得热心。"在乌克兰和白俄罗斯，有的学校规定了教师应具有的品质，"教师还必须教导并热爱所有儿童，不论是富家子弟和贫苦孤儿，或是那些街头行乞的丐童，都应一视同仁。教导儿童应该视其才力之所能及，不得对某些学生努力教导，而对另一些学生教导不力"。

（四）近代师德观

近代师德观强调两种观点。一种是教师要培养学生在德、智、体各方面的能力。英国教育家洛克认为，教师的责任是培养学生的绅士风度，使其形成良好习惯，怀抱德行和智慧，在学生需要的时候，给他力量、活力和勉励。瑞士著名教育家斐斯塔洛齐认为，教师要引导学生向善，激发他们纯洁的、高尚的道德情感，使学生认识到善，具有纯净的心灵。他明确指出："我的初等教育思想，在于依照自然法则，发展儿童道德、智慧和身体各方面的能力，而这些能力的发展，又必须顾及它们的完全平衡。"另外一种观点是教师要顺应儿童成长的层次性、规律性组织教学，顺应儿童的身心发展进行教育。卢梭在《爱弥儿》中，比喻道：自然自由地发展就意味着植物那样生长发育。这样教师也就像园丁一样精心护理，给儿童提供一个"自我开拓心灵"的空间。福禄培尔也认为，教育要遵循适应自然万物发展的正确道路，要遵循儿童的天性，他认为儿童的天性是善的。

（五）现代教师职业道德

苏联的教师职业道德侧重于教师自身的品质培养，强调教师的集体主义。克鲁普斯卡娅认为，教师应当善于把学生的工作变成集体的劳动。要求教师以尊重和人道的态度对待每个孩子，不管他们家长的社会出身如何，还认为教师的道德修养具有很大的意义，学校的教育质量取决于教师本身。马卡连柯特别强调教师集体，还认为教师的言谈举止、举手投足都要时刻注意为人师表，为学生做榜样。苏霍姆林斯基强调，教师要树立崇高的生活目的和高尚的道德情操，为人师表，还认为教师要有渊博的知识。杜威提出了著名的"儿童中心说"，他强调为适应民主主义新教育的要求，教师必须有渊博的知识和教育专业方面的理论修养，要求教师尊重、爱护儿童，保护儿童的天性。美国现代教师职业道德的研究，大致是从 20 世纪 20 年代开始的，当时，一些学者用实证研究方法，比较系统地分析了教师的品质人格，概括了 25 项教师职业应有的品质，如诚实、热心、好学等。1948 年，全美教育委员会所属的师范教育委员会，向全国教师发表了题为《我们时代的教师》的报告，对教师应当具备的职业道德品质提出了 13 项详细的要求和指导。1968 年，美国国家教育协会正式制定了《教育职业伦理准则》，这个准则成为受到学校聘用与获得教师许可证的基本条件。20 世纪 70 年代后，美国教育界继续对教师道德行为和品质进行研究，实现了由重视"专业地位"提升的教师专业化发展到 20 世纪 80 年代关注"专业素质"提高的教师专业化发展的转变。随着各国对教师素质的关注，一些国家在制定教师职业道德规范的同时，也开始了教师专业化的标准建设。例如，英国在 20 世纪 70 年代建立起现代教师培养制度，20 世纪 80 年代末之后，构建了发展性教师评价制度、校本培训模式等。20 世纪 90 年代的英国教育改革以《1988年教育改革法》的颁布为标志，建立了全国标准培训课程和统一的评审制度。

美国优秀教师行为准则 26 条

（1）记住学生的姓名。

（2）参考以往学校对学生的评语，但不持偏见，且与辅导员联系。

（3）锻炼处理问题的能力，充满信心，热爱学生，真诚相待，富于幽默感，办事公道。

（4）认真备课，别让教学计划束缚你的手脚。

（5）合理安排课程教学，讲课时力求思路清晰、明了，突出教学重点，强调学生理解教学意图，布置作业切勿想当然，且应抄在黑板上。

（6）熟悉讲课内容，切勿要求学生掌握你所传授的全部内容。善于研究如何根据学生需要和水平进行课堂教学。

（7）教室内应有良好的教学气氛，教师应衣着整洁，上课前应在门口迎候学生，制止他们喧哗嬉闹。

（8）课前应充分准备，以防不测。

（9）严格遵守规章制度。把学校规章张贴在教室内，并解释说明，让学生知道学校规章。

（10）步调一致。对同一错误行为，采取今天从严、明天应付的态度会导致学生无所适从、厌恶反感。

（11）勿使用不能实施的威胁语言，否则将会言而无效。

（12）不能因少数学生不轨而责怪全班。

（13）不要发火。在忍耐不住时可让学生离开教室，待到心平气和时再让他们进来上课。教师应掌握一些基本原则，不能在家长面前说的话也决不能在学生面前讲。

（14）在大庭广众下让学生丢脸，并不是成功的教育形式。

（15）有规律地为班上做些好事。协助布置教室，充分利用广告栏来传达信息。注意听取学生的不同反映，但应有主见，不随大流。

（16）要求学生尊敬教师，教师也需以礼相待。

（17）不要与学生过分亲热，但态度要友好，记住自己的目的是尊重，而不是过分随便。

（18）切勿使学习成为学生的精神负担。

（19）大胆使用电话，这是对付调皮学生和奖励优秀学生的有效手段，欢迎学生家长与教师保持联系。

（20）在处理学生问题时如有偏差，应敢于承认错误，你将得到的是尊敬，而不是其他。

（21）避免与学生公开争论，应个别交换意见。

（22）与学生广泛接触，互相交谈。

（23）避免过问或了解学生的每个细节。

（24）应保持精神抖擞，教师的任何举止都会影响学生的行为。

（25）多动脑筋，少用武力。

（26）处理学生问题时，要与行政部门保持联系，当你智尽力竭时，会得到行政部门的帮助。

思考：

（1）以上哪一（几）条是你最认可的，为什么？

（2）以上哪一（几）条是你不认可的，为什么？

（3）你认为一个合格的教师应该具备哪些素质？

第三节　教师与学生的关系

师生关系——教师和学生的关系，是指教师和学生在教育、教学活动中结成的相互关系，包括彼此所处的地位、所起的作用以及相互之间的认知和态度。学校的教育活动是师生双方共同的活动，因此，良好的师生关系是教育教学活动取得成功的必要保证。

一、师生关系概述

师生之间的现实关系是不断变化和丰富多样的，具体表现如下。

(一) 师生在教育内容的教学上结成授受关系

这是有关师生在教学中关系的最简单的表述。在教育活动中，教师处于教育和教学的主导地位，从教育内容的角度说，教师是传授者，学生是接受者。作为处于主导地位的教师，能否建立正确的学生观，在相当大的程度上，决定了教育的水准和质量。

(1) 从教师与学生的社会角色规定意义来看，在知识水平上，教师是较多者，学生是较少者；在智力水平上，教师是较发达者，学生是较不发达者；在社会经验上，教师是较丰富者，学生是欠丰富者。教师之于学生有明显的优势。教师的任务就是发挥这种优势，帮助学生迅速掌握知识、发展智力和丰富社会经验。但这一过程并不是单向传输过程，它需要有学生的积极的和富有创造性的参与。

(2) 学生在教学中主体性的实现，既是教育的目的，也是教育成功的条件。一方面，我们的教育要培养生动活泼主动发展的个体。这个个体是具有主人翁精神的全面发展的人，而不是消极被动、缺乏主动性和责任心的下一代。要培养主动发展的人，就必须充分调动个体的主动性。另一方面，个体身心的发展并不是简单地由外在因素施加影响的结果，而是教师、家庭、社会等外在因素通过学生内在因素起作用的结果；没有个体主动积极参与，没有师生之间的互动，没有学生在活动过程中的积极内化，就没有真正意义上的教学存在。

(3) 对学生的指导、引导的目的是促进学生的自主发展。教师的责任是帮助学生由知之不多到知之较多，由不成熟到成熟，最终是要促成学生能够不再依赖于教师，学会学习，学会判断，学会选择，而不是永远牵着他们的手。社会是在不断发展变化的，学习的标准、道德的标准、价值的取向也是在不断变化的，整个世界发展的基本特点之一就是多元化。我们不可能期望在学校里教授的东西能让学生受用终生。我们不仅要认可而且要鼓励学生，善于根据变化着的实际情况有所判断、有所选择、有所发挥。

(二) 师生关系在人格上是平等的关系

教育工作的最大特点在于它的工作对象都是有思想、有感情的活动着的个体，师生关系是教育活动中的基本关系，反映着不同的社会发展水平，也对教育工作者提出不同的素质要求。

（1）学生虽然知之甚少，尚未成熟，但作为一个独立的社会个体，在人格上与教师是平等的。封建社会三纲五常的等级制度，推演到师生关系上就是师为生纲。在封建的师生关系看来，教师之于学生，有无可辩驳的真理和权威性，学生服从教师是天经地义的。所谓"师严乃道尊"之谓也。这种不平等的师生观，今天影响仍在。不彻底消除这种影响，就不能充分认识到学生独立的社会地位和法律地位，就不可能建立起社会主义的新型师生关系。

（2）传统的师生关系是一种单向的授受关系。在管理上则是"我讲你听"的专制型关系，这种关系的基础是等级主义的，其必然结果是导致学生的被动性和消极态度，造成师生关系的紧张。作为对这种传统师生关系的反抗，19世纪末以后，出现了以强调儿童为中心的师生关系模式，在哲学上它强调儿童的主体地位，强调儿童的积极性和创造性。现代的师生关系是以认识到学生是处在半成熟发展中的个体为前提，以教师尊重学生的人格、平等地对待学生、热爱学生为基础。

（三）师生关系在社会道德上是互相促进的关系

有些西方学者把教育活动等同于一般的经济活动，把教师职业看作是一种出卖知识的职业，把师生关系看作是一种推销员与顾客的关系。从教学的角度看，师生关系是一种教与学的关系，是教师角色与学生角色的互动关系。可是学校也是社会，从社会学的角度看，师生互动关系也是一种成年与青少年、长辈与晚辈的互动关系。儿童、青少年将成长为怎样一个人，与家长、学校的教师以及其他教育成员有着非常密切的关系。一名教师对学生的影响不仅仅是知识上的、智力上的影响，更是思想上的、人格上的影响。学校的教师对孩子的发展有着特别的意义。教育工作者作为一个人，作为社会中的一个人，对成长中的儿童和青少年有着巨大的又是潜移默化的影响。但这种精神上的、社会道德上的影响并不是靠说教就能产生的，精神需要精神的感染，道德需要道德的濡化，一位教育工作者的真正威信在于他的人格力量，它会对学生产生终身影响。同样，学生不仅对教师的知识水平、教学水平作出反应，对教师的道德水平、精神风貌更会作出反应，用各种形式表现他们的评价和态度。这对从事教育工作的人来说确实是其他任何一种职业都无法比拟的精神挑战。

二、建立良好的师生关系

建立良好的师生关系具有十分重要的意义：良好的师生关系是教育活动取得成功的必要保证，是影响教师和学生学校生活质量的重要因素，具有直接的教育意义。

（一）树立正确的学生观

首先，教师应当尊重学生的人格。教师应当注意自己的言行举止，任何情况下不说侮辱学生人格的话。在与学生谈话时，教师一定要以沉着镇定、言语文明的形象出现在学生面前。即使学生违反了纪律，教师严厉批评时，也要晓之以理、动之以情，不讽刺、不挖苦、不打击。

如何捍卫师道尊严?

中新网 2 月 14 日电 据香港《文汇报》报道,尊师重道是自古以来应有的传统美德,但当今有大学生非但未有付诸实行,反而于进行课程评估时,借机侮辱老师。香港中文大学校长沈祖尧近日在网上透露,接获大学英语导师投诉,有学生于填写课程评估表的意见栏内,以英文写下粗言秽语,对于学生"恶意且懦弱的行径",该导师坦言"伤心不已"。

沈祖尧亦慨叹,在教育产业化风气下学生变成"顾客",身为读书人却以恶毒粗鄙言语伤害老师,师生关系退化如此令他深感痛心,呼吁该学生主动向有关导师道歉。

沈祖尧周二在其校长网志撰写一篇题为"尊师重道值得吗?"文章,内容指最近香港中文大学一名任教近 17 年的英语导师,在将近退休之际,收到一份学生在课程结束前填写的"学科与教学评鉴",并发现学生于意见栏用英文写下粗言秽语。

导师批评:行径恶意懦弱

该名导师写道:"我对每个学生莫不视如己出。这名学生的匿名评语,实为恶意且懦弱的行径,令我伤心不已。任何教师都不应受到这种下流猥亵的言词所冒犯。"沈祖尧对此深表认同。

沈祖尧也直言不知道事情始末,也不知道该导师教学是好是差,也无意追究事件,但他强调自己学生时代也领教过无聊、刻薄、粗鲁的差劲老师,唯要对其出语侮辱"连想也不敢想"。他不理解该学生为何要如此恶毒粗鄙,就算纯粹想开玩笑却也绝不好笑,而所有的情况"统统不是一个读书人可以出语伤人的理由"。

校长感慨:上课不受尊重

对事件折射出的师生关系,沈祖尧直言痛心,又有感而发慨叹在当今教育体制产业化下,学校及学生已分别变成"供货商"及"顾客",由于学校意见评价被视为量度"优质教育"的指标,学校老师要讨好"顾客"以赢得声誉和更多资助,唯在投诉有增无减的同时,学生对课堂却越见欠尊重。

他引述自身经历指,"有学生上我的课迟到,还手持饮料大摇大摆进场。试过有学生堂上讲电话,迫使我停止讲课"。很多老师为免影响"评分",对此等现象不置一词,宁愿躲回办公室或实验室潜心研究,而学生也因老师的冷漠而愈发不高兴,导致恶性循环,如此实非学府之福。

何汉权:劣质文化遗祸

教评会副主席何汉权回应指出,社会对大学生投资庞大且抱有高度期望,"有负面评论可理性反映,为何要人身攻击,用粗言秽语?"他质疑社会的劣质文化令很多学生耳濡目染,"早前有大学讲师公开支持讲粗口,传媒加以渲染下,很多学生一并受影响",认为社会应作反思,同时宣扬"道歉文化"。

胡少伟:增沟通减摩擦

教联会副主席、教院国际教育与终身学习学系助理教授胡少伟则表示，虽无明文规定禁止大学生对老师粗口相向，但此行为亦反映有关学生的道德及个人操守问题。而对师生关系，他指现今大学生受网络文化影响，有别以往会专注课堂，"他们认为上课可一心多用，同时使用手机、计算机、与同学聊天等"，建议师生增加沟通，互相包容以减少摩擦。

（二）提高教师的素养

我们对每一个身边的人都有一个角色期望，如果一个教师没有做到学生心目中的那种良好教师形象的话，那是很难获得学生的认可的。教师只要做到张弛有度，做事说话有分寸，不伤害学生的心理，让每一名学生都能快快乐乐的学习就是一个好的教师形象。

教育难题：如何处理师生关系？[①]

我是一个性格很随和的女孩，去年刚毕业找到了一个在职业学校当英语老师的工作。第一次上讲台很想和学生打成一片，所以抱着和学生交朋友的想法，管理得很松，可是，随着时间的推移，学生掌握了我的性格，越来越自在，甚至嚣张了，上课时动不动就举手要上厕所（因为课间厕所很多人，所以他们故意挑我的课去上），我不许他们就说生理要求很急，允许了他们就更加肆无忌惮了。我英语课是要报听写的，因为一个班有五六十人，我一个人管不过来，他们就在下面偷偷地抄，我管了这边那边又开始抄，根本就管不住！气得我现在都不听了，反正又不是我的损失！问了同事，她们说是因为我没有威信，唉，现在这种情况下，我怎么重新树立自己的威信呢？不知道有没有教师强人可以教我几招，越详细越好，多谢了！

我不知道各位在职业学校教英语的老师的课堂情况怎么样，反正我的课经常只有一半人听，好的话有 2/3 认真听，不好的话只有 1/3 在听，看到自己辛辛苦苦讲课没人听，我觉得好难过啊！

学生总是说我讲的课听不懂，可是我不知道怎么讲他们才更容易懂，他们都是初中毕业甚至没读完就到这个学校来的，很多人初中英语基础很差，我现在讲的都是高中英语内容，他们老说很吃力，可是教材是这样我也不能改。很想上课讲点有趣的内容，但是又不知道说什么好，各位有什么可以活跃课堂气氛的资料或者方法，给小妹介绍一下，不胜感激！

（三）经常与学生交往

在教学进程中，教师始终处于主动地位，他的态度行为决定这种关系发展的方向和速度。因此，要建立良好的师生关系，首先要求教师要破除师道尊严的传统观念，与学

---

① 昭云儿. 如何处理老师和学生的关系？http://www.jxteacher.com/column43047/34c4e6765-b7db-49fd-b08c-371836a1085c.html [2014-5-26].

生平等相处，尊重学生的人格，通过情感交流、心灵沟通，主动地改变不良的师生关系。

表达是爱

有一个班级，老师是个很认真的人，批改学生试卷严格按分数给予甲、乙、丙的打分，甚至还给过丁，自然这是那些根本不学习的学生所能获得的最下等的成绩。学生们获得不同打分后都有不同的表现，有的非常高兴，有的趾高气扬，有的则忐忑不安。家长们看到学生拿回家的成绩单后的表现也是不同的，甚至有些家长还会严厉呵责、动手打起来。有些学生挨过打后努力了一阵子，当从丁升到丙后，老师没有夸赞他们，家长也依旧没有好脸色，这就使他们的心情重新跌入低谷，学不学都没什么分别，他们就又走回到老路上。一个学期过去了，老师感到很无奈，觉得没办法教好这些不上进的孩子，就说什么也不肯再教这班学生了。

学校于是就给这个班换了一个老师。新老师来了，他的评分让学生们惊奇不已，因为所有的学生都得到了甲。新老师给每个学生打分，成绩差的给一个甲，稍微好些的就在甲的旁边加盖一个自己刻的苹果印章，成绩较好的给两个苹果，成绩优秀的则给予三个苹果，并时常给学生们发奖品，只要连续几次成绩有提高的都给奖品，有时候是一支铅笔，有时候是一个文具盒。学生们拿回家去的成绩单上都有甲，家长们也都很高兴，夸赞和鼓励的语气多起来，这就给学生们降低了很多压力，追求苹果印章的数量也使他们有了求学上进的动力。不久以后，连初时成绩最差的学生也会得到越来越多的苹果和老师郑重其事发给他们的奖品。先前没教好学生的老师知道后先是很不理解，琢磨了一下就明白了，由衷地钦佩后来的老师有办法、有爱心，能够理解学生们背后的压力来源。

（四）善于理解学生

学生是一个年轻的群体，易激动，自制力较差，社会经验欠缺，往往会发生这样或那样的问题，而此时正是影响师生关系好坏的关键时刻。教师如果注意了解学生的困难，多理解学生，就能赢得学生的信任，使师生关系更加密切。因此，在批评学生的时候，教师要考虑到学生的合理愿望，维护他们的自我尊严。

论教师和学生的关系[①]

班级是一个小社会，在这个体系中，教师与学生的相互作用是一种互动的关系，对班集体建设具有举足轻重的影响。而班主任与中学生之间的关系对班集体的影响更为直接，影响力更强。有资料表明：一个人的学生时代，与老师相处的时间超过与父母相处时间的两倍；而老师的人际交往，则有80%是与学生的交往。这种朝夕相伴的生活，如果没有和谐的师生关系，没有师生之间的相互理解和相互信任，班主任工作便更难以收效。那么，怎样才能建立和谐的师生关系呢？

① 舒志敏. 论教师和学生的关系. http://guopei.guo.shi.com/html/class/388/2012-07/t23387.html ［2014-05-26］.

第一，建立良好的第一印象。第一印象是中学生对老师的第一次最深刻、最清晰的直观感觉，它将长时间地镌刻在学生的心目中。每一个学生，无论是优秀生还是后进生，对一个新的集体、新的老师都会产生某种渴望，渴望得到老师的关注和理解，渴望自己在新的集体中能占有满意的"角色"。因此，班主任给中学生的第一印象如何，能否点燃他们心灵深处的希望之火，将对中学生的成长产生重要的影响。当然，由于班主任的个人素质不同，教育风格各异，建立良好的第一印象的方法也不尽相同。可以知识渊博见长，可以风趣幽默取胜，也可以亲切和蔼感人。在我带班的过程中，这一点深有体会。军训是我带班的第一次大活动，也是了解学生的一个契机，在军训过程中我利用训练之余深入到学生中，经过和学生的交流，每一个学生的第一印象都在我的头脑中有了一个大致的轮廓，有的学生内向，不善言语，有的学生性格外向，活泼好动，爱说爱闹。在一次夜间查房时，我发现有几个学生在偷偷地抽烟，当时我非常气愤，很严厉地批评了他们，要求他们写出书面的检讨并且在全班做出检讨，学生们都感到我很严厉，我对他们讲："我容忍你们犯作为孩子天性上的错误，但是对于会导致你人生灾难的错误，哪怕是在它的萌芽阶段我也不会放过"。通过这件事，学生们也都认为我是一个严厉但不失幽默，容易亲近的老师，这为带好这个班级打下了基础。

第二，逐步加深师生感情。中学生对班主任的第一印象并不是一成不变的，它会随着师生交往的不断加深继续保持和发展，也会逐渐淡化以至转化，关键在于班主任的思想、心理品质和工作水平。班主任要得到学生的信任，就要悉心深入地了解学生，尽可能与他们打成一片，年轻教师更可以充分利用与学生年龄差距小的优势，与他们交心，做他们的"知心朋友"。

教师"出手"终酿苦果

2009年12月15日上午，育才学校的老师刘某在检查作业时发现学生小雨做错了一道很容易的题，并且这道题曾经讲过，就很生气，于是朝小雨腿上踢了一脚，没想到一脚下去之后，小雨一直喊疼，被同学扶回家。次日，小雨家长将小雨送往某社区卫生院进行诊治，后因疼痛并伴有高烧于2009年12月19日转入巩义市人民医院进行治疗。小雨家长和刘某的丈夫达成了给付全部治疗费2000元和其他费用3100元的赔偿协议。

2010年3月19日，小雨因右腿疼痛加剧再次入住某市人民医院，2010年4月5日被医院诊断为右股骨血原性骨髓炎，因为该病，小雨于2010年7月3日入住某部队医院进行治疗，前后共花去医疗费9425.43元。经法医临床司法鉴定，小雨右腿软组织受伤是血原性骨髓炎的诱因，二者具有因果关系。

随着治疗费的增加，小雨家长越来越感到此前签订的赔偿协议不公平，遂于2010年7月28日诉至法院请求撤销该协议，请求被告育才学校和被告刘某共同赔偿各项损失12380.69元。法院审理后认为，被告刘某作为被告育才学校的老师，在教学活动中踢伤原告，与造成原告血原性骨髓炎之间有因果关系，被告育才学校应承担被告刘某给原告造成的相应损失。但鉴于血原性骨髓炎系原告自身血液中带有细菌所致，且原告受伤后，治疗的不及时、不彻底导致损失扩大，育才学校承担全部损失 17505.43 元的 30％即 5251.63 元为宜，扣除被告刘某代为支付的 5100 元，应再支付 151.6 元。

思考：

（1）在这一案例中，教师刘某的行为合法吗？为什么？

（2）在这一案例中，学校为什么要承担一定的法律责任？

（3）如果你是一名教师，应该如何认识自己的职业？怎样正确处理与学生的关系？

第四节 教师专业发展

一、教师专业发展概述

1966 年，国际劳工组织和联合国教科文组织《关于教师地位的建议》明确指出，"应把教育工作视为专门的职业，这种职业要求教师经过严格的、持续的学习，获得并保持专门的知识和特别的技术"。1993 年，我国政府颁布的《中华人民共和国教师法》也明确提出，"教师职业是一个专业"，并于 1995 年开始实行教师资格证制度。随着教师专业化的确立，教师专业发展问题也日益受到人们的关注。

（一）教师专业发展的基本内涵

自 20 世纪 80 年代以来，教师专业发展问题已成为国外教师教育研究的热点课题。其研究的焦点主要集中在两个方面：一是教师实际经历的专业发展的变化过程，侧重研究教师专业发展体现在哪些方面、发展要经历哪些阶段、发展是否有关键期等；二是教师专业发展的促进方式，研究在教师专业发展有关观念的指导下，给教师提供哪些外在环境和条件，才能更好地帮助教师顺利地走过专业发展所必须经历的诸阶段。

教师专业发展的过程，实质上就是教师专业素质的提高过程。教师的专业发展，就其途径和方式而言，包括两个大的方面：一是外在的因素，即根据社会进步和教育发展对教师角色与形象的要求和期望，由政府或有关机构对教师进行有计划有组织的培训；二是内在的因素，指教师的自我完善，它源于教师自我角色的愿望、个人需要以及教育教学实践和个人的精神追求。教师专业发展更多的是从个人发展的角度强调对自己职业发展目标做出设想，通过学习、进修和对实践的反思、改进等来提高教育教学能力，最大限度地实现自己的人生价值。综上所述，我们可以把教师专业发展定义为：教师专业发展是指教师个体的专业知识、专业技能、专业情意、专业自主、专业价值观、专业发展意识等方面由低到高、逐渐符合教师专业人员标准的过程。

（二）教师专业发展的阶段

教师专业发展经历的阶段不同，所要完成的知识转型任务也不相同，从而表现出仅属于自己发展阶段的本质特征。

1. 新手阶段

新手阶段，是指新任教师刚入职的前三年的工作适应阶段。新手阶段的教师在教育教学工作中存在着诸多问题，他们在把握教学进度、突破重点难点、教学方法、导入新课、师生关系等方面存在着明显的知识缺陷。因此，从教师专业发展的角度来看，新手阶段的教师必须把理论知识的获得放在重要的位置。这里所说的理论知识专指从事教育教学工作所必备的知识（属于操作层面的知识）。在内容选择上，包括教育改革与师德修养、班主任工作、课程标准与教材分析、教学常规、评课和说课技术、教学研究的途径与方法等。另外，新手阶段的教师应了解新课程改革的有关知识，熟悉国家的教育法规和政策，从而使自己具有依法治教的意识和能力；也应了解教育科学新知识，掌握素质教育的基本理论和教育科研的基本知识，掌握备课、上课、说课、听课、评课等基本教学常规，不断增强终身学习和自我可持续发展的能力。

2. 胜任阶段

从事教学工作三到五年的教师，基本可以胜任自己的工作，能够达到胜任教师的岗位要求。这个阶段的教师所获知识还是以理论知识（观念层面的知识）为主，知识内容包括师生沟通艺术、新课程背景下发展性教师评价体系的构建和教学方法的改革、中小学学生自主学习（合作学习、研究性学习等）的方法指导、教育科学研究方法、中小学学生心理健康问题、信息技术等。教师获得这类知识是为了能够了解我国教育改革与发展的动态，开阔视野，学习教育科学新知识，研究和掌握教育规律；增强学习意识、角色意识、竞争意识和创新意识；改善心智模式，更新教育观念，提高再学习能力、教育教学能力和教研能力。

3. 熟练阶段

熟练阶段的教师多数是各个学校的中青年骨干教师，他们在理论知识上的追求主要是延展性的知识，体现出前沿性、创造性、研修性和高素质、高水平、高起点等特点。学习内容包括现代教育理论和教改研究（特别是特级教师的教学风格研究）、素质教育研究、中外教育教学的比较研究、人文与自然科学发展的新知识等；在教育科研方面，要掌握教育科研的一般方法，特别要强调课题研究的选题、研究过程和结题报告等方面的指导；在教学技能方面强调教学评价和教学测评技术、现代信息技术与学科教学的整合和英特儿未来教育；在学科延展方面开展艺术理论的学习和学习心理的学习等。通过学习，使自己能够树立科学的教育观和教育发展观，具备一定的创新精神和改革意识；确立素质教育的观念，掌握现代教育理论，具有坚实的科学基本理论、基础知识和基本技能，能不断更新自己的知识结构，及时了解教育发展的最新动态；拓宽自己的人文、社会和科学知识，提高自己的科学素养，具有从事教学研究和教育科学研究的能力，以及主动吸纳、处理信息和促进自我发展、自我完善的能力，具备将现代信息技术应用于学科教学的能力，增强教育教学实践的能力，初步形成具有个性特色的教学风格。作为学校的业务骨干，熟练阶段的教师拥有更多接触名师的机会和外出学习观摩的机会，加之他们无论是理论、还是实践经验都比较丰富，为他们生成实践性知识提供了许多便利的条件。

4. 专家阶段

由于每位专家型教师都有长时间的教学实践和十分丰富的教学经验，加之他们在教育生涯的整个过程中，经历了各种类型的培训和学习，因此，无论是理论知识还是实践性知识都非常丰富，特别是有着鲜活的教育教学经验。一般说来，这类教师在学科教学、教研、教改方面都有非常丰富的成功经验，并在地方享有广泛的声誉。他们应该而且完全有能力成为研究者和积极反思者，并把自己研究和反思的成果拿出来与人分享，从而实现由知识的消费者向知识的生产者和创造者转变。诚然，从教师专业发展的角度来看，教师个体拥有了大量的实践性知识，就已经达到了目的。但作为专家型教师，还需要进一步扩大他们的实践性知识的影响力，发挥他们所拥有的知识的价值。

国外教师专业发展阶段理论[①]

（一）教师教学关注阶段论（福勒，1969）

（1）任教前关注阶段：无教学经验，只关注自己，对上课教师持批评态度；

（2）早期生存关注阶段：初次接触教学工作，关注自己作为教师的生存问题；

（3）教学情景关注阶段：关注教学情景限制和挫折，较重视自己的教学表现，而非学生的学习；

（4）关注学生阶段：职前教育阶段表达了对学生学习、社会和情绪需求的关注，却没有实际行动，直到亲身体验之后，才能关注学生。

（二）教师发展阶段论（凯兹，1972）

（1）生存阶段：关心自己在陌生环境中能否生存，持续时间为1～2年；

（2）巩固阶段：统整第一阶段的经验、技巧，开始注意个别学生的问题；

（3）更新阶段：对平凡、复杂且规律、刻板的教学工作开始有倦怠感，需参与学术研究、教学活动，加入专业组织，更新知识和教学方法等；

（4）成熟阶段：有足够能力探寻较深入、抽象的问题。

（三）教师生涯发展论（伯顿，20世纪70年代到80年代）

（1）生存阶段：无教学经验，关心班级管理经验、学科教学、改进教学技巧、做好教学工作等；

（2）适应阶段：第2～4年，知识逐渐丰富，开始了解到儿童的复杂性，寻找新的技能迎合教学的各种需求；

（3）成熟阶段：第5年，对教学活动驾轻就熟，对教学环境了如指掌，从容教学，不断尝试新的教学方法。

---

① 贺斌. 国外教师专业发展阶段理论简介. 青年教师学报，2007，(5)：115～117.

（四）教师生涯循环论（费斯勒，1984）

（1）职前教育阶段：特定角色储备期；

（2）入门阶段：初任教师，寻求学生、同事、学校与教育行政人员的认同；

（3）能力建立阶段：努力增进教学技巧和能力，设法求得新教学材料、方法和策略；

（4）热心和成长阶段：具有高水准能力，继续追求专业成长；

（5）生涯挫折阶段：对教学产生挫折、倦怠和幻灭感，工作满足感逐渐下降；

（6）稳定和停滞阶段：缺乏进取心，教学能力无进展，创新少，处事不和谐；

（7）更新生涯阶段：开始出现厌烦征兆，处事应付减少，追求专业成长；

（8）退出生涯阶段：离开教学岗位。

（五）教师职业生命周期论（休伯曼，1993）

（1）入职期：第1～3年，也称"求生和发现期"，无所适从，但积极、热情；

（2）稳定期：第4～6年，逐渐适应课堂教学，情绪稳定；

（3）实验和重估期：第7～25年，不满足现状，进行自我挑战；

（4）平静和保守期：第26～33年，开始平静，资深教师资格，充满自信，但失去专业发展热情和精力；

（5）退出教职期：第34～40年，教师职业生涯逐步终结。

二、教师专业发展规划

（一）指导思想

教师发展是教师人生价值实现的过程，是教师在充分认识教育意义的基础上，不断提升精神追求，增强职业道德，掌握教育规律，拓展学科知识，强化专业技能和提高教育教学水平的过程。新的课程理念、新的教材、新的课程评价观，强烈冲击着现有的教师教育体系，对教育工作者提出了新的更高的要求。因此，教师应积极应对挑战，不断发展自己，提升专业水平。

（二）自我认识

在学习中，深入剖析自身的优缺点，正视弱点，以积极的心态对待。每个教师都有自身不同的特点，加强自我认识，了解自身的优势和劣势是教师能够得以发展的前提，只有不断完善自己的优势，弥补自身的不足，才可以不断的进步。

（三）目标定位

倾心学习，树立终身学习的观念，抓住平时的点滴时间读书不止，进行长期的有效的学习，增强理论底蕴，做个学习型教师。用心思考，凡事多思多想，反思出事物发展的内在规律，总结得失，找出成长的方向，做个反思型教师。专心写作，不断提升教科研水平，在实践中总结，在总结中实践，做个科研型教师。全心教育，关注学生的课堂生命，在创新中构建良好的教学策略，在发展中形成独特的教学风格，做个研究型反思型教师。认真学习和实践新课标理念，观摩名家光盘，汲取名家教学特长，形成自己的教学风格。细而言之，认真备好每一课，备好每一个学生，上好每一节课，善于请教，及时总结。积极参与课题研究，坚持写教学反思、随笔，在研究与反思中实现专业成长。

五年规划具体目标

第一年循序渐进，有的放矢，有选择的再读一些教育专著，完成可以实施的五年规划的第一个目标。

①认真做好读书笔记，写有质量的心得。②认真研读教材，坚持在电子教案上写有质量的批注；并每周一整理，写一篇教学反思，发在博客上；并每月一整理教学反思，写一篇教学论文。③苦练教学基本功，特别是普通话的基本训练。④疏通相关的教材，能把握教学重点。⑤远程教育实验能坚持做好。⑥每天坚持读一章教育专著和一章非专业书籍。⑦每日坚持为孩子朗读一篇美文。

第二年阅读教育书籍，阅读中外名著；加强听课、说课、评课等教学基本功的锻炼；教学素养有所提高；教育机智能在生成性的课堂闪现出光芒。

①在反思中不断提高，做一个勤于动手的老师。②积极参加各种培训活动，并做好笔记。③认真备课、上课，及时总结教学中的得失。④认真参加教学专题研究，学习教学专题研究的一些基本技能。⑤论文格式规范，选题新颖，贴合教学实际。

第三年能涉及其他方面的书籍，扩大自己的视野；在教育教学上能有自己的独到见解，自己的课堂有特色；教科研成果显著。

①积极参加各种培训活动，做好师训工作。②认真备课、上课，写好教学反思，在反思中进步。③认真进行课题研究。④论文写作规划化，力争有所突破。⑤教学研究进入课题开发阶段。

第四年有计划地在各级刊物上发表自己的教育随笔；有良好的语言素养；努力地驾驭多种课型，逐渐形成自己的课堂特色。

①认真研读教育理论专著，有系统的理论基础。②认真总结教育经验。③积极乐观的心态，面对生活。④上课做到有效、简明、趣味。⑤教学专题研究有实质性成效。

第五年在以前的基础上能更多地在各级刊物上发表自己的教育随笔和论文；有良好的语言素养；能很好地驾驭多种课型，有自己的课堂特色。

①坚持写作与阅读。②认真总结教育经验，多听别人的意见。③完善教学中的细节。④保持一颗童心。⑤在优质课评比中获奖。⑥尽量多的参加公开课。

（四）具体措施

1. 不断加强自身的学习，为教师的专业化成长提供支持与帮助

终身学习是教师专业化的必由之路。读书学习是知识分子的显著特征，在学习中创新是教师的职业需要。因此，在教师专业化发展的过程中，关注自己的学习，逐渐养成读书学习的习惯，使自己处在知识发展和更新的前沿，处在教学改革的前沿，保持自己的职业青春，使自己的劳动成为活水之源，永不枯竭，时时更新。这样，才能享受劳动的愉悦，战胜职业倦怠，成为学习型教师。

2. 加强教育理论学习

第一，要学习教育心理学，使自己能运用教育心理学的观点去分析学生的学习，分析教学中所存在的问题。第二，要全面系统的学习课改的理论，学习新的课程标准，竖立与新课程完全相适应的教学观念。提高对课程、教材的研究与实践能力。第三，学习学生自主学习方面的理论，指导中学生自主学习课题的探索与实践。第四，学习基础教育课程改革丛书，学习两个纲要，学习有关论文撰写的书籍，提高写作能力。

3. 教育教学工作

丰富自身的教育、教学经验，使自己具有扎实的教学基本功与娴熟的教学技能。了解学生的基础和学习态度；激发学生学习的兴趣；使部分学生不厌倦上课，做到上课听讲，认真抄笔记。授课中，形成了自己独特的教育、教学风格；熟练掌握现代教育技术。根据教材中的教育内容，对学生进行思想教育，进一步激发学生学习兴趣，使学生中爱学的人数有所增加；提高学生学习积极性，在课上认真听讲的基础上，课下能自觉预习和复习，独立思考问题。

4. 常规教学工作

教学中，摆正自己的心态，保证做到精心备课、上课等。备课中，不仅把握准确的教学重点和难点，而且备资料、备学生，注重以人为本的教学理念。课堂中注意发挥学生主体地位，把课堂真正还给学生。

通过作业的批改和审阅，可以继续对学生实施教学指导，作业批改记录这一文字形式的教学研究方式就是最便捷而又最实惠的途径。通过写作业批改记录，可以实现与学生跨越时空的对话，可以通过作业本、笔和纸模拟出一个虚拟的教学空间，完成教师课堂教学智慧的继续生成。

5. 教研教学工作

培养善于总结、反思能力，在教学实践中提高教研、教科研能力，做学者型教师。

三、教师专业发展的影响因素

如何实现教师的专业发展，或者说如何重构教师角色和形象，也许没有固定的模式和套路，没有整齐划一的演进历程，但其中至少存在着一些共同性的特征。有人说教育是一个受经验左右的行业，从事教育的人较容易被以往的经验羁绊。以往的教师并不见得要把自己作为一个研究者，因为惯常的做法、已有的经验完全可以应对来自于教学或学生的挑战，他需要做的就是将学生纳入教学的常规，将知识在单位时间内传递给学生。

（一）教师的专业理念是影响教师专业发展的根本因素

教师的专业理念是教师对教育、学生以及学习等问题的基本看法。教师专业理念的发展主要是指教师在职业生涯中不断适应教育的需要，更新教育观念，树立正确的人才观、课程观、学生观、教师观，以志存高远、爱国敬业、热爱学生、为人师表、教书育人的精神，勇于改革创新，与时俱进。在实际工作中，由于种种原因，部分教师对自身专业发展意识淡漠，对职业规范、周期及专业发展规律、价值等认识不清。导致他们缺乏发展意识，教育观念滞后，明显缺少发展的主动性，行为计划性差等。因此，在全面实施课改的新形势下，要注重教师先进教育理念发展的培养。对教师的要求，绝不只是熟悉新课程，执教新教材的问题，而是课程改革的目标、教师的教育思想、教育手段和方法的变革。

（二）教师评价制度是影响教师专业发展的导向因素

教育评价决定着教育发展的方向，教师评价决定着育人的目标，教师评价工作的重要性因现代教育的发展而明显突出。但是，不从教师评价的全过程着眼、不从学生的情感个性、发展程度出发，而更多地停留在教师评价的选拔、甄别、鉴定功能上，制约了教师的专业发展，导致教师的教育教学工作出现了一些不适，制约了课程改革的深入。

（三）教师提高的制度是影响教师专业发展的重要因素

教师要有开放的知识结构和人格心理结构才能适应新课程对教师角色的多样性与开放性要求。但教师素质现状与发展能力却存在较大的差距。师资管理模式的封闭性与强制性，教师继续教育主要是纵向的学历教育与封闭式培训，教师工作缺乏自主性和灵活性。教师实际处于行政管理者的权势和研究工作者制造的理性的"双重压迫"中，导致教师失去自我发展的动机或动力，从根本上阻止了教师的成长。因此，转变学校的内部管理方式，要真正根据教师发展的需要确定管理制度和机构、重视管理中人与人之间的真诚交流，以及精神、情感与文化氛围的建设，为教师的发展服务，为弘扬教师美好的人性服务；教师继续教育不必强调专业对口，教师应有权力根据自己的发展需要选择继续教育的专业、课程，加强综合性学习，以适应教学的"交往性"活动要求，形成由训练模式向开发模式转变；要给教师多点自由支配的时间，给教师丰富多彩的生活。这样，教师才能适应新课程的实施，才能以自身的发展去促进学生的发展。

（四）教师的需要层次是影响教师专业发展的现实因素

教师的职业，不仅仅是奉献，在一定意义上说，也是一种需要。教师的专业发展，一方面来自教师的内在需求，另一方面与教师的生活环境密切相关。教师生活环境大至时代背景、社会背景，小至学校文化、课堂气氛等。要促进教师的专业发展，不仅要重视教师主体的价值，同时要重视外部力量的协调与支持，两者缺一不可，相辅相成。

"让我们千百次追问：什么是好课？"

（1）周娴：崔教授，我想请您用一句话来概括一下什么才是一堂好课。

崔允漷：我想一堂好课没有统一的标准，但总有一个边界，是否可以这样说：教得有效、学得愉快、考得满意。这是指每个教师都可以围绕这个边界自己去创造。"教得有效"是指一堂课有一堂课的标准，一个学期有一个学期的标准，要精教精学，别浪费学生的时间；"学得愉快"是指学习的过程应该是愉快的；"考得满意"是指注重结果，如果要学五个字，结果没学会，这认知目标没达到，怎么行？

王红霞（旺庄中心小学教导主任）：我认为，一堂成功的课，虽由许多因素组成，但有两大方面非常重要：一是学生是否乐意上这堂课，是否乐意参与探索、交流等；二是学生得到了什么？如知识、能力、情感、态度、价值观等。只有做到这两点，课堂才会成为学生享受快乐的场所，才能真正达到提高学生素质、提高教育质量的目的。

李志芳（旺庄小学语文教师）：学生什么时候学得最好？我的体会是，学生学得最有兴趣的时候学得最好。因此，教师应该将自己的愉悦情绪和热情鼓励毫不吝啬地传给学生。学生也会把赞美和激情献给你。

单本荣（无锡市教科所教研员）：刚才李老师讲的将自己的积极情绪感染学生，这很重要。我们好多教师上公开课很有激情，但平时上课是否同样如此，是否把自己游离于教学之外？据我观察，优秀的教师一进课堂就进入了角色，他的情绪对这堂课会产生非常重要的作用。这也是能否上好一堂课的必要条件。

张兰（旺庄中心小学教师）：我觉得教师在备课的时候，不能刻意去模仿别人的好课，应根据自己的个性特长及学生的特点去备课。我们要追求的是学生语言的活、思维的活、学习的活。

过敏慧（旺庄中心小学教师）：现代教育的特征是充分展现人的主体性，追求人的全面发展。我认为好的教学是否可以从以下几方面入手：①激发情感，营造学生自主发展的氛围；②培养兴趣，激发学生自主发展的动机；③主动参与，提供自主发展的机会；④学法指导，提高学生自主发展的质量。

（2）周娴：以前我觉得低年级的学生喜欢热热闹闹的场面，但后来我发现他们也需要安静的、有独立思考的课堂氛围。如果我们在课堂上能充分尊重他们的感受，了解他们的心理特点，让学生把质疑思考、感悟升华的过程自然地反映出来也许更好，不能光看课堂上的热闹。我想这也许也是一堂好课的标准。

崔允漷：国外对课堂气氛也是有研究的，实际上很热闹的课是不利于学习的，非常安静的课也不行，是"高压"的产物。最有利于学习的课有点"嗡嗡嗡"的声音，这是能引起学生思考的课，特别是小学生思考不如成人那么成熟，会不经意地、自言自语地轻声说出来。这种"嗡嗡嗡"的声音不能看做是不利于学习的噪音。

余进利：好课是在自己不断反思中创造出来的，活跃不是目的，死水一潭也不是出路，刚才那位教师是从理性层面来思考问题，现在提倡把教师和学生解放出来，这个"解放"也是有不同流向的。

（3）李志芳：崔教授，你所说的十二个字说到我们的心里去了。"考得满意"，我是第一次听专家这么说，以前许多教师认为，新课程标准同考试是对立的，我想这也许就是指的效率。是否可以这样说：用最少的时间取得最好成绩的课就是好课？新课程是否包含这一层意思？

崔允漷：我想应该如此。新课程就是要让教师既减负又有效，如果加重了负担，成绩又不好，新课程就是失败了。当然，考的内容已有了新的内涵。

（4）李志芳：崔教授，你说"教得有效、学得愉快、考得满意"，是否前两点做好了就一定能"考得满意"？是否公开课主要看"教得有效、学得愉快"，"家堂课"主要看"考得满意"？

单本荣：这位教师其实是提出了目前的一些倾向性问题，提得很有质量。

崔允漷："家堂课"是否指平时的课？其实这两种课应该是一致的，关键是现在的课表演成分太多，失去了真实性。当然，公开课、示范课的完美要追求，但真实有效性更要追求，否则推广价值不大。所有课都应根据总目标总精神去努力，今后考试也是朝这一目标进行的，所以两种课都应从三个维度的范畴去设计落实。

（5）何国平（现场摄影师）：我女儿上小学三年级。有节课叫《三袋麦子》，说的是小猪、小牛、小猴如何处理各自所得的麦子之事。小猪把麦子吃光了，小牛吃一半存一半慢慢吃，小猴则把麦子种了下去，后来收到了更多麦子。教师问学生喜欢谁？女儿告诉我说：她喜欢小牛。我和爱人问女儿：你为什么不喜欢小猴？女儿说慢慢吃不是挺好吗？我们都知道教师希望同学们喜欢小猴。我们所编的课文习惯上把正确答案放在最后。后来，我爱人回来说：从经济学角度来看，小牛的做法是符合消费观念的。请问崔教授，到底是谁对呢？

崔允漷：我向周娴老师请教，因为她上过这节课。

周老师：如果让我来选择，我会选另外一种。以我的个性，我会吃一半种一半，因为全部种下去太冒险，万一碰上自然灾害颗粒无收不就赔了？

崔允漷：周老师讲得挺好，实际上《三袋麦子》的编者是从成人的角度，从教孩子的角度去编教材的。而小孩有小孩的世界，有小孩的眼光，小孩可能想：

小猪肚子很饿，力气都没有了，只好把麦子全吃了，哪里还有多余的拿来种？课文没有标准答案，这就好，如果定了谁好，那就失败了。

王一军：刚才听了旺小老师说的许多体会及问题，觉得非常好。我想结合老师说的谈些感想。我们今天的话题是课堂评价标准，刚才大家说的一堂好课的标准比较多，实际上这些标准是相通的。我想既然是评价，总得有个标准，不过，要说清楚一堂好课不容易，在此我想换个角度，就新课程理念下哪些课不是好课谈点看法。

第一是集体备课、一个教师在上的课不是好课。我们现在提倡教师和学生根据自身经验在教与学中互动，而集体备课由某个教师一个人来表演，实践中会显得机械和脱离实际情况，从而影响教师的发挥，也就很难上出好课。

第二是精心包装的课、表演的课不是好课。因为他不是凭真功夫、真感觉在上，加工太多，要求太高，造成失真。

第三，单是文本解读的课也不是好课。

第四是学生参与率低的课不是好课。

第五是缺乏学习指导的课不是好课。

以上是从排除法来论述的。我们在分析一堂课的时候，关键要把它放在特定的情况下来看，放在一个动态过程中来分析，不能孤立地看一堂课的得失。我们现在强调学生本位，如果离开班级总体情况来评课，也是不科学的。同时，还要把评价放在学校特定的背景中来看，学校都有各自的特色，有的学校传统的多一点，评价也较侧重继承的成分。国外有所学校受自由主义影响较大，学生可以来也可以不来上课，只要他学习能跟上去，这样评价也会不同。我们新课程只是搭了一个平台，需要我们不断地探索和建构，好课也要从原有的基础上来分析，这就是在特殊的情景、地点上来评价。比如这个班的学生原来是什么情况，现在已经发展到什么阶段，这就不能用对待其他班级的评价方法来评价。这就是评价的多元性和结果的多元性。

崔允漷：我谈一点自己的看法，把问题归一下类，大概是四个方面的问题。

第一个问题，什么叫评价。为什么要评价？我觉得这对我们今天的讨论很重要。评价主要是干什么的？我想评价主要是为了发现问题。一堂课结束后大家议议，看看哪些方面对任课老师还是问题，问题看得准，评得有助于老师将以后的课上得更好。我们要改变传统的评课内容和形式，要把对学生的评价改成对学习的评价，把对教师的评价改成对教学的评价，不要针对人，要就事论事，不要就事论人，这样教师就坦然了，学生就放心了。

第二个问题，关于什么是好课。我前段时间到各个新课程实验区去评估，听了18节课，感想颇多。第一个层面，什么课是好课，这是个永恒的话题，10年、30年都可以讨论，50年前已有一些人在谈论什么课是好课。这里面没有统一的标准，就要靠大家去追求，要千万次去追问什么课是好课，要教师在教学实践中自己去建构一个好课的标准，这很重要；第二层意思，要分清谁来评价，一堂课的评价是公开的，领导、教师、学生、家长都可以评，要统一标准是不可能的，所以评课最好改成议课，让大家来分享；第三层含义是放在哪里评？放在无锡，还是上海，还是贫困地区？这要根据具体情况来具体分析，就是刚才王一军讲的，在什么样的背景下来评。

第三个问题，关于"十二个字"的内涵。其实它只能告诉大家一个边界、一种思维方式，目的是要教师运用非线性的方式考虑，问题不是从逻辑或程序的角度去考虑，不是说第一步是教得有效、第二步学得愉快、第三步考得满意。它们不是前后关系，而是构成一个三角形，教师在中间发挥机智和才华，在里面做文章、走自己的路、寻找自己的好课。至于教学质量，是不能回避的，情感、态度、价值观也是重要的。一节课应该有一节课的标准，每节课都要有目标，要有课程意识，要有效应意识。

第四个问题，怎么具体分析一堂课。我想大概有以下要素：

一是目标。我们指有所得，就是指达标。教师有课程意识，首先要有效率意识。目标要设法让学生知道。学生明白了，就会积极参与、主动配合。就像春游一样，学生知道了景点，兴致就浓。

二是内容。为了达到目标，就需要一个载体，这就是教材内容。我们要充分理解和准确把握所教的内容，越是把握准，达标速度就越快。

三是程序与策略。这是指一堂课的先后顺序、转换办法、导入形式、手段创新等是否自然、是否有效。

四是教师素养。这是指专业品质的高低。例如，热情、民主、真诚表达与沟通能力等。

五是学习状态与结果。这是指学生的主动性、兴趣度、课堂氛围、参与程度、目标达成与否等。

以上是我对一堂好课框架的大概认识，由于时间关系不能多展开，大家可以对我的框架进行反思和批评，谢谢大家。

（摘自"华东师范大学崔允漷教授等与无锡旺庄中心小学教师对话录"）

思考：

(1) 你认为什么是一堂好课？

(2) 你认为教师素养中最重要的环节是哪一方面？

(3) 读了这个案例，你得到了哪些体会？

案例分析

一堂课可以体现出一名教师的很多方面：教师的语言能力、课堂组织能力、对学生的认识和了解、对教材的把握、对知识的提炼、对教育的热情、对工作的态度等，因此，能否上好一堂课体现着教师职业的专业特征，是教师职业素养的体现，是教师是否合格的一个标准……当然，"教育有法，而无定法"，所以，对于一堂好课的认识也是仁者见仁、智者见智的，但是，一颗爱学生的心，一份热爱教育事业的热情是永恒不变的。

★ 本章小结

(1) 如何理解教师是学生学习的促进者以及教师工作的意义在于创造条件帮助学生自主发展？

（2）教师的职业特点和专业要求有哪些？如何提高自身的科学与人文素养？

（3）什么是教师的权利与责任？教师应该遵守哪些职业道德？

（4）教师专业素养包括哪些内容？怎样提高自身专业发展？

（5）教师专业发展的阶段与途径有哪些？并制定一份教师发展规划。

（6）如何处理好师生关系？你认为要成为一名合格教师需要做好哪些？其中最重要的一点是什么？

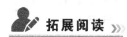 **拓展阅读** 》》》

1. 柏拉图《理想国》

书中不仅提出了以培养哲学王为目的，以灵魂转向说为核心的教育思想，而且制定了一整套实施这种教育的课程体系，是有史以来第一部论述教育的书，被认为是西方教育史上的三大里程碑之一。

2. 卢梭《爱弥尔》

《爱弥尔》是卢梭最为重要的教育学专著，而且也是文学名著，是可与古希腊柏拉图的《理想国》齐名的作品。在西方教育史上首次系统提出了新的儿童教育观，从而完成了教育史上的"哥白尼式的革命"。

3. 杜威《民主主义与教育》

《民主主义与教育》是杜威教育著述的代表作，全面阐述了他在芝加哥学校实验，以及当时教育改革研讨中基本形成的实用主义教育理论。它既可以视为对传统教育发起的全面进攻，也可以被作为现代教育原则的一次全面申明，其意义是历史性的。该书与柏拉图的《理想国》和卢梭的《爱弥尔》共称为西方教育史上的三座里程碑。

4. 蒙台梭利《童年的秘密》

蒙台梭利是意大利著名的幼儿教育家。《童年的秘密》对世界各国的幼儿教育产生了深远的影响，促进了现代幼儿教育的改革与发展。

5. 苏霍姆林斯基《给教师的一百条建议》

《给教师的一百条建议》采用"建议"的形式，恳切地与教师促膝谈心。读此一书，等于读了一本教育学与心理学合编的著作。

6. 朗格朗《终身教育引论》

朗格朗是法国当代著名的成人教育家，终身教育的理论家、实践家。《终身教育引论》引发了国际性的终身教育思潮，被认为"可以与哥白尼学说带来的革命相媲美"，是"教育史上最惊人的事件之一"。

第四章 教育活动

★ 本章概述

教育是一种社会现象，一种培养人的活动。教育活动与人类共始终。通过教育，人才能成为真正的人。培养人首先应该关注人性，只有关注人性，我们才能谈教育。有什么样的人性观，就有什么样的学生观，就有什么样的人才观。作为教育者，我们在教育之前，首先要关注学生，从而达到教育培养人的真正目的，才能达到学生成长的理想教育状态。

本章从人性与教育的角度出发，分析了教育对学生成长、教育对社会进步的重要意义。

要帮助学生达到成长的理想教育状态，教育就应该贴近生活，回归现实世界并关注发展，着眼学生的未来，关注学生生命的质量，体现终极关怀。教育对社会发展的影响制约因素，主要表现在教育可以改善人口质量、提高民族素质和促进经济发展等方面。

同时，本章探讨了教育的历史发展过程，以及教育的概念、要素等基本问题。

★ 学习目标

（1）了解人性结构。
（2）深刻领悟教育与人性之间的关系。
（3）了解可持续发展对教育提出了新要求的内容。
（4）重点掌握教育对于学生成长的重要意义。
（5）说明教育如何改善人口质量，提高民族素质。
（6）教育的概念、基本形态和教育的本质。
（7）识记教育的三种起源论的观点和代表人物。

教育是什么？教育为了什么？这是每位教育者都应该思考的问题。因为如果不思考这些问题，我们很可能在教育中就会渐渐迷失，不能认清教育的本质、不能明确教师的职责、不能直指教育前进的方向。教育活动将会失去目标。

一位曾经从纳粹集中营逃出的幸存者，后来做了一所中学的校长。每当一位新教师来到他的中学时，他都会亲手教给新教师一封信。信中是这样写的："亲爱的老师，我是一名纳粹集中营中的幸存者，我亲眼看到了人类不应当见到的情境：毒气室由学有专长的工程师建造，儿童被学识渊博的医生毒死，幼儿被训练有素的护士杀害，妇女和婴儿被受过高中或大学教育的士兵枪杀。看到这一切，我疑惑了：教育究竟是为了什么？我的请求是：请你帮助学生成长为具有人性的人。你们的努力决不应当被用于创造学识渊博的怪物、多才多艺的变态狂、受过高等教育的屠夫。只有在使我们的孩子具有人性的情况下，读写算的能力才有其价值……"

这封信所指出的事实，使人深感沉痛！它告诉人们，一切教育，重中之重，是对人进行人性的教育！如果我们的教育，只是把一个人培养成为科学家、工程师、文学家、学者，却不把他培养成为有人性、有同情心、有公平正义情怀的人，那么我们的教育不但不是人类文明之福，反而是人类文明之祸！

所以说，教育与人性之间关系紧密。

第一节　教育对学生成长的意义

一、教育与人性之间的关系

人性是什么？人性是指在一定的社会制度和一定的历史条件下形成的人的本性。

（一）人性的结构

人性的结构中包括自然属性、社会属性和精神属性三个部分。

1. 自然属性

"人是自然界的一部分"，"人直接是自然的存在物。"

自然属性是人在生物学和生理学方面的属性。例如，吃、穿、住、繁殖后代等最基本的欲望。马克思以前的哲学家，曾对人的自然属性作过许多论述，但他们总是把人的自然属性与动物本能性混为一谈。唯物史观对人的自然属性作了科学的解释。人的自然属性不是纯粹的"自然要求"，而是具有社会内容的生理需要。人对衣、食、住、行的需要和满足这些需要的手段，都离不开社会生产，并取决于社会生产；人以爱情为基础的性欲要求，不同于动物的性冲动；人的语言不同于动物，人的语言区别于动物的啼叫，语言是在劳动中产生和发展的，并且含有丰富的思想内容，是社会的产物。人的自然属性区别于动物的本能性在于，它始终不脱离人的社会属性而独立存在；否则，只能是动物性。

在正常条件下，一粒无花果的种子将成长为它本来的样子，那就是无花果，而不会长成其他的东西。如果能够正常生存，一只小狮子也可以看做将来必定成为一只大狮子。人，在形成受精卵的那一刻起，在不受其他因素的影响下，他或她都以一种神秘而又有规律的程序慢慢变成一个人，何时分化大脑、眼睛、胳膊、腿，都是按部就班的。

2. 社会属性

"人的本质，在其现实性上，是一切社会关系的总和。"

人就是社会的人。人的社会性包括人的群体性，人的合作性，人的归属性，人的社会化。

在远古时代，人类为了自己的生存而结成社会群体，在社会群体中进行以满足生命活动的基本需要为目的的生产劳动。单个个体无法生存，每个人都属于群体，生存得依靠群体活动。人与人之间形成了相互需要的关系。

在社会中，人人都彼此依赖，彼此合作，实现人的社会化。教育是人社会化进程中不可缺少的部分，教育可以使人的社会化进程加快。即便是人的自然属性也始终脱离不开人的社会属性而独立存在。

3. 精神属性

人性的精神属性是人性最高级别的属性，是个体区别于其他个体最根本之处。人性的精神属性是人在精神需要、精神能力、精神生活方面所具有的类特性。其中，精神生活在精神属性中尤为重要。不知道自己对于别人的意义，也不追求自己对于别人的意义，只求活在自己认为有意义的意义中，这就是精神生活的本来意义。

人生总是在思考：我从何而来，将往何处去？我是谁？我存在的意义在哪里？……这样一个具有精神属性的生物，一定会让自己处在思考自己存在意义的状态中，并在这个状态中完成由生到死这个令人无法抗拒的过程。

生命就是一个孤独存在的命题。"人，生命，就是唯一，就是孤独，它从我们出生的时候就伴随着，一直跟随我们到老。由孤独所引起的无助感、寂寞感和恐惧感时常爬上心头。为了走出这种唯一和孤独，为了克服这种无助感、寂寞感和恐惧感，人必须向别人开放，必须借助于自己的文化性和语言性与他人交往，从而获得亲密感、归属感和安全感。然而，这种交往并不必然是愉快的过程，并不一定达到目的。语言的障碍、文化的隔阂以及利益的冲突总是使得一个又一个的'聚会'不欢而散。不仅如此，热闹的'聚会'之后，是更加难以承受的孤独"。①

（二）教育与人性之间的联系

人性是指人的本性。对于教育与人性之间的关系，是我们永远的话题。

1. 教育必须关注人性

人类自然本性就好像以最高技术建造和布置的大船，能经得起一切风浪的变化，只等待舵手按照环境指导它的航程，指挥它到达目的地。② 教育就是那个能够指挥的舵手，将人指向幸福的彼岸。

"教育不只是为经济生活和为公民做准备，……也不仅仅是为了得到较高收入的工作做准备。理想的教育应该为关心家庭生活做准备，为抚养孩子成长做准备，为处好邻里关系做准备，为审美做准备，为道德敏感性做准备，为环境做准备，为宗教和精神智力做准备，为全部的生活方方面面做准备。"③

教育对人性的关注，其实就是关注人的基本处境。

汪峰的歌曲《存在》里面写满了对于人存在的困惑和呐喊，充满了对人性的关注。

---

① 石中英. 教育哲学导论. 北京：北京师范大学出版社，2002：90.
② 赫尔巴特. 普通教育学，西方资产阶级教育论著选. 北京：人民教育出版社，1964：269.
③ 袁桂林. 诺丁斯关心理论及其与完善人格教育理论的差异. 比较教育研究，2004，(2)：1～6.

存　在

多少人走着却困在原地，多少人活着却如同死去。多少人爱着却好似分离，多少人笑着却满含泪滴。谁知道我们该去向何处，谁明白生命已变为何物？是否找个借口继续苟活，或是展翅高飞保持愤怒。我该如何存在！多少次荣耀却感觉屈辱，多少次狂喜却备受痛楚。多少次幸福却心如刀绞，多少次灿烂却失魂落魄。谁知道我们该去向何处，谁明白生命已变为何物？是否找个理由随波逐流，或是勇敢前行挣脱牢笼？我该如何存在！

---

2. 教育应当引领人性

教育应该是对人的灵魂起到影响，而非知识的叠加和灌输。德国哲学家雅斯贝尔斯曾用经典的话来诠释什么是教育："教育意味着，一棵树摇动另一棵树，一朵云推动另一朵云，一个灵魂唤醒另一个灵魂。如果一种教育未能触及人的灵魂，未能引起人灵魂深处的变革，它就不能成为教育。"

教育应该有引领人找到柏拉图的"理想国"、陶渊明的"桃花源"的作用。虽然"理想国"和"桃花源"并不存在，可是，对于教育的最完美境界的追求却不能停止。能够成全人性的理想教育究竟应该是怎样的，我们不能准确描述，但是我们可以做这样一个比喻：理想的教育，应该使我们如沐春风，走入让我们流连忘返的精神世界；理想的教育，使我们在喜欢的书籍里面，如同背后生出翅膀，自由翱翔；理想的教育，让我们忘却了饥饿和忧愁，却在头脑中萦绕一个挥之不去的困惑；理想的教育，应如醍醐灌顶的从头到脚击穿我们的全部神经；理想的教育，应该让我们对自然界和生活产生深深的敬畏和崇拜。

3. 教育力求成全人性

教育的作用是努力的成全人性，而非考验人性。人性中有很多需要发展的和不确定的方面，教育不能限定，不能考验，只能成全人性，向着全面、自由和积极的方面发展。

教育要成全人性

芬森作为丹麦著名的医生马上就要退休了，急需在学生中找寻一个接班人，最终选定了一个名叫哈里的年轻医生。芬森不知道这个年轻人能否坚持在枯燥的医学研究中一直走下去。芬森的助理乔治建议用高薪的办法来考验哈里，如果哈里不能经受其他人高薪的诱惑而离开芬森，就说明他不配做芬森的学生。但是，芬森医生拒绝了。芬森说：不要站在道德制高点俯瞰别人，也永远别去考验人性。哈里出身贫民窟，怎能不会对金钱有所渴望？如果我们用金钱和梦想让他做出两难选择，内心必定是纠结的。而他跟我研究医学，根本不必到那一步，我何必苛求他必须是一个圣人。最终，哈里成为了芬森的学生，并成为了具有影响力的医学家。

很多年后，当哈里听到他的老师芬森拒绝考验自己人性的事情后，老泪纵横地说：如果恩师用巨大利益做饵，来评估我的人格，那么我肯定就掉进这个陷阱了。因为，当时我的母亲患病在床需要医治，弟妹们需要我供他们上学。如果那样，我就没有现在的成就了。

芬森医生不光是医术高明，在人格上也是完善的，他懂得不要轻易去考验人性，在自己和利益之间让别人去选择。教育的力量是要竭力成全人性，为双方都创造共同利益。

夸美纽斯说过：假如要去形成一个人，那便必须由教育去形成。有人说，人是一个"可教的动物"，这是一个不坏的定义。实际上，只有受过一种合适的教育之后，人才能成为一个人。

二、教育对个人的意义

如果教育要有意义，那它就必须使每个人按照他自己的本性得到发展，而且这种发展应是他自己的志趣、倾向和能力的一种作用，而不是让他按照一种只适用于某种特定的对象即学得快而且对学校制度顺从的"天才学生"的既定模式来发展。①

（一）教育对于个人发展的意义

1990年，联合国开发计划署《关于人的发展报告》对人的发展作了新的界定，将人的发展扩展为"人的可持续发展"，指出人的可持续发展，即是人的协调发展，也就是既能够满足人当时的需要，又能保证其身心和谐、均衡、持久的发展力而不受损害的发展。

人的可持续发展已经成为各类教育的终极目标，学校教育的根本目标就是培养学生自我发展的能力。可持续发展对教育提出了新的要求。

1. 教育要使学习者具有环保意识

21世纪的"受过教育的"人应该懂得人是自然环境的一部分，一个"受过教育的"人不仅要有修养地对待身边的"人"和"事"，还要有修养地对待身边的"景"和"物"。

联合国将1990年定为环境素养年（Environmental Literacy Year），对环境素养曾作下列描述：全人类环境素养为全人类基本的功能性教育，它提供基础的知识、技能和动机，以配合环境的需要，并有助于可持续的发展。

Marcinkowski（1990）综合文献中许多学者对环境素养进行研究，认为环境素养应包含下列含义：①对环境的感知与敏感性。②尊敬自然环境的态度，关心人类对自然的影响。③了解自然系统如何运行的知识，以及社会系统如何干扰自然系统。④了

---

① 朗格朗. 终身教育引论. 北京：中国对外翻译出版公司，1985：71.

解各种（地方的、地区的、国家的、国际的和全球的）环境相关问题。⑤能使用第一手或第二手的信息来源，通过分析、合成和评价环境问题信息，并根据事实或个人价值观评价环境问题。⑥全力投入，主动地、负责地去解决环境问题。⑦具有补救环境问题的策略知识。⑧具有技能，发展实施相关策略和制订计划以补救环境问题。⑨主动参与各阶层的工作以解决环境问题。

教育应该培养学习者，尤其是中学生的环境素养，这是教育发展的必然要求。

2. 教育要使学习者具有全球意识

当今世界是一个开放的世界，经济全球化、政治多极化成为主要趋势，我们的生活已经与世界紧密联系在一起了。学习者，尤其是中学生是祖国的未来和希望，对于未来的建设者和接班人，我们不仅要培养中学生的民族意识，更要培养他们的全球意识，引导他们学会从世界整体的角度思考问题，培养他们面向世界的眼光和视野。

例如，当在其他国家发现艾滋病病毒的时候，如果我们只想：只要不是在中国发现的就好，不必关注艾滋病在全世界是否蔓延的话，那么这种想法一定是目光狭隘和短浅的。因为，在全球化的今天，在国际交往日益频繁的现在，艾滋病如果在世界其他地区蔓延，必然会蔓延到我们国家，对我们国家产生影响。我们只有采取全球合作的战略，才能有效防止和控制艾滋病的蔓延。

地球现在越来越像一个"地球村"，每个国家都只不过是这个"村"的成员之一，"村"成员之间的影响也越来越明显。中国的雾霾影响到了临近的国家；美国石油的价格波动，影响到了全世界的石油价格等，地球就是人类共同的家园。教育者要培养学习者具有"全球意识"，不仅要关心身边人、事、物，也要关心远离自己身边的人、事、物，因为我们共有一个地球。

3. 教育要使学习者具有参与意识

可持续发展是人类共同的目标，它需要所有的国家、所有团体乃至所有个人积极主动的参与；可持续发展要求国际间建立一种新型的宽松的伙伴合作关系，以代替过去冷战和竞争的紧张关系。这对于基础教育来说，则意味着从儿童开始，就要有意识地培养他们的合作精神。①

可以看出，可持续发展的教育能够给人以谋生与职业发展的能力，教给人与他人和社会相处的能力，教给人正确处理与自然和环境关系的能力，教给人保持身心健康的能力。②

人的可持续发展使得人要不断更新现代社会观念和社会行为，使自己成为"现代化的人"。

---

① 徐玉珍. 可持续发展与基础教育的使命. 教育研究，1999，(10)：71.
② 戚业国. 知识经济时代需要培养具有可持续发展能力的人. 教育探索，1998，(4)：17.

现代化的人[①]

(1) 乐于接受新事物；

(2) 对社会变化具有思想准备，同时持有自己的观点；

(3) 意识到态度和观点的多样性；

(4) 能动地获取事实和信息，并在此基础上提出观点和意见；

(5) 在时间取向上，面向现在和未来，而不是过去；

(6) 具有能够对自己周围环境施加影响的信念；

(7) 无论对公共事业还是个人生活，均有一个长期计划的观念；

(8) 对周围世界持信任态度，并相信他人及组织能履行其责任和义务；

(9) 高度重视技术技能，并将其作为分配社会报酬的基础；

(10) 高度重视正规教育，并具有获取高的教育和职业成就的抱负；

(11) 尊重他人的个人尊严；

(12) 理解生产和工业活动的规律和逻辑。

（二）教育对于学生成长的重要意义

1. 教育可以发掘学生的潜能

孔子曰：性相近，习相远。"性"为个体先天具有的潜在能力和可能性，"习"是个体有着各自生存环境和各种受教育影响的方式。"习"就是使每个人潜在能力发挥出来的必要条件。在今天看来，"习"就是教育。教育可以挖掘人潜在的能力。美国教育家、心理学家霍华德·加德纳在 1983 年出版的《智力的结构》一书中提出了"多元智力理论"。他认为，"智力是在某种社会或文化环境的价值标准下，个体用以解决自己遇到的真正的难题或生产及创造出有效产品所需要的能力"。每个人都至少具备语言智力、数理逻辑智力、音乐智力、空间智力、身体智力、人际交往智力和自我认知智力，后来，加德纳又添加了自然主义智力和存在主义智力。人在其中一种或者几种能力方面有可能突出，但在其他能力方面则表现得很平庸。教育就是要发现学生在哪些能力方面突出，发掘出学生在这些能力方面的更多潜能。

在美国，一个关于成功的寓言故事一直被职业经理人广泛流传。它取自于一本名为《飞向成功》的畅销书，作者之一便是唐纳德·克里夫顿博士。

这个寓言故事讲的是，为了和人类一样聪明，森林里的动物们开办了一所学校。开学典礼的第一天，来了许多动物，有小鸡、小鸭、小鸟，还有小兔、小山羊、小松鼠。而学校为它们开设了 5 门课程，唱歌、跳舞、跑步、爬山和游泳。当老师宣布，今天上跑步课时，小兔子兴奋得在体育场跑了一个来回，并自豪地说，我能做好自己天生就喜欢做的事！可其他小动物，却有的噘着嘴，有的耷拉着脸……放学后，小兔

---

① 顾明远，薛理银. 比较教育导论——教育与国家发展. 北京：人民教育出版社，1996.

子回到家对妈妈说，这所学校真棒！我太喜欢了。第二天一大早，小兔子蹦蹦跳跳地来到学校。老师宣布，今天上游泳课，小鸭子兴奋得一下跳进了水里。天生恐水的小兔傻眼了，其他小动物更没了招儿。接下来，第三天是唱歌课，第四天是爬山课……以后发生的情况，便可以猜到了，学校里每一天的课程，小动物们总有喜欢的和不喜欢的。

这个寓言故事寓意深远，它诠释了一个通俗的哲理，那就是"不能让猪去唱歌，让兔子学游泳"。要成功，小兔子就应跑步，小鸭子就该游泳，小松鼠就得爬树。成功心理学的理论告诉我们，判断一个人是不是成功，最主要的是看他是否最大限度地发挥了自己的优势。

教育不是让学生变成全才，而是要让学生的优势更加明显，明显到可以"长善救失"。《学记》讲"教也者，长善而救失者也"，就是教育要注重学生的个别差异，帮助他们发扬优点，克服缺点。发现学生身上的闪光点和优势，发掘学生的潜能，这就是教育的真正使命。

2. 教育可以使学生更快社会化

人从柔弱无力的小婴儿成长为社会有效成员，这就是个体社会化的过程。个体社会化是个体学习所在社会方式，将社会所期望的价值观、行为规范内化，获得社会生活必需的知识、技能，以适应社会需要的过程。[①] 人的社会属性使得人在社会中不能孤立生存，社会化是个体必经的生存和参与社会生活的途径。

1978 年，在肯尼亚发现了一个在猴群中生活多年的男孩，年龄约 8 岁，估计他可能与家人在森林中失散后，被老猴子当做自己的孩子来抚养。当人们发现他时，他不会讲话，也不能直立行走，只吃香蕉，不吃人们习惯吃的食物，他的心理只停留在动物心理的阶段。

一个古代埃及皇帝，为了弄清楚人类说话的能力是由什么决定的，竟然把两个婴儿放在地下室内，指定专人送食物，把他们与外界隔绝起来。当他们长到十二三岁放出来时，什么话也不会说，只能发出单调的怪声，连鸟兽都不如。

这表明，人若长期脱离社会生活，没有社会交往，就没有正常人的心理活动，也没有人脑的正常的机能。[②]

3. 教育可以让学生更具力量

学生是处于人生中迅速发展时期的特殊群体，他们是成长中的人，处于发展的过程。他们的身心尚没有成熟和定型，具有很大的可塑性和发展空间，这就为教育留有充分的余地。教育可以让学生发挥个体的主观能动性，在教育中，我们要让学生自己更多地去观察、研究、思考、体验，不仅要积极动脑，还要动口，发表意见，参加争论，还要敢于动手，去实验，去创造，真正成为学习的主人，在主动实践中得到发展。在发展中，学生慢慢具有了改造世界，改变自己的力量。人民教育家陶行知非常信赖

---

① 全国十二所重点师范大学联合编写 . 教育学基础 . 北京：教育科学出版社，2002：33.

② 彭聃龄 . 普通心理学 . 北京：北京师范大学出版社，1988：103.

学生，他说："我加入儿童生活中，便会发现小孩有力量，不但有力量，而且有创造力。"

学生群体在进入社会之前，能够改变世界的能力还不完善，但是通过教育的力量，学生可以改变自己，进而去改变世界。中南财政政法大学 2013 级会计学院大三男生梁安定华丽地完成了从"学渣"到"学霸"的完美蜕变。梁安定大二时参加国际注册会计师考试，其中税法科目 85 分（满分 100 分），全球第一。

在教育中，教师要尊重这种慢慢凝结的力量，尽管这种力量在形成之初有可能是苍白无力的，甚至是错误的，教师都不可以嘲笑、轻视或者宣判死刑，而是应该引导学生不断地走向完善，要注意学生的发展方向和发展过程中的点滴进步，给予引导、鼓励和肯定。因为，这就是成长！成长的力量是需要尊敬和包容的，更是需要等待的。作为教师应该具有这样的素质和理念。

4. 教育可以推动学生实现自己的理想生活

中学生在我国是指十二三岁至十七八岁这个年龄阶段，属于"心理性断乳期"阶段。

中学生阶段，身心开始发生急剧变化，自我意识和独立意识明显增强，心理上的"成人感"日益显露出来。在生理特点上，表现出身高体重增长速度快于小学阶段，性成熟开始。在心理上也产生变化，"成人意识"出现，自己觉得是大人了。在情感上表现出情绪不稳定，但富有朝气，充满热情。在意志方面，自控能力有了较大发展。

这个时期就是我们经常说起的"青春期"。

在这样一个人生中最敏感、发展最迅速，处于既成熟又幼稚的时期，教育对于这个特殊的"青春期"中学生群体来讲，有着为将来过上理想生活积攒能量的责任和作用。所以，这个时期的教育，有着双重的任务：一方面为后续阶段的学习打基础；另一方面，教育一定要为处于青春期的中学生群体做好人生观、世界观方面的规划和引导工作，只有这样，中学生才可以在未来实现自己理想的生活。

如果把人生比喻成一场马拉松比赛的话，那么人们都非常在意的起跑线究竟是在哪个阶段？人生的马拉松，处于"青春期"的中学生阶段才是人生的起跑线。教育在这个起跑阶段，应该着重培养中学生良好的个性品质和生活、学习习惯，这比学习多少知识对于人一生发展来讲都更为重要。

教育如果仅仅关心中学生的成绩、升学，而忽视了对于中学生人格的塑造，那么在未来社会发展的过程中将会逐渐显露出这样做的社会危害，无法弥补的危害。

三、学生成长的理想教育

什么样的教育是理想的教育？我们说的"理想教育"就是良好的教育，能够使我们拥有学识、才智、胸怀和高贵的品质。理想的教育需要具备的品质在于：与生活贴近、具有发展的潜力、关注生命质量。

（一）贴近生活，使教育回归现实世界

教育的责任在于培养在生活世界中会生存的人。现实的生活世界，是直观的、具体的、丰满的和感性的。使教育贴近生活，是因为现在的教育让学生远离了现实世界，孤独的生活在"科学世界"中。学校教育应该重返现实世界，找回失去的主体意识，重新确立一种新的教育生态观，这应当是教育未来发展的重要理念，这关系到人类自身的命运。科学世界是我们进修理性的"营地"，是我们建在异乡的家园，但是现实世界才是我们朝夕相处的家园，我们生命的"根"。如果教育远离了自然、远离了社会、远离了现实世界，那么教育也就远离了教育本身。

教育有责任贴近生活，回归现实世界，使生活变得更加美好。

（二）关注发展，着眼未来

教育的对象是人，是学生。教育应该是以人为本，构建有利于人的发展的教育。教育可持续发展的基本目标就是要培养学生可持续发展的精神整体，使之具有高尚的道德品质、科学的实践经验、丰富的文化修养，成为一个可持续发展的人，为可持续发展的社会所接纳，并能够参与到可持续发展的社会实践中去。这就要求教育必须从学生可持续发展的角度组织教学内容、改革教学方法。[①]

第一，在教育理念上，真正树立起学生是主体的意识。我们要从根本上改变教师"主体"的理念，把学生放在真正的中心，充分发挥学生的主观能动性，挖掘学生内在的潜力，尊重学生的情感因素，认同学生间存在差异性，真正将学生培养成具有主动选择、能动适应客观世界的能力以及具有积极创新精神的人。

第二，要将培养学生和谐发展素质作为目标。要做到：传授知识与发展智能相协调；促进认知因素与非认知因素的发展相协调；身体与心理发展相协调。

第三，在教学内容上，要与时俱进，逐步更新，课程内容达到综合化。综合化的学科内容应反映现代科学技术发展的最新成就，反映社会变化的趋势和突出的社会问题，并完成人文素养和科学素养携手并进，保持科技、人文和社会学科内容的合理分配。

第四，在教学过程中，要着力于奠定学生终身发展的基础，达到学生"乐学"、"会学"和个性学习的理想状态。

（三）关注生命质量，教育的终极关怀

人的生命只有一次，生命的重要意义在于它的不可重复。人有了生命但并不意味着所有的生命都有尊严和质量。人的生命意义在于提升其生命的质量。人类发展历史证明了，生命的质量与教育的质量成正比。优质教育是对每一个生命个体充满终极关爱的教育，是"心中有爱，眼中有人"的教育。

教育不仅仅要使我们的教育对象认识生活的意义，而且要培养他们设计生活的能力和激发出他们对生活的热情；不仅仅要使教育对象理解生命的价值，更要让他们认

---

① 余文乐.新课程背景下的公共教育学教程.北京：高等教育出版社，2004：26.

识到如何珍惜生命，使自己的生命更有价值。

理想的教育关注人的生命质量；理想的教育立足于人真实的生存状态，理想的教育实现人真实的生命成长。

理想的教育呼唤着一种富有生命活力的、健康的个体出现。这是时代发展的需要，更是每个独立存在的个体生命深处的呼唤与需要。

日本学者池田大作认为："现代教育陷入了功利主义，这是可悲的事情。这种风气带来了两个弊病，一是学问成了政治和经济的工具，失掉了本身应有的主动性，因而也失去了尊严性；另一个是认为唯有实利的知识和技术才有价值，所以作这种学问的人都成了知识的奴隶，由此产生的结果是人类尊严的丧失。"①

学生成长的理想教育状态是所有的学生都有教育机会；所有的教师都有教育热忱；所有的设施都有教育内涵；所有的活动都有教育意义；所有的教师都有幸福感觉；所有的学生都能快乐成长。

第二节 教育对社会进步的重要意义

教育的一项重要职能就是通过人的培养而促进人的社会化进程的实现。但是，教育并不是为了培养人而培养人，而是通过培养人，产生促进社会物质生产、社会政治、经济、科学技术、精神文明发展的社会作用。

要想了解教育对社会进步产生哪些影响，我们首先要知道什么是"社会"。

在我国古籍中，"社"是指用来祭神的一块地方。"社，土地之主也。土地阔不可尽敬，故封土为社，以报功也。""会"就是集会。社会就是指在一定的地方，于民间节日举行演艺、集会、祭神的庆祝活动，也就是人们通过各种各样社会关系联合起来的集合。社会由自然环境、人口和物质生活资料的生产方式三个基本要素构成。

我们可以从三个大方面来研究教育对于社会的意义。

一、教育可以促进社会可持续发展

自然环境是人类赖以生存的空间，人与自然却并不是一直和谐共处的。从原始时代人敬畏自然、属于自然，到农业文明时期的依附自然、对抗自然，到了工业文明时期的征服自然、破坏自然，人类对自然显示出越来越大的威力，人与自然的矛盾迅速激化。特别是 20 世纪后期，由于人类不加控制地掠夺资源，导致了森林覆盖率急速下降、土壤受到严重侵蚀、沙漠面积快速扩张、空气遭受污染、水质恶化，人与自然的关系已经处于极度紧张的边缘。

教育在人与自然的关系中扮演着重要的角色。因为，教育传授给人的知识就是人们开始征服自然的武器。一方面教育帮助人们认识自然、征服自然；另一方面，因为人们在征服自然过程中的无限制，必然导致大自然对人类的报复。人们开始反思与自然的关系，如果再不加以改变，那么最终人类将亲手毁灭自己的生存空间，改变迫在

---

① 汤因比，池田大作. 展望二十一世纪. 北京：国际文化出版公司，1985：265.

眉睫。

20 世纪后半叶，人类提出了重回自然的可持续发展观。

可持续发展思想最初源于人们对资源和环境问题的深刻反思。由于多年对资源的过度开发，对环境的破坏，造成了世界范围的能源危机、环境危机和生态危机。在面对和解决这些危机的过程中，人们意识到，对于自然环境，必须实施可持续发展的战略。

1972 年，斯德哥尔摩世界环境大会上正式提出了可持续发展的理念。1980 年发表的世界保护大纲中也明确提出了可持续发展的概念。1987 年，联合国世界环境与发展委员会在向联合国提交的《我们的共同未来》报告中，给出了可持续发展明确的定义："既能满足当代人的需要，又不至于损害子孙后代满足其需要之能力的发展。" 1992 年，在巴西里约热内卢召开的由 183 个国家和 70 多个国际组织参加的联合国环境与发展大会通过的一系列决议文件，特别是《21 世纪议程》，使可持续发展逐步由概念的规范开始向实际操作迈进。

《21 世纪议程》指出："人类应与自然和谐一致，可持续地发展并为后代提供良好的生存发展空间；人类应该珍惜共有的资源环境，有偿地向大自然索取……人类为此应变革现有的生活和消费方式，建立新的全球伙伴关系——人与自然的和谐统一，人类之间的和平共处"。

在教育对于个人发展的意义中我们也谈到，教育要使学习者具有环保意识和全球意识。教育通过对个人产生积极的影响，进而影响自然环境。

可持续发展是由一定条件下的社会、经济、技术基础决定的。因此，社会可持续发展的理念需要教育要培养人具有以下几个方面的理念。

（一）具有发展的理念

适度的经济增长能实现消除贫困，并促进社会的均衡发展。发展对于发达的资本主义国家来讲是必要的，对于发展中国家来讲更是重中之重。发展中国家一般都面临着贫困和生态恶化的双重压力，在两者之间，发展是第一位的，唯有发展了，消除了贫困，增强了必要的物质基础，才有能力和意识逐步解决生态危机。

发展中国家应该加大对教育的投资，提高劳动力的素质。加大对人力资源的整合和投资，进一步降低人力资源成本，提高人力资源的素质，发挥发展中国家人力资源优势，才可以在贫困和生态环境的矛盾中"突破重围"，改变发展中国家要想发展经济，就必须牺牲环境的现象。印度、爱尔兰等国之所以能成为软件出口大国，就在于这些国家在早期对 IT 行业人力资源的投入。

印度软件业的兴起[①]

印度作为南亚次大陆的发展中国家，与我国有相似之处，都是人口众多，都是农业大国。印度的产业结构情况是，第一产业的现代化水平低，第二产业也未得到充分发展，但作为第三产业的软件业逐渐成长为其支柱产业。2009 年，印度

---

① 孙绍荣，伍彦. 科技、教育、经济协调发展研究. 上海：上海科技教育出版社，2001：178.

在全球软件外包市场中的份额为 51%，2012 年进一步提高到 58%。印度软件产业的崛起，极大地推动了印度电脑业、教育业、基础设施建设等高速持续发展，其他相关产业的发展反过来又促进了软件产业的发展，从而形成良性循环。印度软件业的成功有多种因素，例如政府的经济高度自由化政策、软件业及其出口优惠政策、强有力的知识产权保护政策、大力度的信息产业基础设施建设、庞大而训练有素的精通英语的人力资源库和教育培训体系、开放的留学政策吸引的大批掌握了先进技术和管理技能的国外留学生、印度软件业界高度的质量意识等。这也表明，在信息经济范式下，只要能把握教育、科技与经济的关系，就能够在相对优势的部分领域或在局部实现突破，实现技术和产业的跨越式发展。

在发展的同时，要具有可持续发展的理念。

（二）具有素养的理念

可持续发展的前提条件是要控制人口数量。在控制人口数量的基础上，提高人口的整体素质，开发利用人力资源，促进人的全面发展。

（三）具有生态观

保护环境和维护生态平衡，维护包括人类自身在内的相对稳定的生物圈，促进生态环境的协调发展。越是在经济高速发展的时刻，越是要加强环境和资源的保护，唯有这样才能有效避免环境恶化和资源枯竭，进而获得长期持久的支撑能力。

（四）具有协调观

推动技术进步，提高发展的技术含量，科学合理地开发利用资源，走国民经济内涵式、集约式发展道路，促进经济、技术、社会同步发展。

（五）具有伦理观

建立新的道德和价值标准，彻底改变对自然界的传统态度。人类必须学会尊重自然、保护自然、敬畏自然，而不是将自然作为人类可以任意索取和盘剥的对象。人类不是自然界的主宰，只是自然界的一员，人类必须与自然界和谐共处。

文明人类的八大罪孽[①]

我们文明人类的八种致命罪孽表现为：

（1）因为在"地球这个宇宙飞船"上生存空间缺乏，致使人口过剩给不受管束的侵犯行为以原动力；

（2）对环境的破坏竟达到了只能听任污染而不能恢复其原貌的地步；

─────────────

① 康拉德·洛伦茨.文明人类的八大罪孽.合肥：安徽文艺出版社，2000：242.

（3）不受管束和无限制的增长导致人类正走向种族自灭；

（4）由于药物及其技术的使用以及人类史的所有自然的善失去了基本性，造成了感情上的骚动不安和知觉上的麻木疲惫；

（5）由于对生育以及其他遗传学的研究结果无知、盲目和漫不经心，导致了遗传蜕变；

（6）仅仅因为传统的重要性及其功能作用没有立即显示出来，就破除传统或经传统价值予以抛弃；

（7）对广告、洗脑宣传以及科学知识具有可灌输性与易感受性；

（8）核武器的增多（这种增多本可以通过裁减核军备而轻易地加以消除）。

所有这一切加在一起便彻底剥夺了人们区分正确与错误的能力。

二、教育可以改善人口素质

人口是指生活在一定社会、地区个体的总和，其状况通常包括人口的数量、人口的质量和人口的结构。

教育是控制人口增长、改变人口质量使人口结构趋向合理化的手段之一。

（一）教育可以减少人口数量

一些人口学家研究后得出结论：全体国民受教育程度的高低与人口出生率的高低成反比。

根据我国全国部分地区1992年和2003年人口调查统计数据显示，比较1992年和2003年的各项数据（表4-1），2003年的全国人口出生率、死亡率、自然增长率都有大幅度的降低。尤其是北京和上海，2003年的自然增长率都已经显示出负数，出现了发达国家出现的老龄化趋势。同时数据也反映出，人口的平均文化程度越高的地区，人口出生率就越低，反之亦然。

表4-1　全国各省市2003年、1992年人生出生率、死亡率和自然增长率统计

地区	总人口/万人		出生率/‰		死亡率/‰		自然增长率/‰	
	2003年	1992年	2003年	1992年	2003年	1992年	2003年	1992年
全国	129227	117171	12.41	18.24	6.4	6.64	6.01	11.60
北京	1456	1102	5.10	9.22	5.20	6.11	−0.10	3.11
天津	1011	920	7.14	12.50	6.04	6.00	1.10	6.50
河北	6769	6275	11.43	15.33	6.27	6.43	5.16	8.90
山西	3314	2979	12.26	19.59	6.04	6.94	6.22	12.65
内蒙古	2380	2207	9.24	17.07	6.17	6.73	3.07	10.34
辽宁	4210	4016	6.90	12.57	5.83	6.11	1.07	6.46
吉林	2704	2532	7.25	15.74	5.64	6.57	1.61	9.17
黑龙江	3815	3608	7.48	16.25	5.45	6.12	2.03	10.13

续表

地区	总人口/万人		出生率/‰		死亡率/‰		自然增长率/‰	
	2003 年	1992 年	2003 年	1992 年	2003 年	1992 年	2003 年	1992 年
上海	1711	1345	4.85	7.28	6.20	6.74	-1.35	0.54
江苏	7406	6911	9.04	15.71	7.03	6.76	2.01	8.95
浙江	4680	4236	9.66	14.72	6.38	6.57	3.28	8.15
安徽	6410	5834	11.15	18.76	5.20	6.14	5.95	12.62
福建	3488	3116	11.43	18.18	5.58	6.02	5.85	12.16
江西	4254	3913	14.07	19.53	5.98	7.07	8.09	12.46
山东	9125	8610	11.42	11.43	6.64	6.88	4.78	4.55
河南	9667	8862	12.10	18.13	6.46	6.99	5.64	11.14
湖北	6002	5580	8.26	19.05	5.94	6.87	2.32	12.17
湖南	6663	6267	11.82	16.70	6.87	7.30	4.95	9.40
广东	7954	6525	13.66	19.31	5.31	6.17	8.35	13.14
广西	4857	4380	13.86	20.19	6.57	7.28	7.29	12.91
海南	811	686	14.68	21.31	5.52	6.07	9.16	15.24
四川	8700	10998	9.18	16.27	6.06	7.03	3.12	9.24
贵州	3870	3361	15.91	22.40	6.87	8.52	9.04	13.88
云南	4376	3832	17.00	21.00	7.20	8.00	9.80	13.00
西藏	270	228	17.40	23.63	6.30	8.09	11.10	15.54
陕西	3690	3405	10.67	18.85	6.38	6.57	4.29	12.28
甘肃	2603	2314	12.58	19.37	6.46	6.64	6.12	12.73
青海	534	461	16.94	22.54	6.09	8.14	10.85	14.40
宁夏	580	487	15.68	20.11	4.73	5.36	10.95	14.75
新疆	1934	1581	16.01	22.80	5.23	7.84	10.78	14.96

根据国家统计局 1992 年、2003 年人口主要数据公报统计绘制

注：全国数据未包括香港、澳门特别行政区和台湾省的人口数据

　　为了使教育能够更有效地起到控制人口增长的作用，不仅要普遍提高社会民族的文化水平，更要对成人和青少年进行专门的人口教育。

　　教育可以使人们更容易理解人口增长与经济和社会发展之间的相互制约关系，能够理解并支持国家对于人口生育计划的决定，在保护环境生态平衡、有节制地利用资源、保证社会获得更好发展等方面，具有更多的责任心。

　　教育可以使人们更重视自身价值的实现和对人生幸福的追求，他们不愿意因为多生育而耽误自身的发展和生活质量。

　　教育还通过使男性和女性受教育年限的延长，进而推移生育年龄和增加妇女就业机会，提高女性养育子女的成本来控制人口的增长。

　　由此可见，教育具有控制人口增长的社会功能。对成人的教育可以通过媒介宣传，使成人懂得人口增长与国家发展、家庭幸福之间的关系。对于青少年儿童的教育，主

要是在学校中进行的。在学校中通过与之相关的课程向学生展示人口变化、人口状况、人口发展与我们生活质量方面的必然联系。

（二）教育可以提高人口质量

人口质量由人口的身体素质、科学文化素质和思想品德素质三个方面构成，这三个方面都与教育密切相关。

1. 教育与身体素质的关系

人口身体素质是指人的身体健康状况和大脑的功能状况。这两方面都受两个因素影响，一个是先天的遗传，另一个是后天的营养、保健和锻炼。

教育对这两个因素都有着重要的作用。

首先，受过较高教育的人对于遗传学和优生学的知识都能够掌握。

一个婴儿的诞生，追溯其整个历程，必经过婚配、受孕、妊娠、分娩等步骤。因此，要想生个优质的孩子，便应把好各个关键环节。

优生应注意的问题

A. 从找配偶做起：

• 避免近亲结婚：主要预防遗传病的发生。

• 了解夫妻双方血型是否相合，预测有无患病的可能性。

B. 请优生咨询专家当顾问：建议了解一下对方家族是否有人患遗传病或先天缺陷等症。如果双方亲属中均有患遗传病或先天缺陷者，都应到计划生育指导站或医院专设的优生咨询（或称遗传咨询）处，请专科人员当顾问。

C. 选择最佳的生育年龄：女性最理想的生育年龄在25～29岁。

D. 要重视孕期保健：

• 增加孕期营养。影响胎儿健康的四大营养：热量、蛋白质、维生素及盐类。

• 严防外界感染。怀孕期间应设法提高自己的抵抗力，如保持足够营养、适当的休息、规律的生活以及乐观的情绪等。另外，应少到公共场所及某些疾病流行区，尽量避开感染源的感染。

• 做好胎教，促进胎儿早期智力开发。

• 勿随便用药。

• 力避环境污染。

• 避免照射过量射线。

• 父母亲要戒烟戒酒。

E. 加强分娩监护，避免由产伤引起的出生缺陷。

其次，在后天营养、保健和锻炼方面，受过教育的父母也能更科学、合理。

虽然很多父母并没有育儿经验，但是，受过教育的父母更容易接受新的育儿理念，有主观愿望去学习、去探究科学的育儿方法。同时，发达的信息手段，也为新手父母们提供了全方位、多层面育儿理论和实践的指导。父母们在安排家人的饮食起居、卫生和体育锻炼方面都能更符合科学的要求，这对提高身体素质是非常重要的。

2. 教育与科学文化素质的关系

教育对人口科学文化素质的影响最直接，也最明显。人口科学文化素质的高低主要取决于教育的好坏。通常用下列指标来衡量人口的文化素质：文盲率或识字率；义务教育普及和提高程度；就业人口的平均受教育年限；每万人口中科技人员数；每万人口中的大学生数。显然，这些指标直接受制于教育。对比以上各个指标，中国同世界上很多国家相比，还处于落后的局面。

3. 教育与思想品德素质的关系

人口思想品德的形成也依赖于教育。有什么样的教育环境就会培养出什么样品质的人。意大利诗人但丁曾说过："一个人如果知识不全，可以用道德去弥补；一个人如果道德不全，则无法用知识去弥补。"因此，一个文化素质较高、文化氛围较浓的家庭以及良好健全的学校教育和社会教育的环境，对提高人口思想品德素质的作用是不能忽视、不可低估的。

（三）教育可以使人口结构趋向合理化

人口结构包括人口的自然结构和社会结构。自然结构指人口的年龄、性别等方面的比例。社会结构指人口的阶级、文化、职业、地域、民族等方面的比例。所谓人口结构的合理化就是指人口结构有利于社会生产和人口的自然平衡。

1. 教育可以使人口的自然结构趋向合理化

受过教育的妇女，传统的生育观不再对她们起决定性的作用，使她们摆脱了"重男轻女"的思想。在城市中，女孩因其性格乖巧，对父母的关怀表现在更细微处，往往更被父母喜爱。这样，在城市中就降低了女胎的流产率，进而调整着新生儿的性别结构。对年龄结构的影响主要体现在教育对生育率和死亡率的影响上。生育率与死亡率的降低，不可避免地改变着人口的年龄结构。

2. 教育可以使人口的社会结构趋向合理化

我们尽快实现乡村人口向城镇人口的转变，消化农村剩余劳力，就有赖于大力发展教育，特别是普及农村教育，提高农村人口素质，从而为提高农村科技水平，发展乡镇企业提供可能。

教育对人口的行业和职业结构的影响，主要表现为由教育所带来的科技进步使得社会分工越来越复杂细密。一般说来，逐步提高脑力劳动者和体脑劳动者的比重，逐步减少体力劳动者的比重，将是现在和未来社会发展不可避免的趋势。因此，我们必须积极创造相应的教育条件，为适应社会发展的趋势提供相当数量的专业技术人员。

三、教育可以促进经济的发展

世界银行在 2000 年年底发表了题为《增长的质量》的研究报告，把物质资源、自然资源和人力资源视为经济增长、科技进步以及社会发展的基本要素，并对 192 个国家的资源存量作了统计。目前全世界物质资源、自然资源和人力资源的构成比约为 16∶20∶64（吴迎春，2001）。也就是说，人力资源是全球国民财富中第一资源。

我国近些年来经济高速增长是技术进步、人力资本积累的结果。新一轮经济增长是通过自身研发和创新以及加上不同渠道引进方式实现快速技术进步的结果。2009 年我国专利申请受理数和授权数，分别从 2000 年 17.1 万和 10.5 万件上升到 2009 年的 97.7 万和 58.2 万件，2009 年申请量和授权量分别是 2000 年的 5.7 倍与 5.4 倍，年均增长分别为 21.4％和 21.0％，显示我国企业自我技术研发和创新能力逐步提升。

可见，我国经济发展是与人力资本密不可分的。教育是形成人力资本的重要因素。这是美国经济学家舒尔茨（T. W. Schultz, 1902—）的"人力资本理论。"

人力资本[1]

所谓人力资本，其经济属性是什么？它为何对解释经济增长关系至关重要？我对这些问题曾做如下的回答：人们需要有益的技能和知识，这是显而易见的，但是人们却不完全知道技能和知识是一种资本，这种资本实质来说是一种计划投资的产物；这种投资在西方社会按照一种比传统的（非人力）投资大得多的速度增长，而且这种增长恰好是该经济体系中最为突出的特点……如果根据一种把人力资本、物力资本都包括进去的全面的资本概念去考虑问题，并认为所有资本都是由投资的方式产生的，那么这种想法既颇有裨益又妥帖正当。长期以来，人们就抱有一种顽固的偏见，认为资本只包括物资设备、建筑物和物资库存等。这种偏见在很大程度上成为政府贬低人力资本投资，提高物力资本投资的固执态度的原因。

人力资本理论认为，人口质量重于人口数量，人的资本投资的作用大于物的资本投资的作用。人力资本的形成是现代经济发展的突出特征。现代国际经济发展的实践表明，教育投资是一种生产性投资。教育投资能产生巨大的经济效益。1995 年，世界银行在其《教育的优先领域和战略》报告中指出：对于社会而言，与其他投资相比，教育投资的回报率最高且效益广泛，教育投资可以积累人力资本，而人力资本是经济持续增长和增加收入的关键。由于教育发展对经济增长的贡献日益增强，教育在全世界的发展正呈现出先于经济发展的趋势。教育的适度先行，正是现代社会认识并主动增强教育经济功能的表现。[2]

（一）教育通过提高国民人力资本，促进经济增长

在古代社会，生产简单，生产中所含技术成分少，对劳动者的文化素质要求较低。

---

① 舒尔茨. 教育的经济价值. 长春：吉林人民出版社，1996：117～309.
② 张乐天. 教育学. 北京：高等教育出版社，2007：64.

产业革命以后，机器广泛使用，劳动复杂程度提高，对劳动者具有科学和劳动技能的要求逐渐提升。一项研究表明，一个受过初等教育的工人可以使劳动生产率提高30％；受过完全中等教育的工人在技术创造上的积极性，比没有受过同等教育而工龄相同的工人要多4～5倍。

（1）通过教育和训练，可以提高生产者对生产过程的理解程度和劳动技能技巧的熟练程度，从而提高工作效率。

（2）通过教育，能使劳动者合理操作、使用工具，并能及时注意对工具、机器的保养和维修，减少工具的损害率。

（3）通过学习，可以缩短学习新技术或者掌握新工种所需的时间。

（4）通过教育，可以激发劳动者的创新热情和创造能力。

（5）教育还可以提高劳动者参与管理的愿望和能力。

（二）教育通过生产科学技术，促进经济的发展

古代社会，生产力极其落后，科学技术不起决定性作用。随着生产力的发展，科学技术在生产力中所占比重越来越多，对经济发展的作用也越来越重要。科学技术是教育的重要内容，教育对科学技术的作用，主要体现在两个方面：一是再生产新的科学技术；二是生产新的科学技术。

第一，教育通过科学技术的发展实现了科学知识的再生产。教育实现科学知识再生产表现在三个方面：首先，表现在它的继承性上。科学本身就具有继承性。任何一个个体或时代对于自然的认识都是有限的，要达到真正的科学认识，就需要科学知识上的继承和积累，教育就是实现科学继承和积累的手段。教育把已经创建的科学知识不断再生产，为新一代人掌握并继承。科学就是通过教育传承下去。其次，通过学校所进行的科学知识再生产又是一种扩大的再生产，因为由教育所进行的这种知识传授，可以使原来为少数人所掌握的科学知识被大众接受和了解。通过辐射式的传播方式，以原子裂变的能量传递出去。作为培养教师的"航母"——师范大学，在师范大学任教的教师，在其教育生涯中要教授成千上万的学生，如果教师把科学知识传递给这些学生，这些学生毕业后从事教师职业，再把接收的科学知识传递给他们的学生，这样一代一代的传递下去，就使得科学知识再生产扩大到无穷尽的范围和程度。最后，学校所进行的科学知识再生产还是一种高效率的再生产。学校中的知识传授都是在教师的精心安排下，对科学知识的反复筛选，挑选出知识的精华，通过有效的教育形式、科学的教学方法和先进的教学手段，在特定的教育过程中完成再生产的任务。这样做避免了人类获得这些知识所可能经历的曲折道路，以最短时间、最高效、最简便的途径来完成知识传递的过程和任务。教育对科学知识再生产的传递是最经济、最高效的。

第二，教育可以生产新的科学知识和新的生产力。学校特别是高等学校通过科学研究担负着生产新的科学知识、新的生产力的任务。高等学校集中了一批一流的专家教授，构成了良好的专业结构，同时又有着合理的由博士、硕士研究生构成的人才梯队，这就使得大学成为进行高水平研究的最理想场所。中国高等学校科学研究的主要内容包括：承担国家建设中一些项目的攻关课题，直接为经济建设服务。理工科一般

都承担国家建设与生产力发展中急需解决的新产品、新材料、新设备、新工艺、新方法等生产技术的研究，文科则承担着有关政治、经济发展的理论政策问题的研究。基础理论研究是高校科研的重要内容；国际间的科研合作与技术引进也是研究内容之一；此外，还有教科书、参考书的编著和学术专著的撰写。这些都在社会经济发展中发挥巨大的作用。[①]

人和科学技术都是潜在的生产力，是促进经济发展的可能因素。如果要将二者真正转化为经济发展的现实促进因素，就必须使这些潜在的生产力转化为现实的生产力，教育就是实现这种转化的"推手"。通过教育，人掌握了科学技术，成为现实的劳动力；通过教育，科学技术以劳动者为载体进入了社会生产领域，成为现实的生产力。

教育就是经济发展的动力和源泉。教育是生产力变化的"因"，生产力是教育发展的"果"。

第三节 教育的认识与历史发展

一、教育的起源

在教育学中，关于教育的起源有以下几种观点。

（一）教育的神话起源论

这是人类关于教育起源最古老的观点，一般宗教都持有这种观点。这种观点认为，教育是由神、天或者上帝创造的，教育的目的就是要体现神、天或者上帝的意志，使人皈依神、天或者上帝。这种观点是错误的，错误的原因主要是人们在生产力极其低下的时代，对于人类起源问题的认识存在极大的局限性，不能正确提出和认识教育起源的问题。

（二）教育的生物起源论

生物起源论者认为，人类教育发源于动物界中各类动物的生存本能活动。主张生物起源的代表人物有利托尔诺、沛西·能等。

法国社会学家利托尔诺在其所著的《动物界的教育》一书中认为，教育是一种生物现象，教育起源于一般的生物活动。他认为教育起源于动物的本能活动。他根据对动物的观察，认为在动物界存在着犹如母鸭带雏鸭、母熊教幼熊的教育，人类的教育，不过是继承了这种形式，并作了改进而已，与动物界的教育并无什么根本区别。

利托尔诺的错误在于，他从生物学的观点出发，把动物界生存竞争和天性本能看成是教育的基础。按照他的看法，动物是基于生存与繁衍的天性本能而产生了把"经验"、"技巧"传给小动物的这种行为。而这种行为被利托尔诺认为是教育的最初形式与发端。

（三）教育的心理起源论

心理起源论者认为，教育起源于儿童对成人的无意识的模仿。

心理起源论的主要代表人物是美国教育家、心理学家孟禄。他批判了生物起源论，说他们完全忽视了人的心理与动物心理的区别，但他又错误地把教育都归之于无意识状态下产生的模仿行为，不懂得人之所以成为人，是因为人是有意识的本质属性，不懂得人的一切活动都是在意识支配下产生的目的性行为。因而，他的这种观点仍然是错误的。

（四）教育的劳动起源论

苏联教育理论界根据马克思和恩格斯的有关论述，提出了教育劳动起源论。

我们可以闭上眼睛，想象一下：

原始人对教育的需要产生于劳动与生活过程中经验传递和互相协调的需要。在群体活动中，任何个人的创造或发现，无论是劳动工具的改进，新食物尝试的成功，还是追捕野兽的新方法，对某一物体的名称的确定等，只要有利于人类的生存，就会通过语言或行为的模仿等方式传播开来，变成共同的类经验。

譬如，一群原始人生活在渺无人烟的原始森林中，他们缺少食物，只好到处去寻找可以吃的野果，人们小心翼翼地尝试着吃各种野果，有人因此中毒而死，但最终找到了新的果腹之物，于是，赶紧将这一经验性知识传之他人，于是所有人得以生存。

在这个故事里面，包含了所有的关于人类社会的生存之道：单个个体无法生存，每个人都属于群体，生存得依靠群体活动；合格的成员，首先必须是具备生存本领的个体；生存本领在成员间传递是为了群体的生存，是群体生存和发展的要求。原始人过着以血缘为纽带的氏族群体生活，一方面必然要求有最初级的分工，以人的自然性别、体力强弱为基础的分工；另一方面共同的劳动与生活又需要协调，在对付共同敌人——猛兽、恶劣自然环境、其他部落的侵袭的斗争中，更需要符合共同利益的合作行动，这就使原始人之间需要沟通思想、取得行为的一致。在这种沟通过程中逐渐形成了人人必须奉行的传统、习俗、礼仪，它们也成为维系原始社会生存的重要的、共同的类经验的组成部分。

我们认为，原始人在劳动和生活过程中，发现或创造出的新经验通过群体内各种交往方式传播开来，变为类经验的过程，反映了人类群体中相互学的需要，且蕴涵了教育行为的三个基本要素：发现、创造经验的人扮演"教育者"的角色；学习他人经验的人扮演"受教育者"的角色；经验就是"教育的内容"。

然而，这种活动还不是有意识的，也不是以影响人的身心发展为直接目标的，而是自发的、以满足生存需要为直接目标的，所以还不能称为真正意义上的教育。只有当传递类经验的必要性本身被意识到，并有意识地以类经验的传递来影响人的身心发展时，教育才算发生了。这种"发生"在历史上是以类经验在两代人之间传递为转折点的。

在远古时代，人类为了自己的生存而结成社会群体，在社会群体中进行以满足生命活动的基本需要为目的的生产劳动。这种以群体方式进行的社会生产劳动和社会生活过程，不仅使人们产生了教育活动的需要，而且创造了教育活动的条件、形成了教育活动的原型。

教育在原始社会的产生，不仅因为人类有此需要，而且还因为在原始社会中人类已经具备了进行教育活动的条件。

（1）人类生产劳动的进行，是产生教育的众多条件中最具基础性的条件。

这里的"基础"，可从两个不同的层次上来理解：一是从历史唯物主义的观点看，劳动是人类最基本的社会活动，它是其他任何社会活动赖以进行的基础性条件；二是在人类劳动的过程中，产生了可供传递的劳动工具和劳动经验，出现了传递和交流经验的交往方式，这为教育的产生创造了更为直接的基础——构成教育活动的要素和原型。

（2）语言的形成是教育产生的另一个重要的社会条件。

它提供了把个人经验转化为类经验的载体，也提供了人类广泛地进行思维交流的手段。在语言形成前，类经验的传递主要依靠实物的展示、动作及体态语言等手段。这些手段使经验的传递不可能超越时间和空间的限制，不可能脱离经验主体，也不可能达到久远的要求，因而难以积累。语言的出现不但解决了这些问题，还提供了在抽象水平上进行经验的积累和传递的可能。

（3）原始人生命期的延长和具有接受、加工外界各种传递方式的能力，尤其是言语和思维的能力，是教育之所以能进行的、个体方面提供的条件。

原始人生命期的延长是与战胜自然能力的提高和食物结构的改善联系在一起的。我国考古学家对四五十万年前的 40 多具中国猿人的遗骨化石作过研究，发现约有 40% 的人未满 14 岁便死亡了。在这种情况下，代与代之间的经验传递难以成为普遍的活动。当原始人发明并较普遍地使用了打猎和捕鱼的工具，获得较多的肉食以后，"既吃植物也吃肉的习惯，大大地促进了正在形成中的人的体力和独立性。"这使两代人之间的共同生活年限延长，使具有较丰富社会经验的年长一代在时间上有可能向新生一代传递经验。"最为重要的还是肉类食物对于脑髓的影响；脑髓因此得到了比过去多得多的为本身的营养和发展所必需的材料，因此它就能够一代一代更迅速更完善地发展起来。"而脑的发展为人的思维和语言的发展提供了重要的机体物质条件。个人语言和思维能力之所以重要，那是因为个体有了它们，就可能接受类经验，对类经验进行加工，把它整合到自己的经验中去，发展自己的经验与能力。同时又有可能把自己的个人经验，转化为他人能理解和接受的方式表达出来、传递开去，为类经验的丰富与发展作出贡献。这样，就为个体与类以及个体与个体之间的经验双向传递、转换、丰富、发展，作出了来自个体能力方面的手段保证。

二、教育的概念及教育的基本要素、形态

（一）教育的概念

在中国最早出现的文字——甲骨文就有"教"字和"育"字。"教"字意为儿童在

成人执鞭监督下习文之事；"育"字意为妇女养育儿童之事。今日的教育已不局限于儿童教育的范围内了，从保罗·朗格朗提出的"终身教育"的理念中，我们看到，教育已经涵盖了人的一生。

我们可以给"教育"这个表示人类社会某种特定活动的概念做如下的定义：泛指一切培养人的社会活动。狭义的教育是指教育者根据一定社会和受教育者发展需要，对受教育者所进行的一种有目的、有组织、有计划的传授知识技能，培养思想品德，发展能力、体力和良好个性的活动。

"教育"作为概念除了作名词用外，还常常作动词用，如教师教育学生，父母教育子女等。在这种行为中，承担教的任务者称为教育者，承担学的任务者称为受教育者或者学习者，而被双方都使用的内容及其载体被称为教育内容。任何教育行为至少包含这三方面的基本要素：教育者、学习者及教育影响。处在不同的时间、空间和社会条件的教育，尽管表现形态各异，但都不能缺少这三个因素。

教育出现在先，教育学出现在后。从内容上看，教育是培养人的社会实践活动，而教育学是研究如何培养人的一门科学。

（二）教育的基本要素

教育的基本要素：教育者、学习者、教育影响。

1. 教育者

教育者是任何一个有能力实现旨在改善他人人格（或者保留那些有价值的组成部分）的社会行动的人。[①] 凡是在教育活动中承担教育责任的，不论是直接承担者（如教师），还是间接承担者（如新闻记者、政治家等）和施加教育影响的人都是教育者。教育者其实不单单是一个群体，更是一种"资格"，是能够根据自己对于个体身心发展状况或趋势的认识，来"引导"、"促进"、"规范"个体发展的人。[②]

按照对于教育者的界定，教育者包括各级教育管理人员、专职和兼职的教师、校外教育机构的工作人员、家长等。在有明确目的、独立进行的自学活动中，学习者自身，因为自己教育自己，所以也承担着部分教育者的任务。如果在学校教育范围，教育者主要是指具有一定资格的专职教师和相对固定的兼职教师。

2. 学习者

学习者是相对于教育者而言的，是指各种教育活动中从事学习的人。在学校教育范围，学习者就是学生。选择使用"学习者"而不用"受教育者"概念的原因在于，"受教育者"从名称上就容易让人将教育对象看成是被动的状态，而"教育"就更容易被当做是由教育者施加于教育对象身心的事情，这种事情处于教育对象身外。这种观

---

① 沃尔夫冈·布列钦卡. 教育科学的基本概念：分析、批判和建议. 胡劲松译. 上海：华东师范大学出版社，2001：74.

② 全国十二所重点师范大学联合编写. 教育学基础. 北京：教育科学出版社，2002：7.

念是错误的。同时，学习者可以代表除了学生之外的包括成人的所有社会公民，符合当今的终身教育的理念。

学习者自身的特征：第一，不同的人有不同的学习目的，即使两个人在学习目的的表述方面相同，也未必有着同样的理解和同样的理由；第二，不同的人有不同的学习背景或基础，并由此影响到各自的学习兴趣、能力或风格；第三，不同的人在学习过程中所遭遇的问题与困难不同，因此，进行有效学习所需要的帮助也不同；第四，不同的学习者对于自身学习行为反思和管理意识与能力不同，从而影响到他们各自的学习效率和质量。因此，学习是一种高度个性化的活动。[①] 学习者概念的内涵是很宽泛的，教学的有效性与否，与对学习者概念的理解密切相关。

3. 教育影响

教育影响分广义和狭义而言。广义的教育影响是指实现教育目标的所有活动。狭义的教育影响是指形成教育内容的直接来源，包括教育内容、教育手段、教育方式等。教育内容包括学校向学生传授的知识和技能、介绍的思想和观点、培养的习惯和行为的所有内容。教育内容在学校中的具体表现形式是课程标准和教科书。教育手段是指教育者将教育内容作用于学习者所借助的各种形式与条件的总和，包括物质手段、精神手段。教育方式是指围绕着一定的教育内容、教育材料或者教科书而设计的方法总和。

（三）教育的基本形态

教育形态即教育这一社会现象存在的形式和状态。教育形态包括家庭教育、社会教育、学校教育。这三种形态是随着人类社会的发展逐渐形成的。

1. 社会教育

社会教育是指学校和家庭以外的社会文化机构以及有关社会团体或组织，对社会成员所进行的教育。

在原始社会早期教育还没有独立形态时，教育同生产、生活合在一起，由原始公社成员集体负责对儿童施加教育。公社的成年人都有责任对儿童施加必要的生产劳动经验和生活习惯的传授，使儿童了解部落的风俗习惯，掌握劳动技能。这时的教育形态属于社会教育。

社会教育是人类历史上三种教育形态中最早出现的。在原始社会，家庭尚未形成之前，年青一代的教育是在全氏族成员的共同劳动中，在日常社会生活中，由氏族公社的成员通过互相的言传身教，或由有经验的年长者向年青一代传授一些简单的生产和生活的经验的方式进行的。长者带领孩子完成诸如修葺住处、饲养小动物的劳动，并在劳动中将相关的经验传授给下一代，这就是社会教育。

原始社会人们各种祭祀的仪式或宗教活动，都具有社会教育的意义。

---

① 全国十二所重点师范大学联合编写. 教育学基础. 北京：教育科学出版社，2002：6.

社会教育的特点：①开放性。没有年龄、时间、地域局限，随时随地都可接受教育，具有极大的开放性。②群众性。对各个年龄阶段的人，老年人也来学习。③多样性。培训班、讲座、函授、媒体传播式（广播、电视、报纸、影院）、展馆（图书馆、博物馆等）。内容也包罗万象。④补偿性。在学校学不到的日常生活知识、用品修理等。⑤融合性。同政治、生产劳动、社会生活、娱乐活动，甚至同宗教也密切结合。

2. 家庭教育

家庭教育是指在家庭内由父母或其他年长者对新生一代和其他家庭成员所进行的有目的、有意识的教育。

氏族公社末期，一夫一妻制家庭出现，新生一代的教育除了社会教育形态以外，家庭父母也承担了对儿童的教育责任。于是家庭教育在历史上便开始产生了。"孟母择邻"、"岳母刺字"、"曾参杀猪"等故事都说明了家庭教育的重要性。

家庭具有教育功能，家庭作为人降生后首先归属的社会群体，使未成年人初步掌握母语，养成一定的生活习惯，自然接受亲情之爱，并主动爱亲人，从而奠定人格和个体社会化的初步基础。西方许多教育家、心理学家最初都是从研究自己孩子开始的。在三种教育形态中，家庭教育对青少年身心发展的影响是最重要的。家庭教育的意义：首先，家庭教育是人生的第一篇章，是个体社会化的最初摇篮。其次，家庭教育是学校教育的重要补充。再次，家庭教育更能适应个体发展。

家庭教育的优越性有以下几点：

（1）范围的广泛性。家庭是社会的细胞，凡是有子女的家庭，毫不例外的都是教育下一代的场所，有家庭就会有家庭教育的存在。家庭教育这种极为广泛的群众性，是任何教育形式所无法比拟的。而且家庭教育的场所、教育的内容以及所采用的方法和手段也都是广泛的。

（2）强烈的感染性。家庭是以婚姻为基础、以血缘为纽带的社会组织形式。在这种组织形式内进行的家庭教育，必然会带有浓厚的感染色彩。一般来说，家长的情感感染力的大小，同家长和子女之间感情亲密程度有直接关系。

（3）特殊的权威性。家庭教育是在物质供养和深厚情感相结合的情况下进行的，子女在物质上、情感上很大程度地依赖于父母，因此，家庭教育具有其他教育形式所不具有的权威性。

（4）天然的连续性。家庭教育是一个连续不断的、终生的教育过程。可以说，家庭教育是一种终身教育。它的终身性不仅指不间断的教育过程，也包含着家庭教育长期性的特点。

（5）特有的继承性。一般来说，子女从父祖辈那里接受的教育和影响也会影响自己的后代。家庭教育这种性质，突出表现在"家风"和"家传"两个方面。

（6）内容的丰富性。在家庭教育中，凡是与人生有关的一切知识，都包括在其教育内容之中。而且，当今的社会生活越来越复杂，这种变化也会使家庭生活更加复杂，因而，家庭教育不可避免的也就带有复杂性和多样性的特点。为了适应未来多元的社会，家长都希望子女具有多方面的能力。

（7）形式、方法的灵活多样性。家庭教育不像学校教育那样受多方面因素的限制。比如，在学校教育中，要求教材的统一、培养目标的一致、教育场所和教学时间的固定化等，而家庭教育没有固定的模式，随时随地可教。而且在家庭教育中，父母对子女的情况一般都有较全面而系统的了解，容易因材施教。教育者采取的具体方式易于为子女接受和理解。

（8）家庭教育的深刻性。家庭是儿童获取知识的第一环境，在这种环境中形成的最初经验和最初主观能动性，对于儿童的影响最深刻。对他们个性的发展以及价值观等方面的形成都会起到至关重要的作用。而且在子女走入社会之后，他们仍在很多方面受家庭教育的影响。

家庭教育的局限性：比如说家庭教育的条件有着很大的不平衡，在条件比较好的家庭里，其教育内容、教育方法等方面都比条件相对较差的家庭丰富。而且，家长所掌握的知识、经验、能力、技能的深度和广度总是有限的，家庭成员之间的道德面貌、文化素养和教育能力又是不一致的、不平衡的，社会和儿童是不断发展的，不同年龄的少年儿童的要求是复杂多样的，家长（特别是独生子女的父母）缺乏教育经验。家长对子女进行教育时，往往容易感情用事、操之过急，不能达到理想的家庭教育效果。[①]

3. 学校教育

学校教育是指通过专门的教育机构对受教育者所进的一种有目的、有计划、有组织、有系统的传授知识、技能，培养思想品德，发展智力和体力的教育活动。

随着生产力的发展，出现了学校，使学校教育成为教育新一代的主要教育形态。

学校教育在三种教育形态中，具有自身的优势。例如，具有专门的教育机构、专门经过职业培训的教育者、比较充裕的教育经费、精心设计的课程和教学计划、比较完善的评价机制等。正是因为学校教育的这些特征，它才能成为一种主导性的现代教育形态。学校教育的特点：①职能的专门性；②组织的严密性；③作用的全面性；④内容的系统性；⑤手段的有效性；⑥形式的稳定性。

三、教育的发展

（一）原始社会教育的特征

原始社会是人类历史中的最初形态，也是一个漫长的历史阶段。

原始社会的教育具有以下几个鲜明特点。

（1）原始社会的教育没有阶级性。这是原始社会教育的最突出的特点。原始社会是没有私有制的社会，是没有阶级压迫和阶级剥削的社会。这就决定了原始社会的教育没有阶级性。所谓没有阶级性，主要表现在原始社会的教育具有平等性和普遍性。

① 柳海民. 教育原理. 长春：东北师范大学出版社，2006：56.

一是不管什么人都有享受被教育的权利，即每两个社会成员都可以受到平等的教育。二是用平等的精神教育广大青少年一代，即教育内容充分体现了平等互助、团结友爱的精神。这种精神品质，才能维持集体生活。因此，原始社会的教育除在性别、年龄及社会分工方面有所不同外，没有任何其他差别，是人人平等的，这就是原始社会教育最本质的特点。

（2）原始社会的教育主要是为生产劳动服务的。原始社会生产力发展水平低下，人们为了满足最低限度的物质生活，不得不把全部精力用在生产劳动上。因此，生产活动是原始社会人们的主要活动。这就决定了原始社会教育活动只能围绕生产劳动进行。传授制造和使用生产工具的技能，以及从事渔业、采集和原始手工业劳动的经验，是原始社会教育的基本内容。把青年一代培养成为劳动者，是原始社会教育最根本的任务。

（3）原始社会的教育是在整个社会生活中进行的。教育不仅未从生产实践中分化出来，而且同其他上层建筑（如政事，宗教和艺术活动等）是紧密结合在一起的。年长一代为了把年青一代培养成为合格的社会成员，除在生产实践活动中对他们进行劳动教育外，还要在军事、政事、宗教和艺术活动中向他们传授社会生活方面的经验。这种在军事活动中学习打仗的本领，在政事活动中学习政事知识，在宗教活动中学习宗教知识，在艺术活动中学习艺术的知识与技艺，充分说明了原始社会的教育是在社会生活中完成的。这种教育现象表明，原始社会的教育尚未从其他上层建筑中分化出来。

（4）原始社会的教育手段是极端简单的。在原始社会里，由于生产力发展水平的低下和科学文化知识的落后，原始社会的教育还仅仅处于萌芽状态。这一时期的教育没有专门教师，负教育责任较多的是富有生产经验和生活经验的老人，和儿童生活在一起时间较多的妇女和有发明创造、有贡献、有威信的氏族首领。既没有专门的教育机构，也没有文字和书本。无论生产经验和生活经验，主要是在实践活动中传授的。尽管原始社会后期出现了歌谣、谚语、故事等传递间接经验的形式，但口耳相传仍然是当时的主要教育手段。

总之，就整个人类教育史来说，原始社会的教育还处于孩提时期，是极端原始的。

（二）古代社会教育的特征

古代社会教育，一般是指奴隶社会和封建社会的教育。这两个阶段的生产力发展水平和经济状况不同，但有相同的阶级社会性质，类似落后的生产工具，手工业劳动形式，自然经济的经济形态，使两个社会教育存在着一些共性。

1. 出现了专门的教育机构——学校和专门从事教育的人员

由于生产力的发展，奴隶社会代替了原始社会，这是历史的进步现象。从奴隶社会开始有了剩余产品，有了社会分工，促进了脑力劳动与体力劳动的分化，于是社会上开始出现了专门从事管理国家和教育儿童的人，出现了专职的教师和专门对儿童进行教育的场所——学校。学校教育的产生，一般地说，是在奴隶社会。

学校教育的产生标志着教育在历史发展上步入了一个新的阶段。学校的产生是人类社会发展到一定历史阶段的产物。

一般地说，学校的产生应具备以下几个条件：

第一，社会生产水平的提高，为学校的产生提供了必要的物质基础。由于生产力的发展，能为社会提供相当数量的剩余产品，才使社会上有一部分人可以脱离生产劳动而专门从事教与学的活动。

第二，脑力劳动与体力劳动的分离，为学校的产生提供了专门从事教育活动的知识分子。巫、史、卜等就是我国最早脱离生产的知识分子。脑力劳动与体力劳动的分离在相当长的历史时期内，具有推动文化教育发展与进步的作用，并且是学校产生的必要条件。

第三，文字的产生和知识的记载与整理达到了一定的程度，使人类的间接经验传递成为可能。文字是记载人类总结出来的文化知识经验的唯一工具，只有文字产生以后，才有可能建立起专门进行教育、组织教学的主要场所——学校。

第四，国家机器的产生，需要专门的教育机构来培养官吏和知识分子。统治阶级迫切需要有专门的教育机构来培养和造就各种官吏，即本阶级的继承人，制造舆论，强化对劳动人民的统治。这是学校产生的现实需要。

总之，学校教育的出现，不是孤立的和偶然的，而是与其他社会现象有着千丝万缕的联系。据中国古籍记载，奴隶社会的夏、商时期，就出现了"庠"、"序"、"校"等固定施教的机构，后来又出现了"学"、"瞽宗"、"辟雍"，"泮宫"等学校。在古希腊的斯巴达和雅典已经有了多种类型的学校。教育从社会生活中分化出来，成为一种社会独立活动形式，这是教育在历史发展中的飞跃。

2. 鲜明的阶级性和严格的等级性

阶级性、等级性，首先表现在受教育权利上，只有奴隶主阶级和封建地主阶级子弟才有享受教育的权利。统治阶级内部也有严格的等级性。

以唐朝为例，弘文馆、崇文馆，只收皇亲和宰相大臣的儿子；国子学，收三品官以上官吏子弟；太学，收五品官以上子弟；四门学，收七品官以上子弟；律学、书学、算学收八品官以下子弟和一部分庶族地主子弟。地方设立的学校，由于名额和学费的限制，也只有官吏和富家子弟才能入学。阶级性还表现在教育目的、教育内容、制度等方面。

3. 教育与生产劳动脱离，鄙视生产劳动

古代学校教育是远离生产实践过程的，形成了教育与生产劳动相分离的特征。统治阶级办教育的目的是为了取"士"。读书所追求的是"学而优则仕"，"劳心者治人，劳力者治于人，治于人者食人，治人者食于人"被视为天下通义。古代学校教育不但脱离生产劳动，而且还向学生进行鄙视生产劳动，鄙视劳动人民的教育，反映在教育内容上，从奴隶社会的"六艺"（礼、乐、射、御、书、数），到后来长期的封建社会儒家经典："四书"（大学、中庸、论语、孟子），"五经"（诗经、书经、易经、礼记、

春秋），并灌输"三纲五常"等封建道德；西欧中世纪的学校教育是为了培养武士和教士。武士学校教授武士七技（骑马、游、泳、投枪、击剑、打猎、下棋、吟诗）；教会学校教授"三科"（文法、修辞、辩证法）、"四学"（算术、几何，天文、音乐），合称"七艺"。它们基本上都是脱离生产劳动的。

4. 文字发展和典籍出现

文字、典籍使人类的生产和生活经验不只物化在生产工具和生活工具上，而且开始了知识形态的积累，并将知识传给下一代，丰富了教育内容，提高了教育职能。

5. 学校教育方法都是崇尚书本，棍棒纪律

古代社会，尤其是封建社会，统治阶级把培养社会统治人才视为最高目的，所以"两耳不闻窗外事，一心只读圣贤书"就成了学生学习的宗旨。不能按时完成学业任务或不听从教师训示者则课以体罚，"夏楚二物，收其威也"。

6. 官学和私学并行的教育体制

古代官学分为中央和地方两个层次。地方官学是指由地方官府所办的学校，学校经费源于官费。中央官学创于汉，盛于唐，衰于清末。私学与官学并行，行于民间的教育则为私学。私学起于春秋，孔子为私学的创始者。中国的私学伴随了中国古代社会的整个历史行程。

7. 教学的组织形式是采取个别施教或集体个别施教

古代社会生产的手工业方式决定了教育形式上的手工业方式。从我国私学开办和后来的官学、私塾，其教学形式大都是采用个别施教的形式。

综上所述，古代学校教育是一种封闭式的教育。

（三）现代社会教育的特征

现代教育的"现代"，主要突出"现代"的时代特征。现代社会、现代生产体系、现代经济体系、现代文化体系、现代科学体系、现代社会生活方式的教育观念理念、形态和特征等，表示现代需要提倡和应用的教育思想、制度、管理体系、内容、方式、方法等。

1. 教育的民主化

教育民主化，就是"要求教育具有平等、民主、合作、能调动教育者与受教育者的积极性等特点。主要包括取消等级制教育制度，给广大民众以受教育权利，实行教育机会均等；反对压抑儿童的个性，要求尊重学生，调动学生的积极性，培养、提高他们的民主和参与意识"。[①] 教育的民主化可以分为以下几个方面。

（1）教育机会均等。教育机会均等是指不同种族、性别，不同的社会经济、政治

---

① 顾明远.教育大辞典.第1卷.上海：上海教育出版社，1990：55.

地位的成员，都享有均等的受教育机会，即教育应该大众化。教育机会均等是教育民主化的核心。教育机会均等可以表现为三个方面：第一，入学机会均等。这是指公民不论种族、性别、宗教信仰、家庭背景如何，都有均等的入学机会。第二，教育过程中的机会均等。这是指一个国家的地区之间、城乡之间的物质分配、师资力量分配等要均等。第三，学业成就机会均等。这是指国家在规定的教育阶段，学生在教育年限、学校类型、课程内容等方面享有平等的受教育条件，在教育过程中受到社会学校和教师的同等对待，享受符合其能力发展水平和潜力的教育，获得平等的教育效果。

（2）教育管理民主化。从宏观上讲，教育管理民主化是指教育立法、教育决策的民主化和教育行政管理体制的民主化。从微观上讲，教育管理民主化是指学校管理的民主化。

（3）教学民主化。教学民主化是指在教学领域体现民主精神，创造民主平等的条件和气氛，建立民主平等的师生关系，采用民主的教育方法，调动师生双方的积极性，培养学生的自主精神，使学生得到和谐的全面发展。教学民主化是教育民主化在教学领域的全面渗透。①

不让一个孩子掉队

美国前总统布什上任后一周即发布了题为《不让一个孩子掉队》的教育计划。下面是布什总统为该计划写的前言：

两党联合的教育改革是我国行政管理的基石

公立学校的质量直接影响到我们所有的人——家长、学生和公民。但是，太多的美国儿童被低的期望值、文盲和缺乏自信心隔离了开来。一个持续不断地变化的世界要求劳动力具有越来越复杂的技能，而在这个世界中儿童毫不夸张地被落在了后面。事情不应该是这样的。

两党联手来解决这个问题是我们力所能及的。如果我们的国家不能履行教育每一个孩子的职责，我们就很可能在其他许多领域内失败。但是，如果我们在教育我们的年轻人方面取得成功，其他许多成就就会在全国和在我们每个公民的生活中随之而来。

这份蓝图描绘了我的教育改革议程的一部分。虽然它没有包含我打算提出的教育改革计划的每一个方面，但这份蓝图可以作为一种框架，我们民主党、共和党和中立派，可以根据这个框架一起工作，去加强我们的小学和中学。总之，这些改革表达了我对我们公立学校和公立学校使命的坚定信心，公立学校的使命就是要培养来自任何社会背景、生活在美国任何一个地方的每一个孩子的心灵和人格。我坦诚地与国会议员们一起工作，为达到我们共同的目标，议员们还会有许多思想。

我期待着与国会一起工作，保证不让一个儿童掉队。

---

① 余文森. 新课程背景下的公共教育学教程. 北京：高等教育出版社，2004：28.

2. 教育的终身化

当代法国成人教育家，终身教育理论的积极倡导者和理论奠基者保罗·朗格朗提出了"终身教育"概念。"终身教育"是人们一生中要不断进行各种学习和接受各种培养的总和。对社会而言，终身教育的理想就是建立一个学习化的社会，对于个人而言，终身教育就是造就能够在现代社会中应付各种变化，发挥个人独特才能的成功者。

教育终身化的表现：

（1）教育的终身性。一个人从生到死，整个人生都要不断地接受教育。终身教育认为学习是人一生持续不断的过程。从胎儿起，将伴随人的一生，直至死亡的全过程。这意味着我们学习的时代已经包括我们生存的所有时间。

（2）教育的全民性。教育的全民性意味着教育将成为没有对象限制的全民教育。接受终身教育的人应该包括所有的人。《世界全民教育宣言》对此作了充分的肯定：教育是全世界所有人的一项基本权利，不论他们是男性还是女性，不论他们的年龄如何，教育可以有助于确保一个更安全、更健康、更繁荣和环境更美好的世界，同时它可以对社会、经济和文化的进步及对宽容和国际合作作出贡献。

（3）教育的开放性。教育的开放性意味着教育将冲破学校的围栏，打开校门，以开放的姿态面对学习者。终身教育的外延比学校教育要扩展很多，但并不排斥学校教育，而是把学校教育加以改造并纳入终身教育体系之中。这种事实教育的方式是多元的，并具有弹性。教育体系涵盖正式教育、非正式教育和非正规教育。教育的开放性要达到整合社会所有的教育资源，将学校教育、家庭教育和社会教育有机结合起来。

（4）教育的自主性。教育的自主性是指教育具有自我导向学习的作用。自我导向学习强调学习主体本人对学习富有大部分责任，同时学习者本人也要知道如何学习，也就是学会学习。在自我导向学习中，学习将不再是伴随着强迫而进行的痛苦过程，而是学习者主动并快乐自主选择的活动。

（5）教育的实用性。学习是为了用，干什么就学什么，学什么就干什么。终身教育的总目标就是维持和改善生活的质量。

3. 教育的国际化

"教育的国际化"是近年来教育理论界一个耳熟能详的术语。就其最主要的内容和表现而言，"教育的国际化"至少包括以下几个方面：①教育目标国际化。指培养具有国际意识、关心全人类利益和幸福的人。②课程内容国际化。除了在课程体系中加强外国语教学，使学生掌握国际交往的工具外，还特别突出国际理解教育，使学生理解国际社会，培养他们关心和宽容异国文化的品行。③教育渠道国际化。广泛开展教育的国际交流和合作，包括鼓励学生和访问学者合作研究等。[①]

1992年，美国总统克林顿在《全球教育：学校变化的研究》序言中强调，随着世界变化和相互依赖的趋势，全球国际化教育更加重要。美国需要了解世界范围内彼此

---

① 曾洁珍. 国内外教育改革动态. 广州：广东高等教育出版社，2001：206.

之间的联系以及各种不同价值观念，全球国际化教育应该贯穿小学、初中到高中的各个年级，渗透到学校课程中的各个部分。

在教育国际化背景下，教育应该培养学生的国际素质。学生的国际素质包括五个方面：①全球意识，诸如相互依赖意识、世界一体意识、和平发展意识、环境保护意识、国际正义意识等；②全球知识，诸如世界地理、世界历史、国际时事、国际语言、国际经贸等；③全球技能，诸如国际理解、国际交往、批判创新、信息处理、对话合作、终身学习等；④全球价值观，诸如关心地球、维护人权、尊重生命、公正和睦等；⑤全球行为，诸如参与一切有利于全球正义事业的行动等。[1]

为了培养具有国际素质的学生，学校必须具有适应国际化社会需要的教师。因此，国际化是教师教育目标中应当考虑的维度。

"全球教师"的特征[2]

(1) 全球教师是以全球社会为中心而不是以民族或国家为中心的；

(2) 全球教师关心多元文化和观点；

(3) 全球教师是面向未来的；

(4) 全球教师是学校的促进者；

(5) 全球教师对人类的潜能充满信心；

(6) 全球教师关切人的全面发展；

(7) 全球教师在课堂中使用多种教学与学习风格；

(8) 全球教师把学习看作一个终生的过程；

(9) 全球教师努力做到和谐一致；

(10) 全球教师尊重法权，探索课堂中决策权力中心的转移途径；

(11) 全球教师认识到课程之间的"功能上的相互依赖"；

(12) 全球教师是社区教师。

---

4. 教育的个性化

所谓教育的个性化，通常包括三层含义：一是教育的人道化、人性化；二是教育的个性化或个人化，包括教育应考虑个人的生理、心理、年龄特点，考虑个人的天赋、特长、兴趣、爱好，考虑个人的社会志向和职业选择等；三是学校的个性特色，包括有个性的培养目标、专业设置、科研优势，有个性特色的教学内容、方法和手段等。[3]

教育的个性化，可以说就是反对千篇一律、强求同样，教育个性化强调一定要承认学生之间是存在着生理、智力、文化背景、才能倾向、志趣等方面的差异的。在把握社会要求的同时，找到能够适应学生特点的教育方式对其进行教育，避免车间批量生产"标准件"的现象，使我们的"产品"合格并各具特色。教育个性化，要求教育

---

① 邬志辉. 全球化背景下的中国基础教育课程改革. 教育科学研究，2002，(6)；18.

② 顾明远，薛理银. 比较教育导论——教育与国家发展. 北京：人民教育出版社，1996；344.

③ 曾洁珍. 国内外教育改革动态. 广州：广东高等教育出版社，2001；204.

重视学生感情世界的塑造，培养出富于社会责任感、审美情趣和高尚创造力的合格的公民。

千人千面，教育在教育人的时候，也应该认识到，人不光是表面不同，心理发展更不相同。即便是最具相像的同卵双生子，在个性和才能方面都很难一样。这就要求教育者在教育过程中尽量做到因材施教。

教育应维护儿童个性

孩子既是起点，也是中心，又是终点，成长是完美的，它本身便是标准……个性和特点比课程和科目重要得多，知识和信息不是目标，唯有自我实现才是目标。为了拥有知识而失去自我，这是教育的悲哀。而且，学科从来不可能适宜于孩子。学习即活动，它包括思想以外的参与，包括身体器官的介入。直接点讲，我们必须站在孩子的立场上，把我们与他们区别开来。[①]

---

5. 教育的信息化

教育信息化，一方面需要教育培养适应信息化社会的人才；另一方面，教育要把信息技术手段有效地应用到教学与科研上。在教育实践中，教育信息化的要求包括：①让学生学会使用电子计算机；②让学生学会收集、选择、处理信息，进而学会创造信息；③促进学校教育手段的信息化、现代化，包括摄影机、录音机、录像机、反映分析器、语言专业教师、电子学习台、闭路电视、计算机辅助教学、计算机管理教学等；④进一步建立信息库、信息网络。[②]

（四）新中国的教育

作为一个在社会主义教育下成长起米的人，应该了解身处其中的社会主义教育的历史，应该鉴古知今，了解她的过去、现在乃至未来。

1. 对旧教育的接管改造（1949～1956 年）

（1）改造旧教育的基本方针、政策。1949 年 9 月下旬，中国人民政治协商会议第一届全体会议在北京通过了《中国人民政治协商会议共同纲领》。在第五章"文化教育政策"中规定了新中国教育的性质与任务："中华人民共和国的文化教育为新民主主义的，即民族的、科学的、大众的文化教育。人民政府的文化教育工作，应以提高人民文化水平，培养国家建设人才，肃清封建的、买办的、法西斯主义的思想，发展为人民服务的思想为主要任务。"

（2）改造旧教育体系。
①接管、整顿旧学校。当时的学校，分为公立、私立和教会所办三种类型。
首先接管的是原"公立"学校，这些学校随着国民党政府的垮台，已无经费来源

---

① 西尔维亚·法纳姆·迪戈蕾.学校教育.沈阳：辽海出版社，2000：13.
② 曾洁珍.国内外教育改革动态.广州：广东高等教育出版社，2001：209.

和主管领导部门，必须立即接管。

在旧中国的著名高等学府中，最早被我解放军接管的是清华大学。1948 年 12 月 15 日，我人民解放军第十三兵团进驻北平海淀，解放了清华园，并以兵团政治部主任刘道生的名义张贴布告，指出军政民机关一切人员对清华大学要严加保护，不准滋扰，并希望学校及全体学生照常上课，维持学校秩序。

在对旧公立学校的接管工作中，接管人员坚决执行中共中央和人民解放军的接管方针、政策，及时克服"左"、"右"两种偏向，使接管工作基本得以顺利进行。在接收清华大学时，有人认为著名哲学家冯友兰是反动教授，想撤换掉他的校务会议主席职务。但接管人员没有这样做，而是先召开教授座谈会，向十几位名教授宣布接管方针，并征求他们的意见后，决定一切工作仍由冯友兰负责，结果冯友兰很受感动。他在大会上宣布："我们是光荣的，是受人民解放军第一个接收的大学，我们是人民的大学了。"冯友兰的留任，影响了中间的多数教职员工，稳住了北京各院校的教授，甚至影响及于全国，有些已南飞的名教授也决定返京。

1949 年 1 月 10 日，人民解放军北京军管会正式接管了清华大学，这是由解放军接管的第一所著名的高等学府。对于私立学校，除个别因办校不善且极为反动而取缔或接管外，一般采取保护维持、加强领导、逐步改造的方针。

②收回教育主权。帝国主义国家在中国开办的各类学校，因大多数由宗教团体主持或资助，故称"教会学校"。接管教会学校，是从帝国主义者手中收回教育主权、体现民族独立的重大政治问题。在一个独立的民主国家里，是不允许外国办学校的，除非是为教育他们子女而由他们自己的侨民设立的学校，这是世界各国的通例。但由于旧中国政府的腐败无能，使得各国均在我国开办了各种文化机构，严重侵犯了我国的教育主权。至 1951 年年底，在华的 2000 多所学校先后被人民政府接收过来。

③学制改革。1951 年 5 月下旬，政务院文教委员会开会研讨教育部草拟的学制方案，10 月 1 日正式颁布《政务院关于改革学制的决定》，产生了新中国第一个学制。

④院系调整。从 1951 年起，逐渐在全国范围内开展了有计划、有重点的院系调整。这次调整，基本上改变了原有系科庞杂的状况，体现了以加强工科和师范院校为重点的精神。调整后的学校规模由原来每校平均 700 人，提高到 1953 年平均每校 1172 人，使国家建设迫切需要的系科、专业（如地质矿产勘探和交通运输等专业）得到了加强。

在新中国成立后的前七年，基本上完成了教育上的社会主义改造。

2. 教育事业的改革调整（1956～1966 年）

（1）提出社会主义教育方针。我们的教育方针，应该使受教育者在德育、智育、体育几方面都得到发展，成为有社会主义觉悟的有文化的劳动者。这是新中国第一次提出教育方针。

（2）教育改革。

①实验推行半工半读。1958 年 1 月，毛泽东提出学生要半工半读。刘少奇开始推行两种劳动制度、两种教育制度。

提起半工半读学校，现在只是作为一个不太为人们所熟悉的词汇存在着。在 20 世纪 60 年代前后，我国教育领域曾出现过一个半工半读学校的高潮，是我国在 20 世纪 60 年代进行教育改革的一次尝试。在党和国家领导人的倡导下，半工半读学校在全国遍地开花。

在当时全国的政治形势下，把半工半读与防止资本主义复辟联系起来，产生了似乎全日制学校不能或不利于培养"无产阶级接班人"和培养劳动者的认识，因而在认识上是错误的，效果上也是有弊端的。半工半读学校冲击了正常的学校教学秩序和工厂秩序，降低了学校教学质量。

②学制改革试验。我国学制自新中国成立后到 1957 年，一直沿用 1922 年确定下来的 6—3—3—4 制。

3. "文化大革命"对教育的破坏（1966～1976 年）

1966 年 5 月～1976 年 10 月在中国发生了史无前例的"文化大革命"，整个国家陷入了空前的浩劫之中，国民经济到了崩溃的边缘，给中国人民带来了巨大的灾难和创伤。

（1）教育事业的全面停顿。

1966 年 5 月 16 日，由毛泽东起草的《五·一六通知》中决定，要发动无产阶级"文化大革命"。

1966 年 5 月 25 日下午 2 点左右，北大哲学院学生聂元梓等 7 人，在康生授意下在北大贴出了《宋硕、陆平、彭珮云在"文化大革命"中究竟干了些什么？》的大字报，被毛泽东称为马列主义的大字报。

（2）各级各类学校陷入无政府状态。在第一张马列主义的大字报的煽动下，北京 55 所大专院校迅速掀起了揪斗校党委负责人的浪潮，学校的正常秩序完全被打乱了。

1966 年 6 月，全国大动乱。停课闹革命。

1966 年 10 月，中央发出暂缓外出串联紧急通知，要求 11 月停止串联。但要把那些雄心勃勃地走出校门，还在全国各地扮演着"先锋角色"，并免费结队游览祖国大好河山、革命圣地和名胜古迹的革命小将拉回学校，谈何容易。况且学校领导机构都已经全部瘫痪了。

1967 年 2 月，中央通知春节后小学一律开学，学习老三篇——《为人民服务》、《纪念白求恩》、《愚公移山》，唱革命歌曲，背毛主席语录，开始了复课闹革命。

（3）违反教育科学规律，教育教学工作全面混乱。十年的动乱使我国整整一代人不能得到正常的、健康的成长。

4. 全面恢复与改革开放后的教育（1976 年 10 月～1985 年 5 月）

1976 年 10 月粉碎了"四人帮"。党的十一届三中全会开始把工作的重点转移到社会主义现代化建设上来。

1977 年，高校实行新的招生制度，废除了"文化大革命"中的"自愿报名、群众推荐、领导批准、高校复审"的选拔制度。

邓小平在教育上拨乱反正，新的教育方针的提出确立了教育在现代化建设中的战略地位。邓小平还同时提出要尊重知识、尊重人才，并进行了教育体制改革，这些举措使得我国的教育事业有了飞跃。

四、当前的教育改革

随着社会的转型，当前的教育改革也在如火如荼地展开。但是在改革之中，对影响教育改革的因素，我们需要不断地加以认识和探讨。

对当前教育改革的反思[①]

现在我们在教育改革的名义下，做了很多不是教育的事情，或者不是教育应该做的事情，而是自己想做的事情。这一点，是教育工作者不得不进行反思的。顾名思义，教育改革是教育的改革，所以改革方向的正确与否，能否取得预期的成果，应该与"教育究竟是什么"联系起来思考。

一、社会的需要潜在决定了教育改革的方向和内容

历史的事实已经证明，尽管教育与人类俱生，但作为一种精神的生产活动，教育从来也不是社会发展的动力，它始终是"跟随"着。社会需要乃是教育改革真正的推动者。在世纪之交，社会的发展出现了新的格局，提出了新的需要，教育也因此面临新的挑战。社会的需要不仅给教育改革提供了动力，也赋予教育改革以新的内容。当前，引发我国教育改革并潜在地决定我国教育改革方向和内容的主要因素如下。

（一）知识经济的挑战

社会的物质生产是历史发展的决定因素，是社会发展的决定因素。目前学校教育的目的、内容、手段等教育的组成要素是教育的历史发展，也是人类社会发展在一定阶段的产物。具体来说，它是工业时代的产物，它满足并促进了工业社会发展的需要。然而，第二次世界大战以后，特别是20世纪80年代以后，人类的物质生产发生了革命性的变化，人类的生产进入了知识经济的时代。今天的变革，就像200年前工业经济开始替代农业经济一样，知识经济开始替代工业经济。时代要求教育必须进行改革，以适应知识经济时代的需要。

根据OECD 1996年在《以知识为基础的经济》中的界说，知识经济乃是以知识的生产、分配和使用为基础的经济。这里所讲的知识，除了事实知识（know-what）之外，还包括原理知识（know-why）、技能知识（know-how）、人力知识（know-who）。

知识经济要求人的创造力和实践能力，因此发展学生的创造力和实践能力，是对教育的挑战。要实现让学生从学会"接受"到学会"创造"，从学会"知识"到学会"学习"，是教育改革的重要任务，对于我国的教育改革传统来说，尤其艰巨。

① 陆有铨.对当前教育改革的反思.基础教育，2011，（3）：21～24.

（二）国家综合实力的竞争

教育自古是家庭、教会、慈善机构的事情。近代以来，人们看到人的教育素养同经济发展的关系，国家开始干预教育。20世纪的历史表明，国家越来越自觉地将教育作为实现富国强兵的工具，教育越来越成为实现国家目的的手段。在"世界大同"的目标实现以前，不管教育家的理想如何，也不管人们的"理想教育"怎么样，这是一个难以改变的事实。

我们的教育往往注重对个人发展的作用，这是正确的；但是，如果过于强调人的发展而忽略教育的社会责任，甚至将两者对立起来，恐怕也有失偏颇。无论如何，在当前，个人发展的方方面面都要受制于国家的发展，将国家的需求悬置起来而奢谈个人的发展是缺乏意义的、空洞的。在半殖民地和半封建社会的废墟上建立起来的新中国，在科技和知识的诸多领域需要赶超发达国家。任何离开社会需要的教育，最终要导致教育的破产；如果把人的发展和社会的需求对立起来，也会最终导致教育的破产。国家设立教育部是近代的事情，在社会发展过程中，政府对教育的干预力度越来越大，即便是在今天，也是如此。教育应该为增强国家的综合国力服务。

（三）"全球问题"的挑战

目前人类所取得的物质文明可谓辉煌，但为此也付出了极其惨重的代价，致使人类社会和个人出现了种种前所未有的问题，例如生态失衡、环境污染、资源枯竭、吸毒、犯罪、生存意义的迷失等。这些都使得人类的生产和发展面临严峻的挑战。

因此，学校教育要弘扬新人文精神，以克服人类所遭遇的种种问题。与强调人的社会、文化属性以及持有主客二元对立的思维方式的旧人文精神不同，新人文精神强调的是人自身和人的生活的价值属性，指的是人之为人的文化精神。要养育人之为人的文化，要正确处理人与自然、人与社会、人与自我的关系。在人与自然的关系上，新人文精神不是强调人对自然的征服，而是主张人与自然之间的和谐状态；在人与社会的关系上，新人文精神不是鼓吹个人的奋斗与成功，而是强调应该负有的社会责任感；在人与自身的关系上，新人文精神不是沉醉于对物质和权力的占有，而是强调对生存意义和精神的反省和追求。

然而，新人文精神的养育，仅仅依靠知识的传授，是远远不够的。不可否认，新人文精神包含有关自然、社会和人自身的知识因素，但归根到底它并不是一个知识问题。对这一点，教育改革者应有清醒的认识。

二、教育的本质特性制约着教育改革的举措及实施

人类物质财富的创造与精神财富的创造互相联系、互相制约。其中，物质生产方式决定着精神生产的性质和内容。尽管人类历史上有过的主要物质生产方式（如畜牧业、农业）对教育都有影响，例如，在学校中，将学生当做牲畜一样加以看待，目前尚未绝迹；艺术、体育或某些特别专业采取"一对一"的农业生产式教学方式。但近代以来，工业的生产方式由于在物质领域所取得的巨大成功，越

来越占据主要地位，并影响着作为精神生产领域的教育。工业社会中，大规模的生产方式、产品的标准化、学校管理的科学化以及企业化等在现在的学校教育中几乎随处可见。

工业生产方式给教育带来了许多积极的启示，事实上，工业生产方式也的确给学校教育的运作带来了许许多多行之有效的变化。但是，主要以没有生命、没有主体性的"物"为加工对象的工业生产，与以有生命、有主体性的"人"为培养对象的教育有着根本的区别。其中，"产品的标准化"与教育的宗旨有本质的区别，两者有着不可调和的矛盾。可以说，现代学校运作的许多弊端、许多被人诟病之处，都源于此。因此，深入理解教育的本质，乃是教育改革达到预期效果的一个重要方面。

（一）目前教育的性质没有发生变化

在教育发展的历史进程中，由于不同时代、不同国家具体的社会需要不断发生着变化，也因此使教育的内容、手段乃至过程、管理发生着变化，经历了诸如原始时代、奴隶时代、封建时代、资本主义时代、社会主义时代等不同教育模式，不同的培养规格。但是，教育作为培养人的一种活动，其性质从来没有发生变化。

（二）人的发展是自然的产物，教育不能"制造"（创造）人的发展

人的发展是自然的过程，发展不同于位移，发展的根本原因在事物内部矛盾运动。对于人的发展来说，生命的终止就意味着内部矛盾运动的停止；因此，只有活人才有发展的能力，只有活人（有生命的人）才能受教育，这是人所共知的常识。杜威在《民主主义与教育》中也讲到过发展是一个自然的结果，是生物有机体内部的事情，教育活动之所以能够造就不同规格的人，其内在依据在于，人有"发展"的能力。作为地球上生命有机体发展的最高形式，人是自然的产物。人的发展能力是一种自然的赋予，而绝不是教育的结果。诚然，不同的教育可以"促进"、"延缓"、"阻止"人的发展，甚至可以改变发展的方向，但它绝不可能"创造"或"制造"发展。这是我们教育工作的前提，如果我们否认了这个前提，我们就会徒劳无功。当前在我们教改中存在制造发展的许多事情，这是教育不能取得预期效果的重要原因。了解这一点，对于我们深化对教育本质的理解，显然是必要的。

（三）教育是教育者（人或物）与受教育者的合作的活动

关于教育活动和教师的作用，欧洲中世纪著名的神学家托马斯·阿奎那曾同医生治疗病人做比较。他认为，医生不能治愈病人的病患，只能增强病人的身体，实际上病人的病患是由被医生增强了体力的病人自己治愈的。同样，教师只能帮助学生运用他自己的、自然的学习潜力，由学生自己学会。[1]现代美国教育家艾德勒提出了类似的说法，他认为教育完全不是生产性的（在自然的进程中是不会产生的）"操作的艺术"，而是"合作的艺术"（即"仅仅是帮助"自然完成它们的目的所做的产品，例如：农业生产）。[2]

教育乃是人的内在潜能的"引发"或"抽取"，不是教育者随心所欲的"塑

造"。人的遗传基因千差万别，即使加以分类，也有许许多多种类别。教师的作用是帮助人的发展，只有承认这一点，才能造就各种人才。

不管怎么说，教育活动要实现的"发展"，其主体是学生（尽管人们也在说，在教育过程中，教育也得到发展、教学相长，但这不是教育的第一要务）。目前的教育改革注重教师的活动，以为学生的发展乃是教师"教"的结果，而且在教师教和学生的发展之间画等号，这是一种误解。研究教师的教是必要的，但也是远远不够的。除了要加强对"学"的研究之外，只要能促进学生的发展，有时候，"不教"也是一种教育方法。

三、教育内容的性质是决定教育方法、教育改革成效的依据

动物的活动乃是自己本能的展开，人类活动方法的选择取决于主观意志。然而，人的主观意志的发挥绝不是随心所欲的。本文所说的第一、二两点，对人的活动方法的选择具有潜在的决定作用。除此之外，活动内容的性质，也应该是制约人的活动方法选择的重要因素。木匠和铁匠活动的方法（包括活动的过程、工具的选择等）各异，乃是由他们各自活动对象（内容）各不相同（木头和铁块）决定的。

学校教育的内容旨在服务于人的全面发展，可谓非常丰富。大体上容纳了理性和非理性的内容。然而，教育者教育活动的方法却极其单调，往往劳而无功，严重地制约了教育、教育改革的成效。由于受到近代科学发展和工业生产的影响，理性、理性的方法，其地位达到了无以复加的高度。在学校教育中，不管教育的内容是什么，往往采用理性的方法，似乎讲道理能够解决学生发展的所有问题。对于教育者来说，这或是一种无奈；但是对于教育来说，这是无理。应该认真研究不同的教育内容的性质，确定不同的教育方法。

（一）知识的教学

应该说知识的教育同理性的方法联系非常密切，但也不尽然。就目前我国中小学设立的学科来说，大体上可以分为逻辑性较强的学科和逻辑性不强的学科。对于前者来说，教师用理性的方法去教，不可或缺，而且屡试不爽；但对于后者，理性的方法恐怕难凑其效。需要特别强调的是，"记忆"也是一种重要的学习方法，不要在反对"死记硬背"旗号下轻易放弃。在联合国教科文组织的报告《教育——财富蕴藏其中》里强调："为了解知识而学习，首先要求要学会运用注意力、记忆力和思维能力来学习"；"如果以为我们如今已拥有巨大的信息存储和传播能力，记忆力就不再有用了，那将是危险的。"[3]对于外语以及数理化公式、符号的学习来说，记忆是不可少的。

（二）创造力的养育

创造力是人之为人的一种本质力量，是与生俱来的。对于学校教育来说，问题不在于如何培养，而在于不压制，不压制就是培养。我们面临的问题是，往往教师在"好心"、"帮助"的旗号下，压制了学生的创造力；教师在老老实实、辛辛苦苦地做坏事。所谓创造，就是解决对现实的批判中产生的问题（批判的能力

和动力都是人之为人的本质力量)。尽管学校、教师不能直接培养学生的创造能力，但不等于学校、教师就无所作为；相反，学校、教师可以在这方面发挥很大的作用，但是目前最重要的是不压制。

（三）道德教育

理性的方法完全不适用于道德教育，因为理性只能解决"是"与"不是"的问题，而道德面临的是"应该"。在伦理学里面有一个难题，即从"是"到"应该"（from is to ought）。我们能够讲的，都属于"是"与"不是"的问题，而道德教育要解决的是"应该"、"不应该"的问题，一万个"是"也得不出一个"应该"。所以在道德教育中，仅仅去用理性的手段，这是错误的，也是难以达到道德教育的目的的。根据马克思的观点，道德是一个利益的问题，因此道德教育要解决如何正确处理利益的问题。道德的产生和发展在于满足人的生存、生活的需要，单纯的"牺牲的道德"是违背道德的特性的，难以持久。所谓道德底线或道德具有层次等说法也是值得讨论的，恐怕有违学校道德教育的宗旨。道德教育的目的是使受教育者有道德而不是更道德。有效的道德教育的方法应该是符合道德的特性的方法。

（四）爱国主义教育

对于爱国主义教育而言，说理的方法是必要的，但也是远远不够的。爱国主义教育是一种爱的教育，是一种情感教育。用理性的方式是完全达不到目的的。有一个可以类比的事实，尽管没有一个家长像学校进行爱国主义教育那样对儿童进行爱家的教育，但几乎所有的孩子都爱自己的父母，爱自己的家庭。这种"不教而爱"的事实至少说明了知识的教育对情感教育作用是极其有限的。人们做的许多错事，往往并不是因为不知道这个事情是错的才去做的。所以，那种将爱国主义教育演变为知识教育的做法是错误的。这倒不是说，有关爱国主义的知识教育不必要，而是说，目前许多教育者并没有认识到爱国主义教育的本质。事实上，孩子爱家、爱父母，并不需要家庭或家长的经济、政治、健康、外貌等条件。所以，从根本上来说，爱国主义教育是和知识的教育性质不同，它需要在知识的教育以外寻求适合的方法。

参考文献

[1] John S. Brubacher. A history of the problems of education . New York：mcgraw-hill, 1966：107.

[2] 艾德勒. 为教育哲学辩护. 赵祥麟译. 北京：人民教育出版社, 1980：234~240.

[3] 联合国教科文组织. 教育——财富蕴藏其中. 联合国教科文组织总部中文科译. 北京：教育科学出版社, 1996：77~78.

第四节　正确的教育质量观

《教育大辞典》中教育质量观是指："对教育工作及学生质量的基本看法。主要着眼于对学生质量的评价，因学生质量取决于教育工作质量。"

改革开放以来，党和国家始终把提高全民族的素质作为事关社会主义现代化全面建设的一项根本任务，确立起以素质教育为导向的教育质量观。

一、改革开放后中国教育质量观的发展

新中国成立以后，特别是改革开放后，党和国家始终把提高全民族的素质作为关系社会主义现代化建设全局的一项根本任务。

1.《中国教育改革和发展纲要》确立了素质教育在基础教育中的地位

1993 年颁布的《中国教育改革和发展纲要》（以下简称《纲要》）是适应 20 世纪 90 年代中国经济社会发展和建立社会主义市场经济体制要求的一个纲领性教育文件。《纲要》明确了"教育必须为社会主义现代化建设服务，必须与生产劳动相结合，培养德、智、体全面发展的建设者和接班人"的方针；教育改革和发展的根本目的是提高民族素质，多出人才，出好人才；要求各级各类学校要全面贯彻教育方针，全面提高教育质量，努力使教育质量上一个新台阶。同时，针对当时基础教育领域存在着的"应试教育"倾向，《纲要》提出："中小学要由'应试教育'转向全面提高国民素质的轨道"。由此，确立了素质教育在基础教育改革中的地位。

素质教育在基础教育阶段进行了区域性的实验，对素质教育的内涵、国民素质的构建、中小学素质教育目标的确定、素质教育人才培养模式、课程结构、运行机构、督导评估等方面做了积极的探索，取得了初步成果。

但是面对世纪之交国力竞争日趋激烈的新形势，我国在教育观念、教育体制、教育结构、教育内容、教育方法和人才培养模式诸方面都是相对滞后的，尤其是片面追求升学率的现象还没有得到有效遏制，升学竞争还在不断加剧，这就使广大青少年难以得到全面发展。

2.《中共中央国务院关于深化教育改革全面推进素质教育的决定》表明素质教育进入全面展开阶段

为了尽快改变这种状况，1999 年，《中共中央国务院关于深化教育改革全面推进素质教育的决定》颁布，以素质教育为主题的全国教育工作会议召开。江泽民同志在会上指出："我们必须全面贯彻党的教育方针，坚持教育为社会主义现代化建设服务、为人民服务，坚持教育与社会实践相结合，以提高国民素质为根本宗旨，以培养学生的创新精神和实践能力为重点，努力造就有理想、有道德、有文化、有纪律的，德育、智育、体育、美育等全面发展的社会主义事业建设者和接班人。"由此，贯穿各级各类教育，贯穿于学校教育、家庭教育和社会教育等各个方面，并与德智体美等有机地统一在教育活动的各个环节中的素质教育开始作为党和国家的战略决定，进入国家推进、重点突破、全面展开的新阶段。以素质教育为导向的教育质量观也更加深入人心，对深化教育改革，提高教育质量，从而提高中华民族整体素质和创新能力具有重要意义。

3. 教育法制建设完善

在这一阶段，教育法制建设加快，全国人民代表大会及其常委会在《中华人民共和国学位条例》（1980）、《中华人民共和国教师法》（1986）之后，又通过了《中华人民共和国教育法》（1995）、《中华人民共和国民办教育促进法》（2002）。上述教育法律法规作为国家制定的关于教育活动的强制性规定，为制定各级各类教育标准提供了最根本的依据。

4.《纲要》确定了明确的教育标准

与此同时，政府开始制定更为具体、明确的教育标准。《纲要》确定了标准在教育发展中的重要地位，并提出，要"建立各级各类教育的质量标准和评估指标系"。其中提到"标准"一词的地方多达 16 处，包括"办学条件标准"、"高等学校分类标准"、"课程设置和课程标准"、"学校人员编制标准"、"教师资格和教职工基本工资标准"、"对于不同层次和科类学校的拨款标准"、"各级各类学校的质量标准"、"非义务教育阶段学生学费标准"、"义务教育阶段学校杂费收费标准"等，并且提出了若干标准化建设的具体措施，影响并带动了此后十多年的教育标准化建设。①

二、科学的教育质量观

2007 年，胡锦涛同志在党的十七大报告中提出："要全面贯彻党的教育方针，坚持育人为本、德育为先，实施素质教育，提高教育现代化水平，培养德智体美全面发展的社会主义建设者和接班人，办好人民满意的教育。"党的十七大关于教育方针的论述，体现了科学发展观以人为本的核心思想。教育坚持以人为本，集中体现在坚持育人为本，具体落实在以学生为主体，以教师为主导。这一表述淡化了原有教育方针中过强的政治性和工具性倾向，凸显了教育的本质属性。

教育发展观的特点是把促进教育公平和办人民满意的教育作为国家基本教育政策，把实施素质教育和提高教育质量作为教育工作的重点，推动教育事业全面协调可持续发展。为了提高教育质量、促进教育公平，党和政府采取了多项政策措施，特别是加大了推进义务教育均衡发展和提高各级各类教育质量的力度，并取得了显著成效。我国教育事业的发展已经进入全面提高质量、促进公平，努力让孩子们上好学的新阶段。

2010 年 7 月颁布的《国家中长期教育改革和发展规划纲要》（以下简称《教育规划纲要》）明确提出，"把提高质量作为教育改革发展的核心任务。"一是树立科学的质量观，把促进人的全面发展、适应社会需要作为衡量教育的根本标准。二是树立以提高质量为核心的教育发展观，注重教育内涵发展，鼓励学校办出特色、办出水平，出名师，育英才。三是建立以提高教育质量为导向的管理制度和工作机制，把教育资源配置和学校工作重点集中到强化教学环节、提高教育质量上来。四是制定教育质量国家标准，建立健全教育质量保障体系。五是加强教师队伍建设，提高教师整体素质。由此可见，树立科学的教育质量观已成为新时期推进素质教育纵深发展的重要奠基石。

---

① 方晓东，王燕.正确的教育质量观是什么.今日教育，2013，(2)：16.

　　《教育规划纲要》提出，"中央政府统一领导和管理国家教育事业，制定发展规划、方针政策和基本标准，优化学科专业、类型、层次结构和区域布局。整体部署教育改革试验，统筹区域协调发展。地方政府负责落实国家方针政策，开展教育改革试验，根据职责分工负责区域教育改革、发展和稳定。"在上述原则指导下，《教育规划纲要》还明确规定了国家与地方关于制定教育质量标准的职责：中央政府负责建立和完善国家教育基本标准。加强教育监督检查，完善教育问责机制。

　　地方政府根据国家标准，结合本地实际，合理确定各级各类学校办学条件、教师编制等实施标准。这标志着我国逐步形成了科学的教育质量观。

三、建设我国教育质量标准和教育质量保障体系

　　新中国成立 60 多年来，我国初步建立了各级各类教育质量标准的框架，可以分为两个层次：一是教育自身的质量标准；二是学生发展的质量标准。

　　教育质量标准最终指向的是培养对象，也就是学生的质量。但上述教育质量标准只是预设的标准。为了把教育质量落到实处，我国还积极探索建立教育督导、教育评估与教育监测三位一体的各级各类教育质量保障体系。具体而言就是，以教育质量标准为依据，以结果为导向，对学生的质量和教育自身的质量和水平进行督导、评价与监测，并通过教育质量现状监测数据和监测结果的发布，为政府的教育决策和学校、教师改进教育教学工作提供依据和建议，引导全社会树立正确的教育质量观，使学生健康发展。

> **建立素质教育质量评价机制[①]**
>
> 　　教育质量评价在教育管理中具有导向、制约、激励、促进和监控功能，它是素质教育运作的制导机制和动力机制。
>
> 　　素质教育质量评价主要包括对学生、教师、学校及政府与教育行政部门的评价。
>
> 　　1. 对学生的质量评价
>
> 　　对学生的质量评价，着重看学生在德、智、体、美、劳等方面的素质发展是否达标（获得质的提高），是否学会做人、学会学习、学会生活、学会健康、学会发展。
>
> 　　2. 对教师的质量评价
>
> 　　对教师的教学质量评价，着重看教师是否能通过素质教学过程把书本知识和素质教育培养目标有效地转化为学生的综合素质。
>
> 　　3. 对学校的质量评价
>
> 　　对学校的质量评价，着重看学校是否按"两全一主动"的目标面向全体学生和面向学生的全面素质，使每一个学生都在原有的基础上得到生动活泼和主动的发展，是否全面实现学生素质发展的培养目标。

---

　　① 梁锦宁 . 建立素质教育质量评价机制 . http：//www.jmyz.com/kz/yw/gerenwangye/zhangqinghua/gu/in1.htm［2014-6-9］.

4. 对政府和教育行政部门的质量评价

对政府和教育行政部门的质量评价，着重看它们是否面向各级各类教育和面向所有学校，能否发挥其在素质教育整体设计、系统规划和宏观统筹上的作用。

素质教育质量评价的重点应放在学生素质发展水平和教学质量的评估上。

学校素质教育质量机制的建立，应体现如下几个方面的取向特点：

第一，由单纯的对考试成绩评分到对以态度、能力和人格为主要内容的全面基本素质考核评价。

第二，由抽考、统考合格率排位评价和奖励到办学水平综合评价和奖励。

第三，由学业成绩百分等级评价到基本素质达标（合格）评价。

第四，由只重效果的评价扩展为同时注重效果和过程的评价，换言之，不仅要关心学生综合基本素质的发展水平，而且要关注学生素质发展过程的状态，是否生动、活泼、主动地发展。

第五，质量评价要体现减轻负担而不是加重负担的素质教学改革方向。

然而，从长远发展来看，我国的教育质量标准和教育质量保障体系还不能满足新的历史时期社会和人民群众对教育发展的要求，特别是与《教育规划纲要》的要求相比还有一定差距。具体表现在：第一，我国的教育质量还不能适应建设人力资源强国和创新型国家对人才培养水平的要求，其中最突出的问题是学生的创新精神和实践能力还有待提高。第二，一些基本的国家教育标准缺位，教育质量国家标准有待进一步完善。第三，教育质量监测不到位，保障不得力，教育质量保障体系有待进一步健全。例如，尚未形成教育质量标准的理论认识与可操作性的系统规定；制定标准的部门不统一，政出多门；有些标准在实施上还存在体制性障碍。

这些问题需要国家建立健全教育质量保障机制来解决。

☆ 本章小结

教育的理想是为了让人生活的有尊严，有质量。为了实现这个理想，教育者必须了解人性，让教育对人性充满敬畏，使学生的成长之路成为通向幸福的纽带。

思考与练习 》》

（1）了解人性结构。

（2）列举教育与人性之间的关系。

（3）了解可持续发展对教育提出了新要求的内容。

（4）重点掌握教育对于学生成长的重要意义。

（5）论述教育如何改善人口质量，提高民族素质。

（6）简述教育的概念、基本形态和教育的本质。

（7）简述教育的三种起源论的观点和代表人物。

第五章　课程与教学

⭐ 本章概述

本章从课程与教学两个方面展开，先对课程的基本概念和开发原理进行阐释，帮助学生理解校本课程开发需要的基本理论，进而介绍我国第八次课程改革的基本要求以及未来改革的方向。而后从教学的内涵及其三要素分析开始，对教学理论的发展变化予以总结，并针对当前教学设计的理念和展开过程予以讨论，最后是有关教学评价领域的问题和发展趋势的归纳。

⭐ 学习目标

(1) 对课程与教学的基本概念有比较深入的理解。

(2) 掌握课程开发的基本原理。

(3) 能够运用教学设计的一些基本方法。

(4) 了解课程改革、教学评价的改革趋势。

第一节　课程的概念及理论流派

一、课程的概念

（一）"课程"的词源分析

查明并了解一个词语在历史上的最初的形式和意义，有助于了解人们对这一词语内涵的最初认识，从而帮助我们掌握它的本质。

就现今所知，"课程"一词可以上推到唐代孔颖达《五经正义》。其中关于"奕奕寝庙，君子作之"（《诗经·小雅·小弁》）一句注疏："以教护课程，必君子监之，乃得依法制也"，但其内涵与用法都同近代之后的课程有很大的差异，更多地表达一种监督规制、控制进程的概念，其对象也是指建造"寝庙"这一建筑工程，与学校教育无关。至南宋朱熹在《朱子全书·论学》中"宽着期限，紧着课程"、"小立课程，大作功夫"等，已经有了"课业的进程"这种含义。[①] 这与今天的课程含义已经极为相近。

英语中的课程（curriculum）一词源于拉丁文"Currere"，原意是"跑道"，即规定赛马者的行程，从而引申为学习的进程，也就是学生学习必须遵循的路径，以及学生在学习的过程中的体验。斯宾塞在《什么知识最有价值》一文中最早将课程一词引入教育领域，并很快被广泛的接受和使用。早期的课程更注重为学习者设计学习的内容和进程组织，而后来，越来越多的学者开始关注课程作为一种学习者与教育者经验和体验所具有的动态化和个性化的特点。

（二）"课程"定义的类别

自课程成为专门的研究领域以来，对于课程的定义就众说纷纭，各执一词，很难取得共识。面对众多的课程概念，有学者通过不同的维度对其进行分类，得出了三类、四类、六类等不同的结果。从其关注的内容进行分类，可以将课程的定义分为三类。

1. 课程作为学科、学习计划及学习目标

将课程与学科直接联系在一起，是民众对于课程最为普遍的一种理解。例如，《中国大百科全书·教育》中对于课程的定义就是"课程是指所有学科（教学科目）的总和，或学生在教师指导下各种活动的总和，这通常被称为广义的课程；狭义的课程则是指一门学科或一类活动"。[②] 与此相关，针对学科内容的"学习计划"或者"教育计划"也被看做是课程所包含的内容，其中有关教育内容的具体目标、内容、评价等各个方面的安排与设计都作为课程的一种特质而被关注。此外，直接把课程看做是一种预期的学习结果或者目标，也是常见的观点。在这种观点下，有关学科的安排和内容的组合都是根据预定的学习目标来进行选择，因此强调课程最重要的工作就是制定一套结构完整有序的学习目标。

这一分类下的课程概念可以上溯到学校教育产生的奴隶社会，如我国的"六艺"，西方的"七科"等，也包含着课程领域的重要代表人物，如博比特（F. Bobbit）、泰勒（Ralph Tyler）、斯腾豪斯（Lawrence Stenhouse）等。围绕知识的选择、设置、组织、安排，教育学家们进行了不同的思索和考证。

2. 课程作为学生的经验

自杜威提出儿童中心的教育理念之后，强调尊重儿童的兴趣与需要、发展儿童个性、主张以儿童的生活经验为课程等相关理念就开始兴起。这种观点视课程为学生在教育环境中，与教师、学习材料等相互作用的所有经验。这种课程定义的突出特点是把学生置于课程的中心位置，强调了学习者的主动性，围绕学习者对教育环境、教育内容，以及教学方法等各方面进行设计和组织，兼顾过程与结果，预期与生成的内容。

① 章小谦，杜成宪. 中国课程概念从传统到近代的演变. 华东师范大学学报：教育科学版，2006，23（4）：65～74.

② 中国大百科全书教育编辑委员会. 中国大百科全书·教育. 北京：中国大百科全书出版社，1985：207.

持这一观点的课程学者包括美国的卡斯维尔（H. L. Caswell）、坎贝尔（D. S. Campbell）、福谢依（A. W. Foshay）等，应该指出的是，同杜威的理论所面临的问题一样，这种观点指导下的教育实践也存在着教育过程过于随意、内容不系统和评价标准不确定等方面的问题。

3. 课程是社会文化的再生产或社会改造

从教育社会学的角度出发，对课程的社会功能进行分析，认为课程是作为培养学生适应社会或者改造社会的工具而存在的一种事物。学校本质上是为社会服务的机构，其任务是找出社会需求，对这些需求具有敏感性，并提供与这些需求相关的课程设计。通过课程对学生进行培养，一方面完成了社会文化的再生产，另一方面也完成了社会阶层的划分和利益的分配。而针对现有社会的问题和弊病，对学生进行专门主题的课程安排，则有助于学生完成社会的改造和革命。从社会学角度对课程进行分析的代表人物包括阿普尔（M. Apple）、弗雷尔（Freire）等学者。

综合以上对课程定义的描述，我们试着给课程定义为：课程是按照一定社会需要，根据某种文化和社会取向，为培养下一代所制订的一套有目的、可执行的计划。它应当规定培养的目标、内容和方法，应当有一套具体实施的策略，应当具备恰当的评价方法。

（三）课程内涵的发展

随着社会的发展和人们对于课程认识的深入，课程的内涵也在不断地发生着变化，这是符合社会发展需要的一种表现，也是课程理论不断深化和拓展的标志。20 世纪 70 年代，课程的内涵发生了一些重要的变化。

1. 从强调学科内容到强调学习者的经验和体验

在传统的观念中，课程几乎同学科等同，重视学科内在逻辑结构的同时，儿童的直接经验受到了极大的排斥。在追求效率与可操作性的同时，课程也发展成为一种控制儿童的工具，不仅儿童的兴趣受到压抑，而且经由标准化的课程实施，儿童逐渐丧失了个性与创造力。针对这种现象，基于杜威的理论，研究者越来越关注到儿童的直接经验和体验，并主动地将儿童置于课程的核心位置，这不是指排斥了原有的学科知识和结构，而是在儿童经验和心理发展水平的基础上整合学科知识，使知识成为发展儿童的重要资源。

2. 从强调目标、计划到强调过程本身的价值

在教学之外设计的目标、计划与教学过程中具体实施的过程之间必然存在着一定的距离。在过度强调预期结果的课程中，课程实施的具体过程受到严格的控制与规范，教师和学生在这样的制约中，丧失了创造的权利，成为完成某个课程计划的工具，如同按照剧本表演的木偶一样，成为一种僵化的物的存在。而师生之间真实的、深刻的交流需要更多的空间和非预期的可能作为基础，走出目标、计划的限制，关注教学过程本身的价值，强调"过程课程"，使人们有可能将计划、目标与具体的教学情境统整起来，形成一种富有生命力的课程。

3. 从强调教材这一单因素到强调教师、学生、教材、环境四因素的整合

单纯强调计划和目标的课程理论当然会把教材作为课程的基本内涵，并成为课程的整个中心。教师、学生都必须围绕教材进行。而强调课程作为学生的经验或者强调课程过程的价值，则会视课程为教师、学生、教材、教学环境等因素之间交互作用的动态情境。课程由此变成了一种生成性的、动态的、系统化的完整体系，这意味着课程概念的重大转向。

4. 从强调"显性课程"到强调"显性课程"和"隐性课程"并重

所谓显性和隐性，是按照课程在学校中是否以正式的文件、计划、大纲等为载体，根据国家或地方教育行政部门的官方要求而实施来划分的。那些正式的、官方的课程被看为显性课程，而隐性课程则是指学生在学习环境（包括物质环境、社会环境和文化环境）中学习到的非预期性或非计划性的知识、价值观念、规范和态度。这类课程具有潜在性和隐蔽性。教育领域从 20 世纪早期对于隐性课程的影响就有研究，它是人的发展过程中不可忽视的重要课程，为了让显性课程与隐性课程能够和谐统一，学校要有意识的创设与显性课程相一致的校园环境和学校文化，尽可能减少隐性课程的负面影响，发挥其积极作用。两者共同构成了学校的"实际课程"。

二、课程研究的历史发展

有关课程的研究可以追溯到教育学产生的时代，但是课程作为一门单独的研究领域从教育学体系中独立出来还是 20 世纪之后的事情。一般认为，1918 年美国教育学家博比特出版《课程》一书标志着课程作为一个独立研究领域的开始。作为具有悠久历史的课程研究，从这里开始了专门化的过程。

（一）课程论体系的确立

自 20 世纪开始，美国进入了科学化课程开发理论的阶段，早期最为重要的代表人物包括博比特和查特斯（W. W. Charters）。除《课程》一书之外，1924 年博比特又出版了《怎样编制课程》，查特斯则在 1923 年出版了《课程编制》，其中的理论与博比特具有相同的内在特点。自此，教育理论研究的关注点不仅仅停留在如何开发新的课程也开始关注课程编制的过程和方法。

博比特和查特斯的理论具有典型的科学化特点，强调通过对人类经验的审视，了解教育所要完成的目标——完美的成人生活——包括哪些经验领域，进而分析具体每个领域中的具体活动，再把具体的活动细化为具体的目标，从中选择合适的目标作为学校课程的内容，并据此制订教育计划。选择的内容，必须根据目标进行评价和调整。

两人提出了课程开发过程中一系列的基本问题，是"课程开发的科学化运动"的早期代表，提出了课程开发领域一系列的基本问题，但是早期的课程理论还是具有一些理论上的缺陷，具体包括将成人生活作为教育的目标而忽略了童年的价值；按照企业生产的模式制定课程，把学生简化为需要加工的原料，抹杀了儿童作为人的存在的根本属性，也违背了教育的本质。过度细分的课程目标视课程为机械，导致课程中见物不见人等。在今天看来，当时的课程开发所具有的科学化的水平还是较低的，并未真正完成课程开发的真实过程。

（二）泰勒原理

20 世纪 30 年代开始出现的"经济大萧条"导致了当时美国大批青年在学校毕业后无法找到工作。在当时，一方面民众抱怨高中课程对毕业后的社会工作与生活毫无价值，另一方面教师与学校又不希望影响想要升入大学的学生受到良好的教育。在这种情况下，进步教育协会开始了长达八年（1934～1942）的课程改革的实验研究。泰勒当时作为这项研究的评价组主任，在实验研究结束之后总结课程开发的一般程序和原理，于 1949 年出版了《课程与教学的基本原理》一书，确立了"课程基本原理"，又称"泰勒原理"，被公认为是课程开发原理最完美、最简洁、最清楚的阐述，达到了科学化课程开发理论的新阶段。

泰勒认为，开发任何课程与教学计划都必须回答四个基本问题：①学校应该试图达到什么教育目标？②提供什么教育经验最有可能达到这些目标？③怎样有效组织这些教育经验？④我们如何确定这些目标正在得以实现？

这四个基本问题可以进一步归纳为"确立教育目标"、"选择教育经验"、"组织教育经验"、"评价教育计划"四个环节。这四个环节围绕"确立教育目标"展开，以目标的制定和实现为追求，因此又被称为"目标模式"。尽管泰勒原理在后来的课程理论开发中受到了诸多批判，但是现代课程开发的理论和实践基本都是围绕这四个问题展开的，因此泰勒原理被认为是课程领域中"主导的课程范式"。

从本质上看，泰勒原理延续了博比特和查特斯的科学化取向，实质上是一种"技术理性"的产物，它强调对于外界环境的控制和管理，有效地保证了课程开发过程的明确性和准确性，是科学化课程开发的巅峰之作。在技术理性的指引下，课程开发活动变成了一种具有整齐划一的模式和良好可操作性的过程，它提高了课程开发的效率和普适性，但是也忽视了课程开发过程中个体的创造性与独特性。无论是学校、教师，还是学生的独特需求与思想火花都因其标准化的步骤和规范而受到了压抑。后续课程理论专家为解决和改善这一问题，提出了各自不同的课程研究范式，发展了课程理论。

（三）课程理论的不同流派

尽管在 20 世纪之前，课程并没有作为一个独立的研究领域存在于教育学体系中，但是对于课程的思考已经拥有漫长的历史。欧洲 18、19 世纪，构建在理性主义哲学和官能主义心理学基础上的形式教育认为教育的内容，也就是课程应该由传统的逻辑、拉丁文、数学等古典学科构成，而以经验主义哲学与联想主义心理学为基础的实质教育则认为课程应该以自然科学、地理、法律等与现实生活密切相关的学科为中心。这些理论在 20 世纪被不同的课程专家继承发展、批判创新，并形成了不同的课程理论流派。

1. 经验主义课程论

经验主义课程论流派构建于 19 世纪末 20 世纪初的欧洲新教育运动和美国的进步主义教育运动基础之上，最重要的代表人物是杜威，其思想可以上溯到法国教育学家卢梭的"自然教育思想"。该流派反对以学科为中心的传统课程，代之以儿童的活动为中心设计的课程，尊重儿童的兴趣和心理发展规律，强调儿童的权利。其基本的理论观点包括：

第一，课程应以儿童的活动为中心。课程的出发点、目的以及内容都应该是儿童的生活和活动，课程是为了促进儿童的生长和发展，并围绕儿童的兴趣和生活进行组织，不应该超出儿童的经验，应该是一种儿童自发的活动。由此理论发展出来的活动课程打破了学科界限，强调在活动中学习，教师从中发挥协助作用。

第二，课程的组织应心理学化。相对于传统课程根据学科内在的知识逻辑进行内容组织，经验主义课程理论更强调要考虑儿童的发展阶段和发展次序。杜威认为，儿童的心理经验与学科中所含的逻辑经验是同一生长过程的起点与终点，逻辑的经验是由心理的经验发展而来的，两者的差异与区别在于：心理的经验是直接的、鲜活的、内隐的、不确定的，而逻辑的经验则是间接的、无生气的、外显的、确定的，逻辑的经验是运用抽象与概括，将心理经验加以系统化、条理化的结果。对于教育者来讲，他们所要做的工作就是，将逻辑的经验还原为儿童的心理经验，或者说将各门学科知识转译成儿童能够理解与接收的生活经验，只有这样，教材知识才能与儿童现有的经验发生交互作用，这一过程被杜威称为教材的心理化。

20 世纪 60 年代以后，以布鲁纳为代表的学术中心课程理论吸收了杜威的思想，确立了"同时诚实地尊重学科本身的逻辑和儿童的心理逻辑"的课程价值观，将学科课程发展到新的阶段。

2. 学术中心课程论

这一课程流派是随着 20 世纪五六十年代西方"学科结构运动"的兴起而形成规模的。但早在进步主义教育运动时期，就已经有很多学者对经验主义课程中缺少系统的知识进行过批判，其中尤以要素主义和永恒主义的教育家为代表，他们认为当时美国的"课程改革"没有认识到教育不仅仅要对儿童负责，也要对国家和民族负责。浪费大量的时间给学生提供未经分化和组织的直接经验，是对学校效能的巨大降低。

1957 年，第一颗人造卫星由苏联成功发射，这一事件对美国造成了极大的冲击，危机意识弥漫在整个国家的上空。教育领域也因造成科技水平的"落后"而受到多方面的质疑。为提高国家的竞争力，1958 年美国颁布《国防教育法》，政府斥巨资推行全国范围内的课程改革。1959 年 9 月，美国科学院召集了约 35 位科学家、学者和教育家在马萨诸塞州举行会议，围绕怎样进行中小学的自然科学教育进行了充分的讨论。在讨论的基础上，会议主席布鲁纳（J. Bruner）发表了题为"教育过程"的总结报告，从理论上解决了儿童发展与学科结构之间的矛盾，确立了"学科结构运动"的理论和行动指南。至此，"学科结构运动"在美国全面开展起来，学术中心课程理论也伴随着这场运动在教育实践中得到了广泛的传播。

学术中心课程理论强调课程内容首先应该具有学术性，在有组织的知识领域内学习相关知识的探究方法，既强调了学科逻辑的重要性，探究的过程也尊重了心理逻辑的需要，体现了对于儿童能力的培养。同时，布鲁纳还主张将科研领域最前沿的知识引进中小学课堂，将科学教育现代化。这些主张都是以学术作为课程的出发点。

学术中心课程理论的另一个特点是强调专门化。由于不同学科领域的知识自成体系，同时也各自具有不同的研究方法。因此，学术中心课程理论并不认为课程应该将不同知识进行融合，而是强调课程的专门化。

此外，学术中心课程理论还具有结构性的特征。学科结构一般是指一门学科特定的一般概念和一般原理所构成的组织结构，这个结构还伴随着这一学科特定的研究方法和研究态度。强调学科结构是学术中心课程最基本的特征，也是课程现代化最基本的特征。正是根据学科结构组织起来的教材让学生在学习系统学科知识的同时，有可能向科学家一样进行探究学习和发现学习，不仅提高了学生对于知识的理解和记忆，缩小了"高级"知识与"初级"知识之间的差距，更重要的是培养了学生"训练迁移"（这一概念来自官能主义心理学，强调教育的任务在于发展心灵的官能，并通过训练完成学习的迁移）的能力。[1]

3. 社会改造主义课程论

社会改造主义课程论把社会问题、社会功能和社会改造看做是课程的重点。这种理论基于教育社会学的视角，把儿童和学生看成社会结构的一部分，认为课程应该围绕当代重大的社会问题来进行组织，帮助学生完成社会化并形成构建新的社会秩序和社会文化的能力才是最重要的任务。

社会改造主义理论给课程理论重要的启示包括：第一，强调学生应该尽可能多的参与社会生活，并将所学的知识运用到社会实践中去。因为这是科学知识的最终归宿，同时学生也会在其中学习到很多重要的东西。第二，关注社会问题。改造主义认为，随着民主社会和大众媒体的广泛建立，各种社会问题事实上进入了学生的视线，而学校应该对这些问题提供相关的背景知识，并予以重视和引导，培养学生对于这些问题的批判意识。"两耳不闻窗外事，一心只读圣贤书"的训导已经不适合现代社会的需要，学生应该对社会生活给予更多的关注和参与。

随着课程理论的发展，不仅仅对于课程内容应该包括什么，不同的课程专家给出了不同的意见，而且，对于课程理论的研究范式也发生了转变，呈现出多样化的趋势。从最初科学化的研究范式（以博比特、查特斯、泰勒为代表）发展出利用现象学、诠释学为基础的"现象-诠释"研究范式（以美国学者威廉·派纳和马克西妮·格林为代表）；源于德国法兰克福学派，重视辩证思考方式的社会批判研究范式（代表人物包括迈克尔·阿普尔、亨利·吉鲁）以及构建在后现代多元主义基础上，强调差异、主张局部多重叙事方式的后现代课程研究范式（最重要的代表人物是小威廉姆·多尔）。丰

---

① 布鲁纳．教育过程．邵瑞珍译．上海：上海人民出版社，1973.

富的研究范式提供了不同的研究视角和研究方法，大大丰富了课程理论的内容，加深了人们对于课程的理解。

第二节　课　程　开　发

课程开发（curriculum development）是指为保证课程的功能适应文化、社会、科学及人际需求而进行的持续不断地决定课程、改进课程的活动和过程。它包括了课程的编订、实验、检验—改进—再编订、实验、检验……这一连串的作业过程的整体。[①]这意味着，课程开发不仅仅包括学校课程的编辑和制作，而且蕴涵着课程开发、发展、形成的一个动态改进的过程。由于社会发展、学生需要和学校改革等各种不确定因素的不停变化，课程会受到连续不断的影响，因此需要进行持续地课程开发。课程开发除包括目标、内容、活动、方法、环境、人员、权利、程序等诸多课程因素外，还包括了各种因素之间的交互作用，特别是包含了课程决策的互动和协商。因此课程开发的重点是强调过程性和动态性。

一般来说，课程开发的模式主要有目标模式和过程模式两种。目标模式中最具代表性的就是上一节提到的泰勒模式，其最主要的精神在于"目标取向"的理念。首先确立教育目标，再从此出发去设计课程，在整个过程中，完全以目标为导向。相对的，过程模式则认为，课程开发的任务就是要选择活动内容，建立关于学科的过程、概念与标准等知识形式的课程，并提供过程原则。强调课程设计应该先由内容和活动的设计开始，着重教学过程与学生在过程中的经验，赋予其自由创造的机会，以生产出多样化的学习成果为目标。关注教育活动本身的价值，是以学习过程为中心而非学习结果为中心的一种模式。其代表人物包括斯腾豪斯和施瓦布等。

尽管对于目标模式的批判自泰勒之后一直不绝于耳，但是目标模式合乎理性逻辑顺序，合乎科学精确效率的要求，合乎政治与经济要求，并且具有简洁明了、易于理解把握的特点，因此一直在课程理论中具有不可动摇的地位。

一、课程目标

课程目标是根据教育宗旨和教育规律而提出的课程的具体价值和任务指标，是在课程设计与开发过程中，课程本身要实现的具体要求。它期望一定阶段的学生在发展品德、智力、体质、素养等方面所应达到的程度[②]，是教育目的和培养目标的具体化。它是确定课程内容、教学目标和教学方法的基础，是课程编制和开发过程中最为关键的准则。确定课程目标，首先要保证教育目的和培养目标的体现，其次要针对学生的心理、年龄等特点，根据社会的需要和学科的发展等制定行之有效的课程目标。课程目标可以采用多种方式进行陈述，但不同的表述方式会产生不同的影响。

[①]　钟启泉. 当代课程论. 上海：上海教育出版社. 1989：320.

[②]　钟启泉，汪霞，王文静. 课程与教学论. 上海：华东师范大学出版社，2008：56.

（一）选取课程目标的来源

课程目标的基本来源包括学习者的需要、当代社会生活的需求、学科的发展三个方面，尽管不同的教育价值观对于这三个来源的关系存在不同的认识，除了这三个来源之外也可能有其他的来源，但这三个方面构成了课程来源的基本内容，这已经是课程理论界的一个共识。

1. 学习者的需要

作为课程目标来源的学习者的需要，是"完整的人"的身心发展需要，即儿童人格发展的需要。关注学习者的需要，而不是将成人认为的儿童需要强加给儿童。确定学习者需要的过程本质上是尊重学习者的个性，体现学习者意志的过程。当课程以这种需要作为课程的直接目的时，课程就是儿童中心和经验中心的课程。

2. 当代社会生活的需要

儿童不仅生活在学校中，也生活在社会中。儿童的发展是一个不断社会化的过程。因此，当代社会生活的需求构成了课程重要的来源。从历史的发展看，社会生活与生产劳动是课程内容最古老、最重要的来源。社会生活的需要不仅仅指当下的现实需要，还包括社会的变迁趋势和未来需求。泰勒等对社会生活的不同方面进行了划分，大致分为"健康"、"家庭"、"娱乐"、"职业"、"宗教"、"消费"、"公民"七个领域。然后针对不同领域的需要再进一步细化成具体的目标。当代的课程在确定社会生活的需要时，至少要考虑到民主性原则、民族性与全球性相统一原则和教育先行原则。

3. 学科的发展

教育承担着社会文化的继承与发展功能，这一功能最主要的体现就在课程中。课程内容要尽可能地将人类文化中最重要、最基础、最核心的内容传授给儿童，保证人类文明在未来可持续性的发展。专门化的学科知识各有其逻辑体系和研究视角，在20世纪中叶之后，人类又进入了知识爆炸的年代，各个学科都有了长足的进步，很多学科形成了新的创新点和发展点。这些知识也对社会产生了重大的影响。课程要将学科的发展需要作为重要的来源进行考虑，也要注意到对知识的思考不仅仅包括知识本身的结构与内容，还应该意识到知识在控制世界和理解世界两方面的价值、知识背后所呈现出的权利与意识形态的斗争，以及人们对于不同知识进行价值评判过程中可能出现的谬误。

（二）确定课程目标的方法

1. 筛选法

这种方法源自美国加利福尼亚大学课程开发中心，经过多年来不同教育机构的实践和检验，是使用非常广泛的一种方式，具体的步骤如下：①预定若干项课程目标，涉及课程的各个方面。例如，"培养阅读、写作、说、听的技能"、"培养尊老爱幼的品格"。②书面征求有关人员对预定课程目标的意见，允许他们补充其他课程目标。③把原先预定的课程目标和补充的其他目标汇总。④请有关人员根据汇总的课程目标，依次选出若干个最重要的课程目标。⑤根据统计结果，确定名次靠前的若干课程目标。

2. 参照法

在确定目标的过程中，参考其他国家和本国历史上的课程目标，并根据当时的国情和教育状况，确定符合本国情况的课程目标。

在某些国家，一些学术团体、教材出版商会提出建设性的课程目标和教学目标建议。这些建议对于制定课程目标具有一定的比较和借鉴价值。

除这两种方法外，课程目标的确定还有许多其他的方法，可以根据具体的需要完成选择工作。

二、课程内容

课程内容是指各门学科中特定的事实、观点、原理和问题以及处理它们的方式。[①]课程内容是课程问题的集结点，是课程开发的基本环节之一。自斯宾塞提出"什么知识最有价值"的著名命题，到泰勒提出"怎样选择有助于达到教育目标的学习经验"，课程内容的选择与安排问题就成为课程论的基本问题。一般来说，课程目标的确立在一定程度上为课程内容的选择和组织提供了基本的方向。

（一）课程内容的不同取向

课程目标的三个基本来源决定了课程内容的基本取向，即"学习者的经验"、"社会生活经验"和"学科知识"。

1. 学习者的经验

当课程目标的基本来源主要是学习者的需要的时候，学习者的经验就成为课程的主要内容。学习者的经验实际上既不同于教材的内容也不同于教师所传递的知识，而是指学生与外部环境的交互作用。相同的课堂，相同的教师，但两个不同的学生习得的经验却是不同的。他们对于教材的解读、对于学习过程的感受、对于教师信息的接收都因其各自原有的经验和态度不同而形成不同的结果。所以每个学生对于课程内容的理解和构建都是不同的。

当课程内容取向是学习经验的时候，我们强调决定教学结果的不是教材，而是学生的主动参与。作为教育过程中一个重要的因素——学生，在教育环境中与教师、教材的互动越多、越深刻，那么教育的结果就越能够得到保障。为了完成这一互动，教师和课程设计者都应该把学生的兴趣、学生的生活经验以及学生心理能力和心理特点作为重点考虑的对象。

---

① 施良方. 课程理论：课程的基础、原理与问题. 北京：教育科学出版社，1996：106.

2. 社会生活经验

在以社会生活的需求作为主要课程目标来源的情况下，当代社会生活经验就成为课程的主要内容。在重视社会生活的教育家眼中，教育是为了让人们适应这个社会，超越这个社会乃至改造这个社会而存在的。为了完成这样的目标，课程内容中呈现出同社会生活相一致的活动，并通过这些活动，让学生完成发现问题、解决问题以及对问题进行反思等一系列的过程。

这种取向是对传统课程观下"课程即教材"的一种挑战，它将课程的重点从理论知识转向现实实践，注重与社会生活的联系，强调学生的主动参与、自主发现。但是，在具体的操作中，应该避免仅仅关注学生外显的活动及表面的热闹，更要关注学生深层次的学习结构及全面发展。

3. 学科知识

当课程目标主要来自于学科发展的时候，学科知识就成为课程内容的主要组成部分。在传统上，课程内容一直被认为是学生要习得的知识。这些知识借助一定的概念、原理和逻辑构成不同的科目。不论如何表述，从六艺、三科到语文、数学，最后课程都落在不同科目的传授上。这一取向强调学科知识的系统化和教育进程安排的有序化。

从知识本身出发，有利于师生明确所学内容的深度和广度，保障课堂教学的同一性。但是过度强调教学科目，忽视儿童心智发展、情感需要，脱离社会实践，压抑儿童天性，束缚个性发展，一直是这种课程内容取向被诟病的地方。同时，由于脱离了儿童的生活实际，很容易让学生对教育的意义和作用产生怀疑，不利于学习动机的培养。

（二）课程内容的选择

随着世界进入知识迅猛增长的年代，课程内容选择的矛盾日益突出。现有的学科门类达几千门之多，但学生用来学习的时间和精力却非常有限，知识的巨大发展与人的领会吸收能力之间的紧张关系已经成为 21 世纪问题焦点的主要紧张关系之一，我们必须正视这一问题，并妥善的解决它。

基础教育课程内容的选择一般需要遵循的原则包括重视基础性、贴近社会生活、尊重学生经验以及强化价值观和道德教育。

首先，课程内容选择的基础性包括针对学科知识的基础知识和基本技能的培养，也包括掌握一般学习能力和方法的基础，即组织学习、查找资料、科学探索等。除此之外，还包括有助于学生"学会生存"、"学会共同生活"等有助于学生成为未来社会合格成员的基础内容。其次，课程内容要贴近社会生活，在保证整体稳定的同时，要尽量形成开放式的结构，及时地将具有时代性的新知识、新技能纳入到课程内容之中。不仅要考虑同现实生活的联系，还要考虑与未来社会的联系。再次，课程要为儿童所接受理解，就必须尊重儿童的经验，结合学生的认知发展需求和兴趣、意志、情感的发展需要，发挥学生的主动精神。最后，教育从来都不是价值中立的，作为学校教育的核心，必然体现出一定的价值倾向和道德要求。课程内容必须传递国家和民族的核心价值观，帮助学生提升人格品质。

（三）课程内容的组织

为了使学生的各种学习有效的联系在一起，产生累积的效果，需要对选择出来的课程内容加以有效的编排和组织。概括来讲，课程内容的组织可以分为纵向组织和横向组织。所谓纵向组织就是按照某些准则以先后顺序排列课程内容。例如，从易至难、从简单到复杂。而所谓横向组织，是指不同学科之间借由某种主题或者探究方法连接在一起，强化知识的广度。

关于课程内容的组织曾存在逻辑顺序与心理顺序之争，前者强调按照学科本身的系统和内在联系来组织课程内容，而后者则强调应该依照学生心理发展的特点进行。现在，人们更倾向于把两者统一起来。借助学科知识的内在联系促进学生的心理发展。

除此之外，还有直线式和螺旋式两种组织方式。直线式就是把课程内容组织在一条逻辑线索上，根据先后顺序直线排列。而螺旋式则在教育的不同阶段对相同领域的课程内容进行重复，但重复的内容会逐步扩大范围，加大深度。前者可以保持新鲜感，而后者照顾到学生的认识能力，两种方式互为补充。

三、课程实施与课程评价

（一）课程实施

课程实施（curriculum implementation）就是把课程计划付诸实践的过程。在某些课程学者眼中，狭义的课程实施就是教学。课程实施一直存在于教育实践中，但是进入研究视野的时间却很短暂。20 世纪 60 年代，美国花费巨大的课程计划，在理论界受到广泛的好评，却在实践中收效甚微。以此为契机，课程实施的问题才开始被课程学者们关注。

一般说来，课程实施被认为有三种取向：忠诚取向、适应取向和创生取向。持忠诚取向的课程专家强调教师应该尽可能准确和忠实地执行课程计划，力图保证课程设计人员的意图和理想能够付诸实践。早期课程实施基本都采取了这种观点，认为课程设计者相对于教师拥有更多的专业知识和更好的教育理念，为完成课程实施，要对教师进行明确的指导说明，以规范其教学行为。但是，就总体而言忠诚取向并不利于课程的真正开展，过度控制教师的课程计划会使教师感到技能丧失，这会给教师带来巨大的失落感。而且无论怎样强调忠诚，事实上，教师在实施的过程中都不可能完全遵照计划去做，或多或少都会根据实际情况进行调整。适应取向则主张课程实施应该是课程计划与学校班级的实际教育情境相互作用的过程。两者都可能需要适当地进行调整以保证课程实施的顺畅。在实践过程中有太多不确定的因素是课程计划者难以完全纳入考虑范围之内的，这些问题都需要教师来面对和解决，设计者不能抹杀这些可能性的存在，这也正是教育的生命力的体现。创生取向的课程实施认为真正的课程实施是教师与学生联合创造的教育经验，课程实施本质上是在具体情境下创生出的新的教育经验，已有的课程计划只是为这种创造提供了工具。这种取向最大限度地调动了师生的积极性，发挥了教师在课程改革和实施中的作用，但是也对学校的"环境素质"、师生的创造才能提出了极高的要求，是否能适合大多数的教育实际情况，尚待进一步的研究。

在课程实施的过程中，不仅仅受到课程计划自身质量、课程实施取向以及相关配套准备的充分程度影响，而且，课程的编制者与实施者之间的交流，实施过程的组织和领导，以及教师培训、学校制度和文化等都构成了课程实施的内在影响因素。在课程外部，政府机构、社会接纳等方面也会对课程实施产生重要的影响作用。

（二）课程评价

课程评价是根据一定的课程价值观或者课程目标，运用一定的科学手段，通过系统地收集信息、资料，分析、整理，对课程方案、课程实施过程和结果等的价值或特点做出判断，从而为课程决策提供可靠信息的过程。从定义我们可以看出，课程评价不同于教学评价，它关注的对象包括宏观层面课程决策与管理成效的评价，中观层面课程开发过程与课程整体系统的评价，围观层面课程目标、材料、组织、实施等方面的评价，它的目的是为了课程计划的进一步完善和新的课程决策。对于课程评价的分类有多种维度，如量化评价与质的评价、形成性评价与总结性评价、内部人员评价与外部人员评价、目标本位评价与目标游离评价等。前三种分类是根据评价的方式和主题进行分类，在后面教学评价的部分我们会给予相关的介绍，而最后一种课程评价是由不同的课程开发理念造成的区别。

目标本位评价是以目标为基础进行的评价，旨在测定教育目标在课程中究竟被实现了多少。教育目标是指学生行为的改变，因此评价最终是考察这些行为改变究竟实际发生到什么程度。目标本位评价的典型代表是泰勒的评价模式和布鲁姆的评价体系。它要点明确、重点突出、操作性强，为判明学生学业的进展提供了有效的帮助，实践中运用广泛，在课程评价中至今仍占有重要的地位。但目标本位评价过分强调目标，往往窄化评价的内容，忽略课堂教学的丰富意义，压抑了教学的自主性，是一种狭隘的评价观。

目标游离评价正是针对目标本位评价的缺陷而提出的一种评价类型。它要求脱离预定目标，重视课程的所有结果，包括非预期的结果。目标游离评价的倡导者提出，事先不应把课程的目的、目标告诉评价者，而应当让评价者全面地收集关于课程实际结果的各种信息，不管这些结果是预期的还是非预期的，积极的还是消极的，这样才能真正地对课程做出正确的判断。而目标本位评价受到课程计划预设目标的限制，很容易使评价者忽略事实发生的改变。评价的重点应该从"计划想干什么"向"计划实际干了什么"转变，评价者需要在没有偏见的情况下自由地发现。对于目标游离评价的批评主要包括过于简单地将评价者的目的代替了计划者的目的；需要大量的时间，并且容易造成盲目或者一己之见，这比预定的目标更主观。所以虽然这种评价方式对许多评价者的工作产生了影响，但是由于涉及范围极其广泛，理论也不够完善，一直没有得到广泛的应用。

四、校本课程开发

对于绝大多数中小学一线教师来说，全面参与国家课程、地方课程开发的机会并不多，但是在校本课程开发上，教师是最重要的开发主体，因而在大体了解课程开发的一般理论后，下面我们专门来介绍一下校本课程开发。

（一）校本课程与校本课程开发的基本内涵

所谓校本课程一般是指以校为本的、基于学校的实际状况、为了学校的发展，由学校自主开发的课程。相应的，校本课程开发就是指学校根据本校的教育哲学，通过与外部力量的合作，采用选择、改变、新编教学材料或涉及学习活动的方式，并在校内实施以及建立内部评价机制的各种专业活动。[①] 总体来说，校本课程开发有广义和狭义之分，广义的校本课程开发是指以校为本的、基于学校的实际情况、为学校的整体发展，学校自主展开的课程开发活动，它是对学校课程的整体改造，能够体现学校的价值追求和教育理想。狭义的校本课程开发则特指对国家基础教育课程计划给学校预留出来的 10%～25% 的课程的开发。

从校本课程开发的定义中我们就可以看到，它最大的特点就在于"以校为本"。我们可以把这个特点理解为：基于学校，为了学校，属于学校。基于学校，就是说学校是课程开发的立足点、出发点，是课程开发的一个基地。学校是课程开发的组织单位，负责组织和协调相关人员、物力、财力。课程开发需要从学校实际出发，设计、开发出与学校状况相适宜的课程。为了学校，就是说课程开发首先考虑的是学校的理念和追求，提高学校整体办学水平，发展教师专业素质，满足本校学生的兴趣需要，适应本校学生的个性特点。属于学校，则是指学校拥有课程开发的管理权、解释权和相关劳动成果的产权。

（二）校本课程开发的基本环节与方法

目前为止，我国中小学广泛使用的校本课程开发的方式主要有：课程引入、课程选择、课程改变、课程整合、课程补充、课程拓展、课程新编等。虽然方式很多，但是由于课程开发不同方法的具体操作要求不清，关系复杂，很多教师还是不明白到底应该怎样进行校本课程开发的工作。我们从过程的角度来分析一些更有利于教师理解和操作的具体方法。

第一，调查研究。这是校本课程开发过程中必须使用并且反复使用的方法。调查研究能帮助学校确定课程开发的切入点，并不断获得反馈信息，同时形成对校本课程开发的评价，提供改善意见。因此，学校和教师要熟练掌握这一方法。这个方法的具体方式包括观察、与学生交谈、与家长交谈、问卷调查、测验、查看有关学生的记录等。在使用的过程中，邀请专家介入也是必要的，旁观者清，专家也对资料信息有着更为敏锐的洞察力与丰富的经验，有助于教师和学校发现有价值的东西，从而确立一

---

① 崔允漷. 校本课程开发：理论与实践. 北京：教育科学出版社，56.

个值得开发的课题。

第二，集体审议。这是美国学者施瓦布提出的一种课程开发的方法。它要求集体审议小组基于实践，提出问题，并提供多种可供选择的方案。再经过彼此互动、互相启发，做出合理的、折中的解决问题的行动方案。这种方法可以保证校本课程开发广泛的参与性。在集体审议中教师可以真正有机会体验和发挥主体作用，也将在专业方面得到进一步的发展。通常集体审议小组的成员可以包括教师、校长、学生、家长、社区代表、教材专家、课程专家、心理学家和社会学家等各界人士。成功的集体审议要求成员具有积极投入的态度和开发的反思能力。成员之间互相认同，彼此包容，能够自我反思和批判性的思考问题，并在一定程度上进行自我批评，采纳和积极实施有建设性的策略。

第三，课程编制。关于课程编制的方法，有选用、改编或新编等方式。在我国，人们往往容易认为校本课程必须在国家课程之外另起炉灶，创设新课，或者引进国外课程等。但是这必然增加教师的负担，在一定程度上也脱离了学校的实际。因此，在课程编制的方式上，我们一般采用问题解决或者任务定向两种方式。问题解决是指针对现有课程设计的问题进行集体审议，提出解决的办法，并通过反复审议、反复提出修改意见和实施策略，逐渐形成校本课程开发的指导方案。它不脱离原有课程的实施过程，不增加教师的负担，而且能够改进教师的课程实施策略，提高教师的课程反思能力，将国家课程变成最适合本校的校本课程。任务定向的方式则是指在国家课程中，有关综合实践活动必修课的部分是可以有学校自主设置的。综合实践活动包括信息技术教育、研究性学习、社区服务与社会实践、劳动与技术教育等内容。学校可以从中确定一项或几项作为校本课程开发的任务，组织教师开设一门"新课"，由教师共同选择、改编或编制相关的教材，设计专题活动等。它只能对负责的教师产生专业发展的促进作用。除这两种方法之外，也可以采用自由定向的方式开发校本课程。在这种方式下，师生可以根据自己的兴趣和优势，自由的设定一个学习领域，师生共同进行课程开发。这种课程可以归入选修课的范围，师生可以选择自己喜欢的方式进行编制和实施课程。

校本课程开发不求新求奇，关键是实用和有效，能够切实的解决学校发展中遇到的问题，改善学校的办学水平，满足学生的真实需要，提高教师的专业素养，促进学校教育质量的提高。

第三节　课程改革的发展趋势

随着时代的发展，人类社会进入了以知识迅猛增长，科技作为第一生产力的时期。在这样一个时期，人才成为国家之间竞争的重要资源，每个国家都比以往更加重视教育在培养人才、提高国家实力中所起到的作用。教育本身也必须面对新时代的挑战，重新调整自己的各个方面，以适应国家、社会以及个人的要求。而课程改革是教育改革中的重要组成部分，集中展现了教育改革的目标和要求。同时，当教育相关理论出现重大的革新，如教育本质、目的、方法等理论假设的改变，以及对于儿童发展、知识价值的认识出现转变，也会造成课程设计与实施的革新。此外，课程评价的结果也会对课程目标、设计方式、教材编写以及实施过程提供改革的依据，促进课程在人员组成、组织原则，以及具体编制等各方面进行改进。了解当今世界课程改革的发展趋势，有助于理解教育发展的方向，把握教学实践的基本指导思想。

一、西方课程改革的发展趋势

（一）当代西方课程改革的回顾

第二次世界大战以后，科学技术的发展进入了新的阶段，大量的新知识和新技术被创造出来，很多领域都产生了革命性的进步。但是，当时的课程内容一直沿用几十年来一成不变的内容，已经不能满足学科的发展需要。而1957年苏联发射的第一颗人造卫星对各国都产生了震撼作用，促使其他国家对教育内容进行现代化、科学化的改革。这之后的十年，是教学内容现代化的十年，全世界都在课程改革中表达了对于科学学科的重视。这一时期，学科主义课程成为各国课程改革的取向，课程设计强调科学的基本概念和基本结构，增加现代科学的成就，要求学生使用探究法进行学习。

进入到20世纪70年代，学校教育受到了各界的质疑，人们对于教育内容、教育结果和评价方式等各个方面都进行了批评，学科主义课程被认为压抑了学生的人格发展，对学生进行控制和驯化，受到了激烈的抨击。人们把学生置于课程的中心，进行了一场关注个人价值、个人发展和个人需要与目的的课程改革运动。这场改革强调人性和个性开发，追求学生不仅仅能够通过教育获得知识和社会技能，而且能够获得全面发展，成为一个自由的、能够自我发展的、真正的人。不仅能够适应社会，还能够改善世界，创造一个更好的社会。这种课程强调在自身经历的基础上，学生自主的构建知识，体验获得知识的成功体验，增进学生认为正确的经验。但是这一潮流增长了反理智主义，造成儿童学业水平的下降和纪律训练的松散，在这样的背景下，20世纪80年代，学科主义课程复兴，出现了新的发展趋势，形成了新学科主义课程改革运动。①

20世纪80年代，美国发布了《国家在危机中：教育改革势在必行》的著名报告，提出了一套改革中小学课程的具体方案，包括加强学术教育，制定新基础课程等，重新强调了学科知识的重要性。英国也进行了类似的改革，要求中小学的课程要扩大范围，平衡各个学科领域，实现对学生的适应。这一时期的课程改革主张加强基础学科、更新学科内容、提高教学质量。这里的"基础"相对于20世纪60年代有了内涵上的发展，不仅包括传统理念上的基础知识和基本内容，还泛指包括信息技术、问题解决能力，以及现代化科学技术需要的各种素养。这一时期开始出现课程的整合，强调对社会发展的适应。力求能够把学科发展的要求同个人心理的需要结合起来。

20世纪90年代以后，信息革命开始席卷全世界，个性化、创造性、自学能力、团队精神、合作意识、生存能力等成为对人才的新要求。为此，新的一轮课程改革又开始进行。英美等国家各自发布了不同的法案和报告，强调公民素养、强力保障学生基本学力达到合格水平，加强课程标准的制定和国家对学校课程的控制，增加与学生社

---

① 汪霞. 课程改革与发展的比较研究. 南京：江苏教育出版社，2000：172～174.

会生活相关的课程领域，强调适应社会和儿童的需要等。

（二）当代西方课程改革的基本特征

各国于 20 世纪 90 年代开始，至今仍在进行的中小学基础教育课程改革是在全球范围内广泛开展的一场新的改革运动。尽管各个国家面临的问题不同、教育体制和基础各有特点，但是各国课程改革的方向、原则和体系还是有很多一致的趋势和特点，这代表着世界课程改革的基本方向。

1. 重视价值观教育

当今世界的发展步伐远远超过了历史上的任何一个阶段，在社会结构、文化交融等各个方面都出现了过去不曾出现的特点和环境。人类需要面对环境、能源、冲突和发展不平衡等问题。而这些问题是无法凭借"科学技术的发展"来解决的。面对多元文化的冲击，过去完整而稳定的传统文化所能带来的信仰的力量和精神的寄托都不复存在，各个国家都面临着要培养学生对真理、正义、诚实、信任、责任感等美德的信念，促进不同种族、性别、阶级、宗教的人们和谐相处。在当代科学人文主义思潮的推动下，当前课程改革重视价值观教育，关注儿童道德发展成为一个重要的趋势。

2. 强调民主与公平

20 世纪中叶以后，人类教育进入了"大众主义"时代，人们希望教育能够既优质又充分，不仅仅保证每一个儿童都能够获得教育的机会，而且获得的是高品质的教育，只有这两者同时得到保障，教育民主和教育公平才能真正得到体现。各国开始设置统一的课程标准，保证学生基本学力的水平，调整课程评价的方式，希望不同地区、不同种族、不同文化背景的儿童都能够获得平等的进修机会。

3. 追求个性化发展

在个人与社会的交互作用中，随着技术理性的泛化，社会对于个人的控制得到不断强化，人们成长为缺失批判意识和创新能力的单面人，社会成为没有活力的单向度社会，科学成为一种意识形态统治了世界。这样的世界看似高效稳定，实则蕴含着巨大的危险，人类在自我发展的道路上又一次陷入了悖论，社会也因此丧失了健康发展的基础。《学会生存》和《教育——财富蕴含其中》共同表达了当今世界的共识：塑造具有完整个性的儿童是当今世界的需要，只有拥有独立、完整人格的人，才可能是一个拥有创造力、想象力的人，才可能是一个社会性发展良好的公民，只有充满了多样化、个性化的公民，民主社会才能良好的运行。

4. 增加信息素养教育

在以电子计算机为核心的信息革命影响了整个社会之后，学校教育面临着严峻的挑战。为使学生适应信息化社会，从庞杂的信息中快捷准确的获得所需的资料，必须提高课程的现代化和科学化水平，将信息教育内容和形式全面地深入学校课程，培养学生具备必要的信息素养能力。20 世纪 90 年代以后，各国都积极地将信息技术教育引入课程，加强对学生的信息和交流技术的指导，提高学生利用网络资源进行交流探究等方面的技能。

重视价值观教育，强调民主与公平，追求个性化发展，增加信息素养教育是 20 世纪世界课程教材改革乃至整个教育改革的基本价值追求。这些追求和使命并没有完全实现，这些价值和理想也将成为 21 世纪课程改革的重要精神支柱。

二、我国基础教育课程改革的特点

1998 年，教育部颁发《面向 21 世纪教育振兴行动年计划》，该计划要求 2000 年初步形成现代化基础教育课程框架和课程标准，改革教育内容和教学方法。由此拉开了新一轮基础教育课程改革的序幕。2001 年 7 月，教育部正式颁发了《基础教育课程改革纲要（试行）》以下简称《纲要》，根据《纲要》的精神，新一轮基础教育课程改革实验于 2001 年秋季学期开始启动。教育部确定了 27 个省、自治区、直辖市的 38 个国家级课程改革实验区。到 2002 年秋，实验区增加到 500 多个县市，进行实验的中小学生从 30 万扩大到 1000 万。2003 年新增 1072 个县区，参加新课程的学生占同年级学生数的 40%～50%。2004 年全国 90% 以上的地区都开始实施新课程，2005 年义务教育阶段起始年级全面进入课程改革。

本次课程改革以提高国民素质为宗旨，以培养四有新人为方向，为完成素质教育的目标而努力。本次课程改革涵盖幼儿教育、基础教育、普通高中教育三个阶段，强调课程的综合性，加强与现实的联系。要求小学阶段以综合课程为主，初中阶段设置分科与综合相结合的课程，高中阶段以分科为主。但为了让学生实现有个性的发展，设置了丰富多样的选修课程，开设技术类课程，加强了课程内容与学生生活以及现代社会和科技发展的联系，使它们有效地融合起来。这一要求，意味着课程的儿童取向和社会加强，突出了儿童兴趣和需要以社会发展的需求在课程中的展现。

课程标准形成了三个维度的全面要求：知识与技能、过程与方法、情感态度价值观。重视学生的主动学习，倡导学生主动参与、乐于探究、勤于动手，从而学会学习、学会思考、学会创新和发展，同时具备收集和处理信息的能力、获取新知识的能力、分析和解决问题的能力以及合作交流的能力。这些要求都与当今信息时代的特点，以及新社会生产方式的要求有密切的关系，体现了课程对于社会发展和时代变迁的适应和调整。

课程体系中增加新的课程类型，"综合实践活动"是从小学到高中必修的一门课程，内容包括信息技术教育、研究性学习、社区服务与社会实践、劳动与技术教育。"科学"综合了生物、物理、化学学科的内容，更加贴近学生生活、科技新发展、技术应用以及实践操作等方面的知识，强调科学意识、科学方法、科学道德的教育。"历史与社会"整合了历史、人文地理和其他人文社会学科的相关内容，重点在于培养学生的公民素养、人文素养和民族精神。"艺术"不再局限于传统的音乐和美术两个学科，而是结合我国各地的文化传统，将舞蹈、戏曲等多种富有特色的艺术内容纳入其中。[①]

课程管理明确三级管理体制。国家、地方和学校实施三级管理。教育部总体设计规划国家课程，省级教育行政部门负责制定本地国家课程的实施，并开发地方课程。学校在执行国家和地方课程的同时，拥有开发校本课程的权利。总体上，国家课程占总课时的 80％～84％，地方和校本课程占 16％～20％。国家课程标准为全国范围内的儿童能够接受到基本的教育内容提供了保障，而地方课程与校本课程则丰富了课程的多样性，改善了课程的适应性和针对性，同时也为我国课程开发的民主化进程作出了推动作用。

教材编写采用开放式。新课程的教材编写工作不再统一由教育部委派，而是采取了开放式的编写组织方式。任何个人、团体、机构经资格审查通过，皆可以组织编写教材，通过审定可以提供给各个学校使用。截至 2013 年，经教育部审定通过的义务教育阶段教材包括数学、英语、俄语、日语、物理、化学、生物、初中科学、历史与社会、地理、音乐、美术、艺术、体育与健康等学科共 214 套，编写和出版单位包括北京师范大学、华东师范大学、华南师范大学、华中师范大学、清华大学等多家高校出版社，也包括北京、广东、河北等省的教育科学研究院所，同时还有人民教育出版社、上海教育出版社、浙江教育出版社、教育科学出版社、人民音乐出版社、人民美术出版社等多家出版机构。2012 年，教育部基础教育课程教材发展中心为增强教科书修订工作的针对性与实效性，提高教科书编写与审定质量，受教育部基础二司委托，在全国开展基础教育新课标实验教科书使用情况调查专项工作，为形成有中国特色的基础教育新课程标准实验教科书提供了重要依据。

第四节　教学及其主要的理论

一、教学的含义和基本要素

（一）教学的含义

数千年来，人们从来没有中断过对"教学是什么"的思索。可是时至今日，依然没有统一的答案。有学者将有关教学的定义进行分类，归纳出五种层次的理解：①最广义的理解，教学等同于人的生活实践。一切学习、自学、教育、科研、劳动，以至生活本身，都是教学。②广义的教学，教学是有计划、有目的的全民影响活动，等同于教育。③狭义的教学，教学是教育的基本途径，主要是传授和学习知识技能，影响学生身心发展的活动。通常所说的教学或教学的主要特征表现得最典型的，就是这种教学。④更狭义的教学，等同于技能训练，如教学生阅读、写字、算数等。⑤具体的理解，指现实发生的教学，区别于上述四种抽象的教学。[②] 这些对于教学的定义为我们

① 钟启泉，汪霞，王文静.课程与教学论.上海：华东师范大学出版社，2008：227.

② 王策三.教学论稿.北京：人民教育出版社，2005：84～86.

理解教学提供了一些基本的思路。

我们再从词源学上来看，教学原本由教和学两个字组成，而根据《说文解字》："教，上所施下所效也"；学，原为斆，"觉悟也"；觉悟互训，"瘳也"；"寐觉而有信曰瘳"，"一曰昼见而夜梦也"。[①] 这说明，教是一个显性的行为，包含传授和效仿两部分，而学却是一个内隐的过程，着重描述内心的感受和领悟。在英文中，教（teaching）和学（learning）是同源派生出来的两个词，learning 与所教的内容有关，teaching 与教学的媒介有关。但在后来的文献中出现了用 instruction 来表达某种具体情境下的教学活动过程。

尽管国内外学者对于教学的理解存在各种差异，但还是有一些对于教学的描述被广为接受：第一，都认为教学是教师教与学生学的统一活动，这两者相辅相成，缺一不可。第二，都对教师的主导地位和学生的主体地位给予肯定。在教学过程中，教师主导教学活动的方向和性质，但学生是教学活动的主人，教师只能指导学生学习而不能代替学生学习，教师的指导对学生的学习有重要的价值。第三，都认为教学的目的在于促进学生的全面发展，除对知识和技能的掌握外，学生的身心发展和思想品德都会受到教学的深刻影响。基于此，我们试着给教学下一个基本的定义：教学是指教师教、学生学的统一活动，在这个活动中，学生掌握一定的知识和技能，同时身心获得一定的发展，形成一定的思想品德。这也是国内比较通用的教学定义。

（二）教学的要素及其关系

所谓要素是指构成事物的必要因素，而教学要素显然就是指构成教学活动的必不可少的因素。那么对于教学来说有哪些要素是必不可少的呢？各个要素之间的关系如何？对于这些问题的不同回答和理解直接导致了不同的教学观。

1. 教学的基本要素

对于"教学的基本要素有哪些"这一问题的回答一直存在争论。比较有代表性的观点包括三要素、四要素、五要素、六要素、七要素等。三要素认为教学由教师、学生和教学内容三个基本要素构成，四要素在此基础上增加了教学方法，五要素又加上教学媒体，六要素则添加了教学目标，七要素认为教师、学生、目的、课程、方法、环境和反馈构成了教学的基本要素。这些观点之间是一种承接递进的关系，而并不存在真正的对立冲突，其基本特点都是在三要素的基础之上进行了增补。各种观点都承认了教师、学生、教学内容在教学中的重要地位，因此我们以三要素为例来对教学进行分析。

教学内容是构成教学必不可少的要件，缺失了教学内容，教师与学生连各自的身份都无法维持，只有在教学内容的连接下，教师和学生才能够形成教学关系。那么教学内容具有哪些基本的特质呢？首先，教学内容是人类文明的精华，是人类社会文化得以延续和发展的基本载体。教学内容一般会选择知识传承所必需的基本知识和基本

---

① 臧克和，王平. 说文解字新订. 北京：中华书局，2002：205～207，493，571.

技能作为自己的内容，同时将对于个体成长和社会化最基本、最有价值的经验纳入自己的体系。这样教学内容就由科学知识、社会生活规范和活动技能等组成了。其次，为了满足学生学习的需要，教学内容必须适应学生的身心发展能力，通过加工，把复杂抽象的知识具体化，通过教材编写人员和教师双重的加工改造，最后转化为传递给学生的具体内容。最后，教学内容影响了学生的发展。教育对人的影响作用很大程度上是通过教学完成的，而学生在学习教学内容的过程中，通过认识教学内容，并将其内化为自己的知识体系，从而提高能力和品德。这就使教学内容成为制约、规范学生学习的重要条件，直接影响学生的发展。

学生是教学活动的学习者，是开展教学活动的一个基本前提。在学校教育中，学生主要是指儿童和青少年，但是随着终身教育时代的到来，学生这一人群扩大到所有社会成员，成人、老年人都加入到这一行列。社会越进步，学生越多，这已经成为社会发展的一种趋势。在前面的章节中我们已经对学生进行了详尽的分析，这里就不在赘述，教学必须构建在全面了解学生的基础上进行，教师只有在具有正确的现代学生观，了解学生的具体特点和需要的前提下，才有可能将教材变为学生可以接受和理解的教学内容，良好的完成教学工作。

教师这一职业的发展和专业化过程在前面的章节中也进行了较为细致的分析，对于教学而言，教师的指导是教学重要的特征，也是教学区别于其他学习活动的关键。教师的素养和水平对教学的方向、水平、效果有着直接的影响力。

2. 三要素之间的关系

教学的三要素构成了一种两两连接的三角关系，如图 5-1 所示，在每两个要素之间都形成了独特的关系。

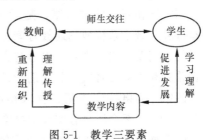

图 5-1　教学三要素

（1）学生与教学内容的关系。学生与教学内容之间的矛盾，是人类社会的基本矛盾：人类总体文明的全面性、丰富性与人类个体发展的有限性、滞后性之间的矛盾。个体在遗传上不能自然获得人类的文明成果，只能通过教育掌握种族的经验是人类特有的生存方式，通过教育，人类实现了文明的传递和再生产。从教学内部看，教学内容是学生的认识对象，是学生认识和掌握的客体，而学生对于教学内容的认识是一种主体的精神世界作用于客体，并对其进行加工，从而使客体进入自身心理结构的过程，也就是将客体内化为主体的过程。这样，教学内容一方面制约了学生的认识方式，同时又建构了主体。

（2）教师和教学内容的关系。教师首先需要掌握教学内容，然后根据自己对于教学内容、学生情况、教学环境与条件等多方面的了解，对教学内容进行重新组织和改造。在教学中，教师的主要任务是有效组织、指导学生学习教学内容，所以教师最重要的工作并不是理解教学内容而是改造教学内容，这实际上是一种实践改造的关系。教师改造教学内容的水平受到教师个人专业素养和他对学生了解程度等多方面的影响。

（3）教师与学生的关系。师生关系是教学中最重要的关系，对于两个具有能动性的主体之间应该形成怎样的关系有不同的答案，也因此形成了不同的理论：教师中心说、学生中心说、教师主导学生主体说、教师主导学生主动说、师生合作说等。一般来说，教师在教学活动中担当设计者、组织者、授业者、管理者和研究者，而学生扮演参与者、学习者、被管理的对象以及受业者等角色。只有两者的积极性都得到充分的发挥，教学的效果才可能得到提高。过度的强调哪一个方面都会对教学产生负面的影响，从实际出发，探索多样合理的组合方式才是正确的方法。

师生之间除业务关系之外，还会形成一定的伦理关系和情感关系，不同的社会文化下，师生关系具有不同的伦理规范，从古代的尊师重道，到现代的人格平等，师生之间的伦理关系发生了重要的转变。教师与学生的情感构成也相应地产生了一些变化，师生之间良好的情感关系对教学有着极大的促进作用，同时良好的教学过程也会增进师生之间的情感发展。

在教学理论的发展过程中，对于不同要素和不同要素之间关系的关注导致了不同的理论流派和教学观点。

二、教学思想的发展与变化

（一）教学思想的产生与发展

经过漫长的历史演进，人类进入奴隶社会之后，学校教育首先出现在东方的四大文明古国和西方的古希腊，随后关于教学的系统思想也出现了。中国古代的《学记》是世界上最早系统地论述教育教学思想的专著。它以极其精练的语言对教学的作用与目的、制度与组织形式、内容与方法，以及师生关系等都进行了简明扼要的概述。在古希腊和古罗马时代，曾先后出现了苏格拉底、柏拉图、亚里士多德和昆体良等著名思想家。苏格拉底强调完善人格的道德教育，并在讲学中采用启发性教学方法——"产婆术"，至今还具有实践指导意义。柏拉图主要从构建他的所谓"理念世界"出发，主张要寓教于乐、重视思想训练等，并根据培养军人和哲学家的目的，提出较为完整的教学思想体系。亚里士多德在教育史上第一个提出了儿童成长过程的年龄分期，主张体育、德育、智育的和谐教育思想，至今仍有重要的思想和理论价值。昆体良从自己的实践经验出发，对古希腊以来的教育思想作了系统总结，在他的《论演说家的教育》一书中，主张对儿童进行早期训练，教学要根据儿童年龄特点因材施教和量力而行，要劳逸结合和给学生以奖励、反对体罚等。

近代以后，随着教育活动范围的扩大和内容的增加，人们对教学的认识也相应发生了变化和发展，其思想积累越来越丰富。赫尔巴特在1806年出版了《普通教育学》，把道德教育与学科知识教学统一在同一个教学过程中，并提出了著名的教学形式阶段理论，即清楚、联想、系统和方法。

中国最初是从日本辗转引进了捷克教育家夸美纽斯、瑞士教育家裴斯泰洛齐和德国教育家赫尔巴特的教学思想和理论。班级授课制的兴起对教师的"教"提出了客观要求。"怎样教"的问题成为当时的热门话题，与此相对应的"教授"一词成了教学的同义语。例如，《中国教育辞典》（1928）把"教学法"释为"各种教授方术者"。其后，许多进步教育家的教学思想，也都充满了可贵的探索精神。如清末著名改良主义教育家梁启超，提出趣味教学思想，主张学生"乐知"；强调联系实际，使学生有所"发明"；推行自动、自主、自治、自立教学法。著名教育家蔡元培强调重视学生"自动自学、自助自研"能力的培养，反对单方面的讲授和灌输。著名教育家陶行知更是深刻批判了"教授论"，认为"教的法子必须要根据学的法子……先生的责任不在教，而在教学，教学生学。"因此，他极力主张把"教授法"改为"教学法"，"教学"的本质含义即为"教学生学"。

（二）教学思想的基本流派

赫尔巴特的理论体系首先受到其弟子戚勒等的补充与修正。他们进一步把赫尔巴特的教学四阶段改造为五阶段，即准备、提示、联想、概括与运用。这样就形成了对世界教学理论与实践产生深远影响的赫尔巴特学派教学理论，并分两条主线进行传播：一条是哲学取向的教学理论；另一条是心理取向的教学理论。哲学取向的教学理论主要发生在德国、苏联、日本和中国等。心理取向的教学理论发源于德国，形成了赫尔巴特运动。后经杜威等实用主义哲学和行为主义心理学的继承、批判与改造，导致教学论的心理学化，并随心理学派别的分歧和论争，相应地产生了行为主义教学理论、认知教学理论和情感教学理论。

哲学取向的教学理论源于苏格拉底和柏拉图的"知识即道德"的传统。这种理论认为教学的目的是形成人的道德，而道德又是通过知识积累自然形成的。为了实现道德目的，知识就成为教学的一切，依次便演绎出一种偏于知识授受为逻辑起点、从目的和手段进行展开的教学理论体系。这种理论的基本主张是：第一，通过知识的学习完成对某种道德信仰的培育。第二，认为教学的本质是知识的传授与获得。第三，学科本位的教学内容。第四，以讲授法等语言交流作为主要的教学方法。

行为主义教学理论受到华生在《行为主义者心目中的心理学》中表述的内容影响极大，在书中他指出，心理学是自然科学的一个纯客观的实验分支，它的理论目标在于预见和控制行为。因此，把"刺激-反应"作为行为的基本单位，学习即"刺激-反应"之间联结的加强，教学的艺术在于如何安排强化。由此派生出程序教学、计算机辅助教学、自我教学单元、个别学习法和视听教学等多种教学模式和方式。其中以斯金纳的程序教学理论影响最大，其理论的基本主张为：第一，教学目标是明确的可预期的行为反应。根据行为主义原理，教学的目的就是提供特定的刺激，以便引起学生的特定反应，所以教学目标越具体、越精确越好。第二，教学过程由"刺激-反应"这一反复强化过程为根本结构。倘若一种行为得不到强化，它就会消失。

认知心理学家批判行为主义是在研究"空洞的有机体"，在个体与环境的相互作用上，认为是个体作用于环境，而不是环境引起人的行为，环境只是提供潜在刺激，至于这些刺激是否受到注意或被加工，这取决于学习者内部的心理结构。学习的基础是学习者内部心理结构的形成和改组，而不是刺激-反应联结的形成或行为习惯的加强或改变，教学就是促进学习者内部心理结构的形成或改组。提出认知教学理论的是美国教育心理学家布鲁纳和奥苏伯尔等，其中影响较大的是布鲁纳的认知结构教学理论。

其理论的基本主张为：第一，教学的最终目标在于发展学生的理性和智力。教育不仅要培养成绩优异的学生，而且还要帮助每个学生获得最好的理智发展。第二，强调知识结构并根据这一结构组织教学。布鲁纳提出了相应的四条教学原则：①动机原则。学习取决于学生对学习的准备状态和心理倾向。儿童对学习都具有天然的好奇心和学习的愿望，问题在于教师如何利用儿童的这种自然倾向，激发学生参与探究活动，从而促进儿童智慧的发展。②结构原则。即要选择适当的知识结构，并选择适合于学生认知结构的方式，才能促进学习。这意味着教师应该认识到教学内容与学生已有知识之间的关系，知识结构应与学生的认知结构相匹配。③程序原则。即要按最佳顺序呈现教学内容。由于学生的发展水平、动机状态、知识背景都可能会影响教学序列的作用，因此，如果发现教学效果不理想，教师就需要随时准备修正或改变教学序列。④强化原则。即要让学生适时地知道自己学习的结果。但需要注意的是，教师不应提供太多的强化，以免学生过于依赖教师的指点。另外，要逐渐从强调外部奖励转向内部奖励。第三，采用发现教学法，重视学生自主探究和获得知识的过程。教师的角色在于创设可让学生自己学习的环境，而不是提供预先准备齐全的知识。

情感教学理论基于人本主义心理学的理念，认为真正的学习涉及整个人，而不仅仅是为学习者提供事实。真正的学习经验能够使学习者发现他自己独特的品质，发现自己作为一个人的特征。教学的本质即促进，促进学生成为一个完善的人。美国人本主义心理学家罗杰斯的非指导性教学就是这一流派的代表，其基本主张为：第一，教育目标在于培养"充分发挥作用的人、自我发展的人和形成自我实现的人"。在他看来，只有这样的人，才能建设性地处理某个领域复杂的问题。他指出，学校要培养的人就是能从事自发的活动，并对这些活动负责的人；能理智地选择和自定方向的人；是批判性的学习者，能评价他人贡献的人；获得有关解决问题知识的人；更重要的，能灵活和理智地适应新的问题情境的人；在自由和创造性地运用所有有关经验时，灵活地处理问题的方式的人；能在各种活动中有效地与他人合作的人；不是为了他人的赞许，而是按照他们自己的社会化目标而工作的人。第二，非指导性教学过程。罗杰斯把心理咨询的方法移植到教学中来，为形成促进学生学习的环境而构建了一种非指导性的教学模式。这种教学过程以解决学生的情感问题为目标，包括五个阶段：①确定帮助的情景，即教师要鼓励学生自由地表达自己的情感；②探索问题，即鼓励学生自己来界定问题，教师要接受学生的感情，必要时加以澄清；③形成见识，即让学生讨论问题，自由地发表看法，教师给学生提供帮助；④计划和抉择，即由学生计划初步的决定，教师帮助学生澄清这些决定；⑤整合，即学生获得较深刻的见识，并做出较为积极的行动，教师对此要予以支持。

（三）当代教学思想的转变趋势

当代社会正从工业社会向信息社会转型，当代教育正从专才教育向通识教育转变。从三要素重心转移的角度看当代"教学"观的变革，最主要的趋势就是从对学生这一要素及相关关系的重视程度增强。

从教师与学生这两个要素的比重来看，对教师的关注转向了对学生的关注。随着社会的发展，传统的"教师中心说"受到越来越深刻的批判。人们看到教师并不是支配课堂教学活动的绝对权威，学生虽然是教育的对象，但却是学习活动的主体和主人。教师当然重要，但更重要的是学生。因此，研究学生身心发展的规律，研究学生在课堂情景中的学习规律，并遵循这些规律组织、安排教学，成了当代流行的一般教学观念和教学行为。

从教学内容与其他两个要素的"双边关系"来看，从重视教师与教学内容的关系，转向了重视学生与教学内容的关系。当代社会，由于科学技术的飞速发展导致"知识爆炸"，知识经验陈旧周期加快，掌握全部或大部分知识既不可能也失去了必要性，重视知识传授的教学观受到了严峻挑战。因此，教学的主要任务不再只是知识的传授而是学生能力的培养，着重培养学生学习、掌握和更新知识的能力，即"授人以渔"。仅仅重视教法已落后于时代的客观要求，教学过程实质上应该是学生主动学习的过程，教学设计的实质是学生学习目标、学习内容、学习进程、学习方式、学习辅助手段以及学习评价的设计。目前，各种流行而且影响较大的教学方法，比如问题解决法、发现学习法、学导式方法、掌握学习法、异步教学法等，无不渗透出重视学法的精神。

从对学生关注的范围来看，从单一的关注认知发展转变为对学生全方位能力的综合考量。在当代社会，人们发现知识甚至智力并不是影响人生成功与否的重要因素，最重要的因素是人的情感，进而提出了"情感智慧"的新概念，与已有的认知智慧概念相互对应、统一。同时，教学中重视体质发展也成了一个迫切的现实问题。超越唯一的认知，重视儿童身体、认知和情感全面而和谐发展，成了现代教学观念的基本精神。为保障这一目标的实现，教学过程中学生的切身体验，学生的认知体验、情感体验以及道德体验等成为教学关注的对象，而且人们越来越意识到这种体验决定着教学的最终结果。因此，教学开始强调激发学生的兴趣，力求形成学生强烈的学习动机和乐学、善学的学习态度，强调在教师启发引导基础上，让学生通过独立思考获得对基础知识的领悟和技能、技巧的习得形成；强调"知-情"对称，注重学生在学习过程中对寓于知识经验中的情感的充分觉察和体验；注重教学方法的灵活多样以及多种方式和方法的综合应用，为儿童设计出合乎年龄特点的活动，促使学生在学习过程中得到充分发展。

此外，为满足社会的需要，教学的整体目标由重视继承转向了重视创新。在现代社会，人们认为教学的重要功能就是创造文化，学生的主要任务就是通过掌握知识经验，形成创造文化和创新生活的能力。无论是重视学生、重视能力、重视学法，还是重视发展、重视过程，都是重视创新的体现。

三、课程论与教学论的关系

课程论与教学论的关系，是学术界一个颇有争议的问题。在国外，有学者曾归纳出课程论与教学论的四种关系模式：二元独立模式、相互交叉模式、包含模式和二元循环联系模式。在国内，对这两者的关系大体有三种观点：教学论包含课程论，教学论和课程论相互独立，课程论包含教学论。[①] 了解这个问题的发展过程，有助于我们理清本章的一些基本结构。

从历史的角度来看，教学论远远早于课程论的产生，在相当长的一段历史时期中，只有教学论，没有课程论。这是教学论包含课程论这一观点产生的原因。但是在现实情况里，20世纪后，课程论从教学论中独立出来，形成了自己的研究体系和研究范式，这是不争的事实。课程论的独立也没有影响教学论的发展，教学论在20世纪也出现了长足的进步。从这个角度来看，两者形成了各自独立的关系。强调课程论包含教学论的观点则主要是看到了英美等教育分权体制的国家中，课程论相对受到重视的情景，但是却忽略了教育集权体制的国家中，教学论依旧占据着重要的地位这一事实。可以说，每一种观点都有其依据但并不全面。

课程与教学是紧密联系的两个概念，两者无法完全抛开另一方独自存在，因此这两个学科更多地受到研究视角的影响而形成了不同的体系。从教育学的角度来看，课程主要解决了教育内容的问题，而教学主要解决了教育形式的问题，两者缺一不可。教育内容和教育形式互相依赖又互相区别，共同构成了教育的基本问题。出于研究的方便考虑，形成了不同研究理论体系，但是不能理解为两者各自封闭，互不关心。在研究课程问题时要关注教学，研究教学问题时要联系课程，这样才能真正把握好有关教育内容和教育形式的问题。

第五节　教　学　设　计

一、教学设计概述

（一）教学设计的概念

对于教学设计（instruction design）的概念，教学设计专家格斯塔弗森认为"教学设计"用以描述包括分析教学内容、确定教学方法、指导试验和修改以及评定学习的整个过程。而布里格斯则认为"教学设计"是分析学习需要和目标以形成满足学习需要的传送系统的全过程。在顾明远主编的《教育大辞典》中将"教学设计"定义为"对整个教学系统的规划，是教师教学准备工作的组成部分，是在分析学习者的特点、教学目标、学习内容、学习条件以及教学系统组成部分特点的基础上统筹全局，提出教学具体方案，包括一节课进行过程中的教学结构、教学方式、教学方法、知识来源、板书设计等。"瑞达·瑞奇则进一步提出"教学设计"是为了便于学习各种大小不同的学科单元，而对学习情景的发展、评价和保持进行详细规划的科学。

从内容上看，教学设计有广义和狭义之分。广义的教学设计指的是把课程设置计划总体规划及各门具体课程计划、课堂教学过程、媒体教学材料看作教学系统的不同内容层次所进行的系统设计。狭义的教学设计就是指对某一门课程或某一教学单元、

---

① 黄甫全．课程与教学论．北京：高等教育出版社，2002：14～18.

单课或某一项培训这些较小教学系统的设计。无论是广义还是狭义的教学设计一般都包括目标、内容、结构、课时、方法、媒体、场所、人员、测验等组成部分。若没有特指，学校中的教学设计是指教学单元或单课的设计。①

教学设计的过程实质就是通过多种途径的创造性设计与开发，将选自文化的教育内容转化为学习经验的形态，其基本价值取向是满足人类学习生命存在及其优化活动的需要，其最终目的是提升学习者的学习成果。过去人们突出的是从文化中选取而来的"内容"，因此教学偏重于知识传授，教师被定位为"知识的传授者"，而学生则是"知识的接受者"。现在需要构建"学习经验"的概念和"从内容到经验转化"的教学设计理念。所谓学习经验，是指学习者与其能够产生反应的环境中的外部条件之间的互相作用。这就需要在教学设计中反复检验所选择的内容同学习者之间是否形成了良好的互动关系。

通过教学设计，教师可以对教学活动的基本过程有个整体的把握，可以根据教学情境的需要和教学对象的特点确定合理的教学目标，实施可行的评价方案，从而保证教学活动的顺利进行。另外，通过教学设计，教师还可以有效地掌握学生学习的初始状态和学习后的状态，从而及时调整教学策略、方法，采取必要的教学措施，为下一阶段的教学奠定良好基础。

（二）现代教学设计的特征

1. 学生为中心

这是现代教学设计最本质、也是最显著的特征。相对于传统教育技术领域的教学设计，注重的是对物理工具的技术性设计与使用，把媒体作为教师向学生输送客观知识的"传送带"，现代教学设计强调以人为本、基于学习与知识创新的现代教学设计理念。"学习者中心"的教学设计意在强调把学习者而不是把某模型的程序作为教学设计活动的聚焦点，一切设计活动均围绕有利于学习者学习与发展的教学实践而展开，而不是依照设计的流程而展开。

2. 教学设计是目标导引的

界定明确的项目（如教学任务目标）是教学设计过程的中心。目标要反映用户（如教师或学生）对项目的预期，且必须得到所有设计成员的认同。在目标的指引下，要对目标的实现作出清晰的安排和管理，以保证项目的适当实施。目标也是评价一个设计项目是否成功的根本参照。制定目标不是为了限制学习者的活动，而是在于连接学习环境中的各个子系统，对学习者的问题解决进行导航，使学习者有限的认知资源聚焦于主要任务，激励各种社会性的协作，调动各种可利用的资源支持。

---

① 裴新宁. 现代教学设计的概念与特征. 开放教育研究，2005，（2）：65～70.

3. 教学设计关注真实世界中的表现

教学设计的优势功能并不在于帮助学习者简单回忆信息或者运用某种规则，而在于帮助学习者如何能够更好地完成将会在真实世界中发生的行为。为此，设计者要给学习者阐明学习目标，而且这些目标必须表明期望学生运用所学知识和技能的环境。这样，就要求学习环境和实际任务场景具有高度的一致性。盛行于美国职业培训领域的基于计算机的绩效技术，意在将不同领域人类解决问题的优秀经验设计成各类培训目标并提供达到目标的知识库与策略库，再通过各种媒体技术创设资源集约化的培训学习环境，来增进人类学习与工作绩效和提高培训的绩效。

4. 教学设计强调评价手段的信度和效度

现代教学设计的评价环节强调要对学习者的各种"表现"作出适当的评价。这就要求设计者开发出的评价工具必须是有效的和可信的，亦即评价手段跟学习内容及学习者表现是一致的，评价结果在不同时间和对不同个体是稳定的。信度和效度互为前提保证，如果评价是不稳定的，则无效度而言。当然，一种与学习内容不一致的评价，自然不可信。比如，针对技能型任务学习的评价，要设计一套供评价者观察学习者在完成任务的过程中展现各步操作技能的客观性标准，这些标准依照任务类型及要求而定，不因人而异，也不因时间、地点而异。而若用纸笔测验来检验技能型任务学习则是无效评价。

5. 教学设计是经验性活动

数据收集是教学设计过程的基本活动，从一开始的分析阶段到项目的实施阶段，数据搜集贯穿教学设计过程的始终。数据为制定决策提供了合理的依据，也为成功地完成项目奠定了基础。因此，设计与实施是整合的、不可分割的，关于设计本身最有价值的认识往往来自于启动与实施设计项目过程中的经验，实际场景中的实施和基于理论的设计是同等重要的。所有设计规划都需要在具体实施的经验中去修正、完善，或者抛弃。

6. 教学设计是典型的多学科交叉的团队协作活动

尽管个体有可能独立完成一个教学设计的项目，但今天的教学设计通常需要借助团队的集体努力。较以往而言，由于项目的规模、涉及的学科领域及技术复杂性已发生了很大变化，大多数项目需要具有不同专门技能个体的共同参与，甚至需要学生的参与。学科专家、专业教学设计者、计算机程序员、图形艺术设计师、制作人员、项目管理者等，往往是一支专业设计团队必不可少的成员。设计人员和学科专家并非在相互隔离的状态下工作，所有的主要成员，都直接为项目的设计与开发做着贡献。

二、教学设计的基本过程和方法

教学设计的基本方法是系统方法。系统方法是把对象放在系统当中，从系统和要素，要素和要素之间的相互联系和相互作用的关系中综合地、精确地考察对象，以达到最优化地处理问题的一种方法。教学设计的系统方法，包括了从需求与目标分析到证实成功地达到预期目标的教学评价等一系列的步骤。在前一步骤中所做的决策都是下一步骤的起点，如此，整个过程成为合乎逻辑的、理性的和系统的过程。

教学设计不是一种形式化的拟定教案的过程，或是简单地排定教学内容，就大功告成。在中小学，教学设计是一项系统设计，它需要遵循一些必需的程序，运用科学的方法，使教学设计理性化、科学化。完整的教学设计应该包括以下一些环节：教学目标设计、教学起点设计、教学内容设计、教学方法和媒体设计、教学评价设计、教学结构设计。

（一）教学目标设计

科学合理地确定教学目标，是进行教学设计时必须正确处理的首要问题。教学目标是教学双方积极活动的准绳，是衡量教学质量的尺度。明确具体的教学目标对教的方式以及学的方式起着决定和制约作用。

教学设计中容易出现的问题之一是对教学目标理解片面化。设计者关注的主要目标就是使学生掌握知识和技能，过高的突出认知目标，其他目标则被忽视。例如，在教学的知识运用和发展阶段，把练习内容一步到位与高考"接轨"等，而较少考虑教学内容联系社会和生产生活的实际问题，较少考虑对学生科学态度和科学方法的指导及创造精神的培养。在应试教育向素质教育转变的今天，教学设计在目标的选定上应确立综合发展的要求，自觉坚持教学目标的多元化。既要有学习者在认知领域应该达成的目标，也要有学习者在操作领域应达成的目标，还要有在心理道德素质等方面达成的目标。

教学目标确定之后，还要考虑教学目标具体化问题。应当按照期望学习者身上出现的可观察、可操作、可测量结果的方式，对教学目标作出具体说明。这种说明需要包含行为（做什么）、条件（在什么具体情况下）和标准（达到什么样的要求）等成分。从教学设计的系统观看，只有这些具体的教学目标得到预先确认，并让学习者在教学开始前心中有数，才能凭借教学活动、教学条件引发与强化预期的行为，才能保证教育实践工作者在教学中严格贯彻教学意图，随时调控教学活动。

（二）教学起点设计

任何一种教学设计的基本前提都是为学习者的学习而设计教学。因此，学习者的分析在教学设计中非常重要。学习者的分析通常包含两方面内容：学习者当前的状态（知识、技能和态度）和学习者的特征。学习者当前的状态与目标状态的差异构成了学习需要，从学习需要出发设计教学过程，意味着对进入某一教学活动时的起点行为进行细致分析。当学习是一个连续环节时，学生的起点行为实际上就体现为对新任务完成起重要影响的先决智能和情感条件。学习者的起点行为是确定教学起点的基本依据之一，学习者特征的分析是确定教学起点的又一基本依据。教学设计者需要关注的学习者特征包括年龄、性别、认知成熟程度、学习动机、个人对学习的期望、焦虑程度、学习风格、经验背景、社会文化背景、以学习为目标的人际交流等。尤其是有关人际交流方面的特征，若缺少之，教育实践工作者对学习者的交流活动的组织和控制将会或多或少地失去理性。

（三）教学内容设计

成功的教学设计要求设计者以系统而生动的方式将教学内容组织起来，确定主要的概念以及各个概念之间的关系。科学的教学设计可以帮助学习者意识到所学内容的内在顺序，了解各部分内容与整体的关系，以及各部分之间的联系，从而全面地理解所学的内容。

在教学过程中，教学内容集中体现在课程标准（教学大纲）、教科书中。教学内容的设计过程也就是教学设计者认真钻研课程标准（教学大纲）、教科书，选择、组织教学内容的过程。但是，课程标准（教学大纲）、教科书中的信息一般都有较强的独立性，缺乏内在层次的关系，如果设计者不进行序列化信息编码，不进行再加工，就难以使学习者获得完整、系统、扎实的知识，影响学生的逻辑思维、学习进度和学习积极性。这就需要教学设计者对教学内容进行再加工和序列化组合。教学设计者应根据教学目标的要求，结合学习者的实际水平，对学习材料进行再加工，通过取舍、补充、简化，重新选择有利于目标达成的材料。对选定的教学内容还要进行序列化安排，使之既合乎学科本身内在的逻辑序列，又合乎学习者认识发展的顺序，从而把学习材料的知识结构与学生的认知结构有机地结合起来。

（四）教学方法和媒体设计

教学方法和教学媒体密切相关。一方面，教学方法一般都离不开教学媒体的配合，教学方法具有物质性的特点；另一方面，媒体的使用必须贯穿一定的教学方法。因此，教学方法和教学媒体相辅相成，任何一方不恰当，均会影响教学效果。

教学方法是为完成教学任务而采用的方法，它包括教的方法和学的方法，是教育实践工作者引导学习者掌握知识技能，获得全面发展而共同活动的方法。教学方法的设计应有利于知识的传播，能力、情感、态度等的培养。在教法上，既要考虑如何教给学习者已经概括了的社会基本经验，又要考虑教给学习者怎样有效地去获得这些经验的方法。在学法上，既要考虑怎样指导学习者去获得已有知识和经验，又要考虑指导学习者如何建构知识，怎样主动更新自身的知识结构，不断调控自己的学习状况。

教学媒体是传递教学信息的工具，它直接沟通教与学两个方面。教学设计中媒体的含义是广泛的，包括语言、文字、粉笔、黑板等传统媒体和现代电子媒体。选择教学媒体时，设计者需要综合考虑几方面的因素：学习情境的特征，如在具体的学习情境中，所选的媒体是否有效、易行，是否适合学习、支持学习；媒体的物质属性，各种媒体之所以不同，就在于它们可以用来呈现沟通的物理特性间的不同，比如说，有的媒体可以呈现视觉的效果，但有的则不能；学习本身的特色，在选择教学媒体时，教学设计者必须考虑所预期的学习结果，在这方面，媒体之间最大的不同可能就在于互动的品质。当学习动作技能时，对学习者不论正确或错误的反应提供适应的回馈，最能增进教学效果。当学习有空间顺序或时空关系的具体概念或规则时，教学中就有必要呈现图画或影像。例如，在学习花的结构或是钟摆的摆动时，最有效的呈现方式就是以图像的方式，而非文字的描述。此外，还要考虑学习者的实际。在选择教学媒体时要始终把学习者放在中心地位，使学习者的积极性、主动性得以充分发挥。学习者学习风格的不同，适用于他们学习的媒体也要有所不同。

（五）教学评价设计

评价是检验教学效果和调整教学过程的重要手段，确定评价策略和方式是教学设计的必要一环。在教学中，教学评价应该贯穿于教学活动的全过程。其中，评价的一个主要功能是验证是否达到目标。当然，有效地测定学习目标的达成度并非易事，需要考虑多种因素。要阶段性地重新评价，以确证所获得的知识、技能是否内化到学生的认知结构中，所养成的情感态度是否持久。对于教学来说，教学评价另一个同样重要的功能是教学功能。学习者通过教学评价来审视自己，对后续的学习活动作出相应的调整。常见的教学评价手段是常模参照评价和标准参照评价。标准参照评价虽然比常模参照评价更具有人本精神，但仍不能准确表述教育的理想。教育所追求的真正价值并不是能力本身，而是能力的变化。所以，教学评价的对象应是学习者的能力变化，而不是学习者的能力水平。教学评价的更理想手段是基于进步的评价，只有进步参照评价才能真实地反映教育的理想。除教学评价手段的改进外，教学评价的设计还要注意适时性，把握好评价的时机；注意全面性，把握好教学的各个层面；注意多样性，把握好教学评价的不同形式。

（六）教学结构设计

教学结构是指为了完成一定的教学目标，在时间和空间上，各种因素的"排列"和"组合"。确定教学目标、分析和组织教学内容、选择教学方法和媒体、设计教学评价等，归根结底都要回到具体的教学结构上来。这需要设计者对教学作整体的安排，比如需要确定哪些教学环节，各个教学环节占用多少时间，如何应用教学媒体和教学方法进行教学活动等。要求设计者在对教学结构进行决策时应体现科学性、整体性、协调性的理念。一是根据具体的教学目标、教学对象及教学内容，恰当地选择教学环节，把握好每个环节的任务和要求，相辅相成，互相协调。同时，合理地分配各个环节的教学时间。二是选取教学环节后，要具体设计教学各环节的组织，如采取何种手段引起学生注意，采取何种方法、运用何种媒体呈现有关内容等。三是教学程序的"总装"，使之从整体上形成最佳的组合，以保证整体的功能大于各部分之和。

第六节 教学评价及其改革

一、教学评价的含义和分类

教学评价是教学活动的重要环节，是指导和控制教学工作不可缺少的一种手段和方法。教学评价在教学工作中的作用越来越受到人们的重视，正确的评价可以引导教学活动进入正轨，也有助于教师反思教学过程，促进学生发展。掌握教学评价的基本内容有助于有效的开展教学活动。

（一）教学评价的含义

教学评价是依据一定标准，运用可操作的手段，通过系统地收集有关教学信息对教师教学工作和学生学习质量进行价值判断的过程。教学评价是教学过程一个不可少的环节，可以为教学提供反馈信息，以便及时地调整和改进教学，保证教学目标的实现。

教学评价是对教学进行价值判断的过程。而价值判断是对价值的认识，而非事实认识。简单地认为教学评价就是分数，就是考试这是不准确的，在搜集了足够有效的教学系统信息的基础上，必须对这些事实作出价值判断才算完成了教学评价的任务，单纯的描述教学事实并不是评价。

教学评价的内容是多方面的，除了学生学习结果之外，每一个教学环节和步骤都可以进行评价。也就是说，教学评价涉及教学的各个领域：教学目标、教学过程、教学方法、课程设置、教师授课质量、学生认知、情感技能发展等。而评价的主体既可以是教育行政人员，也可以是教师、学生和家长以及社区的其他人员。教学目标常作为制定教学评价标准的依据。

（二）教学评价的分类

1. 诊断性评价、形成性评价和总结性评价

美国教育心理学家布卢姆根据教学评价在教学工作中的作用，将教学评价分为诊断性评价、形成性评价和总结性评价三种类型。

诊断性评价是在一个学年或学期初，一门课程开始教学之前，或者一种实验性的教学方法使用之前进行的评价，目的在于了解学生的基础学力，诊断学生的基础知识和学习倾向，从而为后继的教与学提供信息。诊断性评价的作用是发现问题，诊断原因，利用诊断性评价的结果进一步修订完善后一阶段的发展目标，并帮助指导今后发展的计划。一般来说，诊断性评价在教学中的具体使用包括确定学生的入学准备程度，如知识基础、学习动机、发展水平、身体状况及家庭背景等。

诊断性评价的结果一般只供教师做安排教学的参考，不记作学生的成绩；也可以作为学生原有学习水平的资料，为后来的学习结果做参照，以确定教学的效果。

形成性评价是在教学进行过程之中，为引导该项教学前进或使教学更为完善而进行的对学生学习结果的评价。如果你想要了解学习的结果，探索教学中可能存在的问题或缺陷，就需要用到形成性评价。这种评价常见的形式包括学生完成与教学活动密切相关的测验（即随堂测验）、学生对自己的学习状况的自我评估、教师对学生的观察、交谈、调查、作品分析等。形成性评价关注的是学生在学习过程中达到的教学目标的程度。

形成性评价侧重于信息反馈，以便改正，并为进一步教学制定步调，还可以起到强化已有的教学成果的作用。形成性评价可以根据教学目标的需要多次进行，然后比较多次得分获得学生学习变化的指标。通常形成性评价所得的测验分数并不计入成绩册，也不评定等级名次。

总结性评价的首要目的是给学生评定成绩，并为学生做证明或提供关于某个教学方案是否有效的证据。总结性评价着眼于学生对某门课程整个内容（或一段时期内容）的掌握。注重于测量学生达到该课程教学目标的程度。所以它的概括性水平较高，测试内容范围较广。它可以为学生评定成绩，对其学业成就作出价值判断，预测后续学习中成功的可能性，为学生升学或就业提供依据。一般来说，总结性评价的次数很少，多为一学期或者一学年两三次，其成绩应计入成绩单，作为某种资格认定或升、留级及就业的依据。

2. 常模参照评价和标准参照评价

依据评价标准的不同，可以将教学评价分为常模参照评价和标准参照评价，前者以评价对象所处的群体作为参照系，后者是以理想或者固定的目标作为参照系。

常模参照评价是以学生所处的团体的平均成绩或者团体中的常模作为参照标准，根据个体的相对位置（或名次）报告评价的结果。它的基本特点是由评价对象组成的群体的整体状况决定着每个群体成员的相对水平，标准源自于该群体，也只适用于该群体，标准依群体变化而变化。在现实生活中，智力测验和高考是典型的常模参照评价。

这种评价尤其适合以选拔为宗旨的教学评价活动，而且适应性强，应用范围广。但是这种评价只能给出评价对象在群体中的相对位置，不利于准确地把握评价对象的实际水平。而且，常模参照评价会导致激烈的竞争，容易引起学生的焦虑。

标准参照评价是在评价对象群体之外，预定一个客观的或理想的标准，并运用这个固定标准去评价每个对象的评价方式。评价时不考虑其他个体状况。这种评价具有标准客观的特点，适合鉴定资格和水平，所有的达标测验都属于这类评价。它注重课程目标的达成度，测评的内容、方法和程序规范、稳定和统一。它有助于评价学生某门课程的学习水平，降低了常模参照评价带来的竞争方面的负面影响，适合于基础知识、基本技能的测量，可用于诊断及个别指导。

二、新基础课程的教学评价改革

所有教育教学改革都会面临改革与已有评价体系的矛盾、参与改革的实践者与改革之外具有评价权的评价者之间的矛盾，这也是"新基础教育"自探索性阶段起就遇到的尖锐问题。"新基础教育"研究采取了评价改革贯穿于教学改革研究与实践全过程的策略，改变了评价者在改革之外，评价过程外在于改革过程的传统，使课堂教学评价成为课堂教学改革的认识深化和实践推进中不可缺少的重要构成，把课堂教学改革实践的深化过程与阶段成果不断转化为评价改革的深化过程与重要资源。从教学评价的角度来看，此次改革包括了以下几个方面。

（一）评价功能的转化

传统的教学评价重点在于衡量学生对知识的掌握程度。随着社会的发展，以知识传授为主的基础教育课程的功能受到挑战，因而，本次课程改革将原有的"双基"教学目标发展成为"三维目标"，在重视学习结果的同时，更加重视学习的过程与方法以及情感态度价值观，这一改变体现了课改倡导者对学生的生命存在及其整体发展的关注，这在一定程度上是符合当前社会发展现实的。

相应地，新课改提出，评价的功能也要发生转化，评价不应固守于根据学生对知识的掌握程度对其进行甄别和选拔这种单一的功能，更重要的是通过评价促进学生的发展。教育部基础教育司组织编写的《走进新课程——与课程实施者对话》一书就清晰地阐明了评价机制的这一转向："评价不再是为了选拔和甄别，不是'选拔适合教育的儿童'，而是如何发挥评价的激励作用，关注学生成长与进步的状况，并通过分析指导，提出改进计划来促进学生的发展。"在这种观点的影响下，"激励性评价"迅速成为当前我国基础教育界一种很受推崇的评价方法。"激励性评价"大量采用充满感情、饱含对学生的肯定和鼓励性的话语，这种崭新的评价方式为长期饱受应试之苦的基础教育吹入一丝温暖的春风。

（二）评价指标多元化

传统教学仅用考试成绩作为衡量学生的指标，这就造成了一种"唯分数论"的应试现象。但是，学生本来就是多方向发展的，传统课堂教学冷落并忽视学生学习的过程、方法、兴趣、爱好、品德、情感，失去了对人的生命存在及其发展的整体关怀，不是学生学知识，而是知识控制了学生。为了改变这种局面，本次评价改革强调评价指标多元化，带来了如下一些新的特点：不是通过一次的考试成绩来评价学生，而是多方面接收学生的信息，试图更加全面地反映学生的学习水平；对不同的学生有不同的发展目标要求，具有面向全体学生的全局观；鼓励学生走出校门，接触社会，将书本知识与相关社会问题联系起来，有利于学生主体意识的发挥以及在学习过程中实现自我的再教育。应该说，评价指标多元化对打破传统评价的"唯分数论"现象具有积极意义。

（三）评价方法多样化

传统的评价方法追求量化的结果，将考试作为衡量学生的唯一方式，这种评价方式把复杂的教育现象简单化了，丢失了教育中一些很有意义、很有价值的内容。因此，在本次评价改革中，各种质性评价受到了大力倡导。在很多学者的研究中，诸如教师日常观察评价、"成长记录袋"评价、学习日记评价、情景测验、推荐信等充满新意的评价方式也得到了充分的关注与肯定。由于质性评价并不排斥量化评价，因而课程改革的倡导者主张将质性评价与量化评价有机结合，从而达到更清晰、更准确地反映学生发展状况的目的，对改变当前"一考定终身"的局面也具有指导意义。

（四）评价主体的多元化

在传统的评价模式中，受教师和学生接触的时间、空间和场景的限制，任何一个教师的评价都不可能做到非常全面，但这种带有片面性的评价却成为对学生衡量的权威，从而使评价结果"失真"。本次评价改革强调学生对评价过程的参与和互动，倡导建立教师评价、家长评价、学生自评与同伴互评相结合的评价体制，既提高了学生的主体地位，也将评价变成了学生主动参与、自我反思、自我发展的过程，同时在自评与互评的过程中，促进了学生之间的沟通与融合，教师不再是高高在上的权威评价者，学生有权对教师的评价进行质疑和辩护，促进了民主师生关系的建立。家长也可以和教师一起参与对学生的评价，有助于家长对学生发展过程的监控和指导，帮助学生不断改进和发展。

（五）评价重心的转移

考试是我国基础教育中最为普及、最为常见的一种评价方式。长期以来，考试具有的甄别和选拔功能被拔高到无以复加的程度，中考或高考成绩几乎成为衡量学生发展水平的唯一尺度，这导致我国基础教育在很大程度上围绕着中考或高考进行，"应试"现象非常突出。

中考和高考本质上是一种"终结性评价"，是对学生三年来学习效果、发展状况的最终评定。由于其结果决定了一个学生是否有资格进入更高一级学校学习，因而导致教学工作的重心发生了偏移：不再是指向学生的综合能力，而仅仅指向应试能力。为了改变这种局面，新课改倡导将"形成性评价"与"终结性评价"相结合的评价方法。所谓"形成性评价"，即对学生的学习过程进行的评价，它要求对学生日常学习过程中的表现、成绩以及反映出的情感、态度、策略等方面的发展作出衡量，以帮助学生有效调控自己的学习过程，使学生获得成就感，增强自信心，培养合作精神等。将"形成性评价"和"终结性评价"相结合，就是力图将学生学习的过程和结果有机结合起来进行综合衡量，要求教师教学工作中不但要重视学生的统考成绩，也要重视学生平时的发展状况，肯定学生平时的努力和收获，从而缓解中考、高考给教学工作带来的压力和束缚，这是传统只重视统考成绩的评价方式难以企及的，是本次评价改革中一个很重要的亮点。

在教学评价改革中暴露出来的问题提醒我们，好的理念必须放在实践中去实验、积累经验、不断改造，最后才能找到一套行之有效并且可供模仿借鉴的方案。教学评价改革在推广的过程中会涉及实际操作和利益分配等众多复杂的问题，为减少阻碍，降低损失，我们需要总结现有的经验教训，针对新的问题，进行新的研究和改进。

✦ 本章小结

课程与教学是教育学的核心内容，也是教育学独有的研究对象，体现了教育学科的独特视角。对于教什么和怎么教的内容可以上溯到教育学的萌芽时期，但在现今时代，这两个问题被愈发的突出出来。知识爆炸使课程内容的选择更为困难，而多样的课程内容和教育目标又对教学方法提出了更多的挑战。在这样的背景下，了解课程与教学的基

本理论，针对课程改革的要求，增强对教学的理论把握能力，是这一章的最终目标。有
关教学评价的部分，是教学中技术性较为突出的一项工作，对教学的影响又非常大，针
对这一问题的学习能够有效地提高对教学评价的理解，增强教学评价工作的能力。

思考与练习》》》

1. 名词解释

课程、泰勒原理、课程开发、校本课程、教学、教学设计、教学评价。

2. 简答

(1) 课程内涵的发展变化有哪些？

(2) 课程目标的基本取向有哪些？它们之间的关系是什么？

(3) 课程内容的基本取向是什么？

(4) 校本课程开发的方法有哪些？

(5) 简述教学三要素之间的关系。

(6) 教学设计的特征是什么？

(7) 教学评价改革包括哪几个方面？

第六章　班 级 管 理

☆ 本章概述

　　班级是学校活动的基本单位，班级管理是学校管理的基本组成部分，班级管理的科学与否直接影响到学校教育教学质量的高低，因此班级管理历来是教育学研究的重要组成部分。本章由四节组成，第一节是对班级管理的整体概述，具体阐释了班级的定义、构成要素与特点，班级管理及其产生与发展，班级管理的功能及其发展趋势。第二至第四节分述了班级管理的三项重要内容，即班级组织建设、班级活动管理和班级日常管理。各节首先阐明本项班级管理内容的重要意义，进而重点呈现该项班级管理内容的实践构建及运行。

☆ 学习目标

　　(1) 理解班级及班级管理的基本概念，明确班级管理的功能，把握班级管理的发展趋势。

　　(2) 了解班级组织目标确立、班级组织机构以及班级组织规范建设的基本内容，重点掌握班集体的构成要素与班集体建设的步骤。

　　(3) 领会班级活动开展的原则，明确班级教育活动的组织与实施。

　　(4) 认识班级日常管理的重要意义及其主要内容，熟悉班级环境管理、班级教育性管理的具体实施，关注班级日常管理中的学生评价。

第一节　班级管理概述

　　班级管理活动既是班级教育目标得以实现的条件，同时也是班级目标实现的途径。班级群体包括不同的群体成员，而且由于成员之间的需要、兴趣以及能力等的差异，导致班级成员行为上的不同。班级作为一种正式群体，有其共同的目标，为了实现班级的目标，就需要对班级这个社会组织进行有效的管理。

一、班级的定义、构成要素与特点①

（一）班级的定义

班级是学校的基本单位，班级教学是现代最具代表性的一种教育形态。一个班级通常由一位或几位学科教师与一群学生共同组成，整个学校教育功能的发挥主要是在班级活动中实现的。

班级是学校为实现一定的教育的目的，将年龄相同、文化程度大体相同的学生按一定的人数规模建立起来的教育组织。班级不仅是学生接收知识教育的资源，也是学生社会化的资源、进行自我教育的资源。

（二）班级的构成要素

根据现代社会学理论，只要社会群体具有以下三个组织特征，便成为社会组织：一是具有明确的组织目标；二是具有严密的组织机构；三是具有严格的组织规范。在通常情况下，班级具有上述三个特征，因此，班级也是一种社会组织。也有的研究者常把学校当做一种社会组织，把班级当做一种社会体系。从社会体系与社会组织的关系看，两者有共同的基本要素：即必须有两个以上的人，必须有固定的关系与交互作用；其差别主要是社会组织强调要实现某些特殊目标或宗旨，而社会体系则泛指一般较具固定形式的角色关系，以此为探讨社会行为的基础。

班级是作为一个正式群体而存在的。与其他社会组织一样，班级有其特定的成员、特定的目标、特定的文化、特定的人际交往及特定的功能。从功能的观点来看，班级可以被看做一个社会化的机构，也包含着个性化的功能。为了实现这种功能，班级中存在着多种目标，如由课程与教学大纲规范的教学目标等，班级是实现这种目标的机构和主要场所。因此，班级不仅是一个微观的社会体系，同时也是一种社会组织。

日本学者片冈德雄认为，班级必须具备以下五个条件：一是起码有个学习成长的目标；二是有两个以上的人为了实现这个目标聚集在一起；三是为了实现既定目标，有指导和学习这两种角色分配；四是这种集体起码要保证持续一定的目标；五是一般说来应有一定的物质场所。

（三）班级的特点

儿童一进入学校就被编入特定的班级，作为班级的一员接受指导。一般来说，班级具有如下特点。

1. 学习性

对于班级中的学生而言，首要的属性是"学习者"，其基本任务是学习。学生学习是为将来进入社会生活做准备的"奠基性学习"。在现代社会中，青少年学生的奠基性

---

① 郭毅．班级管理学．北京：人民教育出版社，2002：1～5．

学习，尤其是社会文化的奠基性学习不可能在个体独处的空间里完成，必须在群体生活环境中进行。班级组织正是为青少年学生提供了一种在校期间群体生活的基本环境。班级中，学生学习的内容既有社会为其安排好的如教学科目的显性课程，也有如班级组织中的各种规范、角色、人际关系等的隐性课程。我们所讲的构成班级要素的课程主要指显性课程。

2. 不成熟性

班级区别于其他社会组织的一个重要之处在于：它是非成人组织。作为班级组织主体的学生正处于身心发展的过程之中，尽管这一发展的水平因学生的年龄而异，但就其整体相对成人来说，学生是社会成员中的未成熟者。因此，班级不可能进行完全的自我管理，必须在一定程度上依靠成人的力量。学生的自主意识是班级实行自我管理的基础。从学生的自主意识水平来看，一般随着年龄的增长而逐步增强。尽管学生并非成人，但自主意识可以说是学生的一种近乎天性的社会性要求。不少研究表明，即使是小学一年级学生，自其入学那天起，就已开始谋求学校生活中的独立自主。从这个意义上，应当说学生对于班级组织的运行有一种近乎天性的自治倾向。由于学生并非成人，因而在学校中对于教师难免会存在着一定程度的依赖意识，尤其在学生凭借自己的力量解决问题受挫时表现最明显。经验表明，在中小学教育的整个过程中，学生的这种依赖意识是不会完全消失的，只不过依赖的程度随年龄的不同而不同。

3. 教育性

班级的教育性是在任何发展阶段都具有的特点。如果说夸美纽斯在 17 世纪首创班级授课制时更多地强调班级只是作为一种"大生产"的组织在提高教学效率方面的价值的话，那么，在现代学校教育中，人们更多地关注的乃是班级作为学校教育的单位对学生社会性发展的影响，这也充分说明教育性是班级的主要特点。班级的教育性特点不仅仅表现在对学生社会化方面，而且也表现在促进学生个性化方面。在社会化的过程中，个性化与社会化是相容的。社会化不是以牺牲自我发展、自我表现为代价的。学习社会的文化，掌握社会的价值观念和道德规范同个人的学习兴趣、需要从来不是完全对立的。强调班级能够促进学习的个性化，就是要使人们充分认识到学校培养的不是社会机器，而应是全面发展的、具有个性的"充分、自由、和谐发展"的人，这是教育的根本目标。

4. 社会性

人的活动的首要特征是社会性，无论活动指向客观对象（如使用劳动工具）还是指向个人或集体（如人际交往），都不能脱离人的社会生活和社会关系。单个人的活动是包括在整个社会关系系统中的。离开了社会关系，人们的活动就不复存在。活动也不是抽象的孤立的个人生物性本能活动或适应行为，而是受一定社会历史条件制约的、体现着一定社会关系的现实人的活动。班级中的活动既反映着社会对受教育者的培养要求，又反映着社会环境的渗透和影响，只不过前者带有更多的自觉性，后者带有更多的自发性而已。在班级的活动中，学生要和教师、同学这些群体中的成员打交道，这都构成了学生们的社会关系。可见，社会性是班级的一个重要特点。

二、班级管理及其产生与发展

（一）班级管理的定义

班级管理是一个动态的过程，它是教师根据一定的目的要求，采用一定的手段措施，带领全班学生，对班级中的各种资源进行计划、组织、协调、控制，以实现教育目标的组织活动过程。班级管理是一种有目的、有计划、有步骤的社会活动，这一活动的根本目的是实现教育目标，使学生得到充分的、全面的发展。

（二）班级管理的产生

班级授课制是社会教育发展到一定历史阶段的产物，班级管理随班级授课的产生而产生，随师生结合方式的改变而发展。

中世纪学校的教学组织工作十分松散，坐在同一间教室里的学生，学习内容和进度都不同，教师只对学生进行个别教学指导，不对全班授课，教学秩序乱，效率很低。为了改变这种状态，夸美纽斯在总结16世纪新旧各教派所兴办的学校中实行班级授课的初步经验的基础上，提出并全面系统地论述了班级授课制度。

为了提高教学的效能，与学年制班级相配套，夸美纽斯还创设了一系列的班级管理措施。

第一，选定了一套比较完整而严密的考试制度。

第二，对教师的职责规定方面，要求每位教师应该给自己提出本班的目标和任务，并且要十分熟悉它，然后根据它来安排一切活动。

第三，小组长具有以下管理职责。小组长是10人集体的管理者。在校内，他在智慧、德行、虔信三个方面对学生进行管理。

第四，对学生行为提出以下准则：在家教方面，每个学生应该真心实意地敬畏上帝，不做违背上帝旨意和自己良心的事，认真地祷告；在德行方面，学生应尊敬教师和小组长，与同学友好相处，保持身体和衣着的清洁和整齐，行为要符合礼节，与人交谈时要谦虚；在智慧方面，要求学生聚精会神地听讲和思考，对每周的考查应该做好充分的准备，拉丁语学校中的学生在校内都应用拉丁语交谈。

第五，对纪律和规章制度的管理，夸美纽斯非常重视纪律在班级管理中的作用，他认为班级没有纪律就无法正常有序地工作。维护纪律的办法有三种：一是不断地监视；二是谴责；三是惩罚。

（三）班级管理的发展

人类在很长的时期中，曾经把受教育者——学生的被动性作为社会的期望。在那种状况下，学生成长为"人"（表现人的自主性），会受到"非人"的待遇，如体罚等；反之，学生成为"非人"（丧失自主性），才能受到"人"的待遇，才会受到鼓励和尊重。因此说，那时的班级管理方式是专制式的、非人道的。

18 世纪法国启蒙思想家卢梭不但对传统教育提出有力的挑战，而且表述了关于教育对象的新构想。他指责当时的种种"智慧"都是"奴隶的偏见"，人们受到自己习惯的奴役、折磨和遏制。"文明"人在奴隶状态中生，在奴隶状态中活，在奴隶状态中死。教育也成为奴役折磨和遏制人的过程。他认为教育的三要素（称之为"三种教育"）中，"人的教育"（教育者的有目的活动）、"事物的教育"（教育资料）都应配合所谓"自然的教育"（受教育者才能和器官的发展），这叫做"遵循自然"。卢梭实际上把教育对象置于教育过程的中心地位，把教育过程变成自我教育的过程。卢梭认为，应该使一个人的教育适应这个人。这样，就相应地改变了传统的教育中教师的职能，他说，我宁愿这种知识的老师称为导师而不称为教师。因为，问题不在于要他去拿些什么东西去教导孩子，而是要他指导孩子怎样做人，他的责任不是教给孩子们以行为准绳，他的责任是促使孩子们去发现这些准绳。

卢梭认识到教育对象在教育过程中的主体地位，堪称关于教育对象的又一发现。这一发现对后世发生了深刻影响，成为 20 世纪初"儿童中心主义"的思想支柱，这一时期教师在教学过程中所采取的管理方式倾向于一种放任式的管理。教师的作用从原来的直接传递知识与价值观改变成从"旁"助成受教育者学习知识与形成价值观的自主活动。在这个转变过程中，对学生的管理方式由"纪律"的管理变成了"自律"的管理。从这里也能看出管理职能在不同时期的改变。在受教育者处于半人身依附关系的教育情境中，管理甚至成为教育者的主要职能。所谓"严师出高徒""教不严，师之惰"。"严"与"不严"都属管理问题。把教育成败的原因归结为"严"或"不严"，可见在那种教育情境中管理职能的重要。到了近代，管理只是作为教育活动顺利进行的条件而成为教育者的派生职能。即使从经验上承认"管理也是教育"，也只是把它作为教育活动条件的意义上承认这种经验，或者说，在不严格的"教育"意义上承认这种经验。

现代教育管理与传统教育管理的根本区别在于，传统教育只注重管理的管束功能，以实现教育目标。现代教育管理不仅注重管理对教学服务的功能，而且在理论上和实践中更注重挖掘管理本身的教育功能。

三、班级管理的功能①

班级是个体学习发展的微观环境。班级所发挥的功能可能是正面的，也可能是负面的，班级管理的目的就是为了最大限度地发挥它的正面功能限制以至消除其负面功能。班级管理的功能主要体现在以下几个方面。

（一）社会化功能

人的社会化是指社会将一个"生物人"教化成为一个"社会人"，使其取得社会成员资格的过程。教育的基本职能是实现人的社会化。陶行知先生曾深入浅出地阐明了

① 郭毅．班级管理学．北京：人民教育出版社，2002：30～35.

教育的本质与人的社会化的要义，即"教人学做事和学做人"。

1. 提高学生的"做事"能力

学生在班集体里通过学习和掌握系统的文化科学知识、技能，提高认识世界和改造世界的能力，亦即提高学生的"做事"能力。

学校教育以传授知识、技能为基础来促进人的社会化。班集体成员间的积极互动，如适度的竞争与友好的协作、学习心得的及时交流、学习态度和方法的互相参照以及勤勉的学习风气的熏陶，对每个学生都起到激励、启发作用。通过学习和掌握系统的科学知识、技能，学生大大增强了认识自然和改造自然、认识社会和改造社会的各种能力。为日后承担社会职业角色及进行各种社会活动奠定基础。

2. 让学生学习"做人"之道

学生通过班集体的共同活动及生活中所处的各种关系，学习和内化社会规范，积累社会生活经验，学习"做人"之道。

集体活动是集体存在的基础，要使集体活动顺利进行，必须使参与活动者共同遵守一些规则，否则，活动就进行不下去。不服从集体规范的个体不能为集体所接纳。共同活动也促进了人际交往，通过人际交往的实践，学生逐步学习和掌握积极的待人接物的思想态度和行为方式，学习"做人"之道。班集体的活动和交往过程，也就成为学生学习和内化社会规范的过程。有意义的集体活动与和谐的人际关系，使学生体验到集体生活的乐趣和集体的力量，有助于形成集体主义价值观。而在活动中取得的成功，能激发学生的成就动机，促使学生追求更高的人生目标。

3. 为学生做一个合格公民奠定基础

学生通过班集体中规范化的组织机构，扮演各种社会角色，培养公民品质，为做一个合格公民奠定基础。

班集体不同于一般的日常生活的联合体，它是为了有效地达到教育目标而有计划地建立起来的一种机构。虽然不完全等同于一般社会组织，但具有一般社会组织的基本特点。为了实现共同目标和完成各种任务，班集体中设有自治机构，并规定了各个成员的角色、地位、职责、权限，为成员间的协作提供组织保证。正因为如此，班集体成员在共同活动中就形成了责任与权利、指挥与服从等社会关系。正是这种社会关系，养成了人的组织纪律性和责任心。领导有方的班集体是通过不断变动的组织机构，把集体成员轮流地置于不同的角色地位，让每个成员都参与集体的管理，既学习当领导者，又学习当执行者，既善命令，又能服从，这样的班集体就成为学生体验社会角色，培养社会责任感和公民意识的重要场所，成为公民教育的有效手段。

（二）选择功能

关于班级的选择功能存在不同的界说。实际上，青少年学生在进入社会之前，在班级教育过程中，教师担负着职业指导的任务，要帮助学生选择今后的专业方向。随着改革开放的深入，经济迅速发展，青少年选择职业的门路日益加宽。普通教育与职业教育一体化发展迅速，有些地方在班级课程设置中增加了有一定职业倾向的课程，有组织地开展实践活动，发挥各个学生的特长与才能，开辟个人通向不同职业的途径，为寻求不同职业目标创造条件。在班级工作中发挥主导作用的班主任，要全面深入分析每个学生的能力、爱好、特长、个性倾向。同时，在班级教育中，应重视培养学生对社会变革和职业变动的适应能力。简言之，班级选择功能是在当前多元价值的条件下，为学生在多重社会角色和不同的职业结构中，选择较为合适的社会角色和职业。

（三）个性化功能

所谓个性化是把自己本身的存在看成个人的，并进而追求与众不同的独自方式去行动的过程。个性化方面的构成要素包括自我概念的发展；自尊心和成就动机的发展；行动、认知、智能、兴趣、思想情绪等所有方面的综合发展。

班级必须努力发现每个学生个性的潜在差异及形成这种差异的条件，进而根据潜在的差异确定可能的塑造方向。班级的个性化功能主要表现在以下三个方面。

（1）通过丰富多彩的集体生活和集体活动，培养学生不同的兴趣、爱好、特长，形成和发展学生各具特色的能力。

一方面，在班级中，各种内容和形式的活动，给性格各异的学生提供了较多的选择机会，从而强化了学生的个性差异；另一方面，个人在施展才能、实现自我的过程中需要他人的合作和精神上的支持、鼓励，这些都在班级群体中得以实现。

（2）通过性质和内容各异的集体活动和人际交往，塑造学生的性格，形成各具特点的个性品质。

在班级中，由于学生所处的角色地位、活动内容以及交往的对象及范围的不同，形成他们各自特有的需要动机、价值观和伦理观，从而影响着他们对现实的态度和行为方式，形成个人间的性格差异。良好的班级群体能通过有意义的集体活动与积极的人际交往，促使学生形成健康的个性品质。

（3）通过同班学生间的相互比较和评价，促使学生自我意识的发展，形成个人的独特个性。

形成独特的个性，必须有一定发展水平的自我意识作基础，也就是说，他要意识到"我"和别人的不一样，明确在不同的社会情景中"我该怎么办"。在班级中，学生通过与伙伴的相对比较，得到自我与他人的评价，通过了解别人的态度和意见，来加深或纠正自己的认识，逐渐从"群体"中分出"自己"，发展自我概念，形成独特的个性。苏霍姆林斯基认为班级的这种功能是集体精神生活中极为重要的一点，是集体中教育艺术的秘诀之一。他认为，不通过别人的态度并与别人相处，一个人是无法培养自己的独特的品格的。实践证明，健康的集体舆论与良好班风的班级，有利于形成学生健全的自我概念和积极的个性品质，而班风不正、集体舆论恶化的班级，则会降低"自我"发展水平和养成消极的个性品质。

（四）保护功能

社会生活环境和儿童的学习生活环境，直接或间接影响着青少年学生的身心健康。照管儿童是学校所提供的最有形的服务。目前，我国某些学校在片面追求升学率的重压下，忽视班级保护功能的发挥，致使学生体质下降，心理不健康的现象有增无减。班级教育、管理过程中，应当注意加强营养保健，增加户外活动，创设学习、文体、休息等方面合理调度配置的环境，指导学生心理自我保健，提倡讲究个人卫生和仪表，从而保护青少年学生身心健康地发展。

（五）调整功能

以往人们在探讨班级功能的时候，往往只限于班级对学生的作用，而忽略了班级对教师的作用。这也许与以往人们把教师看成是班级的管理者，处于群体之外的，而并非是构成班级群体的成员有关。实际上，在班级中，班级生活的构建是师生之间、学生之间共同作用的结果。其中，师生之间的相互作用占据着重要的地位，可以说是班级生活的主要部分。班级中缺了教师，也就不能称其为完整的班级。

对于教师来说，他们既是班级中的一个管理者，同时也是班级的成员，处于班级群体关系之中的教师与处于班级群体关系之外的教师，其认识和行为有很大的不同，因为个体的行为往往受自我概念的调节。自我概念的形成有三条途径：一是个体通过个人实践活动的结果；二是通过与他人的比照；三是自我反省。教师在班级中的管理方式或教学行为，对教师来说是一种实践活动，实践的结果——班级群体的状态对教师具有反馈的作用，教师据此修正调整自己的行为。另外，教师实践的对象——学生是具有主动性、独立性的人，学生也以特定的方式在行为上、思想上作用于教师，使教师的行为或认识尽可能满足自己的需要，这也对教师的行为具有调整的作用。师生双方在行为、认识以及需要方面一致性的达成，有利于班级整体功能的发挥，也有利于教师角色的社会化。

四、班级管理的发展趋势

（一）教师影响力的大小将由传统的权力性影响向非权力性影响过渡

教师是班级社会体系中的领导者。其领导作用尽管不表现在对班级根本目标的预定上，但这一目标要靠教师的具体工作来完成，而且在目标限定的范围内，教师也可以独立采取有一定创造性的行为以影响整个班级。教师是班级的主要影响来源，他的行为影响着班级的人际关系和班级气氛。一般来说，教师对学生的影响可分为权力性影响和非权力性影响。权力性影响是指由于社会赋予教师的权威观念和教师的资历而对学生产生的强制性影响，而非权力性影响则指由于教师的知识、能力及个人品格、情感对学生产生的自然性影响。心理学家通过实验得出这样的结论：如果教师具有渊博的知识、较强的能力、高尚的品格、丰富的情感，那么，在班级中极易形成民主、平等的人际关系，班级气氛良好，学生学习质量高，道德观念也会有很好的发展。随着社会的发展，在班级管理过程中，教师的非权力性影响力将越来越占有重要的地位。

（二）教师的管理方式将由过去的"专制式"、"放任式"管理向民主式管理过渡

从管理方式上看，存在专制式管理和放任式管理两个极端，在这两极中间又区分出多种中间的形式。完全的专制式管理和完全的放任式管理是很少见的，只不过更倾向于哪一端而已。从历史上看，传统教育过程中，在班级管理上多倾向于采取专制式的管理。这种专制式的管理方式不仅影响了师生之间的正常关系，也使学生的身心发展受到阻碍。追求一种民主化的管理方式无论是国内、国外都将成为一种一致的目标。当然，这不仅需要教师转变自己的管理观念，还要相应地提高自己的管理能力和水平以适应这种管理的方式。因此，这将需要一个探索过程，但毕竟已成为一种必然的趋势。

（三）注意发挥学生自我管理的功能

学生自我管理是指学生在班级中自己管理自己。注重发挥自我管理的功能，但不是完全实行自我管理，因为学生的自我意识、自我管理能力毕竟还没有发展到一定的程度。学生自我管理能力是通过学校组织有目的训练和实践活动获得的。

从班级组织的功能来看，班级为学生自己管理自己提供了一个基本活动的舞台。班级组织是社会组织的雏形。在班级中，有一定的层次和分工，学生干部和其他成员有机地结成一个整体，班干部在班级自我管理的实践中，增强了民主作风，学生在班级管理中强化了民主意识。他们是班级的主体，不是消极地执行任务，而是参与组织决策、分工、沟通，学习着怎样服从集体的领导和遵守群体规范，学会怎样控制自己的行为，学会对人与事的正确评价和总结等社会行为。学生在完成任务和参与组织活动过程中体验了自己所处的地位，认识了领导者和被领导者的权利和义务。总之，班级中实行自我管理，能够促进学生多方面才能的发展，如学生组织能力、理解能力和社会活动能力等的发展。因此，在今后的班级管理中，将进一步强化学生的自我管理作用。

第二节　班级组织建设

班级是学校施加教育影响，学生进行各种活动以及在校生活的最重要的集体。作为一班之"主"的班主任，能否以科学有效的方法创建一个健康快乐的班集体，促进各种类型的学生的发展，将是至关重要的。

一、班级组织建设概述①

学生班级既是学校教学工作的基本单位，也是学生学习、生活的基层集体。加强学生班级组织建设，对促进学生班级规范化、明确干部工作职责，充分发挥学生班级干部在学生教育管理工作中的作用，具有十分重要的意义。

---

① 李业农．班级管理．北京：高等教育出版社，2011：111～117．

（一）班级组织建设是班级管理的中心任务

从现象上看，组织是一种人群——个体的集合，或者叫群体。但是，群体并不一定是组织，因而有正式组织与非正式组织之分。只有当一定范围的人群围绕一个特定的目标形成了内部的结构，有了规范的行为，才是基本的组织。

组织的概念有两个意思：一是指静态的组织机构；二是指动态的组织活动。人们结成组织是因为组织能发挥个体所不能发挥的作用，因此，要使组织充分发挥它的职能就要不断进行组织建设。

班级组织是一个学生群体。在它建立之初，只是一群学生的随机组合。这个组织被给予一个名称：某年级某班；又委派一个领导：班主任。这就有了一个组织的形式。但是这个班级要成为一个真正意义上的组织，需要在组织架构、制度规范和组织精神等方面进行全面的建设。对班级组织的管理过程，正是一个组织建设的过程。在这个意义上说，班级管理的核心就是组织建设。

（二）班级组织建设的内容

班级组织建设的内容可从静态与动态两个方面分析：从静态方面看，班级组织建设就是建立起班级组织的结构；从动态方面看，就是把一个松散的群体凝聚为一个组织，再进而把这个组织建设成为集体。

1. 建立班级组织的结构

任何一个组织的存在都是以其结构的存在为前提的，没有一定的结构就不可能成为组织。班级组织结构建设，包括确立组织目标、建立班级组织机构和组织规范三个方面。

（1）班级组织目标。班级组织目标的确立是一个过程：包括班主任提出班级目标、班级成员结合自己的愿望讨论班级目标和达成班级目标共识三个阶段。

提出班级目标是指班主任把自己设计的班级目标向全班同学介绍，以使班级成员了解班级目标，从而为班级目标的确立创造条件。班主任提出班级目标必须以特定年龄阶段的学生能够介绍的语言进行。例如，在书面语言尚不丰富的小学低年级阶段，班主任的口头介绍更为重要。同时，班主任也要把自己设计的班级目标向任课教师和学生家长介绍，使班级目标成为包括任课教师和家长在内的共同目标。

班级目标要成为班级成员的共识，才是实际的存在；要使班级成员达成目标共识，就必须让班级成员对目标进行讨论。在组织班级成员对目标进行讨论时，班主任应注意指导。

在班级成员充分发表自身见解的基础上，班主任对班级讨论的结果进行评估。评估的要点是：第一，学生是否充分理解目标设计。如果学生不能够充分理解，就还需要进一步向学生说明。如果始终不能让大部分学生理解自己的目标设计，就要考虑自己设计的目标的适切性。第二，目标设计是否符合本班学生的发展实际。低于或超越本班学生的实际情况，都要进行修订。第三，是否充分吸纳个体积极意愿。充分吸纳班级成员个人的意愿，必定使目标具有个性，也必定会为多数班级成员所接受。

(2) 班级组织机构。班级作为正式的社会组织要有一定的组织机构。组织机构的建立为组织的正常运行提供坚实的基础。班级中的正式组织机构主要存在以下几种形式。

一是班委会制度。班委会是班级的核心组织，其成员由班主任任命或由民主方式产生。班委会设班长、副班长、学习委员、宣传委员、文艺委员、体育委员、生活委员和劳动委员等。二是实行值日班长制。值日班长要负责检查督促各个岗位的工作，处理集体当天发生的事情，协助班主任安排当天的工作，并负责对班级各项工作及时进行总结。三是建立各种类型的小组。学生是教育过程的主体，班级必须给每个学生创造一个表现自我、发展自我、塑造自我的空间。要在班级内部建立各种类型的小组，小组实行组长负责制，定期轮换，使更多学生得到锻炼的机会。例如，学习小组、各种兴趣小组、小记者团、合唱队等。四是班级学生会议制度。从民主管理的要求出发，应当有班级学生会议制度。

(3) 班级组织规范。班级组织规范体系包括班级组织制度、行为规范、集体舆论与班风等。制度和行为是班级组织规范的内容，舆论和班风是班级组织规范的支持力量。

班级组织规范在班级管理中发挥着重要作用。一是协调集体与个人的行为，以保证共同活动的目标得以实现；二是保护集体和组织中个人的权益；三是塑造作用，班级倡导性的规范为组织成员提供了行为参照，班级规范成为组织成员的行动指南；四是警示作用，班级规范中的禁止性规范起着防范作用，用以警示组织成员。

2. 班级组织建设过程

班级组织建设是一个过程。一般而言，包括以下三个阶段。

(1) 从班级人群到组织。当几十位素不相识的学生汇聚到一起时，一个新的班级存在了。但这时还不能说一个班级组织存在了，因为这个班级的几十位学生还处在松散的状态，班级成员之间缺乏认同，没有认同的目标，没有认同的行为方式，班级成员的行为缺乏组织的协调等，这样的班级只能说是一个人群。当这个班级有了一定的领导机构，有了认同的规范，彼此建立了角色意识，为着共同的目标有序地开展活动时，一个组织就建立起来了。

(2) 从初建的组织到稳定的组织。班级组织初步建立时，各方面还是不稳定的。虽然班主任的领导地位明确了，但是班级全体成员还在熟悉自己的班主任；虽然班级自治组织建立起来了，但是班级干部还在学习着自己的角色；虽然班级规范也确立了，但是班级成员对规范还处在内化的阶段。随着时间的推移，当班级成员都对班级组织的运行机制习惯了，这个班级组织就进入了稳定的阶段。

(3) 从一般组织到集体。班级组织进入稳定阶段之后，班级组织的生活质量仍然存在差异，班级组织所发挥的作用也不同，班级组织的发展还有它的高级状态，这就是班级组织的作用得到最大程度的发挥，班级组织的远景得到最大程度的实现。做到这一点，班级组织的内部状态就会发生质的变化，班级组织成员不只是接受组织规定的角色、角色任务和角色规范等，班级组织的要求会成为他们自己的要求，班级组织的目标也是他们自觉追求的目标，他们同自己的组织达到了完全不能分离的状态。这样一种组织就是集体。

假如你被任命为一年级一班的班主任，你会……

班级情况：本班共有学生 53 人，其中男生 31 人，女生 22 人，23 名城镇生，其他均来自城镇周边的乡镇。学生中上过幼儿园的有 41 名，未接受过完整学前教育的有 12 名。留守儿童有 5 名。家长情况不是很清晰。

思考：

（1）明天你的学生就要进班了，请你准备一个给家长发放的材料袋，内容自定。

（2）你准备如何建立班级组织机构？

（3）请制订一个班级入学教育的计划并展示。

二、班级组织目标的确立

班级组织目标是根据社会、学校的期望以及班级本身的任务而确定的预期的活动结果，是班级成员共同具有的期望和追求。班级组织目标体现了班级的价值取向，在班级管理中发挥着重要作用。

（一）班级组织目标的作用

1. 导向作用

正确的班级目标可以引导班级和班级成员健康成长。相反的，片面的或者错误的班级目标，会使班级管理出现负效应，使学生偏离全面发展的轨道。

2. 激励作用

当班级组织目标成为班主任和学生的共识并转化为个体的内在要求时，目标就成了集体努力的方向，就具有激励意义。

3. 凝聚作用

班级目标是班级组织行为的集中体现，它能够促进班级的合力指向同一方向，消除班级的"内耗"，增强班级的凝聚力。

4. 调控作用

班级目标对班级群体或个体行为具有调控作用。表现为：一方面，班主任可以对班级学生个体或群体偏离班级既定目标的行为进行调控，把他们从偏离的轨道上拉回来；另一方面，可以鼓励班级成员把个人目标与班级目标融合起来，养成明显的目标调控意识，形成自我调控行为。

5. 评价作用

班级目标既是一种奋斗方向，又是班级工作的具体指向。班级工作开展的情况如何，有无实效性，都必须以班级目标作为衡量标准。

（二）班级组织目标的种类

从组织行为学的角度看，班级目标可以大致分为班级教育目标和班级管理目标。

1. 班级教育目标

班级教育目标规定了班级培养人才的规格和质量，集中反映了国家和社会对年青一代的要求。它通过各种具体的教学目标、活动目标来加以体现，又以班级管理目标作为保证，从德、智、体诸方面影响个体发展。按照人的素质构成，班级教育目标可以分为思想品德素质目标、科学文化目标、身心素质健康目标、审美素质目标、劳动技术素质目标。

2. 班级管理目标

班级管理目标以班级教育目标为导向、维护和促进班级自身的结构状态和功能水平的期望和要求。班级管理目标由两个方面、三个层次的有机结合和统一来发挥其整体功效。"两个方面是指：班集体教学、教育和管理活动的成果、成效，体现为工作任务的完成，教育质量的提高；集体成员需要的满足和个性的健康发展。三个层次是指：集体共同活动的直接成就；集体成就对集体及其成员的肯定意义；需要的满足"。由此，我们可以把班级管理目标具体分解为：建立和健全组织管理机构的目标、班级骨干培养目标、班集体培养目标、班级环境营造目标、课堂教学目标、班级生活目标等。

（三）班级组织目标确立的依据

班级组织目标的确立，要把社会发展的需要和班级、学生个人的需要统一起来。具体而言，确立班级组织目标的依据主要有以下三个方面。

1. 依据国家法规、教育政策

主要是根据国家的教育方针和教育法规、政策，以及学校教育的具体目标、要求来确立班级目标，这是制定班级目标的基本依据。只有从这个依据出发，才能保证班级目标方向的正确性。"目标的方向性是一个极其重要的问题，班级教育思想端正，确立的教育目标方向正确，那么目标所起的激励作用是正功；反之，目标方向错误，目标作用则做的是负功。负功越大，成效越坏。"

2. 依据学生个体和群体的现实发展水平

制定班级目标时，需要深入调查研究了解班级实际。一方面，了解每一个学生的年龄特征、心理特征、性格特征、能力水平、爱好特长以及该学生在班级中的地位，影响力等基本情况；另一方面，了解班级整体情况，并进行班情分析，这些情况主要包括班级学生的人数及各层次人数的比例，班级的人际关系及心理氛围，班级的非正式组织的动态等。这些都是班级目标的现实依据。

三、班级组织机构建设

有效的班级建设，总是通过一定的班级组织机构及其运行、培养和发挥班级成员的主人翁意识才能得以落实的。

（一）班级组织机构的特征分析

班级组织机构是班级的社会关系结构和组织机制的统一体，就其内容来说，是由职权结构、角色结构和信息沟通结构有机组合的复合体。

1. 职权结构

传统的学校组织机构的建立，基本上是按照韦伯的科层制原则建立起来的。班级是学生学习、生活的基本组织形式，它的建立在某种程度上也符合科层制的特点：层次分明、制度严格、职权明确。而班级的职权结构主要体现为班级中各种正式权利的分配关系，其功能在于班级目标的实现。在班级的职权分配上，师生关系的本质是教养关系，教师是制度领导者，学生是制度被领导者。而在学生群体中，又存在诸多的亚组织，如学习小组、兴趣小组、课外活动小组、班委会、少先队、团支部等，由此又形成一定的权力层级。因此，就整个班级社会的职权机构而言，班级组织机构是一个多层次、多侧面、立体的结构体系。

2. 角色结构

角色由组织规定的权利、义务和行为规范构成，组织的每一个成员都要通过角色学习，扮演一定角色而参加群体活动、交往和生活，从而与整个社会联系起来。组织中各个成员的角色形成过程，是指定角色、理想角色、主观角色和实际角色交互作用的过程。指定角色是组织对成员提出的权利、义务和行为规范的要求；理想角色则体现着社会的期望；主观角色受到个体不同的思想意识、道德观念和个性特征的影响；实际角色是行为上表现出来的角色，对组织效能来说实际起作用的是实际角色。正是通过义务、权利、期望、行为、活动等各种影响，使实际角色趋近于符合社会期望的理想角色。班级中的角色结构常有以下特征：一是角色关系常常成对出现，成为对偶角色，如教师与学生、集体与个体等；二是角色的多重性，这是班级组织角色结构的基本特点。就教师而言，其角色的多重性体现为以下几类：教育者角色-同事角色；领导角色-群众角色等。[①] 如何根据交往对象及其需要的不同，及时调整个人在组织中的角色，改善班级成员的社会位置，是班级管理的重要课题。

---

① 舒静，丛立新．浅论教师的角色结构及多重新特征．东疆学刊哲学社会科学版，1994，（1）：37～39.

3. 信息沟通结构

班级信息包括知识信息和人的思想、态度、情感与行为等方面的信息。班级组织信息沟通的主体是单一性的，主要是在教师与学生之间进行的。但班级组织系统的开放性，又决定着信息沟通渠道的复杂性。因此，班主任和教师应向学生提供正确健康的信息源，培养学生对信息的识别和判断能力。同时还应充分利用各种信息渠道，广泛收集学生在学习、思想、生活等方面的信息，以实施有针对性的教育和管理。具体做法：一是在课堂教学中吸收程序教学的合理内核，形成"教学目标-教学行为-教学评价"的闭合回路，重视诊断性、形成性评价在教学信息沟通中的反馈、调节功能；二是班级要以目标管理为主导，形成"期初抓计划、期中抓检查、平时抓落实及反馈调节工作"的可控程序，发挥信息在程序管理中的最优控制功能；三是要形成班级与家庭、社区双向反馈的多渠道信息源，通过社会调查、活动考察、座谈会、跟踪观察、测试、问卷等方法收集的反馈信息，提高班级组织适应环境的可控水平。[①]

（二）班级组织机构的设计

班级组织机构应根据实效性和协作性原则进行设置。在我国中小学班级管理的历史上，班级组织机构有四种常见的结构模式。

1. 直线式结构

直线式结构借鉴了军事管理组织结构，结构形成相对简单，它的构成主要是班主任、班长和组长（图 6-1）。

班主任——班长——组长——学生

图 6-1 班级组织直线式结构

2. 职能式结构

职能式结构是在直线式结构基础上发展起来的，它是根据班级管理目标、管理内容及分工的需要，在班长和组长之间设立了中层职能管理人员，进行直线职能分工管理（图 6-2）。

图 6-2 班级组织职能式结构

3. 直线职能式结构

直线职能式结构把班级管理人员分成两类：一类是班委会；一类是团支部，它们

---

① 唐迅. 班集体教育实验的理论与方法. 广州：广东教育出版社，2000：191～192.

各自承担着不同的职能和分工（图6-3）。

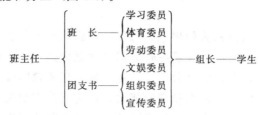

图6-3　班级组织直线职能式结构

4. 平式结构

平式结构是在直线职能式结构的基础上再增设两个部，即纪检部和学习部，使其与班委会、团支部平行，纪检部下设各学科课代表（图6-4）。

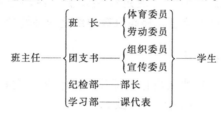

图6-4　班级组织平式结构

四、班级组织规范建设

（一）"班级规范"的内涵

学者们对"班级规范"的含义有着不同的认识。有研究者认为，"班级规范"就是全班同学共同遵守的规章制度，是进行班级管理的基本保证，是学生在班级活动的规范。[①] 有人主张，班级公约应是全班同学活动的依据，是奖惩同学、规范其言行的尺码。[②] 有人认为，全体学生必须遵守的行为规范准则，即班级公约，且班级公约的内容包含卫生、纪律、考勤、学习等方面。[③] 也有人强调，班级规则是班级成员应该遵守的保证班级秩序和效益的基本行为要求或准则。还有人发现，班级制度以口头或书面的形式展示，并为全体成员所接受即形成班规。[④] 更有人明确：班规是学校为细化管理制度，落实管理行动，要求各班根据本班实际情况制定出切实可行的班级公约，以加强内部管理。[⑤]

从上述对班级规范的认识，我们不难看出，班级规范俨然成为教师约束与管理学生最为有效的工具。"奖惩"、"秩序"以及"管理"等成为班级规范中最为常用的关键

① 周业蓉.班规的建仅与班级管理的实践.重庆职业技术学院学报（综合版），2003，（3）：80.
② 武江义.班级公约略说.安徽教育，2000，（3）：26.
③ 白延永.班级公约中的诚信教育.文教资料，2006，（4）：57.
④ 张来眷.如何制定和执行班级规则.教育科学论坛，2001，（11）：36.
⑤ 秦积香.班级公约.教书育人，2004，（10）：20，45.

词。有专家分析，"在现行的教育体制下，教育主管部门要出政绩，要求学校、教师出成绩。面对竞争压力，教师必须提高教学质量，于是对学生提出严格的要求，对学生的行为严加管束。'以至于教师和学生不仅关系紧张，而且内心还存在着仇恨。'"。

面对此情此景，班级规范到底何为？人们又如何引导合理班级规范的最终形成？诸如此类的问题都需要教育工作者重新审视班级规范的本真意蕴。实际上，规范不应该仅仅是由"禁止"指向"秩序"，其最终的鹄的更在于人的内在精神的促进与改变。教育不是工厂的生产流水线，学生也不是流水线上生产的产品，班级规范也不应该成为产品生产的规格与标准，而在于"有效地启迪个人的自由人的身份意识，敞开个人理性自主的可能性。"

（二）班级规范的类型[①]

班级规范可以分为两类：一是成文的形式规范，如班级制度、课堂规则、学习纪律、学生守则等，具有外在的强制约束性；二是班级成员在活动与交往中形成的非形式规范，如舆论、风气、传统等，这些规范无明文规定，却具有内在约束性。

1. 班级制度

班级制度是指国家有关的方针、政策、法规、条例、指令等，以及它们在班级日常工作、学习和生活中的具体体现，是班级全体成员共同认可并自觉遵守的行为准则。班级制度是进行班级管理的直接依据，为班级教学提供标准化的结构和程序，主要包括入学资格、考试、升留级、毕业标准、班级编制、学年划分以及班级培养目标、课程与教学计划、各项管理规章等。

2. 课堂规则

课堂规则是学生进入和参与课堂活动应遵循的规范，包括课堂规约和活动程序两个方面。课堂规则作为一种存在于课堂中的微观制度，具有管理学生、保证课堂教学顺利进行的作用。一般而言，课堂规则包括课堂用语规范、板书格式、坐姿、上课常规、考试规则、评分标准等，具有标准化和稳定性的特征。随着教学方式的变革，课堂规则呈现出了一定的灵活性。例如，随着小组教学、合作教学、自学辅导等的推行，一些教师在课堂教学中建立了小组教学规则、课堂自学规则等。只有建立在尊重儿童生命、遵循儿童成长规律基础上的课堂规则，才是有效的，才能营造出人性化的管理环境，让课堂焕发出生命活力。

3. 学习纪律

学习纪律就是学生为了学习的顺利进行而必须遵守的规章、条文或行为准则。按照性质和功能，纪律可以分为专制纪律和民主纪律。专制纪律主要是强调单向联系、强制和服从，通过惩罚、外部控制等消极措施来实施班级管理；民主纪律则强调师生

---

① 郑航.班级管理与学生指导.北京：北京师范大学出版社，2013，71～74.

双方的沟通和交流，允许讨论，要求学生共同参与制定和执行。

4. 学生守则

学生守则是学生在日常学习、生活中必须遵守的行为准则，对于指导学生的全面发展，帮助学生在学习、劳动、生活中逐渐养成文明的行为习惯，有着重要意义。学生守则通常以成文的条例，明确规定学生在学习和生活中应该怎样做，不应该怎样做，体现社会对学生的期望和要求，其目的是促使学生社会化，同时也应注重学生的个性发展。

中、美小学生守则（节选）

1. 学生守则（美国）

（1）总是称呼教师职位或尊姓；

（2）按时或稍提前到课堂；

（3）提问时举手；

（4）可以在你的座位上与教师讲话；

（5）缺席时必须补上所缺课业，向教师或同学请假；

（6）如果因紧急事情离开学校，事先告诉你的教师并索取耽误的功课；

（7）所有作业必须是你自己完成的；

（8）考试不许作弊；

（9）如果你听课有困难，可以约见教师寻求帮助；

（10）任何缺勤或迟到，需要出示家长的请假条。

2. 学生守则（中国）

（1）热爱祖国，热爱人民，热爱中国共产党；

（2）遵守法律法规，增强法律意识，遵守校规校纪，遵守社会公德；

（3）热爱科学，努力学习，勤思好问，乐于探究，积极参加社会实践和有益的活动；

（4）珍爱生命，注意安全，锻炼身体，讲究卫生；

（5）自尊自爱，自信自强，生活习惯文明健康；

（6）积极参加劳动，勤俭朴素，自己能做的事自己做；

（7）孝敬父母，尊敬师长，礼貌待人；

（8）热爱集体，团结同学，互相帮助，关心他人；

（9）诚实守信，言行一致，知错就改，有责任心；

（10）热爱大自然，爱护生活环境。

---

5. 班级舆论

班级舆论是指在班级内部占优势的、为大多数学生所赞同的言论和意见，通常以议论、褒贬的方式，肯定或否定集体及其成员的言行。班级舆论存在于班级生活的各个领域，体现班级群体的综合素质，它不仅影响着班级成员的思想、观点、观念、情绪，而且对个体行为能够产生某种约束或制衡作用。有鉴于此，著名教育家马卡连柯甚至提出："儿童集体里的舆论力量完全是一种物质的、实际可以感受到的教育因素。"我们要充分利用诸如德育课、黑板报、墙报、手抄报等舆论阵地，强化健康舆论的主导作用。

6. 班风

班风是指班级及其成员的精神面貌。它是经过长期、细致的教育和严格的训练逐渐形成的，是班级生活中一种长期占主导地位的稳定化倾向。班风对外代表的是班级形象，对内是一种氛围，反映了班集体共同的价值理念、道德规范和班级精神。班风的形成和发展，一方面受社会环境和学校实际状况的影响和制约；另一方面，与班级传统、班级士气、班级管理模式等因素密切相关。要形成良好的班风，就必须在考虑各种内、外影响因素的基础上，充分体现班风建设的"五要素"，即班风标准和行为规范是目标，活动是骨架，舆论是灵魂，骨干是核心，训练是动脉。

五、班集体建设

建设班集体是班主任最重要的基本功。建设班集体是一项创造性的工作，能否创造性地建设班集体，是衡量班主任工作水平高低的重要标志。

（一）创建班集体的重要意义

在我们的学校里，创建班集体绝不是权宜之计、短期行为，也绝不是两可之间的事情，它是我们社会主义性质学校的特色之一，是由社会主义教育的质的规定性所决定的。只有高度重视班集体的建设，通过班集体去育人，才能保证未来人才的质量，保证教育的社会功能的充分发挥。因此，对于创建班集体的重要意义，必须有充分的认识。

1. 只有创建班集体，才能保证育人的方向

我们要培养的人才，是符合社会主义建设需要的"四有"新人，这样人才素质的核心是集体主义思想和集体主义精神。现时代，一个人如果没有集体主义思想和集体主义精神，就会与国家利益、社会利益格格不入，就不可能有坚定的爱国主义思想，也不可能热爱社会主义制度。当然，也就不可能从内心深处拥护中国共产党，热爱中国共产党。

集体主义思想和精神不会从天上掉到人的脑子里去，必须在实际的生活中培养、锻炼和形成。在人人只顾自己的一盘散沙般的人群中，能够形成集体主义思想吗？当然不能。集体主义必须在集体中培养。一个学生，从小学到中学再到大学，他的学校生活的直接环境就是班级，这一个个班级是否成为集体，就关系到他能否形成集体主义思想。如果一个学生所在的班级，个人主义思想泛滥，歪风邪气盛行，他的思想就会受到腐蚀，发展方向就可能偏离正确的轨道。

2. 只有创建班集体，才能全面贯彻党的教育方针，培养学生德、智、体、美、劳全面发展

我们的学校育人要做到两个"全"，一是对全体学生负责，一是使每一个学生德、智、体、美、劳全面发展。每一所学校都要根据党的教育方针，制订本校的教育教学计划，而计划的最终落实，必须通过班级这个学校最基层的组织。于是班级的环境气氛，就成了完成教育教学任务、达到教育教学目的最重要的因素之一。

一个班集体，纪律严明，师生团结，气氛和谐，蓬勃向上，开展各种教育活动都会比较顺利，效益显著；各位任课教师的教学工作也会比较顺利，浓厚的学习气氛容易形成，学习成绩提高也快。乱糟糟的班级，什么也搞不好。

班集体建设，必须把德育放在首位，五育和谐发展。忽视德育，不能保证集体的建设方向，不能形成集体凝聚力，班集体不会形成；不同时抓好智育、体育、美育、劳动教育，班集体就没有发展的全面基础，德育就会空泛而不能落实，班集体也不会形成。可以说，贯彻德、智、体、美、劳全面发展的方针，是班集体得以形成的条件，而班集体的形成也为德、智、体、美、劳全面和谐发展创造良好环境和组织的基础。

3. 只有创建班集体，才能培养学生良好的个性品质

社会主义学校培养出来的人才，不仅要具有优良的共性素质，还要有优良的个性素质。发展共性与发展个性相结合，是马克思主义教育思想的一个重要组成部分。《共产党宣言》中就明确指出："代替那存在着阶级和阶级对立的资产阶级旧社会，将是一个联合体。在那里，每个人的自由发展是一切人自由发展的条件。"

培养和发展良好的个性品质，不仅是理论问题，更是实践问题。学生的良好的个性品质怎样才能形成？在学校里，主要靠班集体建设。马克思曾指出："只有在集体中，个性才能获得全面发展其才能的手段"，"一个人的发展取决于和他直接或间接进行交往的其他一切人的发展。"学生在集体中直接交往的人是最多的，与各位教师交往，与许多同学交往，在交往中，就会互相发生影响，发生作用。这种相互影响与作用正使个性赖以发展。一个优秀的班集体，学生之间的交往，大多是在积极的有组织的活动中进行的，促使学生的个性与集体的发展一起发展。也正是在诸多的集体活动中，学生得到显示自己才能和特长的机会，在他人和集体的肯定性评价中，心理得到满足，于是获得了"要干得更好"的动力，个性得到主动发展。集体的活动是多方面的：教学的，教育的；文体的，科技的；校内的，校外的；全班的，小组的……每个学生在不同的活动中处在不同的角色地位，其不同侧面的个性潜能得到培养和发挥。因此，学生个性在集体中得到全面和谐发展。

4. 只有创建班集体，才能使班主任自身的素质得到全面提高

没有谁会否认，提高教育工作者的素质是提高教育质量的关键。而教育工作者素质的提高，一方面靠办好师范教育，搞好在职培训，更重要的是要在教育实践中去探索规律，增长本领。班主任的自身素质，在创建班集体的过程中得到提高。

班主任要创建班集体，就必须充分了解和研究本班学生的情况，了解和研究什么，如何了解研究，都需动一番脑筋，下一番工夫，为了获得正确的认识，有时要冥思苦想。也正是在这个实践过程中，班主任学会了研究学生。

创建班集体不会一帆风顺，小的失误、挫折、失败都是可能的。出现这些情况怎么办？就需要深入地思考，特别需要学习理论，学习别人的经验，有时需要学习很多的东西，才能得到分析问题的参照，解决问题的答案。可见，创建班集体，要"逼迫"班主任学习理论，并运用理论去解决实践问题。正是这种理论与实践的结合，使班主任最重要的素质得到提高。

（二）班集体的概念

班级和班集体，是两个经常使用而又容易混淆的概念，对它们之间的区别与联系加以探讨，是为了更好地把握"集体"这个概念的含义，在班集体建设中有比较明确的态度和行动。

班级，又可以叫做"班级编制"，"学级编制"。班级，是从教学的角度提出的编制，与"个别教学"相对，是把年龄和知识程度相近的学生编成固定人数的教学组织形式。按照各门学科的教学大纲规定的内容，组织教材和选择适当的教学方法，并根据固定的时间表，向全班学生进行授课。

"班集体"这个概念的产生晚于"班级"概念，最初产生于苏联。随着教育改革的日益深入和教育科学研究的发展，我国对班集体的研究有了一定的突破。以下是几种有代表性的论述：

班集体，是由整个班级所组成，以完成学校教育任务为共同目标，有一定组织机构、规章制度的学生共同体。具有作为集体有机整体的行为与特征，不是班级个别学生的总和，是班级群体发展的高级形式。[1]

班集体，是按照班级授课制的培养目标和教育规范组织起来的，以共同学习活动和直接性人际交往为特征的社会心理共同体。[2]

班集体是高级班级群体。它是经过以班主任为主的各种教育力量的教育培养和引导而形成的具有正确的奋斗方向，具有较强的核心与骨干力量，具有良好的纪律、舆论、班风，具有良好的人际关系的团结、友爱、积极向上的高层次的班级群体。[3]

班集体，是全班有一个坚强的核心，已经形成自觉纪律，正确舆论以及团结友爱、勤奋好学的好学风的班级。[4]

这些界定，虽然内容不尽相同，但都是理论与实践结合的结果，具有可参照的意义。有的界定，侧重教育学的范畴；有的界定，侧重教育社会学和社会心理学的范畴；有的界定，体现一种综合认识。我们认为，这些界定的一个共性弱点或不足是没有充

① 顾明远. 教育大辞典. 第1卷. 上海：上海教育出版社，1990：139.
② 王宝祥. 实用班主任辞典. 北京：中国工人出版社，1992：112.
③ 王宝祥. 新时期班主任工作. 呼和浩特：内蒙古教育出版社，1990：107.
④ 唐云增. 学校班集体建设辞典. 北京：书目文献出版社，1992：16.

分体现"集体"的内涵。"集体",不仅是一种社会组织形式,而且应该体现特定社会的价值导向,体现教育方针的育人目标。界定"班集体"这个概念,"班"即"班级",是没有异议的,而"集体",只用目标、组织、规范、统一体等内容阐释是不够的。

因此,应该把教育方针的育人目标和体现中国社会主义教育性质的"集体主义"价值观融入"班集体"概念之中。这是建立具有中国特色社会主义教育理论所要求的,也是中国建设班集体的实践所需要的。从这一认识出发,我们对"班集体"做如下界定:班集体,是以集体主义思想为导向,经过以班主任为主的各种教育力量的教育培养而形成的具有正确的奋斗目标,具有较强的核心与骨干力量,具有良好的纪律、舆论、班风,具有良好的人际关系,能够促使班级全体成员德、智、体等方面素质不断提高的高级班级群体。

(三)班集体的要素

班集体作为客观存在的不断运动发展的有机整体,自有它的构成要素,对这些要素进行研究、分解,不仅具有理论意义,而且具有实践操作意义。通过对以往研究的分析,我们提出班集体的5项构建要素:

(1)目标要素——主要包括班集体德、智、体等方面发展目标及学生个性发展目标。为了体现达到总目标的阶段性,总目标应分为远期目标、中期目标、近期目标。各种正式群体的目标和个体根据集体要求制订的个人目标也是班集体目标的组成部分。

目标的制订要体现方向性,贯彻教育方针,贯彻教育领导部门的计划要求;要体现科学性,从班级学生的实际出发,符合集体和个体的发展规律;要体现民主性,经过民主讨论,得到集体成员的认同;要体现整体性,着眼于学生全面素质的提高。

(2)组织机构要素——主要包括班主任、班委会、少先队中队委员会、团支部委员会和各种小组(学习、值日、班报、考勤、课外兴趣、服务小组)。

组织机构干部的选择和配备要注意整体优化的原则。要尽量避免一人兼数职的现象;把培养、训练和使用结合起来;重视组织机构的民主作风。

(3)活动要素——有计划地开展丰富多彩的教育活动。要重视活动内容与形式的选择;注意班级成员在活动中参与的广度和深度,提高活动的教育实效。

(4)人际关系要素——逐步建立友爱、团结、和谐的人际关系,创造良好的集体心理氛围。通过组织学生参与活动、分配任务、机构调整、角色变换等途径,创造人际沟通、情感交流的机会。班主任要成为学生的导师和朋友。

(5)规范、舆论、班风要素——规范与纪律一致,《中学生守则》、《中学生日常行为规范》是班集体规范的主要依据,班级自己制定的规范要少而精,避免多而杂,关键在于落实。培养良好习惯是落实规范的直接目标。

培养健康舆论是班集体建设的重要内容,要提高学生的认识,发挥骨干力量的作用,及时进行表扬和批评,充分发挥舆论工具的作用。班风是班集体大多数成员的思想、情感、意志的综合反映。正风不立,邪风必起,要扶持正气,防患于未然。注意选择培养优良班风的突破口,树立榜样,不断"制造"正面舆论。

(四) 班集体的形成步骤

既然班集体的形成有一个过程，它就会有一个从量变到质变的发展规律。这个量变不是成员的增加，也不是活动频率、交往频率、组织机构数量等的增加，应该是在班集体构建诸要素中，体现集体走向成熟的特点因素的量的积累。这里将班集体发展划分为以下 5 个阶段：

1. 班级松散群体

这是班级组成的初始阶段。几十个学生坐进一间教室，有了班主任，开始按课表上课并进行一些活动。但此时，班级成员多数互不熟识，班级还没有奋斗方向，大家处在新奇而互相观察状态；骨干核心还没有出现，大多数活动由班主任直接参与指挥；有外在的纪律、规范要求，基本处在"他律"阶段，班级成员各有各的心思，整个班级还是松散的。

2. 有组织的班级群体

班内的各种组织机构已经建立并完善起来，班干部在班主任引导下开始发挥组织管理作用。班级制订了计划，有了比较明确的奋斗目标，各项工作逐步开展起来。有的活动，班干部开始发挥积极作用。师生心理开始沟通，同学之间的交往渐渐增多。整个班级给人以走上正轨的感觉。

3. 初级班集体

此时，班集体的形象初露端倪。班级的核心已显现出来，骨干力量开始形成。有些活动，即使班主任不亲临现场，也能由班干部带领同学开展起来。班级纪律稳定，没有乱堂。正确的舆论占上风，好的班风开始形成。学生开始对班级感到满意，产生"我们班不错"、"我们班好"的心理感受，而且希望班级更好，往往产生与平行班级竞争的态势。

4. 成熟班集体

班级奋斗目标一步步实现，核心、骨干力量比较充分地发挥作用，能主动地、有计划地开展班级工作。在许多日常工作和活动中，班主任已退到"二线"，良好的纪律、舆论、班风形成，团结气氛浓厚。每个成员都有了较强的归属感和荣誉感，自觉维护集体的利益，对偶尔出现的损害集体利益和荣誉的事情，感到气愤、忧虑，而且想尽快解决，挽回影响。整个班级已经形成了整体。

5. 优秀班集体

班集体达到了更高层次。核心、骨干力量扩大，绝大多数同学都成了集体的主人和积极分子。创造性地开展活动，更多地在年级和学校发挥集体影响。优良班风巩固下来，形成传统。班级气氛十分和谐稳定，很少出现不良性偶发事件。各方面的成绩优良，成为学校各班学习、追赶的榜样。集体成员充满了自豪感。

第三节　班级活动管理

班级活动是创造性地建设班集体的最重要组成部分和最重要的内容。每一位班主任都会组织班级活动，但是否能组织好班级活动却是另一码事。如果要求班主任能够并且善于创造性地开展丰富多彩的班级活动，则是高层次的标准了。这就要求班主任对班级活动有较深入的理性认识，对不同类型的活动有一定的探究并且掌握它们，对于开展活动的原则和方法能够付诸实施。总之，对班级活动要具备从"知"到"行"的能力。

一、班级活动的内涵、类型和意义

（一）班级活动的内涵

所谓班级活动，是指教育管理者根据班级的教育管理目标以及班级学生发展的实际，在课堂教学之外有目的、有计划的策划和组织引导学生参与的各种旨在促进班集体发展的健康成长的活动。班级活动包括班级的学习活动、文艺活动、体育竞赛活动、科技活动、社会实践活动、自我服务活动等。这些班级活动的策划和组织是以教育目的和学校培养目标为导向，以促进学生全面健康成长为宗旨，以学生在不同年龄阶段的身心发展特点和学生班级发展的不同阶段的实际情况为依据，强调充分挖掘和利用多方面的资源，丰富活动内容和形式，优化活动实效。

（二）班级活动的类型

班级活动的类型多种多样，根据不同的分类标准，可以将班级活动分为不同的类型。

1. 按照活动时间特点分类

按照活动时间特点的不同，可以将班级活动分为班级常规活动和主题活动。班级常规活动是指为维持班级各项工作正常运行，每天或每周都要必须进行的班级经常性的活动。班级主题活动是指活动内容随全校性的活动进程而组织，或者根据班级实际需要，围绕某方面主题而设计和组织的活动。

2. 按照活动主体分类

按照活动主体的不同，可以将班级活动分为集体活动、小组活动和个别活动。集体活动是以班集体为单位组织的活动；小组活动是指以学生小组为单位组织的活动；个别活动是以学生个体为单位，针对学生个别差异开展的教育管理活动。

3. 按照活动内容分类

按照活动内容的不同，可以将班级活动分为班级学习活动、班级交往活动、班级心理辅导活动、职业生涯规划指导活动、班级综合实践活动。班级学习活动是指旨在扩大学生的知识视野，提高学习兴趣，掌握学习方法，培养学习能力，优化学生学习效果的活动。班级交往活动是指班级教育管理者为发展班级学生交往能力而有意识组织开展的，促进班级师生关系和同学关系和谐发展的各种活动。班级心理辅导是指班级教育管理者为培养学生良好的心理素质，提高学生的心理健康水平而开展的心理辅导活动，包括团体心理辅导活动以及针对个体存在的心理健康问题而进行的个别心理辅导活动。职业生涯规划指导活动是指教育管理者辅助学生根据自己的个性特长、能力倾向、发展潜力等特点进行人生规划及职业指导活动。班级综合实践活动是指学校或者班级统一安排，根据学生年龄特点和年级特点开展的形式多样的参观访问、社会调查、公益服务、生产实践等活动，这类活动也可以结合综合实践活动课程的实施来展开。

（三）班级活动的意义

班级活动是学校教育的重要形式，也是学生全面和谐发展的重要途径，既是班集体形成和发展的生命线，也是学生个体健康、和谐、个性发展的保证。

1. 班级活动对班集体的形成和发展的促进作用

首先，班级活动是形成班集体的重要机制。苏联心理学家 A·B·彼得罗夫斯基的集体发展理论认为，集体作为高级形态的群体，其本质特征就是以活动为中介的人际关系多级结构，群体的独特性的社会活动方式是集体形成和发展的整合因素。班级中的每一个学生个体通过越来越多地参加共同活动，最终实现了群体的整合。因此，共同活动是群体形成和发展的主要决定因素，共同活动是群体社会心理整合的重要条件。具体来说，通过共同的班级活动，可以培养学生的集体意识，增强学生对班集体的关心，还可以增进同学间认识和了解，在共同活动中发展共同的兴趣和爱好，增强学生的友谊和团结。所以，在一个班集体的形成阶段，丰富多彩的班级活动不仅可以活跃学生的班级活动，寓教于乐，而且有利于班级群体凝聚力和归属感提升。

其次，班级活动是巩固和发展班集体的重要保证。班集体要向更高层次发展，需要持续地开展班级活动给集体注入生命力。在共同的活动中，学生不断强化对班级奋斗目标的认同，努力为实现班集体目标而奋斗，并不断发展新的、更高的目标。班级活动还可以增强集体的吸引力和向心力。

2. 班级活动在学生个体健康成长中的作用

首先，扩大学生的视野，密切学生与社会的联系，培养学生的社会责任感。班级活动是中小学生走出校门，和大自然、社会接触的重要途径，通过班级活动，可以促进学生在活动过程中萌生责任意识，强化责任感，通过选取与社会生活密切相关的课题，如环保问题、健康问题、社区建设问题、百姓生活中的科学技术问题等，引导学生对这些问题探究，丰富学生对社会的多方面认识；通过组织学生参加一些社会公益活动或者志愿者服务，培养学生关心社会、生态环境，关心国家发展的社会责任感。

其次，培养学生的探究意识和实践能力。班级活动是课堂教学的延续，是巩固所学知识、吸收新知识、发展智能的重要途径。在班级活动中，学生可以接触到真实的生活情景，检验在课堂中所学习到的大量书本知识，建立起这些知识和生活世界的联系，并且在应用知识的过程中又会发现新的问题。为了解决新问题，学生就要开动脑筋，积极思考，利用多种手段，通过多种途径获取信息，并根据需要处理信息，恰当地利用信息，完成自己的课题。通过发现问题—分析问题—解决问题—展示交流—产生新的问题等活动流程，培养学生的自主探究能力和独立解决问题的能力。

再次，发展学生的交往和合作能力。班级活动是学生之间的社会交往过程，在活动中，学生有更多的机会面对活动中的人际关系问题。要处理好这些关系，学生就必须了解自己所面对的活动的性质、目标，参与活动者各自的能力及其他特点，并以此来进行角色分配、协调相互的关系，从中学习分工、合作、沟通、交流的技巧，以及有效地组织自己的活动、与人合作、宽容和礼让等社会性技能。

最后，发展学生的多方面兴趣爱好，培养学生独特的个性。班级活动是根据学生的特点和发展的需要来组织的。学生是活动的主人，他们可以根据自己的兴趣爱好，有选择地参加学科知识、科学技术、文学艺术或者体育运动、社会调查、社会实践等方面的活动。学生自愿参加的活动不仅能满足他们的精神需要，而且还会进一步激发他们的求知欲望，发展他们的兴趣和特长。

二、班级活动的原则

（一）教育性原则

这似乎是不需论证的命题了，其实不然，有的班主任搞班级活动，仍有忽视教育性的现象。某校高中二年级的班级里，黑板上写着"理想教育"几个大字，班主任主持班会。在班主任几次动员和引导之后，一个女学生站起来了，她念着手中的稿子，内容和语言都挑不出什么毛病，因为多是从书报上抄下来的。下面的学生一面听，一面笑。班主任接着动员，于是又有几个学生以同样的方式发言，有的发言者本人就边谈边笑了起来。最后是班主任的小结。若从表面上看，这个"主题班会"的教育性是不能怀疑的了，它在对学生进行理想教育，但若从实际效果上看，它的教育性就值得怀疑了。班级活动的教育性，应以能否发生教育作用，达到育人目的来检验。这就要求班级活动不仅有体现教育方针的正确内容，还要符合教育规律。要使教育内容真正"内化"到学生心里，才是真正具备了教育性。

班级活动的教育性，不仅要看组织活动的动机，更要看组织活动的效果，要把二者统一起来。盲目性是教育性的大敌，班主任组织开展班级活动，既要考虑内容，又要考虑形式，既要考虑全体学生，又要考虑活动的全过程。教育性是班主任教育思想和教育能力的综合体现。

（二）针对性原则

班级活动要讲针对性，针对性越强，收效越大。可以开展的活动很多，每项活动都应有针对性。

一是要针对学生的年龄特点和身心发展需要。同一内容的教育，在各个年龄段都可以进行，但具体的内容层次和方法却应有所区别，没有区别就没有了针对性。例如，同样进行交通法规教育，一位小学低年级优秀班主任搞了一个"家庭小民警"的活动，把学生的积极性充分调动起来了，男孩子组织了"男子汉检查队"，女孩子组织了"自己动手队"，展开竞赛，不仅教育了学生自己，也教育了家长。而另一位初中班主任，让班委会出面，组织了一个"模拟法庭"主题班会，以本校违章受罚和交通事故作资料，编写了"法庭"审理、判决的班会活动计划，分角色排练，也收到了很好的教育效果。

二是要针对班级里实际存在的问题。活动总要解决点问题，越是能针对班级里现实存在的问题开展活动，效果会越好。一位小学班主任发现本班有的学生用手帕擦桌子、擦玻璃，用完就扔掉，有的学生不带手帕，埋怨"妈妈没给我洗"，有的女孩子专门比谁的手帕多，谁的手帕漂亮。班主任认为这都反映了学生的思想问题，于是通过联系，搞了"三进手帕厂"的教育活动。当学生们看到一块手帕要经过60道工序，看到工人叔叔、阿姨在闷热的车间里汗流满面的工作以后，思想受到了很大的震动，改掉了原来的毛病。一位高中二年级的班主任发现本班团支部"考验"申请入团积极分子太严，20多人申请入团，很长时间一个也通不过。有的人被"考验"得有了气，说："我也不入你们这个团了，等进了大学再争取吧。"班主任为了教育团员关心、爱护同学的入团积极性，多看优点，多做帮助工作，也为了教育广大申请入团同学坚持不懈地严格要求自己，设计召开了一次"金光闪闪的团徽热情向你招手"主题班会。班会开得庄重、生气勃勃而又充满激情。不久，这个班的团支部壮大了，后来被评为模范支部，而且是全校评上模范共青团员最多的一个支部。

三是要针对社会上各种有影响的现象开展班级活动。社会上的"热点"现象，有的是积极的，通过活动，引入班级，促进集体的发展和每个成员的成长，像学雷锋、学张海迪、学赖宁等。有些现象是消极的，或比较复杂的，要通过活动，引导学生认清现象的实质，分清是非，自觉抵制消极影响，像"琼瑶热"、"武侠热"、"台球热"、"消费热"，都曾是许多班级活动的热门话题。

（三）整体性原则

整体性，也称为完整性、立体性，都是强调活动的全过程和活动的各个侧面，使其成为一个系统，最大限度地发挥教育作用。

一次活动，一种活动，一学期或一学年的活动，都有整体性的问题。

一次活动，要有一个完整的过程，包括酝酿、计划、准备、实施、小结等阶段。一次活动的教育作用，不只是在"实施"一个阶段，而是体现在活动的全过程之中。在酝酿、计划、准备阶段，学生的身心已经投入活动之中了，学生的思想已受到影响。

实施阶段是整个过程的高潮阶段，教育影响力最大。小结阶段也不能忽视，集体和个人的收益，都应通过小结加以梳理，活动的优点与不足，通过小结加以分析、评估。有的活动比较简单，而且时间短，各个阶段不明显，那也要注意它的全过程。

一次活动，要有几个侧面，各个侧面构成一个整体。一般地说，至少应考虑活动的主题内容、活动的基本形式、活动的组织领导、活动的舆论配合，活动的时间、地点，活动的基本要求等，这些方面都需从班级实际出发，从教育效果出发，进行统筹安排。如果有一个侧面、一个局部配合不好，就会影响整体效果。

一种活动，例如文艺活动、体育活动、科技活动，不只搞一次，而是搞若干次；一学期、一学年的活动，包含了各种、各次活动，都应该坚持整体性的原则，即都应注意全过程和各个侧面。

（四）多样性原则

多样性，既包括活动内容的多样性，也包括活动形式的多样性。班级活动，非常忌讳单调划一，刻板乏味。这有两方面的原因，首先是少年儿童在小学、中学，需要接受多方面的教育培养，他们必须立体化地逐步完成其社会化和个性化过程，需要德、智、体、美、劳多方面的和谐发展。学校应该为学生提供丰富多彩的教育环境，班级活动的多样性，正是这种教育环境的最重要组织部分。其次，少年儿童活泼好动，求知、求新、求美、求乐，唯有丰富多彩，新颖出奇才能满足他们的需要，适合他们的口味。只要肯于开动脑筋，即使同一个题目，也可以根据班级不同，实际导演出内容各异、形式多样的活动来。以"集体过十四岁生日"为例，可以根据班级存在的问题和班集体建设需要，确定完全不同的主题内容：回顾父母的养育之恩，培养敬爱父母的感情；反思自己走过的道路，踏上新的人生旅途；认清过度消费的弊病，培养艰苦奋斗的作风；为少先队站好最后一班岗，争取早日加入共青团等。活动的方式也因内容和条件而多样化：学生与父母互相写信；领导、教师给学生赠言；学生自己抒发情怀；请革命前辈、英模人物座谈；请成年人讲"当我十四岁的时候"；请共青团干部讲团课……

（五）主体性原则

班级活动的主体是班级整体和全体成员，班主任只是这整体中的重要一员。班主任起指导和出谋划策的作用，但不能包办代替，班主任的领导艺术在于使班级整体运转起来。主体性原则要求班主任与班委会、团支部、中队委配合，最大限度调动起全体同学的积极性，使全体同学处于兴奋状态。应该让学生们普遍感到：这是我们自己的活动，我们要动脑筋想办法，我们一定要在活动中显身手，争取干得出色。

主体性原则要求在活动中消灭"死角"。每次活动，都应该有"预谋"，事先给活动中可能出现的"死角"安排合适的"角色"，让他们动起来。在活动中，改变他们的地位，并使他们受到教育。

有的班主任开展班级活动，只有少数人在动、在忙活，大多数人成了"看客"和"局外人"，这就不能达到理想的教育效果。

（六）创造性原则

班级活动不能照猫画虎，不能老生常谈，要保持班级活动的高度吸引力，获得最佳效果，必须有创造性。

创造性首先表现在活动内容上。这就是要随着班集体的发展，随着客观形势的变化，不断丰富和充实活动的内容。有些内容，例如爱国主义教育、理想教育、集体主义教育、法制教育等，基本主题不变，但是随着时代的发展，总有新的"热点"、新的内容和材料，我们必须善于敏感地、及时地纳入到班级活动中来。把基本的、常规的教育活动内容，随时灌注时代的清新的"源头活水"，是班级活动创造性的根本，即便是一些不以思想品德教育为主的班级活动，也必须有创造性。例如，科技小组活动，如果仅仅停留在模仿性的小实验、小制作上，而没有小发明、小设计、小创造，也不能达到培养科学意识，培养创造性能力的效果。

创造性还表现在活动形式上。再好的内容，没有学生喜欢的生动活泼的形式，效益也不会高。近几年来，班主任在实践中创造了许多活动形式，像"系列教育活动"、"辩论式教育活动"、"测试性班队会活动"、"主导目标教育活动"、"非言语交往活动"、"热门话题"、"一分钟回答"、"欢快的课间十分钟"等都是过去根本没有或很少使用的活动形式。这些形式，适合学生的特点和口味。

上面我们说明了班级活动的六项基本原则，或者说基本要求，我们认为它们是带有共性的，即不管搞什么样活动，都应努力做到的。遵循这些原则，是取得活动最佳效果的保证。当然，还可以提出其他的原则或要求，例如有的论者就曾提出过"开放性原则"、"趣味性原则"、"知识性原则"、"思想性原则"、"时代性原则"、"实效性原则"、"序列性原则"、"实用性原则"等观点，而且做了理论性的阐释。这对我们的工作也是很有启发的。

三、班级活动的基本方式

（一）班级例会

班级例会是比较固定的班级活动，主要有周会和晨检两种。

1. 周会

周会排在课表里，每周开或双周开，这是最经常的一种班会。周会，一般由班主任、班委或值周生主持，有时布置工作，有时总结班级一周、两周、一个月的情况，有时讨论班级活动计划，有时评估班集体建设进展情况，内容不固定。有些重要的主题教育活动，常常利用周会的时间进行。

2. 晨检

这是每天早晨都要进行的活动。安排当日活动，值日生讲评，简短的表扬或批评，通报重要信息等，内容也不固定。近年来，一些班主任为了增加晨检的吸引力和教育效果，尝试了一些新的做法，例如"每日一句名言"、"一分钟问答"、"点将回答"、"三分钟演讲"、"今日我当家"等，确实很有效果。

抓好班级例会的关键是不要把例会变成"例行公事"，唱独角戏，啰嗦讲话。

（二）主题教育活动

这是大量的、以思想品德教育为主的活动，其方式多种多样。

1. 主题班会、系列主题班会

选择一个教育主题，充分发动群众，人人动脑、动口、动手，采用适当的方式——或辩论，或演讲，或讨论，或表演，使主题充分、深入地体现出来，普遍受到教育。有的主题教育，一次活动不能完成，就分为几次，搞成系列主题班会。

例如，优秀班主任金熙寅老师围绕"如何开展课外阅读活动"这一专题，设计了一组"系列主题班会活动"，包括：①人人建立起学习的智力背景；②耕耘吧，朋友；③比比谁最富有。每次活动设一个重点，在开展课外阅读活动中分几个阶段召开。

再如，一位优秀班主任围绕"诗情画意梅花节"这个专题，分别以"赏梅"、"品梅"、"咏梅"、"愿做祖国的小红梅"为重点，组织了四次主题班会，成为一个完整的系列主题教育活动。

2. 报告会

在主题教育活动中，报告会形式被经常采用。请人报告，可以安排很多内容，但必须选择学生最需要的，有重要教育意义的内容。报告人要令人钦佩，口齿也要清楚。英模事迹、纪律法制、科技发展、时事政策、革命传统、改革成就等都可以组织报告会。报告会要事先有动员，有要求，有必要的舆论宣传，报告会后要以不同的形式总结收获。

3. 伦理讲话

这是一种传统方式，大多由班主任主讲，也可请任课教师或其他人主讲。伦理讲话主要是道德方面的内容，如"五爱"、理想、志向、纪律、友谊、团结、敬老爱幼、规范习惯、文明行为等都可以进行专题讲话。这类讲话要深入浅出，理论与实际并重，要多举形象、生动、有说服力的例子。

4. 主题座谈活动

以学生最关心的事情为专题，可以开展多种座谈活动。与学校领导座谈，与知名人士座谈，与班主任、任课教师座谈，与家长委员会座谈，与各种专业人员座谈等。座谈活动具有民主气氛，容易调动学生的积极性。学生直接关心的问题可以得到解决。

（三）文体活动

班级开展文体活动，可以活跃班级气氛，增进集体团结，提高思想道德境界，促进学生全面发展。

1. 联欢会

这是庆祝节日经常采用的方式。元旦、"五一"、"六一"、"七一"、"八一"、"十一"，都可组织联欢庆祝活动。联欢要有充分准备，节目应事先排练、检查，班主任和任课教师一定要有自己的节目，教师的节目不在于水平高低，在于创造心理交融的"共乐"气氛。

节日以外，学习过于紧张的阶段，也可安排小型的联欢活动，使大家放松一下，如周末晚会、生日晚会、中秋晚会、月光晚会、纳凉晚会、营火晚会等。

2. 班级体育活动和小型体育竞赛

利用课余时间，根据学生的兴趣和可能的条件，组织班级体育活动和小型体育竞赛。像拔河、踢毽子、跳绳、棋类、篮球、排球、羽毛球、乒乓球等都可进行经常性活动和分男女生组织小型竞赛。搞竞赛要组织好，做好思想工作，可以准备一些小奖品，发给优胜者。

3. 文体小组活动

班级可以组织各种文体课外活动小组，有专人负责，制订计划，定期活动。文艺方面可以选择组织歌咏、舞蹈、曲艺、乐器、绘画、书法、雕塑、篆刻、剪纸、摄影、木偶、魔术、工艺、刺绣、纺织、集邮等小组；体育方面可以选择组织体操、武术、棋类、球类、游泳、溜冰、滑雪、射击、田径等小组。

（四）学习活动

这里说的学习活动，不是搞集体做作业、集体测验那样的事情，而是为了促进学生学习而开展的一些扩大知识视野，提高学习积极性，提高学习能力的活动。

1. 作业展览

这项活动，可以促使学生严格要求自己，学习别人的长处，提高学习效果。

2. 学习经验交流会

本班同学的学习经验，最有启发作用，不管是全面性的学习经验，还是单科性的学习经验都可以总结、交流。有的人学习进步比较大，也可以介绍经验。交流学习经验，非智力因素方面的内容和具体的学习方法都应重视。

3. 学习方法讲座

可以请任课教师就某一科的学习方法进行专题讲座，也可以请人从综合的角度讲学习方法。对于小学高年级和中学的学生，这种讲座是很有必要的。

4. 知识竞赛、智力竞赛

这种竞赛，结合各科学习，又不局限于各科内容。出题、组织竞赛、裁判都由学生来负责，学生的收益会是很大的。

5. 课外阅读活动

与各科教师配合，推荐书目，成立班级小图书馆，确定少量的必读书目，要求写读书笔记，定期召开读书心得交流会。

（五）科技活动

班级的科技活动，主要有三种方式，科技班、科技参观和科技兴趣小组。

1. 科技班

与任课教师或科技辅导员配合，以科技实践或介绍科技新成就为主。像数学、物理、化学、生物、地质、环保、计算机、海洋开发、新能源、新材料、遗传工程、航天技术、南极考察等许多内容，可以成为科技班的主题。

2. 科技参观

组织学生参观当地的自然博物馆、科技馆、各种理工农医研究所、大学的实验室以及各种科技展览，还可以组织看科普电影。

3. 科技兴趣小组

可以选择组织无线电遥控、电子玩具制作、航空模型、航海模型、机械制图、电机原理、土壤分析、果树嫁接、良种培育提纯、土地肥力测试、禽畜防疫、食用菌种培育、快速育肥、教具制作、天文、地理、数学、物理、化学、生物、计算机等小组。在农村地区，可以结合"星火计划"、科学种田开展小组活动。

（六）社会教育活动

社会教育活动是班级到校外组织的教育活动，方式也很多。

1. 参观访问活动

参观工厂、农村、部队、重点建设工程、英模事迹展览、著名文物古迹、纪念馆、博物馆等；访问老工人、老农民、革命前辈、先进工作者、科学家、文艺家等。

2. 社会调查

这种活动比较适合于高中学生，要针对学生在思想认识上的某些问题，选定调查的题目。调查之前要做充分准备，制订调查计划，列出调查提纲。调查方法要科学。对调查所得的数据和资料要进行认真的统计、分析，得出正确的结论。应要求学生写出总结或调查报告。

3. 共建精神文明活动

与附近的街道、工厂、机关、部队联合起来,共同为当地的精神文明建设贡献力量。应做出活动安排,真正落实。

(七)班级劳动活动

有组织地开展劳动教育,对树立学生的劳动观点、端正劳动态度、养成劳动习惯大有益处。

1. 组织自我服务性劳动

这是学生必须进行而且经常进行的劳动,依年龄的不同,劳动内容和时间有所不同。自我服务性劳动包括两方面的主要内容:一是家务劳动,二是学校内自我服务性劳动。《小学生日常行为规范》对学生的家务劳动提出了具体要求,要求自己的事情自己做,学会并承担收拾房间、洗衣、洗刷餐具、做饭等家务劳动。班主任和班集体在引导学生贯彻《小学生日常行为规范》中,对学生的家务劳动情况进行必要的督促和检查。同时,还可以组织"家务劳动竞赛"、"野炊"等集体活动,来提高学生进行家务劳动的积极性,锻炼学生的家务劳动能力。校内自我服务性劳动包括班上值日,饭厅值日,宿舍值日以及建校劳动等。这些劳动除经常轮流进行的以外,可以组织班级活动,像教室、宿舍、环境大扫除,集中参加建校美化校园的劳动等。

2. 组织社会公益劳动

这类劳动,由于它直接服务于社会,不计报酬,对学生的教育作用很大。社会公益劳动,有服务性的,也有工农业生产劳动。班主任、班集体可以根据学生年龄特点和社会需要,组织宣传遵守交通秩序,节假日帮助街道和市场整理环境,打扫卫生,为汽车公司擦洗汽车,帮助军烈属、孤寡老人、病残人清扫卫生,料理家务以及种花、植树、除虫等活动。

3. 组织服务性劳动小组

如学雷锋小组、理发小组、木工维修小组、自行车修理小组、修鞋小组等。

至于学校根据有关规定安排的劳动技术课、生产劳动和社会实践活动,班主任要坚持组织学生积极参加,并达到规定的要求。

班级活动还会有其他的类型和方式,这里难以尽述,重要的是班主任在工作实践中要充分发挥自己和学生的创造性,使班级活动真正丰富而多彩。

四、班级活动的组织准备与实施

我们在探讨了班级活动的意义、原则、方式之后,有必要对组织班级活动的具体方法做一些说明。

全班活动大致有六个步骤，每个步骤都有一系列具体工作要做，班主任要从活动的全过程着眼，去抓好每一步的工作。

（一）活动的选题

这是最初的也是最重要的工作之一。活动的题目选不好，活动就不会搞好。我们所说的选题，主要是指活动内容主题的选择和确定。选题要经过三个层次的工作。

1. 班主任的充分思考

班主任是活动主体的中心人物。班主任对每项要组织的活动，要有"主心骨"，要事先心中有数。班主任的选题设想要注意几个参照：一是注意班集体奋斗目标和班集体建设计划是否适合当前班集体建设活动内容的需要；二是注意班集体的现实情况，看看是否有急需解决的热点问题；三是注意学校教育计划和教育活动安排。这几个方面是提出班级活动选题的重要依据。有不少班主任教师，早在学期之初，就已胸有成竹，对每个阶段的活动都有了安排。但此时，也还需重新审度一番，看看原来的设想与当前形势是否完全相合。如有不合拍之处，就应做些必要的调整。

2. 班委会充分讨论

班主任可以把自己的设想讲给班委会成员听，也可以先引导班委会进行酝酿。特别要引导班委们考虑几个方面的参照情况。要允许学生提出独立的见解，在大家畅所欲言的基础上进行归纳。大致内容确定之后，可以初步商量活动如何进行。

3. 由班委会向广大学生征求意见

采取个别交谈或开小型座谈会的方式都行，对学生们的反馈信息，要认真收集、整理，作为组织活动的重要参考。有些活动，还可征求任课教师、校领导以及部分家长的意见。

（二）制订活动计划，落实组织工作

选题确定之后，要由班主任和班委会共同制定活动计划，并且落实组织工作。

活动计划应该包括以下内容：活动的内容和目的，活动的基本方式，活动的组织领导，活动的时间安排，活动的具体准备工作，活动的地点，活动总结。

活动计划应该由班委会该次活动的负责人书面写成，每一项内容反复斟酌，以便落实。组织领导一项要明确具体分工，谁总体负责，谁负责宣传，谁负责对外联系，谁负责组织发言或节目，谁负责布置会场，谁做主持人等，都应有人牵头。

在组织工作中，有两点应特别引起注意：一个是发动和安排全体学生参与活动，尽最大努力消灭"死角"。针对班级存在的问题开展活动，更要注意与"问题"有关的学生的活动"角色"，要选择适合的"角色"让他们承担，以突出活动主题，发挥教育作用。另一个是要考虑可以借助的力量，即请能为活动"增色"的班外人员参加，例如，有时可以分别请教导主任、校长、党委书记、团委书记、大队辅导员、任课教师、家长、共建单位负责人等参加活动，还可以安排他们发言，出节目。

（三）具体准备工作

准备工作，关键是抓落实，主要负责人要检查每一项任务的落实情况。有些任务，难度较大，要多花精力，比如要求学生发言或演节目的活动，要写稿子或提纲或进行排练。不一个个项目过问，就难以保证质量。

活动，如包括外请人员讲话，更需具体落实，人家是否有时间，希望人家讲什么内容，都得定好。倘若期望通过外请人员讲话解决班上的一些具体问题，要如实向讲话人汇报班级情况，以提高针对性。

在准备工作中，主持人如何主持活动是不能忽视的。他必须对主持过程有详细计划，而且要写出主持词。开头与结尾，中间各活动内容的衔接，都要写好，并进行必要的演练。

（四）布置会场

会场布置得好不好，直接关系到活动的气氛和效果。布置会场的基本原则是适合活动主题，创造良好环境气氛。有的活动庄严、肃穆，会场就要整洁、质朴，不要色彩过分鲜艳；有的活动欢快、活泼，会场就要美丽、大方，色彩可以鲜艳些。黑板、灯光、桌椅摆放，必要的装饰物，都从活动主题出发进行设计。

为了创造气氛，有时会前、会中、结束时需放些音乐，那么，乐曲的选择也是很要紧的，不能放不协调的音乐，那样反而破坏气氛。

有的班级开展活动，从来不重视会场的布置，这是严重的欠缺，应该纠正。

（五）活动实施

这是关键时刻，是活动全过程的高潮。如果前边的准备充分，达到高潮就有了基本的条件。为了保证活动的成功，还需注意几个问题：

全班学生的精神状态。活动实施前的一天至两天的时间，班上要创造一种准备积极投入活动的态势，准备工作在抓紧进行，舆论工具发出具有鼓动性和号召力的信息，班级骨干和每个成员都表现出积极的姿态。

此时，往往会出现干扰因素，比如班上出现了某种偶发事件，引起情绪波动，或者有人对活动抱怀疑态度以至说风凉话等。这需要班主任和班委会及时做出处理，及时调整大家的心理状态，使干扰降到最低限度。这样，在活动开始时，全班才能有一个好的心理环境。

活动实施，要求主持人全身心投入，精神振作。其情感，其语言，其动作，足以感染和带动全班每一个同学。主持人在活动中就是带头人，是指挥者。除了熟练的准备好主持词之外，有时需要灵活性，有时需要幽默感。主持人是很难当的，不是谁都可以承担。班主任和班委会对活动主持人要慎重选择，要培养和训练。

处理好活动中的偶发事件。"天有不测风云"，活动进行过程中，难免出现始料不及的问题：突然停电、录音机卡壳、发言或演节目的人过分紧张忘了词、突然有人不舒服……除非出现使活动不得不停止的事情，否则应妥善处理偶发事件，继续进行活动。必要时，班主任要出面说几句话，使大家保持平静。

（六）活动总结

这一步不能省掉。究竟活动搞得怎样，收获有多大，缺点是什么，都得通过总结才能清楚。

总结的方法多种多样。可以开小范围座谈会，可以写总结，可以广泛征求意见，也可以开全班总结大会。不管用一种或是几种方式，班委会的总结会是必须开的。班委会要对活动的全过程进行反思，从选题开始，直到结束。而且班委会的总结内容，要以口头或板报的形式通报全班学生，以便听取反馈意见。

以上我们对组织班级活动的步骤、方法，做了比较详尽的说明。活动的每一步都关系到教育效果，活动的全过程都是在"育人"。

第四节　班级日常管理

班级日常管理能力是班主任必须具备的基本素质之一。班级日常管理不仅需要掌握必要班级管理理论，学会对学生进行常规管理与指导，而且要熟练掌握学生评价的艺术。

一、班级日常管理概述

（一）班级组织建设在班级日常管理中实现

班级组织建设与班级日常管理都是班级愿景实现的路径，但是班级组织建设是从班级组织整体出发，在班级组织中确立起共同愿景，使班级组织有一个前进的方向，建立起班级组织机构使班级组织能够运行。明确的班级组织规范使班级行为能有准绳，那么，班级日常管理就是使班级共同愿景成为班级成员实际行为的指南并通过班级日常活动逐步实现，让班级组织机构实际地运行起来，同时让它健全起来，将班级组织的规范落实到班级成员的行为中去。

概括起来说，班级组织建设主要是立组织框架，班级日常管理是对组织框架的充实与丰富。如果没有班级组织建设所立的框架，班级日常管理便无所依傍；如果没有班级日常管理，班级组织建设也就没有生活的内容，或者说是没有"生命力"的。

（二）班级日常管理的内容

班级日常管理包括班级环境管理、学生发展指导、个别教育和学生评价等几个方面。

1. 班级环境管理

班级日常工作是在特定的环境中进行的，班级日常管理不仅是人的行为的管理，还包括环境的管理。

2. 学生发展指导

班级管理作为教育性的管理，并不简单地把组织行为强加于班级成员，而是要让学生通过规范行为获得发展，因此在班级日常管理中管理者有对学生发展进行指导的任务。

3. 个别教育

班级管理作为教育性管理，无论是从班级组织生活出发，还是从班级成员的个体发展出发，班级组织成员的个别问题都需要个别地解决。因此，班级日常管理中有个别教育的问题。

4. 学生评价

评价是管理的重要工作。班级管理作为教育性的管理，学生行为评价既是教育的手段，也是管理的手段。学生评价是班级管理的日常工作之一。

二、班级环境管理

苏霍姆林斯基说过："只有创造一个教育人的环境，教育才能收到预期的效果"。学生在校生活主要是在班级中度过的，班级成为学生成长过程中的一个重要组成部分。实践证明，良好的班集体始终激励着学生不断进取，主动、健康地成长，能使得学生心情愉快，更加积极、轻松，充满激情地投入学习、生活中去。具体而言，班级环境包括班级制度环境和班级物质环境。

（一）班级制度环境管理

1. 教学秩序管理

教学是学校的中心工作，教学是教师的教和学生的学的统一，这种统一的实质是交往、互动、共同发展，形成真正的"学习共同体"。要想实现真正意义上的"学习共同体"，必须要创造师生、生生交往的良好环境和秩序，保证教学活动的开展。因此，建立具有稳定秩序的学习环境，是班级日常管理的重要内容。

2. 考勤管理

考勤是维护班级正常教学秩序，建立良好班风的需要。班主任通过对学生的出勤情况进行考察，督促学生自觉遵守纪律。

3. 课堂行为管理

课堂行为可以从以下几方面进行规范：一是课前准备；二是教学活动要求；三是教室内师生之间的交往礼仪规范；四是教室的环境安全；五是教学仪器设备的使用要求等。

4. 自习管理

自习课是学生自主预习、复习和完成作业的课，是培养学生形成良好自学习惯、培养自主学习能力的有效途径。

5. 考试管理

考试是教学过程的基本环节。做好考试管理，班主任要做好以下工作：一是要重视思想教育，强调考试的目的意义，形成良好的考风；二是教师要对考试成绩进行科学的处理，指导学生通过考试成绩来评估自己的学习水平，为后续提高做准备。

6. 偶发事件处理

偶发事件具有突发性、紧迫性、多样性等特点，它的发生往往是教师和学生们意料之外的，对班级生活会产生影响。班主任应做好偶发事件管理预案，以便妥善、及时作出反应。

（二）班级物质环境管理

1. 教室的布置

教室的布置包括教室的造型、色调、照明、温度、噪声、空间设计等，教师必须努力尝试，以新的理念和做法，致力于教室情境的设计，突破教室设计常规，师生共同营造一个学习的家，使教室成为一个适合于学生学及教师教的理想情境。

（1）教室布置的原则。

第一，教育性。春风化雨、潜移默化的教育功能，有赖于富有教育意味的教室布置，减少传统口号性、教条性的标语，代之以生动生活化的浅易语句有利于教室整体气氛的提升。例如，初三或高三的学生正是出于如火如荼准备中考或高考的阶段，此时教室布置可贴一些激励性的标语，如"努力！努力！再努力！成功的坦途已离我不远了！"等，来勉励学生。

第二，实用性。教室布置不能只是装饰与点缀，应配合教学单元内容的要求，适时布置与教材有关的辅助教学资源，以符合时效及实用性。例如，上课讲到中国地理时，教师可在教室后面贴一张中国地图，每当上完一章节时便提醒学生到后面观看该章节所教的地理区域，有时也可以随机点学生到教室后面把该地理区域指出来，并作简短的摘要。

第三，安全性。如布置物具有容易破损、毒性或危险性者，均应特别注明予以警告，若为悬挂物应牢固，避免掉落伤人。例如，上化学课时，一些具有腐蚀性的化学药品，如硝酸、盐酸等，应标示清楚，以免学生误碰。教室中如要悬挂一些图画，必须测试底座是否牢固，以免上课时，风一吹动便掉下来，打到学生的头部。

第四，整体性与美观性。有人以教室布置琳琅满目、五花八门、热闹缤纷为理想。其实如此不但不美，反而令人眼花缭乱，不知该注视何者才是。因此，用来布置教室的色彩不可太多，且要讲究色彩间的协调性，更重要的是暖色系的比重（如红色）不可占太多，以免学生进到教室，便有烦躁不安的感受。

第五，创造性与生动性。创造力的培养是现代教育的目标之一，教室布置应为学生提供发挥创造性思考能力的天空。因此，教室中必须保留一块可供学生自由挥洒的角落，如设置涂鸦区，在教室后面放置一块白板和几支彩笔，供学生任意彩绘图案；设置心得感想区，供学生把当天所学的心得与感想写出来和同学分享。

第六，经济性。教室布置由于要经常更换，所需材料和经费应考虑其经济性，原则上以废物利用或社区资源，由师生共同设计，减少成品购买，以达到经济实用之效果。如用不完的壁报纸和图画纸等可统一收藏，当下次再重新布置教室时，便可再拿出来使用。

（2）教室布置的内容。

教室内的布置一般包括以下内容：一是单元重点。以分科分节的形式将各科的重点明显地展现出来，让学生在学习时，能有重点可循，即使教师没有在班上授课时，学生仍然能依此布置的提示，主动学习。二是作品展示。将一些学生的优秀作品及进步幅度颇大的作品，陈列于此。三是公布栏。将每天的注意事项，叮嘱学生完成的事项，以和缓而非命令式的表达方式条列于此。如明天换季，记得把你们美美帅帅的冬季校服穿过来。四是荣誉榜。将学生的优良表现及进步幅度颇大的表现公布于此。五是新闻焦点。将最近的热门的时事新闻张贴于此，供学生阅览。八是生活点滴。供学生把当天所学的心得与感想或针对时事新闻所发表的意见写出来和同学分享与讨论。七是图书设置。放一些与教材相关的读物供求知欲强的学生对课堂上所学的知识有更广更深刻的了解。

教室外的布置主要是指走廊的布置，有两点要求：一是绿化走廊。在走廊两侧可放一些绿色盆栽。二是柔化走廊。用学生在日常生活中所熟悉之物品加以造型设计，或学生作品镶框，轮流悬挂，可吸引学生注意力达到布置的效果。例如，学生在美术或劳动课上所创作的作品。

2. 班级座位的编排

20世纪30年代，魏拉德·沃勒尔（Willard Waller）就曾对座位选择与学习者之间的关系作了研究分析。他的观察研究表明，座位的选择并不是随意的，坐在教室前排座位的学生大多是些在学习上过分依赖教师的学生，可能也有部分学习热情特别高的学生坐在其中，而坐在后排座位的往往是些捣乱和不听讲的学生。当代有关座位编排方式的研究则进一步证明，座位编排方式对学习者的学习态度、课堂行为、学习成绩和健康人格均有一定影响。

我们对教室座位编排方式进行了总结，概括出六种常见模式：

（1）秧田编排式。这是国内外学校教室最常见的、最普遍的课堂座位编排方式。因其酷似农田中的秧苗排列，故称"秧田式"。秧田式排列模式最适合于大班教学。采用这种模式时，整齐端坐的学生全部面向教师，注意力更容易集中，学生之间干扰较少，便于知识讲授和学生书面练习，也有利于教师监控全班学生的课堂行为。然而这种排列法的弊端也显而易见。亚当斯（Adams）和比德尔（Biddle）曾对传统的"秧田式"座位进行研究后发现：在教室前排和从教室前排到教室中间的地带其课堂气氛比较活跃，这一块儿的学生参与课堂活动与教师交流的时间和频数明显比坐在教室后面的学生多。但对于座位靠墙和排行靠后者，往往成为教师视觉监控的"盲区"。这部分学生遵守课堂纪律的自觉程度就较差，且注意力容易分散。

因此，这种排列模式不利于课堂上师生之间、学生之间的人际交往，学生主体性得不到有效发挥，与新课程改革倡导的平等、互动、合作、探究等教学要求相违背。但是，由于我国人口众多，许多地区的中小学学生爆满，一个班少则五六十人，有的甚至达到上百人，因此只宜采用这种模式。另据国外研究表明，对小学低年级儿童来说，由于学生的知识、经验比较贫乏，尚未养成良好的行为习惯，教师对学生的知识与学习行为要有较多的控制，因此，一般采用传统的座位模式为好。但随着学生年龄的增长，知识经验的增多，学生与学生之间的交往变得十分迫切，这时采用其他的座位编排模式为好。

（2）圆形编排式。圆形式就是学生围坐成一个或几个圆圈，教师则处于教室前方。圆形式排列从空间上消除了座位的主次之分，每个人都能互相看到、互相交流，有利于师生之间、学生之间平等关系的形成，同时拓展了学生的活动空间，很容易激发学生的学习热情，因而这也是教师们常常采用的一种模式。在低年级，圆形式座位排列可不设课桌，非常适合开展带游艺性质的教学活动；在中高年级，这种模式适合各种课堂讨论，大大增加了学生之间、师生之间的言语和非言语交流机会，最大限度地促进学生间的课堂交往活动。教师可以坐在学生中间，也可以在圈中随意走动。当教师站在圆圈中央时，学生往往会表现得更为积极主动，提出更多的观点和想法。但是，这种排列模式也有不足之处，教师无论站在圈中哪个位置都会背对一部分学生，有时既不方便学生观看教师的示范或媒体演示，也不利于教师维持课堂秩序。圆形式要求班级人数不能太多，如果超过40人，必须设置同心双层圆圈才能满足座位的要求。

（3）马蹄编排式。马蹄形排列法就是将课桌椅排列成马蹄的形状，教师则处于马蹄的开口处，也就是常说的U型或W型编排法。这种座位编排模式对于教师而言，可以随时走到学生中央，与学生沟通，有利于增进师生之间的知识与情感的交流，有助于问题讨论和实验演示，同时教师可以站到讲台前，监控全班学生学习状况，突出了教师对课堂管理的控制，发挥了教师的主导作用。对于学生而言，学生在这种U型结构中可以互相对视和倾听，方便学生之间的信息交流。U型中央地带是师生展示的舞台，教学中的各种角色扮演、游戏活动、歌舞表演都可以非常方便地进行。马蹄式还便于变化编排方式，根据需要，可以迅速地将座位调整成圆形、矩形或双弧型等。这种排列模式适用于教师讲授新课和学生的自学活动，但它对学生的规模有限制，不适合人数较多的班级，一般班级人数不超过 30 人。如果班级人数达到 20 人，则采用双马蹄（W 型）排列式。

（4）小组编排式。小组式排列法是将课桌椅分成若干组，每组由 4～6 张桌椅构成。小组编排式在新课程改革后被广泛运用于课堂教学，为学生的自主学习、合作学习、探究学习提供了机会和空间。这种编排模式能最大限度地促进学生之间的相互交流和相互影响，加强学生之间的关系，促进小组活动。增加了学生与学生之间的互动，给予学生较多的参与不同学习活动的机会，有利于学生学业成绩的提高以及合作能力、创造能力的培养。同时，教师也便于了解学习情况，必要时还可参与小组的讨论。给学生分组时应注意：将全班学生按学习能力、智力水平、性别、性格、家庭背景等方面的差异进行异质分组，有利于学生取长补短、共同进步。

（5）对列编排式。对列式借用了"视觉心理学"——坐向效应引发激烈辩论的原理，适合中高年段学生开展课堂辩论活动。我们可以将赞成不同观点的学生分列两侧，对教学中较为复杂的问题进行探讨，这种自主交流方式，有助于激发学生的思维，加深对教学内容的理解，同时提高学生的思辨和表达能力。为避免尖锐的对立状态，减轻学生心理压力，可以将对列的一端靠近或相接，成为"V"字形，这样也能起到意想不到的效果，它使学生与教师、学生与学生或横向而坐，或斜线而坐，教学中师与生、生与生视线斜向交错，减弱了对立性，有助于课堂教学工作的组织和开展。如果班级人数过多，也可以将全班分成几个单组对列的单元（类似于分组式）。

（6）万向编排式。这是一种理想的座位编排模式。教室内都是"万向轮"的单人课桌，平时按"秧田模式"就座，一旦需要，即可把课桌"万向"组合成任意一种方式，尤其便于分组讨论时自由组合。这种方式灵活，可随时随意变动。一般情况下，同桌的两个学生兴趣、个性、行为、认识水平相差很大，没有"共同语言"，那么课堂交往很难"实质性"顺利进行。而"万向"组合则没有这一限制，并且使学生个体与学生群体，学生群体之间交往更多，更能"实质性"进行。在这种安排方式下，在刚开始的时候，班主任可根据学生性格之间的互补性进行建议性搭配，包括骨干力量的搭配、优秀生、成绩不良的学生的搭配、不同家庭背景的学生的搭配、甚至男女生的混合编排等。随着班主任与学生、学生与学生之间相互了解的加深，班级内的"万向"组合会越来越优化。

三、班级的教育性管理

（一）集体指导

班级学生发展集体指导的内容包括品行指导、学习指导、安全与法规指导和健康指导。

1. 品行指导

品行指导是小学教育的组成部分，它要通过学校教育的多种途径来进行。这些途径包括品德与生活（社会）课、各科教学和班队工作。由此可见，班级管理本身就负有进行品德教育的任务。班级管理中的品行教育同专门的品德课和各科教学活动中所进行的品德教育是不同的。在品德与生活（社会）课中，小学生接受系统的思想品德教育，包括提高道德认识、培养道德情感、训练道德行为。在各科教学中，学生在相关学科的学习中，接受科学态度与价值观的教育。然而，品德的养成并不能只靠课堂教学活动。品德从本质上将是实践性的，这就决定了品德只能在现实生活中养成。班主任在日常班级管理中要指导学生践行道德，过道德的生活。

2. 学习指导

班级是一个学习的组织，因而学习是班级生活的中心任务。学习不仅包括课堂学习，还包括课外学习。虽然课堂学习是学生学习活动的重要方面，但是课外的学习对学生的发展也同样重要，在某种意义上来说更重要。课堂上的学习由科任教师负责，但是课外的学习活动却要依赖班主任的指导。在学习指导过程中，要重点做好以下几个方面的工作：一是促进学生非智力因素的发展，如激发学习动机、帮助学生明确学习意义、提高学习积极性、使学生看到自己的进步、培养学生学习的意志品质等。二是指导学生掌握学习方法，如指导学生制订适合自己的学习目标，进行学习的自我规划，指导学生学会思考、学会思维，并促使学生养成参与实践活动的习惯。

3. 安全与法规指导

安全与法规指导是班主任必须予以重视的班级日常管理工作。儿童意外伤害为人们普遍关注，儿童意外死亡或其他伤害事件时不时会见诸媒体。保护好每一个孩子，使发生在他们身上的意外伤害减少到最低限度，是学校乃至整个社会的共同责任。班主任要做到以下两点：一是要以自己的安全与法规意识影响学生；二是结合思想品德教育，进行安全与法规教育。例如，结合《中小学生守则》、《小学生日常行为规范》及有关交通安全法规等进行教育。

4. 健康指导

一个全面发展的人应是健康的人。1948年，世界卫生组织成立时在宪章中把健康定义为："健康乃是一种生理、心理和社会适应都完满的状态，而不仅仅是没有疾病和虚弱的状态。"由此可以看出，人的健康不仅是生理的健康，还包括心理健康。没有健康，知识的学习、能力的发展等，都是没有意义的。班主任在日常班级管理中不仅要对学生进行生理健康的指导，还要对学生进行心理健康指导，帮助学生正确认识自己、认识他人、认识环境、认识自己与环境的关系，同时还要营造健康的环境，创设健康的心理氛围来潜移默化地影响学生。

（二）个别教育

班级是一个集体，作为一名班主任，我们应该加强对整个班级的管理，这无疑是很重要的。而我们班级由一个个学生组成，在班级的日常管理中，我们既要综合把握，但也要个别分析，只有这样才能做好我们的日常班级工作。

1. 个别教育的含义

个别教育是根据班级成员发展的个别特点，给予特别的指导，以帮助每一个学生都获得可能的发展。

做好个别教育，我们首先要承认学生之间是有差异的。世界上找不到两片相同的树叶，当然更是找不到两个完全相同的人。我们的班级由许多的学生组成，他们也必然是各不相同的，每个人都有自己的特色特点，我们应该承认他们之间的差异，不能搞整齐划一。单单只是看到差异对于我们来说还是远远不够，我们更应找出差异。在一个偌大的班级里我们要试图去了解每一个学生，时刻用发现的眼光去审视他们。只有这样我们才能找出差异，对症下药，做好我们的个别教育。如果我们不能找出差异，又怎么对个体进行教育？那种大而化之的个别教育，不能称得上是真正的个别教育，也是没有效果的，真正的个别教育是经过对个体的深入研究，把握其特点的、有针对性的，也是事半功倍的教育。因此，做好个别教育的前提是承认每个学生的差异、发现差异。

2. 进行个别教育应注意的问题

个别教育是一种行之有效的教育方式，对于我们日常的班级管理工作有着重要的作用。在日常的班级管理中，我们也常常遇到一些班主任对个别教育方式运用自如，而有些却是失败者。那么，我们在运用个别教育的过程中应该注意哪些问题呢？

第一，深入了解，解除心理防线。班主任进行个别教育，学生大多心理复杂，班主任应当帮助他们消除这种心理。消除这种心理最好的方法就是用真诚、坦率的态度，打消学生不必要的顾虑，解除心理防线，进行教育。班主任在个别教育之前要对教育对象有深入的了解，走进学生中去。例如，对于后进生的教育，班主任首先要了解这名学生的爱好、性格，在平时的管理中要多与其接触，消除他的抵制情绪，这样开展工作就会事半功倍。

第二，抓住契机，适时适量进行教育。在个别教育中，我们要善于抓住契机。当学生出现问题时要及时发现问题，找准问题进行教育。这要求班主任要有敏锐的洞察力，时刻关注班级的每一位学生。在找准问题后，班主任的教育应该是适量的。我们经常发现，有些班主任当发现学生出现问题后，就对他们进行反复"轰炸"，不停进行教育，但效果并不好，甚至全无效果。这就是因为在教育中不注意把握量，过多地重复使学生厌烦，产生逆反心理，当然就没有效果了。特别是对于后进生的教育中，班主任更应该注意这个问题。后进生大多逆反心理强，追求个性，对他们的教育更是要抓住契机，适时、适量。

第三，不同问题，采取不同的教育方式。每个学生出现问题的原因都是不同的，"优秀生"、"中等生"和"后进生"等每类中的每一个学生的成因是各不相同的，所以班主任要找准问题，进行具体分析，采取不同的方式。我们将中等生进行细化分为三类，就是根据他们不同成因来分的。对于基础好，想干干不好的第一类，班主任找出的问题是学习方法问题；对于甘居中游的第二类，班主任要找准问题是他们缺乏兴趣；

对于忽上忽下的第三类，他们容易受情绪波动影响，情绪变化大。班主任只有找准他们各自原因，才能做好教育。如果是用一刀切的方法，相信得益只会是其中的部分，得不到很好的整体效果。

第四，教师进行个别教育要讲究时间、地点、场合。在个别教育中，班主任应该注意场合、时间、地点和态度，这对教育是否成功有重要作用。细节决定成败，在进行个别教育中，班主任要注意这些细节。特别是对于优秀生的教育中，更应该注意这些问题。优秀生自尊心强，在对他们的教育中要注意场合，不要在大庭广众下批评，要选择适合的时间、地点、场合，注意保护他们的自尊心。在教育交流的态度上，要进行民主平等地交流，这也是在保护和尊重他们。

第五，教师的个别教育态度要诚恳和有启发性。作为与学生在思想、心灵上的沟通，个别教育要入情。诚恳的态度有助于班主任个别教育的成功，特别是跟学生在民主、平等地交流，正面引导，严而不厉。个别教育还要有启发性，给学生思考的空间，让学生通过自我教育，提高认识，心悦诚服。

3. 优秀生及其教育

（1）优秀生的特点。

优秀生是指那些思想品德、学习成绩及其他各方面都比较好的学生。他们具有下列一些特征。

第一，表里如一的健康人格。他们在人前人后、校内校外表现一个样，他们能够随时随地自觉地按照集体的规范进行自我塑造和自我完善。

第二，积极向上的生活态度。凡是优秀生都有积极的生活态度，如热爱生活，珍视自己的价值，主动承担社会责任等。

第三，和谐的人际关系。他们尊重对方，重视友情，对人以诚相待，当别人有困难时热情帮助。他们宽容大度，不计人过。

第四，顽强的求知欲望。古往今来，顽强的求知欲望一直是优秀生的最显著特点之一。谁也不曾听说一个没有求知欲望的人成为优秀生，并在今后的生活中对人民有所贡献。

第五，敢于进取的创造精神。创造精神是指一个人随着知识的不断积累和才干的不断增长，逐渐蕴集壮大起来的发明、发现某种具有社会价值的新理论、新事物、新方法的能力。优秀生普遍表现出来的那种不畏艰难、顽强进取的态度和行为就是这种创造精神的体现。

第六，正常发育的体质体能。这表现在六个方面：一是对外界环境有较强的适应能力和抵抗疾病的能力；二是有耐力，能较长时间地持续承担学习任务，能保持注意力的高度集中；三是大脑的兴奋性强，接受新事物快，分析、理解、判断力强，对新鲜事物特别敏感，能举一反三，触类旁通；四是耳聪目明，辨音能力强，能准确地由音及义，能敏锐地观察事物，把握本质；五是情绪稳定，有较强的自我调节能力，经常保持安详、愉快和自信、不暴怒；六是行动迅速、灵敏、协调，在单位时间里，在各种复杂的条件下，能迅速完成某一动作，表现出快速、灵敏、协调的活动能力。

（2）优秀生易出现的心理问题。

第一，虚荣心理。有的优秀生由于能力较强，大多是各项活动和工作的骨干，教师对其过分信任和偏爱，致使他们看不到自己的缺点，当别人批评时，表现得非常警觉和敏感，不是虚心接受改正，而是固执己见，钻牛角尖。这些现象正是虚荣心在作祟。

第二，自负心理。有些优秀生自傲自负的心理表现较为严重。由于该类学生相对聪明伶俐，思维敏捷，在班上学习成绩优秀，因此他们往往目中无人，唯我独尊，不把班上的同学放在眼里，甚至对教师也不太尊重。

第三，自居心理。有些优秀生处处想显示自己与众不同、高人一等，因此行为上多"邀功"，争强好胜。他们总是用自己的优点比别人的缺点。他们多不喜欢参加集体活动，独来独往，妄自尊大，经常沉浸在自己的世界中，从而形成清高。

第四，脆弱心理。长期处于"金字塔尖"的优秀生，很少品尝被冷遇的滋味，一旦遇到各种打击，往往情绪低落，悲观失望，形成外表光亮坚硬，实则不堪一击的"蛋壳心理"。

（3）对优秀生的教育。

第一，要注重优秀生远大理想的培养。班主任应密切观察本班优秀生的心理、思想动态，及时地采取个别谈话、家访等办法，掌握学生的思想实际，有针对性地加强思想教育，帮助其树立远大的理想，解决为谁学习，学好干什么的问题，帮助其明辨是非、澄清思想认识，树立远大的理想和正确的人生目标。

第二，要对优秀生适当评价，正确引导。对优秀生的成绩应重视，但评价也应得当、中肯。不能因优秀生学习成绩优异，就"一俊遮百丑"，应该鼓励他们保持在学习上的竞争姿态和上进好胜的同时，要创造条件和环境，磨炼他们的意志，克服他们自身的不足，规范他们的行为。

第三，要培养优秀生在挫折中的进取能力，提前引导他们自我内化。霍姆林斯基说过"真正的教育是自我教育"。优秀生自尊心强，各方面能力也强，教师对他们讲的道理，他们也懂。因此，他们不容易接受外来的忠告和批评，排他性和自我管理的愿望强烈。有时干涉越多、说教越甚，他们的逆反心理就越强。所以最好让他们自己意识到自己的缺点，自己感觉到改正缺点的必要。

第四，让优秀生恢复到"普通人"的感觉中去。班级管理中，不能搞特殊化，要一视同仁地把他们和其他学生一样看待。优秀生担任学生干部也不能搞"终身制"，更不能迁就其过错。

4. 中等生及其教育

中等生，有人又称他们为中间生，它们是介于优秀生与后进生之间的一段学生层。中等生是后进生的"预备队"，也是优秀生的"后备军"。

（1）中等生的特点。

第一，渴求进步。一部分中等生智力中等，但学习刻苦，自尊心强。他们通常羡慕优秀生的成绩，希望得到教师、同学的信赖，有表现自己才能与智慧的要求。

第二，满足现状。一部分中等生思想上缺乏远大理想和进取心，行动上故步自封，学习起来信心不足，在取得好成绩时炫耀；考不好时，会自我安慰："××还不如我呢"。

第三，欲进畏难。一部分中等生缺乏必胜心理，缺乏克服困难的毅力，不能经受失败的考验，波动性大。学习劲头在某种情况下比优秀生还强烈，但不能持久，想努力学习，但又懒于刻苦钻研，在竞争中想胜，但又怕花力气。

第四，性格怯懦。一部分中等生怕"出头露面"，日常少言寡语，习惯对周围的一切持观望态度。课堂上习惯听别人回答，不愿在他人面前表达自己的看法。

（2）中等生的教育方法。

第一，把爱撒向中等生，让中等生健康成长。中等生因为长期得不到班主任的关爱，所以平时往往表现为"不显山不露水"，把自己的心灵之门关得紧紧的，不愿意和教师、同学接近，对班级事务漠不关心，只喜欢在自己的小天地中默默地生活和学习；他们的学习成绩长期处于"中等地位"，较少得到班主任的鼓励、赞扬和呵护，他们感觉自己在班级中无足轻重；他们容易形成自卑、抑郁、闭锁、焦虑等异常心理。长此以往，后果不堪设想。针对以上这些情况，我们认为，班主任要把爱撒向每一个中等生，让每一个中等生都沐浴在班主任爱的阳光下健康成长，这无非是做好中等生教育工作的一剂灵丹妙药。

第二，帮助中等生确立奋斗目标，迎难而上。中等生往往由于对自身的认识不到位，所确立的奋斗目标不是容易实现，就是难以实现。这样，他们就容易产生骄傲自满或者垂头丧气的不良情绪。对于这一点，班主任应该帮助中等生认识自己处在一个什么样的位置，确立适合自己奋斗的目标，不要想着一步登天，一下子达到像优秀生那样的水平，而应立足于自身，脚踏实地，努力拼搏，一步一个脚印地前进，拿今天的我跟昨天的我比，看看进步了没有，再跟优秀生比一比，我跟他们拉近距离了没有，一比，有进步啦！信心就来了，再遇到困难，就能挺起胸膛，迎难而上了。

第三，创造中等生展现自我的空间。中等生也有他们的爱好、特长。班主任要善于挖掘中等生的这些"闪光点"，促进他们进步。班主任应多鼓励中等生参与到班级管理中来，让他们在班级中有展示才能的机会，促使他们向好的方面转化。如让他们做好出勤登记工作，保管好班级公共财产等，这不仅表示对他们的信任，也能锻炼他们跟其他学生沟通和协作的能力，对克服他们的自卑感起到很好的作用。美国的教育家爱默生说过，教师力量的全部秘密在于深信："人是可以改变的。"只要我们班主任多给中等生一些空间和时间，多为他们创造有利于成长的条件，他们就一定会进步。

第四，防止中等生后退。班主任在对中等生积极促进、提高"档次"的同时，还要注意防止他们的后退、"滑坡"现象。在一个班里，不难发现中等生自觉性不高，自我督促的能力低，易受外界因素的影响，常常出现上下波动，忽高忽低的趋势，并不断向两极分化。如何防止他们后退、"滑坡"？如何促进他们积极转化？具体做法可以包括以下方面：①多表扬、鼓励他们，肯定他们的长处，使他们感受到自身的价值。②开展"一帮一"、"结对子"等活动，即在集体中让优秀生帮助中等生，使他们共同进步。一般而言，中等生羡慕优秀生，愿意接近优秀生，希望得到优秀生的帮助。但也有一部分中等生乐于接近后进生，一是可能认为自己有这样那样的不足，同后进生一样没有受到教师的重视，似乎有"同是天涯沦落人"之感；二是也有可能认为自己同后进生相比，高他们一截，在后进生面前自己感觉似乎是一个"强者"，能够抬起头来。所以班主任要为他们创造好条件，引导他们向优秀生看齐，以免他们受到后进生消极因素的影响，出现"滑坡"现象。③充分挖掘和利用中等生的长处，合理安排他们承担一定的工作，促使他们严格要求自己努力向好的方面转化。④为中等生建立成长档案，根据不同人、不同情况采取不同的育人方法，因材施教。总之，中等生的世界是五彩斑斓的。

5. 后进生及其教育

（1）后进生的特点。

提起后进生，其种类并不一样，有的是学习上落后，纪律上松散；有的是作风上懒散，思想上不求进取等。但是凡是后进生，大都不同程度地具有以下特点。

第一，自尊心强。他们不愿意教师当众对他们进行批评、训斥，也不能容忍其他同学瞧不起他们。

第二，任性、自制力差。思想、行为带有明显的情绪性，情绪变化大，意志薄弱，缺乏自控能力，反复不定，极易被外界的不良诱惑所支配。

第三，知识基础比较差，是非观念淡薄。在行为方式上把包庇同学的过错，帮助同学作弊视为够朋友、讲义气。

第四，喜群好斗，损人利己。后进生一般喜欢和与他们年龄接近，兴趣相同的"哥们儿"、"姐妹儿"待在一起，他们怕鼓励，爱讲肝胆义气。多数男同学还逞能好斗，常常为一些鸡毛蒜皮的小事而大动干戈。

第五，报复心强。后进生容不得相反意见，遇到什么挫折或吃了一点亏，就非报复不可，往往使矛盾扩大化、激烈化。

第六，自卑感强。他们常常认为："反正也是这样了，谁也不会关心我们、帮助我们，就这样混吧！"。

（2）对后进生的教育。

第一，动之以情，消除戒备心理。消除戒备心理的唯一途径，是教师对后进生要爱得真，爱得深，将严格要求渗透在爱之中。教育实践告诉我们，爱是一种最有效的教育手段，教师情感可以温暖一颗冰冷的心，可以使浪子回头。当学生体验到教师对自己的一片爱心和殷切期望时，他们就会变得"亲其师而信其道"。

第二，尊重信任，唤起自尊心。自尊心是人的自我意识的重要标志之一，是进步的动力之一，表现为对个人的自我尊重，也要别人尊重自己的权利和人格。教师应当尊重、信任后进生，逐步消除他们的疑虑、自卑心理，唤起自尊心，培植自尊心。所以教师应特别注意以下几点：①对后进生要求要适度。要求过高，他们会认为高不可攀，望而却步；要求过低，不利于培养后进生的学习毅力和克服困难的能力。②让后进生获得成功。只有当他们真正体验到经过努力而获成功的欢悦时，才能树立起进步的信心和愿望。教师可以布置一些他们力所能及的任务，在完成之后给以适当的鼓励。

③让后进生充分发展自己的才能，充分展示自己的长处。在挑选班干部时应加以考虑，让他们也能担任一定职务，在集体中发挥作用。

第三，晓之以理，增强后进生分辨是非的能力。教师应晓之以理，提高后进生的道德觉悟和上进心，培养后进生是非观念，必须坚持正面诱导，以理服人，切忌简单粗暴，以势压人。对他们说理要透彻，一定要结合榜样教育和具体事例，利用集体舆论，辅之以分明的奖罚。

第四，创设情境，锻炼后进生的意志。针对学生的不良行为，光靠说理是不够的，所以教师应凭借一定的手段有意识地创设特定的与之相宜的情境，如为培养学生的意志力，教师应该适当创设一些带有一定困难的情境，锻炼他们与各种诱因勇敢斗争的意志力，培养他们战胜困难，战胜自我的顽强毅力。

第五，持之以恒，反复教育，巩固后进生良好行为习惯。后进生的转化不可能一蹴而就，一般要经历醒悟、转变、反复、稳定四个阶段。因此，在转化过程中，后进生故态复萌，出现多次反复，是一种正常现象。对这项十分艰苦的工作，教师一定要有满腔热情，必须遵循教育规律，"反复抓，抓反复"，因势利导，使后进生保持不断前进的势头。

四、班级日常管理中的学生评价

（一）班级日常管理中的奖励与惩罚

奖励和惩罚是指运用语言或其他方式对学生的行为作肯定或否定的评价，它可以控制班级组织成员的行为，促进学生良好的行为形成，也可激发良好动机，促进学生的发展。

1. 奖励与惩罚的类型

（1）奖励。奖励是对学生行为给予肯定的评价，主要包括赞许、表扬、奖赏三种类型。赞许是管理者用口头语言（如"好"、"很好"、"不错"等）或形体语言（如目光、点头、微笑、手势等）对学生的行为予以肯定。表扬是正式地对学生的行为给予肯定。表扬的正式性体现在两个方面：一是全体的场合；二是书面的方式。奖赏是根据预先制定的办法对学生行为以物化的形式给予肯定。

（2）惩罚。惩罚是对学生行为作否定的评价，主要包括批评和处分两种形式。批评是以口头语言或肢体语言的方式对学生的行为作出否定的评价。处分则是依据一定的规定对严重的错误行为给予正式的处理（记过、警告等）。

2. 奖励和惩罚的作用

（1）奖励的作用。奖励可以强化学生符合规范要求的行为，也可以激发学生采取正确行为的动机。通过奖励，学生明确自己的优点和长处，并使其得到进一步的巩固和发扬。

（2）惩罚的作用。通过惩罚，学生可以分清是非、善恶，对受惩罚的行为作出回避、退缩、改变的行为反应，以达到克服不良行为、形成良好行为习惯的目的。

（二）班级日常管理中的操行评定

操行评定是对学生一个学期德、智、体、美、劳等各方面发展情况的一个全面的总体评价，用以帮助学生正确地认识自己，促进学生进一步发展。

1. 操行评定的功能与意义

学生操行成绩的评定，是根据预定的发展目标，在学期结束时对学生个体的思想品德及学习、劳动、个性发展等各个方面情况作出全面总体评价。一般按照操行的考查、操行的评价和操行的评定三个环节来进行。考查是对学生五育行为表现的检查和测量；评价是考查后的褒贬、判断，一般用评语、鉴定来表现；评定通常以等级来表现。其功能有三点：

第一，导向功能。班主任对学生品行的考查、评价与评定，总要依据一定的标准，如《中小学生守则》、《中小学生日常行为规范》等，这对学生朝着教育者所期望的方向发展起着引导作用。班主任对学生在一个学期内各方面发展变化的综合评价和小结，有助于学生正确认识自己，了解自己的学习成绩、思想状况、健康情况、劳动表现、在集体中的表现、个性发展等方面的情况。根据操行评语，学生可以明确今后的努力方向。

第二，诊断功能。班主任对学生品行的考查、评价与评定，是对学生行为表现的一种诊断，可以发现哪些行为表现是正确的，哪些是错误的，哪些是差的，这样能使教育更有针对性，更有意义。同时，有利于家长了解子女的综合表现，便于家长配合班主任共同开展教育工作，也有利于科任教师了解到学生的全面的真实的情况，从而有助于在各自的教学中有针对性地指导学生。

第三，强化功能。操行评定能引起学生的强烈情绪体验，激起行为动机，进而强化良好的品质，抑制不良的品质，起到扬善抑恶的作用。这样，可以激励、促使学生积极向上，发扬成绩、纠正缺点，不断进步。

2. 操行评定的依据、内容以及原则

（1）操行评定的依据。学生操行评定的依据是中小学培养目标。中小学培养目标是根据素质教育的目的提出的，体现在有关的中小学教育文件中。

（2）主要内容。操行评定的主要内容包括以下方面：第一，身心健康状况。体育锻炼、体质状况、卫生习惯等；心理方面，看情感品质、社会适应性、人际关系、社会交往能力、耐挫能力和自我控制能力的发展情况。第二，品行表现。思想品德方面的表现，如《中小学生守则》、《中小学生日常行为规范》的执行，参与学校、班集体各项活动的情况，审美素养，劳动实践等。第三，学习。看学习态度、学习兴趣、学习能力（独立思维能力、创新能力）、学习方法，各学科知识运用。既要看成绩，更要看学生在学习过程中的表现。既要看学科课堂教学的表现，也要看活动课程参与的状况。

（3）评定原则。

第一，坚持全面性、针对性和期望性。全面性要体现素质教育思想。①操行评定应以素质教育思想为指导转变评价观念。②针对性，从学生实际出发，做到公正、客观。用全面的发展的观点看待学生，实事求是地分析学生的优缺点防止片面性。要抓住学生的特点，给予具体指导。③期望性，促进学生发展。操行评定本身不是目的，促进学生的不断发展才是操行评定的根本目的。要让学生通过教师的评语获得前进的动力与勇气。

第二，肯定评价与否定评价相结合，以肯定评价为主。要充分看到学生的优点、长处和主流，给予肯定性评价，对学生起正强化作用，同时，恰当地用否定评价，真诚地指出学生的缺点和不足，也能对学生起到负强化作用，从而促进其向好的方向发展。

第三，动态评价与静态评价相结合，以动态评价为主。学生处于生长突发期，具有可塑性，因此，不仅要静态评价，更要从发展的趋势看学生，作动态评价。

第四，基本评价与特长评价相结合，以特长评价为主。班主任对学生实施评价时，不能只注意基本评价，以免千篇一律地评价学生，应该看到学生的个性差异，更多给以特长评价，使学生有个性地发展。

第五，主观评价与客观评价相结合，以客观评价为主。主观评价是必要的，但更重要的是客观评价，在日常的评价中，最经常有效的是班主任、科任教师和学生集体的评价。

（4）操行评定的撰写。随着素质教育的深入推进，学生的期末成绩报告书（单）开始为素质发展报告书所替代，操行评语的写法也发生了变化，主要体现在以下方面：一是强感化。操行评语表述的人称发生了变化。传统的操行评语一般用第三人称来写，撰写人用评判者的语气来表达；素质发展报告书要求的操行评语以第二人称来写，撰写者与被评价的学生之间是一种平等的对话关系，促膝谈心，情感交流。二是具体化。操行评语的表达方式发生了变化。传统的操行评语往往是以概括、抽象的语言来表述，如"遵守纪律、学习认真"等；素质发展报告书要求的操行评语是形象化的、富有情感的，能给学生具体的指导；三是规范化。操行评语行文要规范，用词要恰当，具有散文特点，给学生以帮助、指导的同时，给学生以美的感受。

素质发展报告书操行评语的写作方法有以下几种：一是谈心式。用第二人称称呼学生，评语是谈心式的话语，由此，学生会产生一种亲切感，容易理解与接受班主任的建议。例如，"工作上，你踏实肯干；学习上，你勇于探索；多少次，天黑了，你还在校园里忙碌；多少次，天一亮，你就赶到教室打扫整理……"。二是描述性。例如，"你的演讲神采飞扬，打动了在场的每一个人的心。"三是过程性。反映学生的成长过程，总结过去，关注现在，预示未来。例如，"本学期，你主动要求参加物理兴趣小组活动，梳理概念，动手实验，学习进步很快，成绩有了明显提高，相信你，下学期物理学习一定会有更大的进步。"四是情感性。言辞恳切，评语含情，体现了对学生的真挚的爱。例如，"一向害怕发言的你，在课堂上提出了语文教材中的一个问题，引发全班同学的思考，老师欣赏你，更希望你不断突破自我！"

班级日常管理是班级规范的有机组成部分，是对班级日常性活动提出的相关要求，用以保证班级管理有序进行。班级环境管理包括制度环境管理和物质环境管理，两者都为学生发展提供必要的前提条件。在班级管理中班主任要对学生进行集体生活和个人生活的指导，帮助学生做好个人生涯规划，指导学生学会学习，关注学生健康。此外，班主任还要学会恰当运用奖励和惩罚的方式，使学生在和谐气氛中健康成长。

本章小结

通过本章的阐述，我们对班级管理的相关内容有了比较深刻与全面的认识，对形成科学的班级管理理念，掌握与运用班级管理的策略具有重要意义。

第一节对班级定义、构成要素与特点的讨论，有利于我们将班级这个抽象的概念具体化，获得对班级更加直观的认识。对班级管理及其产生与发展历程，班级管理功能与发展趋势的剖析，为我们呈现了班级管理的历史、现状与未来。

第二节以班级组织建设为重点进行讲解，首先阐明了班级组织建设是班级管理的中心任务，进而对班级组织目标的确立、班级组织机构建设以及班级组织规范建设三项主要内容的实践构建进行了阐释，最后对班级组织建设的高级形式——班集体建设展开了重点解析。

第三节重点分述了班级活动管理，本节的阐述一方面从学理上明确了班级活动开展所应遵循的原则；另一方面从实际践行上，对班级活动的具体设计和组织实施进行了全面指导。

第四节以班级日常管理为中心展开论述，明确了班级日常管理是班级组织建设实现的重要渠道，进而对班级日常管理中的三项重要内容——班级环境管理、班级的教育性管理以及学生评价等进行具体解析。

思考与练习

1. 名词解释
班级、班级管理、班级规范、班集体、班级活动。

2. 简答
(1) 班级管理的功能。
(2) 班级组织目标的作用和种类。
(3) 班级活动的原则。
(4) 如何进行班级物质环境管理？

3. 论述
(1) 班集体建设的重要意义。
(2) 班级教育活动的组织准备与实施。
(3) 班级教育性管理中的个别教育。
(4) 班级日常管理中的操行评定。

第七章　教育政策与法规

✪ 本章概述

　　本章简要介绍教育政策与教育法规的基础知识和基本理论，对当前我国教育领域的重要政策和法律法规进行了分析和解读。本章注重理论研究和实践研究相结合，关注我国现行教育政策和教育法规体系建设问题，对进一步推动落实依法治校、依法执教等具有现实性意义和影响。

✪ 学习目标

　　(1) 理解教育政策和教育法规的内涵及特点。
　　(2) 知道教育政策和教育法规的基本类型和基本理论。
　　(3) 了解并掌握我国现行的重要的教育政策及教育法律法规的主要内容。

第一节　教育政策概述

一、教育政策的内涵

　　从逻辑学上来讲，政策、公共政策和教育政策三个概念是上下位概念的关系，即政策是公共政策的上位概念，公共政策是教育政策的上位概念。其中，政策是外延最广泛的概念。政策的主体可以是政府、政党，也可以是社会组织或个人。公共政策则特指由政府及其官员和机构所制定的政策①，即由官方主体制定的政策，其基本目的在于解决社会的公共问题。教育政策是公共政策的一部分，狭义上来讲是由政府及其机构和官员制定的、用来调整教育领域社会问题和社会关系的公共政策。

　　目前，国内关于教育政策的定义虽具体描述有所不同，但普遍认同教育政策是一个政党或国家为实现一定时期的任务和目标而制定的行为准则。事实上，对于教育政策的理解不能仅停留在静态层次，教育政策不仅仅是那些看得见的、需要人们执行和遵守的"文本"，教育政策也是一个动态的过程，包括教育政策的制定、实施和评价。

　　因此，本书认为教育政策是指国家为完成一定教育任务，由政府及其机构和官员制定并组织实施的，调节教育领域与外部关系，解决教育事业中存在的一些普遍性问

---

　　① 刘复兴．教育政策的价值分析．北京：教育科学出版社，2006：29.

题和矛盾的政策过程。

二、教育政策的特征

1. 政治性

政治性是教育政策的根本特征，直接反映政策制定主体自身的利益和要求。教育政策的内容必须鲜明地体现政党和国家利益的政治意图。教育政策不同于教育法规，它是人们主观意志的体现。人们制定教育政策，总是为了解决某类教育问题而实现不同主体间的利益分配。

2. 目的性

教育政策是人们根据一定的需要而制定出来的，是人们主观能动性的产物。教育政策具有明确的目的性，它规定人们应该做什么，不应该做什么，提倡或鼓励什么等。例如，《国家中长期教育改革与发展规划纲要（2010—2020）》中指出"到 2020 年，普及学前一年教育，基本普及学前两年教育，有条件的地区普及学前三年教育。重视 0～3 岁婴幼儿教育。"可见，没有目的性的教育政策是不存在的。

3. 权威性

教育政策作为对社会、团队、个人教育行为的规范与指导，必须得到政策实施对象的认可和接受，并能够遵循政策的基本要求。否则，政策就失去了约束力。教育政策的约束力一般在政策条文中有所体现。例如，2001 年《国务院关于基础教育改革与发展的决定》中指出"要重视解决进城务工人员随迁子女接受义务教育问题，以流入地区政府管理为主，以全日制公办中小学为主，采取多种形式，依法保障进城务工人员随迁子女接受义务教育的权利"，即明确指出流入地政府在解决流动儿童入学问题上的管理责任。

4. 稳定性

一般情况下，教育政策一经制定、公布并且执行，就不会随意变动，在其有效的时间、空间范围内总要保持相对的稳定。有时一些教育政策的内容会在几年甚至几十年内都起作用。但是，如果外界环境发生了重大的变化，现行政策已经不能适应和满足社会发展的需要，或对教育发展产生了阻碍和影响时，就必须作出相应的调整，或制定新的政策。例如，1993 年《中国教育改革和发展纲要》有 7 年左右的规划；1998 年《面向 21 世纪教育振兴行动计划》大概有 10 年的规划。

三、教育政策的类型及体系结构

（一）教育政策的类型

教育政策的类型，是指按照不同的标准，对教育政策所作出的区分及归类。

第一，按照政策制定主体的不同，可以分为政党的教育政策、国家的教育政策、社会团体的教育政策。

例如，1985年出台的《中共中央关于教育体制改革的决定》，是由作为执政党的中国共产党在特定历史时期制定颁布的，是我国教育改革发展的纲领性、政策性文件。而2010年颁布的《国家中长期教育改革和发展规划纲要（2010—2020）》，是由国务院颁布的，隶属于国家教育政策，并将其赋予法律的保证。此外，在我国，中共中央和国务院就教育工作联合发布决议、指示和通知等，这些既属于党的教育政策，又属于国家的教育政策。

第二，按照政策层次来划分，可以分为总政策、基本政策和具体政策。

教育总政策是指指导和调控整个教育事业及其在国民经济建设和社会发展中的总的利益关系的政策规范，如宪法中关于教育的条款。基本政策是指对教育工作具有普遍指导意义、为解决教育改革和发展的基本问题而制定的政策规范。基本政策介于总政策和具体政策之间，是总政策的具体化，同时又是制定具体政策的原则和依据，如教育质量政策、经费政策、体制政策等。具体政策是指一些具体的政策规范，对教育事业和教育活动中具体的利益关系和问题进行处理和安排，如《流动少年儿童就学暂行规定》、《中小学财务制度》等。

第三，按照政策所起的作用来划分，可以分为鼓励性政策与限制性政策。

鼓励性政策通常以积极的、正面的词汇出现在政策条文中，有"提倡"、"鼓励"、"希望"等字样。例如，"提倡合理膳食，改善学生营养状况"；"鼓励普通高中办出特色"；"倡导启发式、探究式、讨论式、参与式教学，帮助学生学会学习"等。限制性政策则往往带有"不得"、"禁止"、"不准"的字样。例如，"不得在义务教育阶段设立重点校和重点班"；"继续加强学校危房改造工作，凡属危房不得使用等"。

（二）教育政策的体系结构

教育政策的体系结构，是指政党、国家或社会团体制定的关于教育政策的表现形式。我国现行的教育政策体系结构主要表现为以下几个层次，见表7-1。

表7-1　教育政策的体系结构

政策表现形式	文件例举
党的政策文件	《中共中央关于教育体制改革的决定》等
全国人大、省级人大、市级人大会及其常务委员会制定或批准的有关教育的政策文件	关于修改《中华人民共和国学位条例》的决定、《山东省教育督导条例》等
国家行政机关制定、发布的有关教育工作的政策文件	《禁止使用童工规定》、《国务院关于深化农村义务教育经费保障机制改革的通知》等

续表

政策表现形式	文件例举
党中央和地方各级领导机关所属有关部门与国务院和地方人民政府所属部门共同制定或批准的有关教育的政策文件	《中国教育改革和发展纲要》、《关于深化教育改革，全面推进素质教育的决定》等
党和国家领导人有关教育问题的讲话、指示	"胡锦涛在 2010 年全国教育工作会议上的讲话"、"袁贵仁在 2014 年全国教育工作会议上的讲话"等

四、教育政策的功能

新中国成立以来，我国制定和颁布了各种各类教育政策文本，内容涉及教育的各个领域，影响着整个教育事业的终极发展。教育政策研究在现代社会教育生活中产生了巨大的影响，发挥着重要的功能。

（一）导向功能

所谓教育政策的导向功能是指教育政策对教育事业、教育教学活动和人们的行为具有引导作用。这种引导既包括价值上的引导，同时也包括实践上的引导。教育的纲领性政策对教育事业的引导就是价值上的引导，而教育的具体政策则多为教育实践领域的直接性的引导。例如，2001 年《基础教育课程改革规划纲要》中指出，"改变以往过于注重知识传授的倾向，强调形成积极主动的学习态度；改变课程结构过于强调学科本位、科目过多和缺乏整合的现状，整体设置九年一贯的课程门类和课时比例；改变课程内容'难、繁、偏、旧'和过于注重书本知识的现状，加强课程内容与学生生活以及现代社会和科学发展的联系"等。可见，新课程改革对基础教育课程领域的各方面提出了具体的要求和标准。

（二）协调功能

所谓协调功能是指教育政策在社会发展和教育活动中，具有协调和平衡各种利益关系、教育关系的作用。这种协调作用，一方面表现为对教育内部结构之间的平衡。例如，就初等教育与中等教育、职业教育与高等教育、义务教育与非义务教育等，国家陆续出台了很多相关政策加以说明和规定。另一方面表现为对教育与其他社会因素之间关系的协调。例如，教育发展与新农村建设，教育发展与创新型人才培养，教育与经济协调发展，教育与预防未成年人犯罪等，涉及各部门之间的协调和配合。

（三）控制功能

所谓控制功能是指任何教育政策都是为了解决或预防一定的教育问题而制定的，具有约束和规范的作用。从某种意义上来讲，教育政策就是一种社会控制的手段和机制。在具体教育教学活动中，教育政策的控制功能非常重要。这种控制有时候可能是一种促进和推动，将政策要求更加普及化和广泛化；有时也可能是对某一现象的制止和控制，将不合理的现象进行约束和规范。例如，2014 年年初教育部发布《关于进一步做好小学升入初中免试就近入学工作的实施意见》，对招生范围、入学对象、入学手续、特长生比例及随迁子女工作进行了部属和安排。尤其指出，"2016 年省级教育政策部门批准招收特长生比例应降到 5％以内"，"大力推进学校联盟或集团化办学，将不低于 50％的优质高中生名额合理分配到区域内初中并完善操作办法。"

第二节　我国现行的主要教育政策介绍

回首我国教育实践活动的历史发展进程，每一次教育的前行都离不开教育政策的引导和支持。没有教育政策的指引，教育实践之路可能充满荆棘。教育政策是维系教育事业发展的关键因素。改革开放以来，我国先后出台了多项教育政策以确保教育事业的健康、有序和稳定发展。以下重点介绍几部具有代表性影响的教育政策文件及其主要内容。

一、《中共中央关于教育体制改革的决定》

1985 年 5 月，党中央召开了改革开放后的第一次全国教育工作会议，讨论通过了《中共中央关于教育体制改革的决定》（以下简称《决定》）。该决定是我国教育改革发展的纲领性政策文件，对我国教育体制改革具有重要的指导性意义。

（一）提高国民素质，多出人才、出好人才

党的十一届三中全会以后，我国物质文明和精神文明建设大幅度提高，社会各项事业的发展与失败关键在于人才，而要解决人才的问题，就必须依靠教育的发展。因此，《决定》指出"教育必须为社会主义建设服务，社会主义建设必须依靠教育"。教育是关系国计民生的重大事业，教育对促进社会发展具有巨大的推动性作用。"必须提高全党对教育工作的认识，面向现代化、面向世界、面向未来"。

（二）把发展基础教育的责任交给地方

基础教育是我国教育发展的重中之重。当前，我国实行九年制义务教育。《决定》指出"实行基础教育由地方负责，分级管理"的基础教育管理体制。也就是说，基础教育的具体管理权限下放到地方，各省、市、县及乡具体职责如何划分，由各地方自行决定。

（三）调整中等教育结构，大力发展职业技术教育

职业教育是社会发展的产物，其受益于社会，也作用于社会。当前，我国职业教育发展相对薄弱，不能满足社会的整体需求。因此，《决定》指出"发展职业技术教育要以中等职业技术教育为重点，发挥中等专业学校的骨干作用，同时积极发展高等职业技术院校"，即中等职业技术教育要与高等职业技术教育相互配合，协调发展，共同完成职业技术教育的重要使命。

（四）扩大高校办学自主权

高等学校承担着培养高级专门人才的重大任务，高等教育的全面有序发展，需要进行高等教育体制改革，而改革的关键就是政府权力下放的问题。《决定》指出，"要扩大高等学校的办学自主权。在执行国家的政策、法令、计划的前提下，高等学校有权在计划外接受委托培养学生和招收自费生；有权调整专业的服务方向，制订教学计划和教学大纲，编写和选用教材；有权接受委托或与外单位合作，进行科学研究和技术开发，建立教学、科研、生产联合体；有权提名任免副校长和任免其他各级干部；有权具体安排国家拨发的基建投资和经费；有权利用自筹资金，开展国际的教育和学术交流，等等。对不同的高等学校，国家还可以根据情况，赋予其他的权力。"

二、《中国教育改革和发展纲要》

1993 年 2 月，中共中央、国务院发布《中国教育改革和发展纲要》（以下简称《纲要》）。该《纲要》绘制了 20 世纪 90 年代到 21 世纪我国教育事业改革和发展的蓝图，是建设有中国特色社会主义教育的纲领性文件。

（一）"两基"、"两全"、"两重"

"两基"是指基本普及九年义务教育，基本扫除青壮年文盲；"两全"是指全面贯彻党的教育方针，全面提高教育质量；"两重"是指要建设好一批重点学校和一批重点学科。

（二）教育优先发展

从历史上来看，我国教育经历了曲折的发展道路，为社会主义教育事业发展积累了宝贵的实践经验。因此，《纲要》明确指出"教育是社会主义现代化的基础，必须坚持把教育摆在优先发展的战略地位"。为落实《纲要》，1994 年 6 月召开第二次全国教育工作会议，确立教育优先发展的地位。

（三）办学体制改革

《纲要》确定了我国教育的基本结构，主要有基础教育、职业教育、成人教育和高等教育四种。在办学体制上，"改变政府包揽办学的传统格局，逐步建立以政府办学为主体、社会各界共同办学的体制。"具体来说，我国基础教育应以地方政府办学为主，高等教育要逐步形成以中央和地方两级政府办学为主，社会参与的新格局，职业教育和成人教育主要依靠行业、企业、事业单位和社会各方面联合办学。

（四）素质教育

21 世纪科技日新月异，知识经济迅猛发展，世界综合国力的竞争越来越多的表现在民族素质和创新能力的差异上。因此，《纲要》指出"中小学要由'应试教育'转向全面提高国民素质的轨道，面向全体学生，全面提高学生的思想道德、文化科学、劳动技能和身体心理素质，促进学生生动活泼的发展。"这是我国有关素质教育的最早的政策文件，自此素质教育成为我国教育决策的指导思想。此后 1999 年 6 月，中共中央、国务院又颁发了《中共中央国务院关于深化教育改革全面推进素质教育的决定》，进一步明确素质教育的重要地位和影响意义，它的颁布标志着素质教育正式成为国家的教育政策。

（五）改革高校招生和毕业生就业制度

改革开放之后，我国开始进入社会转型期，高等教育事业的发展也受到社会转型的影响。《纲要》指出，"实行国家任务计划与调节性计划相结合，并逐步实行收费制度，改变'统包统分'和'包当干部'的就业制度，实行少数毕业生由国家安排就业，多数毕业生'自主择业'的制度。"

三、《国家中长期教育改革和发展规划纲要》

2010 年 7 月，中共中央、国务院颁发《国家中长期教育改革和发展规划纲要（2010—2020）》（以下简称《规划纲要》）。这是我国进入 21 世纪以来的第一个教育改革发展规划纲要，是指导我国新世纪教育改革发展的纲领性文件。《规划纲要》的颁布，顺应历史时代潮流，立足中国国情，代表人民利益，促使中国教育事业发展迈上新的历史台阶。

《规划纲要》开篇对全国教育工作方针进行了简要归纳，即"优先发展、育人为本、改革创新、促进公平、提高质量。"第一，要把教育摆在优先发展的战略地位；第二，要把育人为本作为教育工作的根本要求；第三，要把改革创新作为教育发展的强大动力；第四，要把促进公平作为国家基本教育政策；第五，要把提高质量作为教育改革发展的核心任务。随后，《规划纲要》对当前全国教育发展的战略主题进行了归纳，即"坚持以人为本、全面实施素质教育。其核心是解决好培养什么样的人，怎样培养人的重大问题"。如何实现这一战略主题，首先要以德为先；其次要坚持能力为重；最后要坚持全面发展。对于如何具体实施以上的要求和任务，《规划纲要》分类进行了说明和解释。

（一）将学前教育纳入规划

学前教育是教育的重要组成部分，是教育活动的最初阶段。狭义上的学前教育主要是指专门的学前教育机构（如幼儿园、托儿所等）实施的教育。据统计数据显示，我国适龄儿童毛入园率大约在 42%，比经济合作与发展组织（Organization for Economic Cooperation and Development，OECD）国的平均数低 40 个百分点。显然，我国学前教育发展比较滞后，尤其是农村学前教育问题更大。为改变我国学前教育的发展现状，《规划纲要》明确提出"基本普及学前教育"、"到 2020 年，普及学前一年教育，基本普及学前两年教育，有条件的地区普及学前三年教育。重视 0～3 岁婴幼儿教育"。可见，国家政府已把发展学前教育纳入到教育发展规划中来，并提出阶段性设想。

（二）推进义务教育均衡发展

义务教育是国家所有适龄儿童、少年必须接受的国民教育，具有强制性和免费性等特点。义务教育是我国教育工作的重中之重。《规划纲要》指出，"到 2020 年，全面提高普及水平，全面提高教育质量，基本实现区域内均衡发展。"事实上，推进义务教育均衡发展，有利于切实缩小校际之间的差距，解决"择校"难题。为进一步实现均衡发展，《规划纲要》具体指出，"要实行县（区）域内教师和校长交流制度"、"加快薄弱学校改造，着力提高师资水平"、"义务阶段不得设置重点学校和重点班级"、"发展民办教育，提供选择机会"。

（三）减轻中小学生课业负担

关于中小学生课业负担重的问题，既有社会的原因，又有体制的原因，而且关键是体制问题。在传统"应试教育"理念的影响下，无论是学校领导者还是教师、家长，都以学生的学业成绩作为考核测评学生的唯一标准。"分分分，学生命根"的思想一直影响着我们的学校教育和家庭教育。中小学生为了追求高分数，高升学率，而背负着沉重的课业负担。尽管近年来，国家相关部门已经出台了一些减负的政策文件，减负已经有所缓解，但新的问题依然层出不穷。《规划纲要》作为新世纪纲领性教育文件，也将这一问题再次提上工作日程。"减轻学生课业负担是全社会的共同责任，政府、学校、家庭、社会必须共同努力，标本兼治，综合治理。"要"率先实现小学生减负"、"改革考试评价制度和学校考核办法"、"不得以升学率对地区和学校进行排名，不得下达升学指标。规范各种社会补习机构和教辅市场"、"各种等级考试和竞赛成绩不得作为义务教育阶段入学与升学的依据"。

（四）加快普及高中阶段教育

进入新世纪以来，我国各级各类教育协调发展，高中规模不断扩大。高中阶段是学生自主发展的重要时期，要加快普及高中阶段的教育。为此，《规划纲要》提出，"到 2020 年，普及高中阶段教育，满足初中毕业生接受高中阶段教育需求。"关于推动普通高中多样化发展，《规划纲要》也指出，"促进办学体制多样化，扩大优质资源。推进培养模式多样化，满足不同潜质学生的发展需要。鼓励普通高中办出特色。"

（五）全面提高高等教育质量

高等教育担负着培养高级专门人才的重要使命，高等教育发展的核心在于高等教育质量的提高。自 1999 年我国高校全面扩招以来，整个高等教育规模大幅度增加，高等教育毛入学率已经达到国家公认的大众化标准。但同时，我们也应看到高等教育质量还有待于进一步提高。例如，培养拔尖创新型人才、改革招生考试制度、调整高等教育课程结构方面还需要全面系统思考。《规划纲要》适时指出，"全面提高高等教育质量"、"提高人才培养质量"、"提升科学研究水平"、"增强社会服务能力"、"优化结构办出特色"，即对高等教育的发展进入到全方位注重教育质量的新阶段。

（六）人才培养体制改革

人才培养体制的改革是《规划纲要》提出的六大改革举措之一，也是第一位的。国家教育事业的发展，离不开人才的培养。要更新人才培养的观念，即树立全面发展观念、人人成才观念、多样化人才观念、终身学习观念以及系统培养观念。只有促进观念的更新，才能加快培养模式上的变革。要创新人才培养模式，就必须遵循教育规律和人的成长规律，创新教育教学方法。因此，《规划纲要》指出，要"注重学思结合。倡导启发式、探究式、讨论式、参与式教学，帮助学生学会学习"；"注重知行统一。坚持教育教学与生产劳动、社会实践相结合"；"注重因材施教。关注学生不同特点和个性差异，发展每一个学生的优势潜能"。

（七）考试招生制度改革

考试招生制度改革是《规划纲要》为促进教育事业发展提出的第二项改革举措。这项改革力度较大，范围较广，涉及中等学校考试招生制度和高等学校考试招生制度两大层面。要想推进素质教育的有效实施和创新型人才的大力培养，必须适时推进考试招生制度的改革，以改革为突破口，科学选拔人才，维护社会公平。

《规划纲要》指出，"探索招生与考试相对分离的办法，政府宏观管理，专业机构组织实施，学校依法自主招生，学生多次选择，逐步形成分类考试、综合评价、多元录取的考试招生制度。"尤其在高等学校招生考试中，鼓励探索个别科目"一年多考"的办法，推行社会化考试。这对未来一段时间内，国内考试科目的变革产生了积极的影响，也提供了更多的选择。

（八）现代学校制度

改革开放 30 多年以来，我国对于现代学校制度的探索一直未曾间断。尤其是进入21 世纪，建立现代学校制度的呼声越来越高。2003 年《从人口大国迈向人力资源强国》的报告中，将现代学校制度作为教育制度创新的目标提出；2004 年《2003—2007教育振兴行动计划》中明确提出，要"深化学校内部管理体制改革，探索建立现代学校制度"，这一政策具有导向和引领性的作用；2010 年《规划纲要》再次指出，"建设依法办学、自主管理、民主监督、社会参与的现代学校制度，构建政府、学校、社会之间新型关系"，并系统全面的对建立现代学校制度进行了阐释和说明。

（九）加强教师队伍建设

百年大计，教育为本。教育发展离不开合格的教师队伍建设。有好的教师，才会有好的教育。《规划纲要》第十七章重点论述了加强教师队伍建设的问题。

第一，健全教师准入制度。当前，部分教师道德素养低下，教师队伍混乱，影响教育教学质量。因此，《规划纲要》指出，"完善并严格实施教师准入制度，严把教师入口关。国家制定教师资格标准，提高教师任职学历标准和品行要求。建立教师资格证书定期登记制度。"这是自我国《教师法》及《教师资格条例》以后，对教师资格问题进行的重新的审视。

第二，加强师德建设。教师思想品德素养的形成不是一蹴而就的，而是一个长期的培养过程。为切实加强师德建设，提高师资素养水平，《规划纲要》指出，要"加强教师职业理想和职业道德教育，增强广大教师教书育人的责任感和使命感。教师要关爱学生，严谨笃学，淡泊名利，自尊自律，以人格魅力和学识魅力教育感染学生，做学生健康成长的指导者和引路人。"

第三，完善教师编制标准。长期以来，我国各级各类学校教师编制分配不够合理，幼儿教师编制严重不足，中小学教师编制标准也已不合时宜。为此，《规划纲要》指出，"逐步实行城乡统一的中小学编制标准，对农村边远地区实行倾斜政策，制定幼儿园教师配备标准。"

第四，提高教师地位待遇。要想让教师安心的从事自己的本职工作，并能在工作中大展才能，就必须要首先保证教师的社会地位，切实提高教师的各项福利待遇。只有这样，才能吸引更多的优秀教师长期从教，终身从教。《规划纲要》指出，"依法保证教师平均工资水平不低于或者高于国家公务员的平均工资水平，并逐步提高。落实教师绩效工资。对长期在农村基层和艰苦边远地区工作的教师，在工资、职务（职称）等方面实行倾斜政策，完善津贴补贴标准。"

第三节 教育法规概述

一、教育法规的内涵

教育法规是指国家立法机关及依法授权的政府机关制定的，调整和规定教育活动、教育关系的法律、法令、条例、规则等各种规范性文件的总称。教育法规与教育政策虽都属于上层建筑，但两者也有区别。

第一，主体不同。教育政策的主体既可以是政党，也可以是国家机关和政府部门或有关的教育组织和机构，在特定范围内发生效力；而教育法规是由国家机关及依法授权的政府机关制定，在一定范围内具有国家意志的属性和普遍的约束力。第二，制定程序不同。教育政策通常采用行政首长制或委员会制；而教育法规必须依照法定程序，由立法机关或依法授权的政府机关制定。第三，表现形式不同。教育政策的表现形式多样，如决议、决定、指示等；而教育法规通常以规范性条文呈现，对法规的适用条件、具体行为准则以及违反者的法律责任等做出说明。第四，实施方式不同。教育政策主要依靠党的纪律、政府的行政权力而非司法权来实现；而教育法规以国家强制力保障实施，任何组织和个人必须遵守，不得违反。第五，稳定性和调整范围不同。教育政策可以随教育形势、任务的变化而适时调整；而教育法规具有一定的长期性和稳定性，必须按照一定的法定程序来修订或废止。

二、教育法规的特征

教育法规除了具有一般法规所具有的强制性特征以外，还具有其自身的独特性。

（一）系统性

教育法律法规体系作为社会主义法律体系的一个重要组成部分，有其内在完整的、协调一致的，有机联系的整体系统。每一部现行法律法规，都必须经过全盘的系统思考，精心策划，并认真付诸实践，随时监督和评价。例如，《中华人民共和国教育法》属于教育基本法，是用以调整我国教育内外部相互关系的基本法律准则，也被称为教育法规的"母法"。与其相配套的还有教育单行法，如《中华人民共和国高等教育法》、《中华人民共和国职业教育法》、《中华人民共和国民办教育促进法》等，用以调整我国某类教育或教育的某一具体部分的教育法律法规。

（二）针对性

教育法规的制定必须立足于教育现实，指向具体的教育问题或教育行为，必须具有较强的针对性。法规条文中的内容必须是明确的、具体的、可操作性的，用以规范和约束人们的行为。例如，《中华人民共和国教师法》中规定"对故意不完成教育教学任务给教学工作造成损失的；体罚学生，经教育不改的；品行不良、侮辱学生，影响恶劣的"，有以上三种情形之一，情节严重，构成犯罪的，要依法追究刑事责任。此外，根据社会发展变化及人的教育需求变化，对不适宜的条文内容应该进行及时的修改，以反映最新的情况，确定新的规则。例如，2012 年 10 月全国人民代表大会常务委员会决定对《中华人民共和国未成年人保护法》第五十六条第一款进行修改，即将原文"公安机关、人民检察院讯问未成年犯罪嫌疑人，询问未成年证人、被害人，应当通知监护人到场"修改为"询问、讯问、审判未成年犯罪嫌疑人、被告人，询问未成年证人、被害人，应当依照刑事诉讼法的规定通知其法定代理人或者其他人员到场。"

（三）原则性

当前，我国教育改革是一场巨大的革命，它的行进路线是渐进式的，而不是激进式的。有关教育改革的未来走向，人才培养规格等内容，不是一蹴而就决定的，而需要从长计议，系统思考。教育法规只是对教育行为规范进行了原则上的描述和规定，很多具体实施举措需要政策来辅助完成。例如，关于义务教育均衡发展的问题，《中华人民共和国教育法》和《中华人民共和国义务教育法》中都有提及，但是究竟各地如何去做，如何开展和实施等一系列问题，需要各地政府出台相应的政策文本保证实施。各地要考虑自身的实际情况、条件水平等统筹规划。

三、教育法规的类型及体系结构

（一）教育法规的类型

教育法规的类型，是指根据不同的标准，或从一定的角度对教育法规文件所作出的区分和归类。

第一，根据教育法规内容的重要程度和等级，可以分为基本法和单行法。

教育基本法通常指规定国家教育根本制度、具有最高法律效力的法律，即《中华人民共和国教育法》。教育单行法是指基本法之外的其他教育法律法规，如《中华人民共和国义务教育法》、《中华人民共和国教师法》等。教育单行法必须遵守教育基本法的相关原则规定，不得和基本法的内容相抵触。

第二，根据教育法规适用范围的不同，可以分为一般法和特殊法。

教育一般法是指适用于一般的法律关系主体的法律，如《中华人民共和国教师法》对我国境内的各级各类学校及其他教育机构中专门从事教育教学工作的教师都有法定约束力。而教育特殊法是指适用于特别的法律关系主体，并在特别时间、特别地区的法律，如《中华人民共和国未成年人保护法》只针对18周岁的未成年人，以及《××省义务教育条例》、《××自治区职业教育条例》等。

（二）教育法规的体系结构

教育法规体系结构，是指教育法作为一个专门的法律部分，按照一定的原则组成的一个相互联系、相互协调的有机整体。我国现行的教育法规体系结构主要表现为以下几个层次，见表7-2。

表7-2 教育法规的体系结构

等级层次	制定机构	法规例举
《宪法》中关于教育的条款	全国人民代表大会	—
教育基本法	全国人民代表大会	《中华人民共和国教育法》
教育单行法	全国人民代表大会常务委员会	《中华人民共和国职业教育法》、《中华人民共和国高等教育法》等
教育行政法规	国家最高行政机关（国务院）	《残疾人教育条例》、《国务院征收教育费附加的暂行规定》等
地方教育行政法规	地方国家权力机关	《××省义务教育实施细则》、《××省职业教育条例》等
教育规章	国务院所属各部、各委员会；地方国家权力机关	《教育行政处罚暂行实施办法》等

四、教育法律规范

教育法律规范是指由国家制定或认可，并以国家强制力保证实施的关于教育方面的行为准则。一般分为义务性法律规范、禁止性法律规范和授权性法律规范三种类型。

（一）义务性法律规范

义务性法律规范又称应为模式，是指人们在法定条件下，"应当或必须如何行为"的法律规范。在法律条文中，通常以"必须"、"应当"、"义务"等字样表述。例如，《中华人民共和国教育法》第八条，"教育活动必须符合国家和社会的公共利益。"《中华人民共和国义务教育法》第三十条,"教师应当取得国家规定的教师资格。"第四条规定,"凡具有中华人民共和国国籍的适龄儿童、少年,不分性别、民族、种族、家庭财产状况、宗教信仰等,依法享有平等接受义务教育的权利,并履行接受义务教育的义务。"

(二)禁止性法律规范

禁止性法律规范又称勿为模式,是指人们在法定条件下,"禁止或不得如何行为"的法律规范。在法律条文中,通常以"禁止"、"不得"等字样表述。例如,《中华人民共和国中外合作办学条例》第七条第二款,"中外合作办学机构不得进行宗教教育和开展宗教活动。"《中华人民共和国义务教育法》第十四条,"禁止用人单位招用应当接受义务教育的适龄儿童、少年。"

(三)授权性法律规范

授权性法律规范又称可为模式,是指人们在法定条件下,"有权作出或不作出"某种行为的法律规范。在法律条文中,通常以"可以"、"有权"等字样表述。例如,《中华人民共和国学位条例》第十七条,"学位授予单位对于已经授予的学位,如发现有舞弊作伪的严重违反本条例规定的情况,经学位评定委员会复议,可以撤销。"《中华人民共和国未成年人保护法》第四十九条,"未成年人的合法权益受到侵害的,被侵害人及其监护人或者其他组织和个人有权向有关部门投诉,有关部门应当依法及时处理。"

当然,不是所有的法律条文都直接规定着教育法律规范的,有的教育法律条文只是专门界定了有关的概念,没有具体设置权利和义务,也就不属于教育法律规范。例如,《中华人民共和国教师法》中规定,"教师是履行教育教学职责的专业人员。"只是对教师的专业身份进行了界定,并没有涉及权利和义务的说明,也没有相应行为准则的要求。这样的条文内容在教育法律法规文献中,也时有出现。

五、教育法律关系

任何法律关系都有其特有的调整对象,教育法规也不例外。教育法律关系是指由教育法律规范所确认和调整的、表现为教育法律关系主体之间权利和义务联系的社会关系。教育法规调整的基本法律关系主要有学校与政府的关系、学校与社会的关系、学校与家庭的关系、学校与教师的关系、学校与学生的关系、教师与学生的关系等。

(一)学校与政府的关系

学校与政府之间的关系主要是一种行政法律关系。主要表现为政府依法对各级各类学校进行行政管理、干预和施加影响。学校则一般处于服从的地位,必须履行行政命令所规定的义务,没有选择的余地。如果学校不履行规定的义务时,政府机关可以强制其履行;反之,如果政府机关不履行相应职责,学校只能请求其履行或通过有关国家机关提出申诉或诉讼等方式来加以解决。可见,学校与政府之间的关系具有不对等性,政府占据着主导地位,政府的行政行为不可避免地会对学校产生直接的权威性的促进、帮助或限制、制约作用。

南方科技大学的招生自主权

2010年12月15日，南方科技大学官网刊登《致报考南方科大的考生的家长的一封信》。信中阐明，学校决定在不经教育部批准的情况下自主招生，自授学位和文凭。南方科技大学的首次招生得到了学生和家长的关注和热捧，首批录取的45名学生于2011年2月顺利入学。2011年5月30日，首批"实验班"的45名学生在网上公开表示，拒绝教育部提出的必须参加高考的要求，以此向传统的高考体制宣战。

从上面这个案例可以看出，南方科技大学在教育改革过程中遇到两个非常棘手的问题。一是学校招生自主权的问题，一是政府和学校利益如何调整的问题。事实上，一直以来高校办学自主权问题困扰着高校的自主发展，政府将本应该属于学校的权利收归，以行政手段来加以控制，政府与学校之间出现了很多意见分歧，学校没有真正意义上的招生自主权。而我国早在1998年的《中华人民共和国高等教育法》第十一条就明确提出，"高等学校应当面向社会，依法自主办学，实行民主管理。"第三十二条又规定，"高等学校根据社会需求、办学条件和国家核定的办学规模，制订招生方案，自主调节系科招生比例。"

（二）学校与社会的关系

学校是社会大系统中的重要组成部分，与社会存在着广泛且密切的联系。按照我国宪法规定，我国学校由国家、集体经济组织、企事业组织和其他社会力量举办，其中以国家和国有企业、事业组织举办的学校为主。这类学校在国家授权的范围内行使占有、使用等权利。任何人不得以任何非法手段侵犯和破坏国家财产。但当前我国的一些公办学校，受到社会各种不良之风的影响和利诱，出现了学校国有财产流失、被侵占、被滥用的现象，导致各类法律纠纷案件产生，对学校的正常教学秩序和师生的工作、学习有很大的负面影响。

新疆某职业院校倒闭，国有土地被侵占

新疆某职业学校，自2003年3月开始停办，停办后将近36亩的土地闲置下来。由于该校在建校时曾因工程建设欠刘某工程款79812元。原学校校长便将空闲的1300平方米地皮以租赁方式租赁给刘某，抵扣工程款。每年折抵2217元，至2028年12月31日全部抵清。后因该学校地皮征用产生了多方矛盾和法律纠纷。

上述案例中，纠纷的关键点在于学校的财产归属问题。该校的土地使用权属于国家，停止办学后土地使用权应由国家收回。原学校校长没有权力将国有土地进行租赁和抵债。可见，当学校财产受到侵害时，如环境污染、噪声危害、越界建屋、私设集市等行为出现，学校必须在第一时间处于主动地位，保护自己的合法权益不受侵害，使学校的教育教学工作不受干扰。

（三）学校与家庭的关系

学校是专门的教育机构，是培养人才的地方。家庭是孩子的第一所学校，家长则是孩子的第一任老师。很多家长望子成龙、望女成凤，对学校教育充满了期待。他们认为教育孩子主要是学校的事情，自己把孩子交到学校，学校就应该承担起监护的责任。学生在学校发生了人身伤害，应该由学校全权负责，由此也引发了学校与家庭之间的法律纷争。

究竟谁应该为孩子的"抑郁症"埋单？

江苏省某县实验中学初一男生杨某，独生子女，平时在学校表现不好，喜欢玩电脑游戏。他的家庭条件比较优越，父母都是生意人，经常无暇他的学习，也很少跟他进行心理沟通。在学校中，由于他生性顽劣，不守纪律，老师经常当着全班同学的面批评他，他觉得很自卑，慢慢地开始逃课、逃学，不愿意与他人沟通交流，性格越来越内向。每次在学校受到批评，杨某回家后的情绪都非常不好，经常一个人关在屋子里生闷气。此外，家长经常当着他的面数落老师，责备老师没有尽到监管的义务；而老师也经常当着孩子面数落家长，说他们对他疏于管理，放任自流，没有尽到家长的义务，也没有起到良好的表率作用。慢慢的孩子开始表现出抑郁的症状，家长与老师对簿公堂。

从上述案例中，我们可以看到，家庭教育与学校教育之间出现了很大的矛盾分歧，彼此互相推卸责任。学校教师认为自己对学生严加管教，是出于对学生的关爱，帮助他们改正不良行为；而家长则认为孩子在学校中受到了老师的侮辱，自尊心受损，久而久之便有了抑郁的表现，孩子的这些变化都是受老师的影响，应该追究老师的责任。

（四）学校与教师的关系

学校与教师的关系是一种法定聘任关系。学校在其法定权限内，可以决定聘用教师或者解雇教师，并向教师布置教学任务、对教师工作进行监督和评价等。同时，教师在任用期内享有教育教学权、学业评价权、福利待遇权等以及作为公民本应享有的其他一切权利。如果学校以各种非法名义侵害教师的合法权利，教师可以通过法律程序进行申诉。

山东临沂一民办中学拖欠近百名教师工资

2010年7月，山东临沂市一名下岗中学教师向《山东民声》投诉，反映自己曾经工作过的学校拖欠多名教师的绩效工资、加班费及高考奖金。同时，该学校长期未给多名教师及时缴纳养老保险、医疗保险等国家劳动合同法律规定的社会保险。调查结果显示，该校确实在2006年以后，由于资金压力，一直未能给教师继续缴纳保险。期间，部分教师因不满意而主动离开，个别教师被学校开除，其中大部分教师的养老保险一直处于停滞状态，迟迟不能解决。

上述案例中，学校侵犯了教师的合法权益。虽然在学校教育中，学校有权对教师进行管理、监督和评价，甚至是解除聘约。但是，从教师个体劳动特点来看，教师具有专门的知识和技能，是高度专业化的社会人士，其教学工作在很大程度上依赖于教师个体积极性的发挥。而教师合理的劳动报酬和福利待遇，是激励教师更加积极工作的重要因素。因此，学校应根据教师劳动特点，科学制定相关管理制度，保证教师合理的福利待遇，给予教师更大的发展空间和专业自主权，充分调动教师工作的主动性和积极性。

（五）学校与学生的关系

学校教育与学生群体之间是一种教育与被教育的关系，管理与被管理的关系。学校作为育人的主要场所，必须要为学生创设良好的教学环境，稳定的教学秩序，以保证学生在学校中健康、快乐地成长。在我国相关法律规定中，学校与未成年学生之间是一种监护代理的服务性契约的关系，家长是学生的监护人，学生是被监护人，学校是监护人的代理人。从这种意义上来讲，学校只是担当了学生在校期间的监护人的代理人角色，即在学生受到伤害时，只有学校存在过错，学校才承担责任。例如，教师侮辱学生的人格尊严，体罚或变相体罚学生，学校教学设施存在明显安全隐患导致学生伤害等。

因水房没有灯，学生摔倒受伤

樊某，15 岁，河北省香河县某中学学生。2012 年 3 月 13 日晚 8 时，樊某和其他两名同学去学校水房打水。因水房内没有灯，樊某在打水过程中摔倒后被送进医院。樊某将学校告上法庭，学校被要求赔偿医疗、护理等各项费用共计 54939.2 元。

可见，学校安全重于泰山。学校安全意识薄弱、安全检查不到位，安全教育不全面，必然会给学校留下安全隐患，并可能产生校园伤害事故。因此，学校各管理部门，应该高度重视，认真检查，加强对师生员工的安全教育，将安全事故防患于未然，给学生提供一个环境优美、安全舒适的学习环境。

六、教育法律责任

法律责任是由法律规范所规定的，具有法定性和国家强制性。一个人在法律上要对一定行为负责，即承担法律责任。也就是说，当个人作出相反行为时，就应该受到法律的制裁。教育法律责任是指教育法律关系主体因实施了违反教育法规的行为，依照有关法律、法规的规定，应当承担的惩罚性或补偿性的后果。所谓惩罚性的后果，即行为人违反了法律、法规的禁止性规定，或者未完成或履行规定的法律义务，就应该承担对自己不利的法律后果，接受惩罚。所谓补偿性的后果，主要是指行为人在接受惩罚的同时，需要对受害人的实际损失进行相应的补偿。

由于行为人违反教育法律规范的程度不同，其承担的责任种类也会有所不同。教育法律责任主要分为行政法律责任、民事法律责任和刑事法律责任。

（一）行政法律责任

行政法律责任是指行政法律关系主体违反了行政法律、法规所应承担的法律后果。行政法律责任的承担方式主要有两类，即行政处罚和行政处分。

行政处罚是指国家行政机关依法对违反行政法律规范的组织或个人进行的行政制裁。《中华人民共和国行政处罚法》规定，行政处罚的主要方式有警告、罚款、没收违法所得和非法收入、责令停产停业、暂扣或者吊销许可及执照、行政拘留等。

行政处分是指由国家机关或企事业单位对其所属人员予以的惩戒措施。行政处分共有六种形式，包括警告、记过、记大过、降级、撤职和开除。行政处分有时也称纪律处分。在学校教育中，对学生的处分有警告、严重警告、记过、留校察看、开除学籍五种。对于义务教育阶段的学生一般只适用于前四种。

行政处罚与行政处分虽然都是一种行政制裁方式，但两者也有较大区别。第一，行政处罚是一种外部行为，处罚主体及对象之间不存在领导与被领导的关系；行政处分则是一种内部行为，处罚主体及对象之间存在领导与被领导的关系。第二，行政处罚的对象既可以是个体也可以是组织（法人），而行政处分的对象只能是个体。第三，对行政处罚结果不服的，可以申请复议或提起诉讼；而对行政处分不服的，只能向有关部门提出申述。那么，教育行政机关是否具有行政处罚权呢？学校又是否具有行政处罚权呢？请看下面两个案例。

教育行政机关有行政拘留权吗？

某县社会秩序较乱，一些社会闲杂人员等经常到当地的学校寻衅滋事，扰乱学校正常的教育教学秩序。很多学校领导、师生和家长对此怨声载道。为维护学校的合法权益，保证师生的安全，该县教委成立了"护教队"，其主要任务是通过蹲守、巡查等形式保护学校不受侵扰。同时，该"护教队"还受到县教委的委任，对严重干扰学校教学的不法之徒给予拘留关押。几天之后，几个社会青年在某小学无故闹事，"护教队"成员将其制服并关押在一个空房间内，长达两天。

上述案例中，县教育行政部门设立的"护教队"对几名社会青年进行了关押，实际上是限制了他们的人身自由。而《中华人民共和国行政处罚法》规定，"限制人身自由的行政处罚权只能在公安机关行使"。也就是说，教育行政机关并没有关押拘留的权力，案例中对社会青年的拘禁属于违法行为。根据《教育行政处罚暂行实施办法》，教育行政机关可以执行警告，罚款，没收违法所得，没收违法颁发、印制的学历证书、学位证书及其他学业证书，撤销违法举办的学校和其他教育机构，取消颁发学历、学位和其他学业证书的资格，撤销教师资格，停考，停止申请认定资格，责令停止招生，吊销办学许可证，其他。

学校有行政处罚权还是行政处分权？

　　某中专两名男生晚饭后因小事发生口角，刘某先动手打了郭某，郭某被打后拿起一把匕首刺向刘某，刘某因躲闪不及，被刺中大腿内侧，流血不止。事发后，老师赶到现场，第一时间报告了当地派出所，并将刘某送往医院。由于抢救及时，刘某脱离了生命危险。郭某被公安机关处以行政拘留15天的行政处罚。郭某负责刘某的全部医疗费用。学校也对两名学生分别作出了刘某被警告、郭某被记过的处分决定。

　　可见，学校有权对学生进行行政处分，而无权对学生进行行政处罚。而教育行政部门和公安机关等有权对学生进行行政处罚，其中公安机关更有权对违反治安管理处罚条例的行为进行行政拘留。从案例中学生的年龄来看，郭某和刘某都已经超过14周岁，属于限制行为能力人，具有一定的分辨是非善恶的能力，可以对自己的某些行为负责。但由于经验缺乏、知识匮乏，尚不能完全辨认自己的行为，因此对于已满14周岁而未满18周岁的人有违法行为，从轻或者减轻处罚。

（二）民事法律责任

　　民事法律责任是指行为人由于民事违法行为而承担的法律后果。教育民事法律责任即指教育民事法律关系主体违反教育法律、法规，破坏了平等主体之间正常的财产关系或人身关系，依照法律规定应承担的民事法律责任，是一种以财产为主要内容的责任。

　　我国《民法通则》规定，承担民事责任的方式主要有"停止侵害；排除妨碍；消除危险；返还财产；恢复原状；修理、重作、更换；赔偿损失；支付违约金；消除影响、恢复名誉；赔礼道歉。"以上方式，既可以单独适用，也可以合并适用。除上述规定外，还可以依照法律规定予以处罚和拘留。

　　从教育民事责任来看，大致可以分为侵权行为的民事责任和违约行为的民事责任。侵权民事责任是行为人实施了侵权行为而承担的民事法律后果。从世界范围内来看，大多数国家都将学校事故当做侵权行为来看待。违约民事责任是合同当事人一方不履行合同义务或法定规定所应承担的民事法律后果。学校管理者及教职员工经常会参与各种民事活动，在教师聘任、工资待遇、知识转让、委托培养等方面会出现一些民事纠纷，此时就可以要求追究违约责任，并请求民事赔偿。

begin example box

教师剽窃他人论文，被索赔三千元

　　2004年，江苏盐城某中学教师唐某发现自己在2000年发表于某省级刊物上的一篇论文，竟被他人稍加修改后发表在2003年某期的其他省内刊物上。唐某发现后，立即以侵犯自己的著作权为由，将抄袭者及杂志社告上法庭。法院对双方进行了民事调解，最终抄袭者向唐某公开赔礼道歉，并赔偿经济损失人民币3190元。

end example box

（三）刑事法律责任

追究刑事法律责任是国家对违反法律的行为人最为严厉的法律制裁。刑事法律责任是指由于实施了刑事违法行为所导致的受刑罚处罚的法律责任。教育刑事法律责任主要是指教育刑事法律关系主体实施了违反教育法和刑法的行为，达到犯罪程度时，所应承担的法律后果。

刑事法律责任与行政法律责任不同，行政法律责任追究的是一般违法行为，而刑事法律责任追究的是犯罪行为；行政法律责任由国家特定行政机关按照有关法律规定决定，而刑事法律责任只能由司法机关按照《刑法》的规定来决定；行政法律责任的追究有行政处罚和行政处分两种，而刑事法律责任的追究是最为严厉的，甚至可以判处死刑。根据我国《刑法》规定，刑罚主要由主刑和附加刑构成。主刑是对犯罪分子适用的主要刑罚方法，只能独立适用，不能附加适用。主刑具体包括管制、拘役、有期徒刑、无期徒刑和死刑。附加刑是既可以独立适用又可以附加适用的刑法方法。附加刑具体包括罚金、剥夺政治权利、没收财产、驱逐出境（针对犯罪的外国人）。

我国《教育法》、《教师法》、《义务教育法》等法律条文中都有对法律责任的特殊规定。例如，侵占、克扣、挪用义务教育经费，构成犯罪的；扰乱实施义务教育学校教学秩序，情节严重的；侵占或者破坏学校校舍、场地和设备，情节严重的；侮辱、殴打教师、学生，情节严重的；体罚学生，情节严重的；玩忽职守致使校舍倒塌，造成师生伤亡事故，情节严重的等依法追究刑事法律责任。

幼儿园火灾致女童死亡

2010 年 1 月 17 日，北京东坝一民办幼儿园午休时间，幼儿园阿姨李某到市场买菜，期间两名 2 岁左右的小朋友，在屋内玩电暖器的开关，导致电暖器突然倒地，引燃了一床棉被，并继而引发了火灾。小朋友们纷纷跑出房间，而其中一名 2 岁的小朋友丁丁没能及时逃离，失去了生命。检察院认为，幼儿园阿姨李某对于儿童未尽到妥善看管的义务，导致了火灾并烧死了儿童，应该承担刑事责任，其犯有过失致人死亡罪。

现实社会中，类似这样的案件时有发生，尤其是在学前教育及义务教育阶段。这个阶段的未成年儿童或少年，自我防范意识较差，自我保护能力也很弱，容易对外界事物产生好奇感，经不住外界的各种诱惑，容易受到暗示和模仿，也易受到人身伤害。

第四节　我国现行的主要教育法律法规介绍

改革开放以来，我国教育法制化建设日趋完善，国家相继出台了多部教育法律法规以约束和规范各类教育事业的发展。本节将重点介绍《中华人民共和国教育法》、《中华人民共和国义务教育法》、《中华人民共和国教师法》以及《中华人民共和国未成年人保护法》的基本法律内容。

一、《中华人民共和国教育法》

《中华人民共和国教育法》（以下简称《教育法》）于 1995 年 3 月 18 日第八届全国人民代表大会第三次会议通过，自 1995 年 9 月 1 日起施行。2009 年 8 月 27 日经第十一届全国人民代表大会常务委员会第十次会议修正。该法是教育的根本大法，是教育法律法规体系中的"母法"，具有最高的法律权威。《教育法》是全面调整我国各类教育关系，规范教育工作的基本法律。其他单行法律法规都是它的"子法"，都必须要以《教育法》为依据，不能与《教育法》的内容相违背。

（一）立法宗旨

《教育法》总则第一条明确指出本法的立法宗旨，即"为了发展教育事业，提高全民族的素质，促进社会主义物质文明和精神文明建设"。《教育法》的立法宗旨为我国教育事业指明了发展方向。

（二）适用范围

《教育法》总则第二条指出了本法的适用范围，即"在中华人民共和国境内的各级各类教育，适用本法。"各级教育，主要包括学前教育、初等教育、中等教育和高等教育。各类教育包括根据不同的教育分类标准所划分的不同类别的教育，如工科、理科、文科、师范、医学等学校教育。

此外，由于军事学校教育和宗教学校教育的特殊性，《教育法》在附则第八十二条分别进行规定："军事学校教育由中央军事委员会根据本法的原则规定。宗教学校教育由国务院另行规定。"

（三）教育性质和教育方针

《教育法》总则第三条明确提出了我国教育的社会主义性质，"国家坚持以马克思列宁主义、毛泽东思想和建设有中国特色社会主义理论为指导，遵循宪法确定的基本原则，发展社会主义的教育事业。"

在明确社会主义教育性质的基础上，《教育法》总则第五条又提出了我国的教育方针，即"教育必须为社会主义现代化建设服务，必须与生产劳动相结合，培养德、智、体等方面全面发展的社会主义事业的建设者和接班人。"

（四）教育基本原则

教育基本原则是教育事业发展必须遵循的基本要求和准则。《教育法》总则第六条到第十三条具体规定了我国教育的基本原则。

《教育法》第六条规定了对受教育者进行政治思想道德教育的原则，"国家在受教育者中进行爱国主义、集体主义、社会主义的教育，进行理想、道德、纪律、法制、国防和民族团结的教育。"

《教育法》第七条规定了继承和吸收优秀文化成果的原则，"教育应当继承和弘扬中华民族优秀的历史文化传统，吸收人类文明发展的一切优秀成果"。我国历史文化悠久，具有丰富的教育思想和教育理念。在继承和吸收优秀文化成果的同时，也要注意古为今用，洋为中用，有选择性地学习和利用。

《教育法》第八条规定了教育的公益性原则和教育与宗教相分离的原则，"教育活动必须符合国家和社会公共利益。国家实行教育与宗教相分离。任何组织和个人不得利用宗教进行妨碍国家教育制度的活动。"我国是社会主义国家，举办教育不得以营利为目的，应当坚持教育的公益性原则。

《教育法》第九条规定了受教育者机会平等的原则，"中华人民共和国公民有受教育的权利和义务。公民不分民族、种族、性别、职业、财产状况、宗教信仰等，依法享有平等的受教育机会。"平等的受教育权，是公民的一项基本权利，被写入到《宪法》中予以保证。接受教育既是公民的一项基本权利，同时也是每个公民必须履行的一项基本义务。

《教育法》第十条规定了帮助特殊地区和保护弱势群体的原则，"国家根据各少数民族的特点和需要，帮助各少数民族地区发展教育事业。国家扶持边远贫困地区发展教育事业。国家扶持和发展残疾人教育事业。"尤其是针对残疾人，他们享有与正常人一样的学习权和发展权。

《教育法》第十一条规定了建立和完善终身教育，推进教育科学研究的原则，"国家适应社会主义市场经济发展和社会进步的需要，推进教育改革，促进各级各类教育协调发展，建立和完善终身教育体系。国家支持、鼓励和组织教育科学研究，推广教育科学研究成果，促进教育质量提高。"现代社会，科技迅猛发展，知识信息更新速度加快，传统的学校教育已经不能满足社会多方面的需求，终身教育理念应运而生，并逐渐成为一种当代教育思潮。

《教育法》第十二条规定了推广普通话的原则，"汉语言文字为学校及其他教育机构的基本教学语言文字。少数民族学生为主的学校及其他教育机构，可以使用本民族或者当地民族通用的语言文字进行教学。学校及其他教育机构进行教学，应当推广使用全国通用的普通话和规范字。"

《教育法》第十三条规定了奖励突出贡献的原则，"国家对发展教育事业做出突出贡献的组织和个人，给予奖励。"对有突出贡献的教师进行奖励，有利于激发教师工作的热情和积极性，形成全社会尊师重教的良好风气。

（五）教育管理体制

《教育法》总则第十四条对我国教育管理体制作出了法律上的规定，即"国务院和地方各级人民政府根据分级管理、分工负责的原则，领导和管理教育工作。"此外，又对"分级管理、分工负责体制"进行了具体的说明和描述。

（六）教育基本制度

《教育法》第二章对教育基本制度做出了法律规定，主要包括学校教育制度、义务教育制度、职业教育和成人教育制度、国家考试制度、学业证书和学位制度、扫除文盲制度、教育督导和评估制度。

其中,《教育法》第十七条规定,"国家实行学前教育、初等教育、中等教育、高等教育的学校教育制度"。

《教育法》第十八条规定,"国家实行九年制义务教育制度。各级人民政府采取各种措施保障适龄儿童、少年就学。适龄儿童、少年的父母或者其他监护人以及有关社会组织和个人有义务使适龄儿童、少年接受并完成规定年限的义务教育。"我国实施的九年制义务教育,可以采用"六三"制或"五四"制或九年一贯制。

《教育法》第二十二条规定,"国家实行学位制度。学位授予单位依法对达到一定学术水平或者专业技术水平的人员授予相应的学位,颁发学位证书。"目前,我国学位分为学士、硕士和博士三级。

(七)学校及其他教育机构

《教育法》第二十五条规定,"任何组织和个人不得以营利为目的举办学校及其他教育机构。"第二十六条又对设立学校及其他教育机构的基本条件进行了法律规定,即"有组织机构和章程;有合格的教师;有符合规定标准的教学场所及设施、设备等;有必备的办学资金和稳定的经费来源。"

《教育法》第二十八条规定了学校及其他教育机构的基本权利,"按照章程自主管理;组织实施教育教学活动;招收学生或者其他受教育者;对受教育者进行学籍管理,实施奖励或者处分;对受教育者颁发相应的学业证书;聘任教师及其他职工,实施奖励或者处分;管理、使用本单位的设施和经费;拒绝任何组织和个人对教育教学活动的非法干涉;法律、法规规定的其他权利。"

《教育法》第二十九条规定了学校及其他教育机构的基本义务,"遵守法律、法规;贯彻国家的教育方针,执行国家教育教学标准,保证教育教学质量;维护受教育者、教师及其他职工的合法权益;以适当方式为受教育者及其监护人了解受教育者的学业成绩及其他有关情况提供便利;遵照国家有关规定收取费用并公开收费项目;依法接受监督。"

(八)教师和其他教育工作者

《教育法》第三十二条规定,"教师享有法律规定的权利,履行法律规定的义务,忠诚于人民的教育事业。"(教师具体权利及义务,详见《教师法》内容)

《教育法》第三十三条规定,"国家保护教师的合法权益,改善教师的工作条件和生活条件,提高教师的社会地位。"

《教育法》第三十四条规定,"国家实行教师资格、职务、聘任制度,通过考核、奖励、培养和培训,提高教师素质,加强教师队伍建设。"

(九)受教育者

《教育法》第四十二条规定了受教育者享有的基本权利,"参加教育教学计划安排的各种活动,使用教育教学设施、设备、图书资料;按照国家有关规定获得奖学金、贷学金、助学金；在学业成绩和品行上获得公正评价，完成规定的学业后获得相应的学业证书、学位证书；对学校给予的处分不服向有关部门提出申诉，对学校、教师侵犯其人身权、财产权等合法权益，提出申诉或者依法提起诉讼；法律、法规规定的其他权利。"

《教育法》第四十三条规定受教育者应当履行的基本义务，"遵守法律、法规；遵守学生行为规范，尊敬师长，养成良好的思想品德和行为习惯；努力学习，完成规定的学习任务；遵守所在学校或其他教育机构的管理制度。"

（十）教育的社会责任

《教育法》第六章对社会各方面参与、支持教育的责任和形式作了规定。

例如，《教育法》第五十条规定，"图书馆、博物馆、科技馆、文化馆、美术馆、体育馆（场）等社会公共文化体育设施，以及历史文化古迹和革命纪念馆（地），应当对教师、学生实行优待，为受教育者接受教育提供便利。广播、电视台（站）应当开设教育节目，促进受教育者思想品德、文化和科学技术素质的提高。"

（十一）教育投入渠道和保障机制

《教育法》第七章对教育投入的各方面进行了法律规定。

例如，《教育法》第五十三条明确了我国教育经费筹措的新体制，即"国家建立以财政拨款为主、其他多种渠道筹措教育经费为辅的体制"。

《教育法》第五十五条规定了教育投入的"三个增长"原则，即"各级人民政府教育财政拨款的增长应当高于财政经常性收入的增长，并使按在校学生人数平均的教育费用逐步增长，保证教师工资和学生人均公用经费逐步增长。"只有遵循了这三个增长，才能保证教育经费投入的稳定增加。

（十二）教育对外交流与合作

《教育法》第八章对教育对外交流与合作的基本原则和主要形式作出了法律规定。

例如，《教育法》第六十七条规定，"教育对外交流与合作坚持独立自主、平等互利、相互尊重的原则，不得违反中国法律，不得损害国家主权、安全和社会公共利益。"

（十三）违反《教育法》的法律责任

《教育法》第九章对教育实践中经常发生的，直接影响法律实施的行为作出了法律责任的规定。

1. 违反教育经费使用规定的法律责任

充足的教育经费是教育发展的前提和基础，是学校及其他教育机构进行正常教育教学活动的保障。《教育法》第七十一条规定"违反国家有关规定，不按照预算核拨教育经费的，由同级人民政府限期核拨；情节严重的，对直接负责的主管人员和其他直接责任人员，依法给予行政处分。"第七十一条第二款规定"违反国家财政制度、财务制度，挪用、克扣教育经费的由上级机关责令限期归还被挪用、克扣的经费，并对直接负责的主管人员和其他直接责任人员，依法给予行政处分；构成犯罪的，依法追究刑事责任。"

2. 扰乱教育教学秩序，破坏、侵占学校财产的法律责任

《教育法》第七十二条规定，"结伙斗殴、寻衅滋事，扰乱学校及其他教育机构教育教学秩序或破坏校舍、场地及其他财产的，由公安机关给予治安管理处罚；构成犯罪的，依法追究刑事责任。"七十二条第二款规定"侵占学校及其他教育机构的校舍、场地及其他财产的，依法承担民事责任。"

3. 校舍有危险，造成人员伤亡或重大财产损失的法律责任

《教育法》第七十三规定，"明知校舍或者教育教学设施有危险，而不采取措施，造成人员伤亡或者重大财产损失的，对直接负责的主管人员和其他直接责任人员，依法追究刑事责任。"例如，学校负责人、教师或其他员工，知道或发现校舍、教育教学设施不安全，有安全隐患但未及时报告，也未采取措施预防和修缮，导致重大伤亡事故的；或者教育主管部门、当地政府的有关负责人，在得知事故隐患报告后，不及时采取措施，或玩忽职守及严重官僚主义而导致重大伤亡事故的。这里所指造成人员伤亡或者重大财产损失，一般是指死亡1人以上或者重伤3人以上的；直接经济损失5万元以上的情形。

4. 违反国家规定向学校、学生收费的法律责任

《教育法》第七十四条规定，"违反国家有关规定，向学校或者其他教育机构收取费用的，由政府责令退还所收费用；对直接负责的主管人员和其他直接责任人员，依法给予行政处分。"第七十八条规定"学校及其他教育机构违反国家有关规定向受教育者收取费用的，由教育行政部门责令退还所收费用；对直接负责的主管人员和其他直接责任人员，依法给予行政处分。"这里，违规收费一般是指在国家法律法规和有关收费管理规定之外，无依据或违反有关收费标准、范围、用途和程序的要求，向学校或者其他教育机构乱收费、乱罚款和进行各种摊派活动。

5. 违法办学、招生、颁发证书的法律责任

《教育法》第七十五条规定，"违反国家有关规定，举办学校或者其他教育机构的，由教育行政部门予以撤销；有违法所得的，没收违法所得；对直接负责的主管人员和其他直接责任人员，依法给予行政处分。"即按照设立学校必须具备的四个基本要件进行审核，如不具备这些基本条件，不得举办学校或其他教育机构。

《教育法》第七十六条规定，"违反国家有关规定招收学员的，由教育行政部门责令退回招收的学员，退还所收费用；对直接负责的主管人员和其他直接责任人员，依法给予行政处分。"第七十七条规定"在招收学生工作中徇私舞弊的，由教育行政部门责令退回招收的人员；对直接负责的主管人员和其他直接责任人员，依法给予行政处分；构成犯罪的，依法追究刑事责任。"这里，违规招收学员是指未经有权部门批准而招收学员，以及未按批准的范围、层次、人数等招收学员。

《教育法》第八十条规定，"违反本法规定，颁发学位证书、学历证书或者其他学业证书的，由教育行政部门宣布证书无效，责令收回或者予以没收；有违法所得的，没收违法所得；情节严重的，取消其颁发证书的资格。"学业证书制度和学位制度是我国的基本教育制度。对学校及其他教育机构、有学位授予权的科研机构，在违法颁发证书过程中有违法所得的，没收违法所得。对情节严重的，由教育行政部门取消其颁发学业证书的资格。对伪造、编造、买卖学业证书、学位证书的处以三年以下有期徒刑、拘役、管制或者剥夺政治权利，情节严重的，处三年以上十年以下有期徒刑。

6. 考试作弊、非法举办考试的法律责任

《教育法》第七十九条规定，"在国家教育考试中作弊的，由教育行政部门宣布考试无效，对直接负责的主管人员和其他直接责任人员，依法给予行政处分。"第七十九条第二款规定"非法举办国家教育考试的，由教育行政部门宣布考试无效；有违法所得的，没收违法所得；对直接负责的主管人员和其他直接责任人员，依法给予行政处分。"国家教育考试制度是一项教育基本制度。在国家考试中有作弊，如夹带入场、抄袭他人答案、交换答卷等行为；或在考试活动中有欺骗、蒙混、指使、纵容等行为，要依法追究法律责任。此外，承办国家教育考试的机构必须经过国家有关部门批准。未经国家教育考试管理机构的批准或授权，不得擅自举办各种国家教育考试，或自行设立国家教育考试考点等。

二、《中华人民共和国义务教育法》

《中华人民共和国义务教育法》（以下简称《义务教育法》）于1986年4月12日第六届全国人民代表大会第四次会议通过，2006年6月29日第十届全国人民代表大会常务委员会第二十二次会议修订，自2006年9月1日起施行。《义务教育法》属于教育单行法律之一，它的颁布和实施有利于基础教育步入法制化轨道，进而保证国民基础教育的发展。

（一）立法宗旨

《义务教育法》总则第一条明确了本法的立法宗旨，"为了保障适龄儿童、少年接受义务教育的权利，保证义务教育的实施，提高全民族素质，根据宪法和教育法，制定本法。"也就是说，《义务教育法》要受制于《宪法》和《教育法》的影响和制约，其法律条文内容不得与两部上位法律相违背。

（二）义务教育的特征

《义务教育法》第二条规定，"国家实行九年义务教育制度。义务教育是国家统一实施的所有适龄儿童、少年必须接受的教育，是国家必须予以保障的公益性事业。

实施义务教育，不收学费、杂费。"以上内容既对义务教育制度作了全面的规定，同时也体现出我国义务教育制度独有的特征，即公平性、强制性、普及性、公益性和免费性。

（三）素质教育

《义务教育法》第三条规定，"义务教育必须贯彻国家的教育方针，实施素质教育，提高教育质量，使适龄儿童、少年在品德、智力、体质等方面全面发展，为培养有理想、有道德、有文化、有纪律的社会主义建设者和接班人奠定基础。"

同时在第三十四条中，又提出"教育教学工作应当符合教育规律和学生身心发展特点，面向全体学生，教书育人，将德育、智育、体育、美育等有机统一在教育教学活动中，注重培养学生独立思考能力、创新能力和实践能力，促进学生全面发展。"可见，《义务教育法》把全面实施素质教育以法律的形式固定下来，进一步推动了我国素质教育的大发展。

（四）均衡发展

在新修订的《义务教育法》中，均衡发展思想贯穿始终，如《义务教育法》第六条规定，"国务院和县级以上地方人民政府应当合理配置教育资源，促进义务教育均衡发展，改善薄弱学校的办学条件，并采取措施，保障农村地区、民族地区实施义务教育，保障家庭经济困难的和残疾的适龄儿童、少年接受义务教育。"该条款体现了义务教育实行均衡发展的基本原则和基本方向。

此外，《义务教育法》第二十二条又具体规定，"县级以上人民政府及其教育行政部门应当促进学校均衡发展，缩小学校之间办学条件的差距，不得将学校分为重点学校和非重点学校。学校不得分设重点班和非重点班。"针对近年来，不断滋生的"择校风"、"择校热"等想象，《义务教育法》将均衡发展作为方向性要求确定下来。这些基本要求与举措，有助于适时遏制择校的不正之风，缩小校际差距。

（五）学生

《义务教育法》第二章具体规定了义务教育学生的入学年龄、条件及非法雇佣童工等内容。

《义务教育法》第十一条对义务教育的入学年龄作了规定，"凡年满六周岁的儿童，其父母或者其他法定监护人应当送其入学接受并完成义务教育；条件不具备的地区的儿童，可以推迟到七周岁。"

《义务教育法》第十二条规定了义务教育的就近、免试入学原则，"适龄儿童、少年免试入学。地方各级人民政府应当保障适龄儿童、少年在户籍所在地学校就近入学。"

《义务教育法》第十四条规定，"禁止用人单位招用应当接受义务教育的适龄儿童、少年。"

（六）学校

《义务教育法》第三章对学校的建立、建设、维护和管理体制等作出了规定。

《义务教育法》第二十四条规定，"学校应当建立、健全安全制度和应急机制，对学生进行安全教育，加强管理，及时消除隐患，预防发生事故"；"学校不得聘用曾经因故意犯罪被依法剥夺政治权利或者其他不适合从事义务教育工作的人担任工作人员。"这说明，学校有对学生进行安全教育的责任，要预防校园安全事故的发生，并做好相关的预防和处理。另外，学校不得聘用因故意犯罪并被剥夺政治权利的教师任教。

《义务教育法》第二十六条规定，"学校实行校长负责制。校长应当符合国家规定的任职条件。校长由县级人民政府教育行政部门依法聘任。"所谓校长负责，主要是指校长全面负责、党支部保证监督和教职工民主参与。

《义务教育法》第二十七条规定，"对违反学校管理制度的学生，学校应当予以批评教育，不得开除。"也就是说，在义务教育阶段，学校无权开除学生。九年制义务教育既是学生的权利，又是学生的义务。

（七）教师

《义务教育法》第四章，对教师的地位、资格、待遇及培养等作出了规定。

《义务教育法》第二十九条规定，"教师在教育教学中应当平等对待学生，关注学生的个体差异，因材施教，促进学生的充分发展。"强调教师在教育教学中，要关注个性发展，要因材施教。"教师应当尊重学生的人格，不得歧视学生，不得对学生实施体罚、变相体罚或者其他侮辱人格尊严的行为，不得侵犯学生合法权益。"这是对教师职业道德提出的严格要求。

《义务教育法》第三十条规定，"教师应当取得国家规定的教师资格。国家建立统一的义务教育教师职务制度。教师职务分为初级职务、中级职务和高级职务。"

（八）教育教学

《义务教育法》第三十五条规定，"学校和教师按照确定的教育教学内容和课程设置开展教育教学活动，保证达到国家规定的基本质量要求。国家鼓励学校和教师采用启发式教育等教育教学方法，提高教育教学质量。"启发式教学是对传统注入式教学的一种否定，要求启发学生的思维，调动学生学习的主动性和积极性。

《义务教育法》第三十六条规定，"学校应当把德育放在首位，寓德育于教育教学之中，开展与学生年龄相适应的社会实践活动，形成学校、家庭、社会相互配合的思想道德教育体系，促进学生养成良好的思想品德和行为习惯。"

（九）违反《义务教育法》的法律责任

《义务教育法》第七章对义务教育实践中经常发生的，直接影响该法实施的行为作出了法律责任的规定。

1. 未履行义务教育经费保障职责的法律责任

长期以来，义务教育经费投入不足成为影响义务教育健康发展的瓶颈。《义务教育法》明确了各级政府对义务教育的投入责任，对不履行职责的部门和相关人员严肃处理。例如，《义务教育法》第五十一条规定"国务院有关部门和地方各级人民政府违反本法第六章规定，未履行对义务教育经费保障职责的，由国务院或者上级地方人民政府责令限期改正；情节严重的，对直接负责的主管人员和其他直接责任人员依法给予行政处分。"

2. 地方人民政府、教育行政部门违规行为的法律责任

《义务教育法》第五十二条指出了县级以上地方人民政府如有下列情形之一，即"未按照国家有关规定制定、调整学校的设置规划的；学校建设不符合国家规定的办学标准、选址要求和建设标准的；未定期对学校校舍安全进行检查，并及时维修、改造的；未依照本法规定均衡安排义务教育经费的"，由上级人民政府责令改正；情节严重的，给予相关人员行政处分。

《义务教育法》第五十三条又规定县级以上人民政府或教育行政部门如有下列情形之一，即"将学校分为重点学校和非重点学校的；改变或者变相改变公办学校性质的"，责令限期改正、通报批评，情节严重的，给予相关人员行政处分。

3. 学校违规行为的法律责任

《义务教育法》第五十六条、第五十七条分别对学校承担法律责任的违法行为进行了界定和说明。主要有以下六种：第一，违反国家规定收取费用的。第二，学校以向学生推销或者变相推销商品、服务等方式谋取利益的。第三，学校拒绝接收具有接受普通教育能力残疾适龄儿童随班就读的。第四，义务教育阶段分设重点班和非重点班的。第五，违反本法开除学生的。第六，学校选用了未经审核的教科书的。如有以上违法行为发生，必须对主管人员和其他责任人员给予行政处分，有违法所得的没收违法所得。

4. 父母或其他监护人未履行义务的法律责任

《义务教育法》第五十八条规定，"适龄儿童、少年的父母或者其他法定监护人无正当理由未依照本法规定送适龄儿童、少年入学接受义务教育的，由当地乡镇人民政府或者县级人民政府教育行政部门给予批评教育，责令限期改正。"

三、《中华人民共和国教师法》

《中华人民共和国教师法》（以下简称《教师法》）由第八届全国人民代表大会常务委员会第四次会议于 1993 年 10 月 31 日通过，自 1994 年 1 月 1 日起施行。2009 年 8 月 27 日经第十一届全国人民代表大会常务委员会第十次会议修正。该法是我国教育史上第一部关于教师的单行法律，它的颁布和实施有利于提高教师的社会地位，保障教师的合法权益，加强教师的队伍建设。

（一）立法宗旨

《教师法》总则第一条明确了本法的立法宗旨，"为了保障教师的合法权益，建设具有良好思想品德修养和业务素质的教师队伍，促进社会主义教育事业的发展。"《教师法》以教师作为立法的对象，体现了国家对于教师职业发展的高度重视。

（二）适用范围

《教师法》总则第二条规定："本法适用于在各级各类学校和其他教育机构中专门从事教育教学工作的教师。"这里"各级各类学校"是指实施学前教育、普通初高中教育、职业教育、普通高等教育以及特殊教育、成人教育的学校。"其他教育机构"特指与中小学的教育、教学工作紧密联系的少年宫、地方中小学教研室、电化教育馆等教育机构。"教师"是指在学校中传递人类文化科学知识和技能、进行思想品德教育，把受教育者培养成社会主义社会需要的专业人员。

（三）教师的权利与义务

教师的权利与义务是基于教师的特定的职业性质而产生和存在的。教师的权利和义务是统一的。《教师法》在第二章中明确规定了教师的权利和义务。

1. 教师的基本权利

《教师法》第七条对我国教师的权利作出规定，具体表现在以下几个方面：

（1）进行教育教学活动，开展教育教学改革和实验。

这是教师为履行教育教学职责必须具备的基本权利。它主要指教师可以依据学校培养目标组织课堂教学；按照课程计划和标准的要求确定教学内容和教学进度；针对不同的对象，在教育教学形式、方法、具体内容等方面进行适时的改革，实验和不断完善。

（2）从事科学研究、学术交流，参加专业的学术团体，在学术活动中发表意见。

这是教师作为专业技术人员所享有的一项基本权利。教师在完成规定的教育教学任务前提下，有权进行科学研究、技术开发、技术咨询、撰写学术论文或者著书立说等的基本权利。

（3）指导学生的学习和发展，评定学生的品行和学业成绩。

这是教师在教育教学活动中居于主导地位的基本权利。教师有权依据学生的身心发展规律、状况及特点等因材施教，给予指导；有权对学生的思想品德、学习、劳动等方面给予客观、公正的评价；有权运用科学的方式和方法，促进学生的个性发展。

（4）按时获取工资报酬，享受国家规定的福利待遇以及寒暑假期的带薪休假。

这是教师的基本物质保障权利。它主要包括教师有权要求所在学校及其主管部门按时足额地支付工资报酬；有权享受国家规定的住房、医疗、保健和退休后的生活安排等各种福利待遇和优惠，以及寒暑假期的带薪休假等权利。

（5）对学校教育教学、管理工作和教育行政部门的工作提出意见和建议，通过教职工代表大会或者其他形式，参与学校的民主管理。

这是教师参与民主管理的基本权利。主要包括教师享有对学校及其他教育行政部门工作的批评权和建议权；有权通过教职工代表大会、工会等形式参与学校的民主管理；有权引导学生，培养学生的民主与法制意识。该项权利可以充分调动教师对教育教学工作的主动性和积极性，加强对学校和教育行政部门的监督。

（6）参加进修或者其他方式的培训。

这是教师享有的接受继续教育，不断获得充实和发展的基本权利。主要包括教师有权参与进修和接受其他多种形式的培训，不断更新知识，提高思想品德和业务素质。教育行政部门、学校及其他教育机构应当采取多种形式，开辟多种渠道，保证教师进修培训权的顺畅行使，为教师参加进修和培训创造条件，提供机会，切实保障教师权利的实现。

2. 教师的基本义务

《教师法》第八条对教师的义务作出了规定，具体表现在以下几个方面：

（1）遵守宪法、法律和职业道德，为人师表。

宪法和法律是国家、社会组织和公民活动的基本行为准则。教师要教书育人、为人师表，就应当模范地遵守宪法和法律。作为人类灵魂的工程师，则更应当遵守职业道德，以高尚的品质和行为影响学生。这不仅是教师自身的行为规范，也是法律要求教师应尽的基本义务。

（2）贯彻国家的教育方针，遵守规章制度，执行学校的教学计划，履行教师聘约，完成教育教学工作。

教学工作是教师的本职工作。教师在教育教学活动中，必须贯彻国家的教育方针，遵守规章制度，遵守教育行政部门和学校其他教育机构制定的有关教育教学管理的各项规章制度和依据有关法律法规制订的具体的教学工作计划，履行聘任合同中约定的教育教学工作职责，保证教育教学质量。

（3）对学生进行宪法所确定的基本原则的教育和爱国主义、民族团结的教育，法制教育以及思想品德、文化、科学技术教育，组织、带领学生开展有益的社会活动。

教师应通过教书过程，达到育人目的。教师应自觉地结合自己教育教学的业务特点，将德育工作落实于教育教学工作的全过程中。对学生进行思想品德教育，不仅是政治思想品德课教师的职责，也是每一位教师的基本义务。

（4）关心、爱护全体学生，尊重学生人格，促进学生在品德、智力、体质等方面全面发展。

热爱学生是教师的天职和美德，教师应当一视同仁地对待所有的学生，教师要尊重学生的人格尊严。特别是对于有缺点、有错误的学生，教师更要满腔热情地帮助和引导他们。教师不得歧视学生，更不能侮辱和体罚学生。对于极个别屡教不改、错误严重、需要给予纪律处分的学生也需要以理服人。

（5）制止有害于学生的行为或者其他侵犯学生合法权益的行为，批评和抵制有害于学生健康成长的现象。

作为教师，负有保护学生合法权益和身心健康成长的义务。教师应当在学校工作和与教育教学工作相关的活动中，对侵犯学生合法权益的违法行为予以制止，保护学生的合法权益不受侵犯。同时，也应当对社会上出现的有害于学生身心健康成长的不良现象和行为进行批评和抵制，这是教师义不容辞的责任。

（6）不断提高自己思想政治觉悟和教育教学水平。

教育教学工作是一项专业性较强的工作。作为一名教师，要想胜任该工作，就必须跟上时代的发展，形成一定的时代观念，不断学习，不断反思和自我评价，以加强自身的思想道德修养，提高自身的业务水平。

（四）教师的资格和任用

《教师法》在第三章对教师资格的条件、认定办法、职务及聘任制度等几个方面作了规定。

1. 教师资格制度

教师资格制度是国家对教师实行的一种特定的职业资格认定制度，是公民获得教师工作应具备的特定条件和身份。我国《教育法》、《教师法》都规定了国家实行教师资格制度。只有具备教师资格的人才能担任教师，否则不允许从事教师职业。《教师法》第十条第二款规定："中国公民凡遵守宪法和法律，热爱教育事业，具有良好的思想品德，具备本法规定的学历或者经国家教师资格考试合格，有教育教学能力，经认定合格的，可以取得教师资格。"可见，教师资格构成要件包括国籍、品德、业务、学历和认定五个方面，缺一不可。

2. 教师职务制度

《教师法》第十六条规定："国家实行教师职务制度。"教师职务制度是我国教师任用的重要制度。教师职务制度的实施，从法律的高度确定了教师地位及其职业的不可替代性，促使教师队伍建设更加法制化和规范化。

3. 教师聘任制度

《教师法》第十七条规定："学校和其他教育机构应当逐步实行教师聘任制。"教师聘任制是学校与教师在遵循双方地位平等的原则下，签订聘任合同，明确规定双方的权利、义务和责任的一种制度。

（五）教师的培养和培训

《教师法》第四章，对教师培养、培训的措施作了相关规定。例如，《教师法》第十八条规定，"各级人民政府和有关部门应当办好师范教育，并采取措施，鼓励优秀青年进入各级师范学校学习。各级教师进修学校承担培训中小学教师的任务。非师范学校应当承担培养和培训中小学教师的任务，各级师范学校的学生享受专业奖学金。"规定了中小学教师培养和培训的途径，即教师培养主要通过师范教育渠道进行，中小学教师培养主要由中等师范学校教育和高等师范学校教育两个正规学历教育承担。其中中等师范学校培养小学和幼儿园师资，高等师范学校负责培养中等师资。

（六）教师的考核

教师的考核是指各级各类学校及其他教育机构，按照教师考核规章的考核内容、考核原则、考核程序，对教师进行的考察和评价。

《教师法》第二十二条规定，教师的考核机构为"学校或其他教育机构"、"教育行政部门对教师的考核工作进行指导、监督。"教师考核的内容是"政治思想、业务水平、工作态度、工作成绩"，即德、能、勤、绩四个方面。对教师的考核应该力求"客观、公正、准确"。

（七）教师的待遇

教师的待遇是指教师的工资、津贴、住房、医疗、退休后生活等方面的总和。《教师法》第六章专门对教师待遇作了具体规定。

《教师法》第二十五条规定，"教师的平均工资水平应当不低于或者高于国家公务员的平均工资水平"。同样的要求，也出现在《义务教育法》的法律条文中。可见，国家对改善教师工资待遇的决心。

《教师法》第二十九条规定，"教师的医疗同当地国家公务员享受同等的待遇；定期对教师进行身体健康检查，并因地制宜安排教师进行休养。"医疗保健是教师生命健康的重要保证，教师开展教育教学工作，必须要有一个健康的身体。

（八）违反《教师法》的法律责任

《教师法》第八章对教育实践中经常发生的，直接影响该法实施的行为作出了法律责任的规定。

1. 侮辱、殴打、打击报复教师的法律责任

《教师法》第三十五条规定，"侮辱、殴打教师的，根据不同情况，分别给予行政处分或者行政处罚；造成损害的，责令赔偿损失；情节严重，构成犯罪的，依法追究刑事责任。"这里的侮辱教师是指公然贬低教师的人格，破坏教师的名誉。侮辱教师的方式，一是行为侮辱，即对被害人施以一定的行为而使其人格、名誉受到损害；二是言词侮辱，即对被害人嘲笑、辱骂使其人格、名誉受损；三是图文侮辱，即以漫画、大字报等图文形式对被害人进行侮辱。所谓殴打教师，是以暴力方法侮辱教师，或者故意伤害教师的人身健康。

《教师法》第三十六条又对非法打击报复教师的行为作出规定，即"对依法提出申诉、控告、检举的教师进行打击报复的，由其所在单位或者上级机关责令改正；情节严重的，可以根据具体情况给予行政处分。"

2. 教师违反《教师法》应承担的法律责任

《教师法》第三十七条规定，"教师凡有下列情形之一的，由所在学校、其他教育机构或者教育行政部门给予行政处分或者解聘：（一）故意不完成教育教学任务给教育教学工作造成损失的；（二）体罚学生，经教育不改的；（三）品行不良，侮辱学生，影响恶劣的。教师有前款第（二）项、第三项所列情形之一，情节严重，构成犯罪的，依法追究刑事责任。"

这里所说故意不完成教育任务而造成损失的是指教师明知道自己的行为会给教育工作造成损失的后果；体罚是指教师以暴力的方式方法或其他强制性手段，侵犯学生权益的行为；品行不良是指教师的人品或行为有悖于社会公德和职业道德，有损于为人师表的形象。

3. 地方政府及有关部门的法律责任

《教师法》第三十八条对地方人民政府拖欠教师工资或者侵犯教师权益的行为、挪用国家教育经费等行为作出法律规定。

4. 教师的申诉权利

《教师法》第三十九条明确规定，"教师对学校或者其他教育机构侵犯其合法权益的，或者对学校或者其他教育机构做出的处理不服的，可以向教育行政部门提出申诉，教育行政部门应当在接到申诉的三十日内，作出处理。"《教师法》所保障的合法权益的主体就是教师，教师通过申诉可以保障自己的合法权益不受侵害。

四、《中华人民共和国未成年人保护法》

《中华人民共和国未成年人保护法》（以下简称《未成年人保护法》）自 1991 年 9 月 4 日第七届全国人民代表大会常务委员会第二十一次会议通过，2006 年 12 月 29 日第十届全国人民代表大会常务委员会第二十五次会议修订，2012 年 10 月 26 日全国人民代表大会常务委员会对其个别条款进行了第二次修订。该法的颁布和实施，为保护青少年的健康成长提供了重要的法律保障。从内容结构上来看，《未成年人保护法》采用的是立体性结构体系，主要包括家庭保护、学校保护、社会保护以及司法保护。

（一）立法宗旨

《未成年人保护法》第一条规定了本法的立法宗旨，"为了保护未成年人的身心健康，保障未成年人的合法权益，促进未成年人在品德、智力、体质等方面全面发展，培养有理想、有道德、有文化、有纪律的社会主义建设者和接班人。"这里所指的未成年人特指未满十八周岁的公民。

（二）保护未成年人的基本原则

《未成年人保护法》第五条规定，"保护未成年人的工作，应当遵循下列原则：尊重未成年人的人格尊严；适应未成年人身心发展的规律和特点；教育与保护相结合。"

第一，尊重未成年人的人格尊严。未成年人在成长发育期要不断树立关于人的自尊、自立、自信和自强的品格。这就要求社会与成人应该把孩子当成朋友来对待，尊重未成年人的人格尊严。尤其是对违法犯罪的未成年人，更需要尊重他们的人格，以正确的方法，通过耐心细致的工作来教育、感化他们。

第二，适应未成年人身心发展的规律和特点。未成年人在不同时期有着不同的生理心理发展特点。对他们的行为方式，不能用成人的标准来要求和衡量，应根据他们在不同年龄阶段接受知识的能力、模仿的能力、控制的能力等特点因材施教。

第三，教育与保护相结合。处于成长发育中的未成年人，有时因思想上、认识上存在偏差，其所作所为往往违背一定的道德规范或触犯一定的法律法规。这就需要耐心教育、真诚地保护他们，使他们在成功与挫折、经验与教训中锻炼成长。

（三）家庭保护

1. 父母对未成年人的监护和抚养

《未成年人保护法》第十条规定，"父母或者其他监护人应当创造良好、和睦的家庭环境，依法履行对未成年人的监护职责和抚养义务。禁止对未成年人实施家庭暴力，禁止虐待、遗弃未成年人，禁止溺婴和其他残害婴儿的行为，不得歧视女性未成年人或者有残疾的未成年人。"这里，提到以下几方面内容：

第一，监护职责。《民法通则》第十四条规定："无民事行为能力人，限制民事行为能力人的监护人是他的法定代理人。"因此，父母是未成年人的法定监护人，对子女具有监护的责任。此外，《未成年人保护法》第十六条规定，"父母因外出务工或者其他原因不能履行对未成年人监护职责的，应当委托有监护能力的其他成年人代为监护。"

第二，抚养。主要是指父母从物质上、经济上对未成年子女的养育与照料，如负担子女的生活费、教育费，生活方面的养育、帮助、照管等。

第三，虐待和遗弃。虐待未成年人是指父母或其他监护人对未成年子女经常打骂、禁闭、拒绝给有病子女治疗等从肉体上、精神上进行摧残迫害的行为。遗弃未成年人是指对于没有独立生活能力的未成年人负有抚养义务而拒绝履行抚养义务的行为。

第四，溺婴和残害。溺婴是指剥夺初生婴儿生命的行为，它不仅包括用水溺死婴儿，而且还包括用手扼死、用绳索勒死、活埋、饿死、闷死、杀死等多种手段残忍的致婴儿死亡的行为。弃婴是指将没有独立生活能力的婴儿丢弃于户外的行为。弃婴行为是一种非法剥夺未成年人生命及健康的行为，它严重侵害了未成年人的合法权益。

第五，歧视。在现实生活中，存在歧视未成年女性及残疾未成年人的行为，他们在日常生活、学习、劳动中应该得到更多的关注。

2. 父母对未成年人受教育权的保护

《未成年人保护法》第十三条规定，"父母或者其他监护人应当尊重未成年人受教育的权利，必须使适龄未成年人依法入学接受并完成义务教育，不得使接受义务教育的未成年人辍学"。也就是说，接受教育是法律赋予每个公民的权利，也是未成年个体认识社会、认识人生、全面发展的重要途径。

（四）学校保护

学校是有目的、有计划、有组织地对未成年学生进行系统教育和训练的专门教育机构。学校保护，是指各级各类学校在其自身的职责范围内，依照法律法规的规定，对在校的未成年学生进行教育并对他们的身心健康和合法权益所实施的保护。

1. 学校对未成年学生受教育权的保护

我国《宪法》第四十六条、《义务教育法》第四条都明确规定接受教育是个体应该得到的权利，这也是学校保护的基本内容。《未成年人保护法》第十八条规定，"学校应当尊重未成年学生受教育的权利，关心、爱护学生，对品行有缺点、学习有困难的学生，应当耐心教育、帮助，不得歧视，不得违反法律和国家规定开除未成年学生。"

2. 教职员对未成年人人格尊严的尊重

《未成年人保护法》第二十一条规定，"学校、幼儿园、托儿所的教职员工应当尊重未成年人的人格尊严，不得对未成年人实施体罚、变相体罚或者其他侮辱人格尊严的行为。"对未成年人的人格尊严，全社会都负有尊重、不得侵犯的义务。未成年儿童、学生正处于成长阶段，对他们进行体罚，会使他们的身心健康受到损害，有时甚至是严重伤害。

3. 学校对未成年学生人身安全、健康的保护

《未成年人保护法》第二十二条规定，"学校、幼儿园、托儿所应当建立安全制度，加强对未成年人的安全教育，采取措施保障未成年人的人身安全。"学校不得使未成年学生在危及人身安全、健康的校舍和其他教育教学设施中活动。任何组织和个人不得扰乱教学秩序，不得侵占、破坏学校的场地、房屋和设备。

（五）社会保护

社会保护是指在社会生活环境中对未成年人实行的保护。

1. 对未成年人隐私权的保护

《未成年人保护法》第三十九条规定，"任何组织或者个人不得披露未成年人的个人隐私。对未成年人的信件、日记、电子邮件，任何组织或者个人不得隐匿、毁弃；除因追查犯罪的需要，由公安机关或者人民检察院依法进行检查，或者对无行为能力的未成年人的信件、日记、电子邮件由其父母或者其他监护人代为开拆、查阅外，任何组织或者个人不得开拆、查阅。"

隐私是指公民个人生活中不愿为他人公开或知悉的秘密，包括个人私生活、个人日记、照相簿、储蓄及财产状况、生活习惯及通信秘密等。隐私权是公民生活中不愿公开或不愿为他人所知悉的个人秘密的不可侵犯的人身权利。未成年人也有自己的隐私，如生理缺陷、个人不好的身世等。恶意披露未成年人的隐私会给未成年人造成巨大心理压力。如成年人偷阅未成年人的日记、信件以及其他个人秘密并大肆宣扬等都是不合法行为。

2. 对未成年人遭受性侵害的保护

《未成年人保护法》第四十一条规定，"禁止拐卖、绑架、虐待未成年人，禁止对未成年人实施性侵害。禁止胁迫、诱骗、利用未成年人乞讨或者组织未成年人进行有害其身心健康的表演等活动。"

（六）司法保护

司法保护是指公安机关、人民检察院、人民法院及监狱、少年犯管教所等劳动改造执行机关，依法行使权力履行职责，对未成年人实施的专门保护活动。

1. 挽救及从轻处罚的保护

《未成年人保护法》第五十四条规定，"对违法犯罪的未成年人，实行教育、感化、挽救的方针，坚持教育为主、惩罚为辅的原则。对违法犯罪的未成年人，应当依法从轻、减轻或者免除处罚。"我国《刑法》第十七条第二款规定："已满十四周岁不满十六周岁的人，犯故意杀人、故意伤害致人重伤或者死亡、强奸、抢劫、贩卖毒品、放火、爆炸、投毒罪的，应当负刑事责任。"《刑法》第十七条第三款规定："已满十四周岁不满十八周岁的人犯罪，应当从轻或者减轻处罚。""已满十四周岁的未成年人犯罪，因不满十六周岁不予刑事处罚的，必要时，也可由政府收容教养。"

2. 案件办理中对未成年人的保护

《未成年人保护法》第五十五条规定，"公安机关、人民检察院、人民法院办理未成年人犯罪案件和涉及未成年人权益保护案件，应当照顾未成年人身心发展特点，尊重他们的人格尊严，保障他们的合法权益，并根据需要设立专门机构或者指定专人办理。"

（七）违反《未成年人保护法》的法律责任

《未成年人保护法》第六章对直接影响该法实施的行为作出了法律责任的规定，主要有以下几个方面。

1. 不依法履行监护职责的法律责任

《未成年人保护法》第六十二条规定，"父母或者其他监护人不依法履行监护职责，或者侵害未成年人合法权益的，由其所在单位或者居民委员会、村民委员会予以劝诫、制止；构成违反治安管理行为的，由公安机关依法给予行政处罚。"这里，未成年人的父母是监护人，如果父母死亡或者没有监护能力，那么祖父母、外祖父母、兄、姐或其他关系密切的亲属依次可以担当未成年人的监护人。

2. 对未成年人实施体罚、变相体罚或侮辱人格的法律责任

《未成年人保护法》第六十三第二款规定，"学校、幼儿园、托儿所教职员工对未成年人实施体罚、变相体罚或者其他侮辱人格行为的，由其所在单位或者上级机关责令改正；情节严重的，依法给予处分。"

3. 非法雇佣未成年人的法律责任

《未成年人保护法》第六十八条规定，"非法招用未满十六周岁的未成年人，或者招用已满十六周岁的未成年人从事过重、有毒、有害等危害未成年人身心健康的劳动或者危险作业的，由劳动保障部门责令改正，处以罚款；情节严重的，由工商行政管理部门吊销营业执照。"

4. 虐待、歧视未成年人的法律责任

《未成年人保护法》第七十条规定，"虐待、歧视未成年人，或者在办理收留抚养工作中牟取利益的，由主管部门责令改正，依法给予行政处分。"

5. 胁迫、诱骗、利用未成年人的法律责任

《未成年人保护法》第七十一条规定，"胁迫、诱骗、利用未成年人乞讨或者组织未成年人进行有害其身心健康的表演等活动的，由公安机关依法给予行政处罚。"

☆ 本章小结

　　教育政策是一个政党或国家为实现一定时期的任务和目标而制定的行为准则。教育政策与教育法规之间既有共性又有区别。教育政策具有政治性、目的性、权威性和稳定性的特点。按照不同划分标准，教育政策可以作出不同的分类。教育政策具有导向、协调和控制的功能。改革开放以来，我国出台了多项教育政策以确保教育事业的健康、有序和稳定发展。本章重点介绍《中共中央关于教育体制改革的决定》、《中国教育改革和发展纲要》以及《国家中长期教育改革和发展规划纲要》三部政策文件。

　　教育法规是指国家立法机关及依法授权的政府机关制定的，调整和规定教育活动、教育关系的法、法令、条例、规则等各种规范性文件的总称。教育法规除了具有强制性以外，还具有系统性、针对性和原则性的特点。教育法律规范是指由国家制定或认可，并以国家强制力保证实施的关于教育方面的行为准则。一般分为应为模式、勿为模式和可为模式三种类型。教育法律关系是指由教育法律规范所确认和调整的、表现为教育法律关系主体之间权利和义务联系的社会关系。教育法律责任是指教育法律关系主体因实施了违反教育法规的行为，依照有关法律、法规的规定，应当承担的惩罚性或补偿性的后果，主要分为行政法律责任、民事法律责任和刑事法律责任三种。教育法律救济是指教育法律关系主体的合法权益受到侵害并造成损害时，通过裁决纠纷，

纠正、制止或矫正侵权行为，使受害者的利益得以恢复和补救的法律制度。教师申诉和学生申诉是教育法律救济的重要途径之一。本章重点介绍了《教育法》、《义务教育法》、《教师法》和《未成年人保护法》四部教育法律内容。

思考与练习 »»

(1) 简述教育政策与教育法规之间的联系及区别。

(2) 教育政策有哪些基本特点？其主要功能体现在哪些方面？

(3) 教育法律规范的基本类型有哪些？

(4) 教育法律责任的基本类型有哪些？

(5) 了解并掌握《中共中央关于教育体制改革的决定》、《中国教育改革与发展纲要》、《国家中长期教育改革与发展规划纲要》的主要内容。

(6) 了解并掌握《教育法》、《义务教育法》、《教师法》、《未成年人保护法》的主要内容。

拓展阅读 »»

(1) 刘复兴．教育政策的价值分析．教育科学出版社，2006.

(2) 阮成武．小学教育政策与法规．高等教育出版社，2012.

(3) 张乐天．教育政策法规的理论与实践．华东师范大学出版社，2012.

(4) 杨颖秀．教育法学．第二版．中国人民大学出版社，2012.

(5)《国家中长期教育改革和发展规划纲要》（2010—2020）.

(6)《中华人民共和国教育法》.

(7)《中华人民共和国义务教育法》.

(8)《中华人民共和国教师法》.

(9)《中华人民共和国未成年人保护法》.

第八章　教　学　研　究

⭐ **本章概述**

　　本章主要论述了教师如何进行教育研究设计，主要从怎样正确选择研究对象和拟定切实可行的研究计划加以说明，并且还就中小学教师教育科研中最常用的教育观察法和教育调查法的相关理论知识和实践要求作了系统说明。

⭐ **学习目标**

（1）了解抽样的要求及抽样的方法。

（2）对已选定的研究课题，能科学、合理地制定出研究计划。

（3）能熟练的针对某一教育问题设计问卷。

（4）能顺利地实施访谈。

第一节　教师怎样开展教育研究设计

一、如何选择研究对象

（一）明确相关概念

1. 总体

在一项研究中，研究对象的全体称为总体。在教育科研中总体可大可小。

2. 个体

组成总体的每一个基本单位称为个体。

3. 样本

样本（也称样组）就是从总体中抽取的，对总体有一定代表性的一部分个体。样本所包含的个体数量称为样本容量。

4. 抽样

抽样（也称取样）是指研究者遵循一定规则，从总体中抽取有代表性的样本的研究过程。

科学抽样是进行科学研究的基本要求。如果某项课题研究的对象是个别人或数量不多的几个人，就不存在抽样的问题，但是，在教育研究中，多数课题涉及研究对象比较广泛，我们不可能也不必要把总体中所有成员都作为研究对象。抽样可以选取一个有代表性的样本，通过对这个样本的研究，用样本特征去推断总体特征，用对样本的研究结论，得到关于这个总体的具有推断意义或普遍意义的结论。采用抽样可以减少研究对象的数量，节省人力、物力和财力，使研究力量集中，研究工作深入细致，提高研究工作的效率。

（二）选取研究对象中的常见问题

1. 确定的总体不明确

总体就是研究的对象，是研究结论能够解释的范围。因此说，明确抽样的总体范围，是设计课题研究方案的起步。我们主要通过研究课题和研究目的来确定总体的范围。比如，我们研究吉林省 40 岁以上高中教师的心理健康状况，总体就是吉林省 40 岁以上的高中教师，不包括其他省的教师，也不包括吉林省高中 40 岁以下年龄段的教师。

如果总体范围不是很清楚，在抽样前应对总体作出明确的规定，否则，会对抽取样本和结果推断造成影响。同时，研究目的决定着总体的范围。从某一总体抽取的样本，经过研究获得结果也只能推广到这一总体中去，研究者的抽样范围应与未来的研究成果推广范围相结合。

2. 抽取的样本过小

如果样本数过小，势必造成抽样误差较大，直接影响样本的代表性，使得许多研究中的样本不能代表总体，不仅不利于统计分析，还会影响研究效果。因此，研究者要根据研究实际，科学确定样本的大小，既要满足统计学上的要求，又要考虑实际上收集资料的可能性，并使误差减少到最低限度。样本大小取决于多方面的因素，包括研究的类型、预定分析的精确程度、允许误差的大小、总体的同质性、取样的方法、研究条件等，不能一概而论。

3. 选用志愿者做被试

志愿者构成的样本往往是有偏差的样本，因为志愿本身代表了某种倾向，代表某一类对象的特征。志愿者往往比非志愿者更积极努力，更投入。因此，采用志愿者参与研究时，一定要了解志愿者的背景资料，以及与研究变量有关的特征，并分析这些特征对研究结果可能产生的影响，以此确定样本的取舍。

4. 抽样程序或方法不当

抽样是一项操作性很强的研究活动，抽样的程序包括以下环节：明确要素、界定研究总体、确定抽样单位、寻找抽样框，最后确定抽样的方法和样本容量，抽取合适的样本等。就拿选择适宜的抽样方法为例，如果选择的抽样方法不当，会使抽取的样本没有代表性，进而影响依据样本的数据对总体进行推断。例如，简单随机抽样方法的适用范围是"均匀"的总体，即在总体中的每一个个体（一般指学生）的差别不是太大。如果不是这样，我们还有其他方法可以选择。只有这样，才能保证抽取的样本对总体有其良好的代表性，进而降低抽样误差。

（三）抽样的基本要求

1. 明确规定总体

研究目的、任务决定总体的内涵和范围，总体内涵就是一定时空范围内研究对象全部总和。总体的范围就是将来研究者准备把研究成果推广到的范围。选择研究对象必须与课题目的、任务所规定的对象相一致。也就是说，研究者打算将来把研究成果推广到什么样的范围，就应该在哪个范围内抽样。例如，要对某市初中生学习动机进行调查研究，总体是某市所有初中生，选择研究对象必须是某市范围内的城市中学、农村中学、重点中学和一般中学的所有初中学生。这项课题的研究结果只能推广到"某市初中生"这一总体中去。

2. 抽样的随机性

要尽可能使每个被抽取的个体具有均等的机会，也就是说使被抽取的任意个体与其他个体之间是彼此独立的，在选择上没有联系。这里不存在任何选择的标准，不带有任何有意义的成分，抽样的随机性原则可以避免因研究人员的主观倾向或人为因素造成的偏差，从而尽可能使样本保持和总体有相同的结构。

3. 抽样的代表性

样本要有代表性。抽取的样本要尽可能的代表总体。从总体中抽取的部分研究对象应具备总体对象的性质或特点，只有样本具有代表性，才能由样本特征推断总体特征。例如，对某市初二学生学习负担情况进行调查，不可能对某市所有的初二学生进行逐一调查，可以抽取若干名学生作为样本，通过对这些学生的调查说明某市所有初二学生的学习负担情况。因此，被抽取的这些学生是否具有代表性就显得非常重要。本项调查在抽取样本时要充分考虑男女学生比例、农村中学和城市中学、一般中学和重点中学的不同特点等因素，在考虑周全的前提下抽取样本才能具有代表性。

4. 合理的样本容量

样本容量能左右研究结果的可靠程度。一般来说，在人力、物力、时间允许的条件下，样本容量越大，样本代表性就越好。但是，样本容量并不是影响抽样效果的唯一指标。有时样本容量太大，会造成人力、物力、财力和时间上的浪费，不利于研究工作进行，甚至会降低研究过程的严密性，影响研究结果的准确性。

确定样本容量要考虑研究类型、预定分析的精确程度、研究允许的误差大小、总体同质性、研究者主客观条件、抽样方法等多方面因素的影响。

描述研究、调查研究的样本容量应为总体的10%，除少数情况外，调查研究的样本容量不能少于100。

实验研究确定样本时要考虑条件控制的严密程度。条件控制比较严密的实验研究，被试人数可以相对少一些，如心理学实验，每组15人。条件控制不严密的教育实验，最好是以一个自然教学班为单位，一般不少于30人。

（四）抽样的基本方法

1. 简单随机抽样

也称单纯随机抽样。它是按照随机的原则，直接从总体中抽取几个单位作为样本，总体中的所有个体都有同等被抽取的机会。

简单随机抽样用得最多的是抽签法：即把总体中每个个体依次编上号码，并把每个号码都写在签上，把所有的签充分混合后，从中抽取一个签，记下号码，然后把已抽取的签放回，再次混合和抽取，反复多次，直到抽取够样本所需数目为止。

简单随机抽样，方法简便易行，总体中每个个体被抽取的概率是相等的，从理论上讲符合统计检验要求。然而简单随机抽样也有很大局限性，当总体较大，样本容量较小时，用此抽样方法获取的样本代表性差。

2. 等距随机抽样

等距随机抽样也称机械抽样或系统抽样。先将总体中每个个体按一定顺序排列编号，再按照相等距离或间隔抽取所需要个体作为样本。计算抽取间隔的公式是 $K=N/n$（K 为抽样间隔、N 为总体数、n 为样本数）。

例如，某项研究要从1000名学生中抽取100名学生作为样本。首先要把1000名学生进行编号；其次计算抽取间隔 $K=N/n=1000/100=10$；在编号从1～10的学生中随机抽取第一个样本单位，如这个号码是6，然后做等距随机抽样6、16、26、36……直到选够100个样本为止。

等距随机抽样实际是变相的简单随机抽样，由于它是在总体范围内有系统地进行抽样，可以解决简单随机抽样可能造成的各单位抽取人数比例不均衡的问题，减少抽样误差。所以，这种方法比较准确、合理、实际应用较广泛，也是一种简便易行的抽样方法。在使用等距抽样时要考虑总体情况，如果总体存在周期性变化，如男生单号，女生双号，就可能出现样本系统误差，造成抽取的样本只有一种性别。

3. 分层随机抽样

分层随机抽样也称分类随机抽样。把总体按照一定标准（单位属性特征）分成若干层次或类别，然后，按照事先确定的样本大小及各层次或各类型在总体中所占比例抽取一定数目的样本。

分层随机抽样可按下列步骤进行：首先，了解总体各种特征差异，按差异分组，计算每一类别在总体中所占的比例；其次，根据各组在总体中所占的比例，分配各组中每种类别的人数；最后，从总体的不同类别的对象中，按规定人数在各组中随机抽取样本。

例如，对某校500名初一学生的语文阅读能力进行调查，用分层随机抽样方法抽取80名学生作为样本。首先，要了解500名初一学生的各种特征差异，按其中一种特征差异分层，如按照学生期末语文阅读成绩分层，可将学生分为四类：优秀（100人）、良好（200人）、中等（150人）、较差（50人）。计算每一类别人数，优秀组占总体的20%，良好组占总体的40%，中等组占总体的30%，较差组占总体的10%。根据各组在总体中所占的比例，应该分别在优秀组抽取16人，在良好组抽取32人，在中等组抽取24人，在较差组抽取8人作为样本，由此组成80人的样本组。

分层随机抽样兼顾了总体的各个层面、各个类别，可以使样本中各层次人数构成与总体中的人数构成比例相当，由此获得的样本具有代表性。尤其在知道某些因素会对研究结果产生影响的情况下，为了消除这些因素的影响，更要采用分层随机抽样抽取样本。

4. 整体随机抽样

整体随机抽样是从总体中抽取一个或几个单位整体作为样本，而不是从总体中逐个抽取样本。一个群体一旦被选为样本，群体内的所有个体都包含在样本中。

教育研究往往需要按班级进行，而不是按分散的个人进行。使用整体随机抽样，便于研究工作进行，节省人力、物力和时间。由于班级整体内部成员具有差异性，在一定程度上影响样本的代表性，存在样本误差，在统计推理上有一定缺陷。所以，整体随机抽样要结合其他方法（简单随机抽样、分层随机抽样）使用，样本容量足够大，就可以相对减少误差。

5. 多级抽样

多级抽样一般在总体太大，样本只占很小的比率时使用。例如，全国性调查就需要采取多级抽样方法抽取样本。无需在每个省都抽取样本，可以先在一定区域（某省、市）抽取，再从一定区域中抽取一定学校，再从这些学校中抽取一定数量学生做样本。

多级抽样是在总体太大的情况下不得已而采取的抽样方法，它借助一级级的抽样为最后抽取样本过渡。多级抽样是一种综合抽样方法，在每个层次抽样过程中，可以使用简单随机抽样、分层随机抽样等方法。

6. 有意抽样

有意抽样也称按目的抽样。研究者按照课题目的、要求和自己意愿抽取样本。

在教育研究中，随机抽样并不完全适合所有情况，有些研究由于条件限制不宜采用随机抽样抽取样本。例如，研究特殊儿童或超长儿童的学习特点，就要以特殊儿童或超长儿童作为抽样对象，这样选出的样本在总体常态分布图中往往占偏左或偏右位置，所以称它们为有偏样本。通过有意抽样抽取的样本，其代表性不能在概率基础上讨论，只能在逻辑基础上讨论，并限制研究结果推广范围，无法估计抽样误差。

通过以上对抽样中相关概念的解读以及具体方法的介绍，我们会发现，在确定教育研究对象时，抽样标准、方法及样本大小一定要选择适当，它们直接关系到研究能否顺利进行和结果是否准确。

二、怎样拟订研究计划

（一）制订研究计划的要求

1. 回答研究什么

通常我们在浏览一份研究计划时，急迫要知晓的是"这个课题要研究什么"，即俗称的"研究内容"有哪些，鉴于研究内容是对课题题目的分解和具体化，即要解决哪些具体问题。为此，只有把研究的问题弄清楚了，研究才能开始。关键是要紧扣题目中的核心成分展开，比较容易的办法是将题目里的核心要素分解成若干子要素，比如"提高中学生英语能力的研究"，"英语能力"是核心，要研究的内容从它展开，将英语能力进一步分解成语音、词汇、语法、听、说、读、写、译八项要素，进而确定这八项为主要研究内容，每项还可以进一步展开，比如，各项要素形成发展规律是什么，教学策略是什么等。对研究问题的分解越细致，研究起来就越轻松，越顺利。许多研究开展一段时间就很难往下再深入的原因，一是方法不对路；二是所要研究的问题不清楚。没有问题的课题只能是抽象的、空洞的。没有问题，课题也就不成立了。

2. 回答为什么研究

在确立了研究什么问题之后，接踵而至会继续追问：为什么要从事这项研究？因此，研究者必须在研究计划中解释从事这项研究的理由。要回答这个问题，首先，要阐明研究动机；其次，要说明研究的重要性和必要性，揭示研究的意义和价值；第三，要列举研究的具体目标。这里需要特别指出的是，有些人常常把研究目标与研究内容混为一谈来研究课题是不妥的。因为二者既有联系，也有区别。目标是内容的指向，目标表达往往具有抽象性与概括性；内容是目标的实现，内容表达往往具有具体性与精准性。两者不容混同，更不容本末倒置。

3. 回答如何研究

关于如何进行研究，主要应从两方面来认识：一是要说明研究的方法与研究的步骤。二是对研究资源的合理配置（包括研究人员的组织、研究进度的安排、研究经费的预算等）做出交代。现就第一方面（研究方法和研究步骤）详细解读，第二方面将在后面的问题中具体说明。

研究方法是针对要研究的问题采取的手段和办法。理论研究一般采用文献研究方法和思辨方法等；应用研究一般采用实验方法或试验方法等；调查研究一般采用问卷或访谈方法等；技术研究采用试验方法等。为了结果的可信性，一项研究往往不只是采用一种方法，而是几种方法的综合运用。例如，"提高中学生英语能力的研究"可采用至少五种方法：一种是文献研究方法；二种是经验总结法；三种是专家访谈法；四种是问卷调查法；五种是实验法。研究方法的确定，还取决于预期的研究成果。例如，"提高中学生英语能力的研究"，预期成果中有一项"调查报告"，那么，这项研究就必须包含调查方法。同时，这项研究的预期成果中还要出一篇"近年来我国关于中学生英语能力研究的现状分析"的综述文章，那么，文献研究方法就必不可少。

研究步骤则规定先做什么后做什么，一般分为准备阶段、研究阶段和总结阶段三个环节。准备阶段是论证问题和制订方案的过程；研究阶段是解决问题的过程；总结阶段是回答问题的过程。每一阶段要做什么、怎么做，大体上什么时间做，先做什么后做什么，要有明确的设计，这样才能使研究工作丝丝相扣、循序渐进。每个阶段的内容不同，任务不同，所采用的方法也不同。每个阶段都十分重要，不可互相取代。研究步骤及进度还可说明如何实施目标管理；规定时间、明确责任、计量成果等。

4. 回答效果如何

对研究效果要达到什么程度可从两个方面来回答。

一是研究者应在研究计划中具体说明研究的预期成效。预期成果是在研究之前预先考虑到的课题的最终研究成果，预想出成果的形式、成果的数量、成果的应用，以及成果应用的对象、范围等。一项研究课题的成果形式是多种多样的。学术论文、研究报告、专著、工具书、文献资料汇编、目录索引、研究工作总结、研究工具（如调查问卷、测量表）、教学软件、教学光盘、专题讨论纪要、研究档案、提案与建议、科普读物等，都是研究成果的不同表现形式。

二是成果达到的水平和表现形式。研究结果是研究最后所要达到的目标。一般来说，一个课题要解决几个问题，就应当得出几条结果。结果是依据所解决的问题而得出的。预计要解决哪些问题，取得哪些结果，这是预先就应做出设计的。研究成果如何整理和表述，是用统计表、曲线图，还是照片结合文字分别叙述等都要认真考虑。

不管采用什么格式撰写研究计划，上述几个问题是必须详细说明的。只有按照这些基本要求去做，才能保障所需重要信息和内容的齐全，也会获得更多的外部支持。

（二）研究计划的内容

1. 课题名称

课题名称要用具体明确的语句来表述，一个好的课题名称应能反映所研究课题的所有信息（包括研究对象、研究内容、研究方法等）。例如，"城乡结合部初中学生不良团体形成的调查研究"、"美国、中国、法国中学科学教育的比较研究"。并且，研究者还要掌握课题名称的一般结构，即由"课题的依据理论、课题的研究变量和课题的研究目标"三个部分组成。也可以这样表述：运用什么理论、通过什么方式、最终达到什么效果，例如，"以多元智能理论为引领发挥自我教育的作用，塑造初中生健全人格"。

2. 研究目的、意义

课题研究目的主要从两个方面进行阐述：一是该课题要解决什么问题，包括该课题国内外研究现状和趋势，涉及的学科领域，存在的主要问题，要说明该课题立题根据、创新程度、突破之处。二是该课题研究意义，包括理论意义、实践意义，其中，理论意义表现在该课题研究的预期的理论成果应具有的科学性和创新性的特点。科学性是指科研的预期成果能反映教育领域的客观规律、有助于人们加深对教育规律的理解和认识；创新性是指预期科研理论成果对于相关领域的理论发展有所贡献，在理论上有新的突破和建树，具有独特性、新颖性，或对相关理论有重要的补充和完善。实践意义体现在课题研究的预期成果对教育实践具有的指导作用。

3. 研究内容

说明课题研究的具体内容包括哪几个方面，研究内容的重点、难点是什么。这里着重说明如何确立研究的重点和难点问题。一项课题有许多问题值得研究，不能眉毛胡子一起抓。要有重点，分主次，要抓住问题的主要矛盾和矛盾的主要方面，这样才有望取得预期的成果。比如，在"提高中学生英语能力的研究"这个课题中，重点要抓住"能力"二字。也就是要着重回答英语能力包括什么，这是研究的重点。在研究重点里还要进一步明确难点，语音、词汇、语法、听、说、读、写、译八项要素哪个是难点呢？也就是哪一个比较难以攻克呢？针对中学生"聋哑"英语现象比较严重而言，听、说应该是难点。

如果是比较大型的课题，还要根据研究内容结构划分出若干个子课题。例如，"提高中小学生全面素质的研究"就可以划分出：①中小学生素质现状调查研究；②提高中小学生心理素质的研究；③提高中小学生思想素质的研究；④提高中小学生文化素质的研究；⑤提高中小学生科学素质的研究等。可以按照不同思路，对研究内容进行表述，如可以从历史研究、现实研究和方法研究三个角度来确定研究问题的顺序。

4. 待答问题与研究假设

任何研究都以待答问题或研究假设为具体行动的指引，因此无论采用什么格式撰写研究计划，必须具体明确的列举待答问题或研究假设，明确课题的研究范围。

5. 研究对象和研究变量

教育研究总是指向一定的研究对象。由于研究对象的多样性和复杂性，研究者在制定研究计划时必须对研究对象和研究的主要变量加以界定，避免不同的人从不同的角度来理解而带来混乱。对研究对象的描述，涉及研究的总体范围、样本数量、抽样的方法，必要时还需提示研究对象的来源和特征。

6. 文献综述

文献综述是对已有研究的分析和评价，需要对它们的研究内容、研究方法、研究结论进行归纳和评价，从而找到自己研究的立足点。研究工作必须以有关文献为基础，在撰写研究计划时，应对相关文献作系统的陈述，以展示研究者对该领域研究现状的了解程度。

7. 研究方法

研究者打算用什么方法解决你提出的问题？这部分内容要和研究内容对应起来，即研究什么内容用到什么研究。对于教育实证研究，不能只填写要使用的方法名称，如观察法、调查法等，还应详细地描述在运用这些方法时，资料搜集的手段、工具，包括研究设计、研究路径等。

8. 研究进度

你准备在什么时间段完成哪个研究？其中，重大研究活动时间及结题日期一定要斟酌到位。

9. 成果形式

我国基础教育领域的科学研究成果主要有：研究人员和一线教师的学术论文、研究报告、专著、教材、教具和教学仪器、教学软件等，还包括优秀教师的公开课、学校大型集体活动的展示等。

10. 课题组成员及其分工

假若研究工作由个人独立承担，那么在研究计划中只需填写研究者本人的基本信息即可。如果某项研究需要由团队完成，则应列出研究小组每个成员的基本情况和具体分工情况。

11. 经费预算

在研究计划中应把开支的项目、用途、金额逐一列出，重大研究一定要有经费预算。一般经费预算的主要项目有图书资料费、小型会议费、交通差旅费、测验问卷编制费、上机费、印刷费、研究实施的劳务费、设备材料费、邮电费、管理费、研究评审费、杂费等。

12. 参考书目与附录

在准备开题报告时阅读了哪些文献？开题报告需要在结尾一栏填写文献目录，通常只要把在文献综述中提到的相关研究罗列出来就行，有些文献可能还没来得及阅读，但只要与研究相关的都可列出。

上述内容是在研究课题进入研究计划环节时，围绕"研究计划内容"填写的要关注的 12 项条目。鉴于内容繁多，我们可以把它简单概括为三个方面：第一方面回答"我打算研究什么"，包括研究的题目、问题、假设和意义；第二方面回答"已经有哪些研究"，即文献综述；第三方面回答"我打算怎样研究"，包括研究的目的、内容、方法和时间表。参考文献属于研究报告书的附录。

第二节　教育观察研究法

观察法是科学研究的基本方法之一，也是教育科学研究中广泛运用的重要的收集资料的方法。通过观察，教师可以及时了解学生的情况，有的放矢地开展教育和教学活动；通过观察，教师也可以采集大量的现场资料，作为理性认识的根据，提高教育科学研究的有效性。所以，无论是教师，还是教育科学研究者都必须掌握观察法。

一、教育观察研究法概述

（一）教育观察研究法的概念及意义

1. 教育观察研究法的概念

简单地说，观，就是看；察，就是分析研究。

观察，就是指有目的、有计划、有步骤地获得事物某些基本现象和特征的感知活动。

观察与日常生活中的"看"是有区别的。日常生活中的"看"是一种自发的、随机的感知，而观察是有目的、有计划的知觉。通过"看"所得的信息不利于形成科学的结论，而通过观察获得的资料可用来说明一定的问题。

观察法，是指在自然条件下，人们按照一定的目的和计划，通过感官和辅助仪器对研究对象进行有系统地考察研究，获取有关的第一手原始材料的方法。

观察法是人们最早采用的，最基本的一种科学研究方法。研究往往是从对事物的原始材料的分析开始的。观察法也经常与其他研究方法结合使用。

把观察法应用到教育研究中来，就成为教育观察研究法。

教育观察研究法，是指教育研究者在比较自然的条件下，通过感官或借助一定的辅助仪器，对学生或教育现象进行有目的、有计划的考察，从而获取有关的第一手原始材料的教育科学研究方法。

在教育科学研究中，学生和教师的各项活动都可以进行观察；可以在校内观察，也可以延伸到校外；可以在整个教育过程中进行，也可以只选取其中的某些环节。比如，为了了解某教师的教学情况，可以连续随堂听课；为了了解青春期学生思维、言语的特点，可以在这一年龄阶段学生中抽取一些人作为观察对象，对他们的言语、行为反应进行观察、并做完整的记录等。观察法不只局限于肉眼观察、边听边记，还可以利用照相机、录音机、录像机等仪器作为辅助工具，以获得大量真实的第一手资料，为进一步的研究服务。

2. 教育观察研究法在教育科学研究中的意义

科学研究都离不开观察，它是收集科学事实的基本途径，也是发展检验各种理论的实践基础。伟大的科学家达尔文在观察分析古生物化石的基础上提出了震惊世界的进化论。巴甫洛夫曾教导他的学生，应当先学会观察，不会观察，就永远当不成科学家。在教育科学研究中，观察法也是很早就开始采用的研究方法之一。瑞士学者裴斯泰洛齐早在 18 世纪下半叶，就用观察法系统地记录了自己 1.5 岁儿子的发展情况；苏联教育家苏霍姆林斯基曾先后对 3700 名学生进行观察、记录，研究德育问题；我国的幼儿教育家陈鹤琴，从他的第一个孩子出生起，就开始进行周密的观察，为《儿童心理的研究》一书的撰写积累了宝贵的资料。

在教育科学研究中，观察法具有特别重要的意义和价值，主要有以下几点：

（1）观察法可以积累资料。使用观察法可以获取教育现象及其变化的第一手原始资料。观察是了解学生的窗口，也是进行研究的出发点。通过对观察对象进行全面、细致的观察研究，可以获得大量真实的感性材料，为进一步认识教育现象之间的内在联系和本质属性，探索新的教育规律奠定基础。

（2）观察法可以发现问题。观察法是教育工作者及时了解教育工作现状、及时发现问题的重要手段，是制定正确的教育措施和方法的重要前提。对学校领导来说，通过观察可以发现学校中存在的问题；对普通教师来说，通过对学生课上、课余各种表现的细心观察，可以及时调整自己的教学，解决学生们的各种问题。

（3）观察法可以验证假设。观察法是确立研究课题，检验教育理论观点的重要途径。爱因斯坦曾经说："理论之所以能够成立，其根源在于它同大量的单个观察联系着，而理论的'真理性'也正在此。"

由于观察法既不妨碍研究对象的日常学习、生活和发展，也不会产生不良后果，更不需要复杂的设计和特殊的设备，简单易行，因而，深受广大研究者和教育工作者青睐。

（二）教育观察研究法的特点与要求

1. 教育观察研究法的特点

（1）观察法的目的性和计划性。教育观察研究法作为一种科学的研究方法，不同于日常生活中自发的、随意的观察。它要求观察者目的明确，对观察活动的时间、顺序、实施过程、对象，要观察的行为，使用的工具以及记录方法等都有预先的计划、安排和准备。这样才能提高观察的效率和质量，提高所获得的资料的正确性。

（2）观察的自然性和客观性。观察法是在不施加任何人工影响的自然环境中进行的。观察对象没有受到人为因素的干扰，完全以本来的状态呈现，真实、自然。在观察时，观察者主要根据观察对象的具体活动来收集资料，排除主观因素的影响，保证了资料的客观性。

（3）广泛的适用性。观察法的用途比较广泛，不仅适用于一般的研究，也适用于一些较为复杂现象的研究，如人的情绪、态度等。不仅可以用于探索性的研究，也可以作为描述性研究最基本的搜集资料的方法，甚至可以作为其他研究方法的辅助手段，是一种常用的研究方法。

2. 教育观察研究法的要求

要提高观察结果的客观性和可靠性，应严格按照下列要求实施。

（1）观察要有目的、有计划、有中心、有范围、有标准。观察者要在观察前制定观察提纲，确定要观察什么，按照什么样的顺序观察，重点观察什么，观察要素的统一标准有哪些，并在观察中严格执行。例如，观察课堂上"分心"学生的表现时，既不能忽视教学过程中教师和学生的全部活动，又必须把注意力集中在不注意听讲的学生的具体表现上。

（2）观察要客观、不带有任何偏见，如实、全面地记录。对观察到的现象要如实记录，不能根据观察者的主观意愿而随意挑选。必要时可以利用录像机、录音机、照相机等辅助仪器拍摄研究对象的活动，但应尽量隐蔽，不要引起观察对象的注意而干扰其正常活动。记录要全面、详细，为节省时间可以预先制定记录表格和速记符号。

（3）观察时不要干预观察对象的活动。观察者应尽可能避免让观察对象察觉到其正在被观察着。在不需要与观察对象接触时，可以通过观察屏、暗藏录音机、录像机进行观测。如果必须直接进入现场，则应把可能吸引观察对象注意的因素减到最低限度，如在上课前进入教室、服饰不要特殊，不对其行为做评价等，不能影响其正常的活动等。

（4）对同一行为的观察应保证足够的时间或次数，避免材料的偶然性。观察次数越多，观察越深入、精确，越能发现问题，确保观察的客观真实性。否则，观察次数少、时间短，可能把偶然现象当成典型现象来收集，影响研究的可靠性。

（5）观察结果必须具体、精确。观察结果必须具体、精确，如果能进行统计或数量表达，就要用准确的数字表示。必要时可以辅助一些仪器、仪表，如计时器等。

（三）教育观察研究法的适用范围及局限性

1. 适用范围

（1）在研究的起始阶段，研究者希望获得研究对象的直接、感性材料，以发现问题，确定研究方向时，可以运用此方法。

（2）当研究需要获得研究对象或事物发展变化的第一手资料时，可用此法。

（3）当研究对象表达不清或不愿意接受访谈或问卷调查时，可以通过公开或隐秘的观察搜集到需要的资料。

2. 局限性

（1）观察法只能说明现象"是什么"，难以说明"为什么"出现此类现象或行为。只能对研究对象的外部表现、外部联系进行观测，难以深入到对其内在本质、内在联系的研究。

（2）观察法是在自然条件下进行的，干扰因素难以控制。只能等待观察对象出现该类行为，研究处于被动的境地，比较费时。对急于获得结论的研究不适用。

（3）观察结果难以进行精确分析，对结果的解释易受到研究者素质、技能的影响。

总之，在教育科学研究中，应根据研究课题的性质与要求，尽可能地把观察法与其他研究方法结合使用，以取长补短。

二、教育观察研究法的类型与方法

（一）教育观察研究法的类型

教育观察研究法可以从不同的角度进行分类。

1. 根据观察过程的控制程度不同分类

（1）正式观察法。正式观察法又称为结构观察法，是一种有控制、有系统的观察，一般应用于科学研究。其主要特点是结构严谨、计划周密、观察过程标准化。对要研究的行为进行严格地定义，并制定记录表格，训练观察者，对整个观察进行严格控制，用严格的、先进的方式（如数量化方式）分析资料，可信度高。

（2）非正式观察法。非正式观察法，又称为非结构观察，对观察的内容与计划没有严格的控制和规定，依据现场的实际情况而进行，适合于教师获取有关日常教学和班级情况等方面的信息，或者帮助观察者主动地发现新问题，常在探索性的研究中使用，但资料分析的难度较大。

2. 根据观察者是否直接对观察对象进行观察分类

（1）直接观察法。直接观察法是观察者直接凭借自己的感官进行观察的方法。例如，利用随堂听课对教师、学生的互动行为进行观察。它的好处是身临其境、感受真切，但对观察者自身的知识水平、性格、意志等有很高要求。另外，人的短时记忆容量有限，在信息多、时间紧的情况下，很难完整地记录下来。

（2）间接观察法。间接观察法是利用一定的辅助仪器进行观察的方法。在教育研究中利用录像、录音等方法或者运用观察屏，在专门的观察室中进行观察都是间接观察。这种方法克服了人感官的局限性，避免了由观察者直接出现而引起的干扰。但是间接观察法受观察角度、仪器性能等方面的制约，观察者无法了解现场的背景，只能了解一些表面行为，影响观察结果的真实性。

3. 根据观察时观察者是否参与观察对象的活动分类

（1）参与观察法。参与观察法是观察者直接参与观察对象的活动，一边与其共同活动，一边进行观察的方法。参与观察，又可根据参与的程度不同，分为完全参与观察和部分参与观察。完全参与观察，是指观察者隐瞒自己的身份和目的，完全置身于观察对象之中，所有活动都一起进行。部分参与观察，是指观察者不隐瞒自己的身份和目的，得到观察对象允许后进行观察，观察者可以有自己的独立活动。完全参与观察的好处是能深入了解到观察对象的真实情况，但易受到观察对象感染，从而影响观察的客观性。不完全观察由于受到观察对象的接纳而避免了观察对象的心理疑虑，但易使观察对象夸大或隐瞒自己的行为，甚至不合作，而使结果失真。

（2）非参与观察法。非参与观察法是指观察者以旁观者的身份，对观察对象进行观察的方法。它的优点是能获得客观的、公正的事实资料，但难以深入了解观察对象的内部情况。

4. 根据观察的方式分类

（1）取样观察法。可分为时间取样观察法、事件取样观察法、场面取样观察法和阶段取样观察法。时间取样观察法是以时间线索记录特定的时间内发生的现象。例如，记录一个男孩 10 分钟内记住了几个成语。事件取样观察法是指对某些特定的行为、事件进行观察，如观察学生间的竞争行为。场面取样观察法是指观察者有意识地选择一个自然场面，感知观察对象的行为，如观察考场中考生的表现。阶段取样观察法是指只选取某一阶段时间，如月初、中旬、月末的某一时间，进行有重点的观察。

（2）追踪观察法。追踪观察法，是指长期的系统而全面地对观察对象的发展过程进行考察。这是个案研究的常用方法。这种观察法也称为日记法或传记法。

5. 根据观察的对象分类

（1）自我观察法。自我观察法是指研究者对自己进行观察。常用于对自我认知、自我情趣等内在心理活动或过程的研究。这种方法可以增强自我了解，或者通过自我体验来研究某些现象，但易受到主观因素的影响和限制。

（2）客观对象观察法。客观对象观察法是指以主体以外的事物、活动和他人为对象的观察法。前面讲的直接观察法、间接观察法、参与观察法、非参与观察法、取样观察法和追踪观察法都属于此类，客观性较强。

（二）观察的具体方法

观察的具体方法很多，在教育科学研究中常用的主要有实况详录法、时间取样法、事件取样法、特性等级评定法、日记描述法、轶事记录法、频率计数图示法以及行为核对表法等。其中，前四种方法属于正式观察法，后四种属于非正式观察法。

1. 实况详录法

实况详录法是在一段时间内，连续地、尽可能详尽记录观察对象的所有表现或活动的观察方法。

也就是说，观察者要无选择地记录观察对象行为的全部细节，获得对这些行为的详细的、客观的描述，而不能加以主观推断、解释和评价。

实况详录法对记录有较高的要求，单凭做笔记较为困难。如果条件允许，最好采用现代观察技术，如录音或录像技术，可将现场实况全部实录下来，以后再作处理。

如不具备这类设备，应使用速记法。做笔记时，为了防止疲劳，可以将详记时间限制在半小时之内。如需记录较长时间的内容，则应由几个观察者轮流记录。记录时应十分谨慎，不能加入自己的主观意见与评价。

在教育科学研究中，实况详录法一般用在一些系统的观察研究和非时间取样的观察研究当中。因为实况详录法有利于获取比较系统、详细的第一手材料，特别是在持续时间比较长的观察研究中能详尽地考查事件或活动的发展状况。例如，要了解某学生学习行为的特点就可以使用这种方法收集资料，作为进行定性或定量分析的依据。

在整理实录资料时，可以采用两种方法使获取的资料数量化。第一，采用时间取样的办法，将实录下来的全过程分成相等的时段（如每段 30 秒或 1 分钟），将每一时段中发生的行为记为某一类型，然后，将各类型行为发生的时段数乘以每一时段的时间长度，可以得出各类行为发生的时间长度分数。第二，记录各类行为发生的频率、次数，如记录某一堂课，教师提问的次数，某学生回答的次数等。

实况详录法的优点是能提供详尽丰富的有关学生行为及其发生环境的背景等资料，并可作长久的保留，可用于多种目的分析。它的缺点是对记录技术要求较高，记录和处理资料花费时间较多，需大量实录资料才能获得有代表性的样本。

2. 时间取样法

时间取样法，是在一定的时间内，按一定时段观察预先确定好的行为或现象，或按预先规定好的行为分类系统将行为归类的方法。

时间取样法是一种测量行为的方式，其原理与被试取样的原理相似，将被试在每一时间阶段中的行为，看成是通常行为的一个样本。从理论上可以认为，如若抽取充分多的时段，在这些时段中所观察到的行为，便可代表被试的一般行为，即有代表性的行为，可以得出规律性的结论。

运用时间取样法进行观察研究，首先要确定观察时间，要求每隔一定的时间间隔进行观察。既可以按某种选定的时段进行观察（如每周二、四、六上午第三节课，观察学生注意听讲情况，每次观察 5 分钟，持续 4 周）；也可以每隔若干秒（分），为观察到的行为分类。同时，应预先规定所要观察行为的详细操作定义，以及系统的行为记录表格，以便及时地对观察到的行为进行记录。

时间取样法要求在实施前作大量的计划工作，包括确定行为的操作定义、决定观察的时间间隔，规定记录的方式等。这在一定程度上摆脱了观察者的主观性，使观察到的行为具有客观性和代表性。这种方法还可使观察过程本身与资料分析过程简化，可收集到关于行为频率的资料，提供定量结果，是目前常用的比较先进的观察研究方法。

但时间取样法也有局限。第一，它仅适用于研究经常发生的行为，一般来说，对在 15 分钟内不易出现的行为不适用。第二，它仅适用于观察外显的行为，对思维、想象等内在的心理活动无法观测。第三，难以得到关于环境、背景的资料，很难揭示因果关系。

3. 事件取样法

事件取样法是根据一定的研究目的，观察某些特定行为或事件的完整过程的方法。

如对师生交往行为的观察就可用此法。它要求预先确定好所要观察的行为或事件的类型，并且需等候所选行为或事件发生，才能作记录。

事件取样法与时间取样法不同之处在于，事件取样法不存在受时间间隔与时段规定的限制，只要所需事件一出现，便可记录，且可随事件的发展持续记录。在记录方法上，它既可采用时间取样法中的行为分类系统，又可将这种分类记录系统，与对事件前因后果及环境背景等的描述性记录结合起来使用。

事件取样法具有实况详录法与时间取样法的某些优点，既可作预先的计划安排与准备，获取具有代表性的行为，又可在一定程度上保留行为的连续性与完整性，还可得到关于事件的环境与背景资料，运用广泛。

事件取样法的局限在于，由于记录没有时段限制，只要行为发生便进行记录，所以，可能出现在不同情景下所观察到的现象性质不同。即学生在不同的时间、地点发生的同类行为，可能有不同的含义。可见，在运用事件取样法时应注意记录与分析事件发生的背景。

4. 特性等级评定法

特性等级评定法是观察者根据研究目的，对观察对象进行多次的观察，然后用某种等级评定量表对所要研究的特性加以评定的方法。

这种方法不对每次观察到的具体事实加以描述或记录，而是在观察之后对观察对象的较为稳定的行为特性进行评价。用特性等级评定法可以对极为广泛的行为特性进行观察和评定。但对观察者的素质要求较高，易产生评价误差。

5. 日记描述法

日记描述法，又称传记法，即对同一个或同一组观察对象，进行长期、反复的观察，并以日记的形式描述性地记录他们的行为表现的方法。

日记描述法一般可分为两种类型，综合日记法和主题日记法。综合日记法主要记录观察对象在各方面发展中出现的新的行为现象；主题日记法，是在研究目的的指导下，记录观察对象在某些特定方面的新进展。

日记描述法是对儿童研究的最古老的方法，常用于个案研究与生态学研究。最早使用这种方法的是瑞士教育家裴斯泰洛齐。它的优点是，在日常生活环境中进行的，获得的资料较真实可靠，方便易行，记录的时间长而详细，能了解儿童发展的确切次序和行为的连续性。

日记描述法的缺点是，常用于对个别（或少数）对象的日常观察，仅能说明少数观察对象的特点与情况，缺乏代表性，难以做出有意义的概括。这一方法要求观察者与观察对象之间具有较为密切的关系，能与之经常接触，观察者往往在观察记录中加入比较浓厚的感情色彩或主观偏向，致使记录的结果可能达不到客观、可靠。日记描述法需要耗费大量的时间与精力，很多人无法做到这一点。

6. 轶事记录法

轶事记录法是观察者把认为有价值的、反映观察对象行为或心理的各种表现记录下来的方法。

这种方法记录范围广泛，凡是观察者直接观测的现象都可以记录，而不仅限于记录典型的新行为。记录时要求尽量做到及时、准确、具体，在事件或行为刚发生时便及时记录，要把中心人物的行为、言谈，在场的其他人的活动以及背景、情景等均记录下来。用词准确，如实反映情况，不要加入主观臆测，注意行为发生的顺序性，力求客观、正确、完整。

轶事记录法是教师常用的一种方法。可以帮助教师分析学生的成长和发展，了解学生的个性特征，探讨影响学生发展的因素，以便有针对性地进行教育。这种记录资料还可以长期保留下来，移交给以后的接任教师继续记录，为教师掌握学生的情况提供系统的资料。

但轶事记录法易受教师主观偏见的影响，且在轶事整理时因记忆误差而影响记录的客观性。

7. 频率计数图示法

频率计数图示法是在被观察的行为发生时计数其发生频率，再用图示将所收集到的行为频率显示出来的方法。

使用这一方法时，首先要精确地界定所要计数的行为，然后进入观察。对于行为的记录可以采用行为频率记录法，也可以使用行为持续时间记录法。如果记录行为的持续时间，比仅记录其频率更能说明问题，则可将频率计数图示法转化为持续时间记录图示法。

频率计数图示法对教师比较适用，可以帮助教师了解学生的情况，对学生的活动进行指导。但是，仅用此法得到的信息是有限的，很难深入地了解行为其他方面的信息。

8. 行为核对表法

行为核对表法是观察者将规定观察的项目预先列出表格，在观察时，核对重要行为呈现与否，如果某项行为出现，就在与之相应的项目上做个记号。

行为核对表法可以用于许多情况，方便易行，节省时间，观察目的明确。但这种方法只能判断行为是否出现，不提供行为性质、背景等材料。因而，应根据观察的目的选择使用。

三、教育观察研究法的实施与记录

(一)实施教育观察研究法的一般程序

1. 确定观察的目的

观察目的,就是确定为什么观察和要观察什么。一般来说,观察目的是由观察者的研究课题决定的。例如,研究学生课堂行为的表现。观察的目的是了解学生课堂行为表现,为进一步研究提供资料。观察的内容包括学生注意听讲、举手回答问题、举手提出问题、做课堂练习、做小动作、看他人或别处、与他人讲话、擅自离开座位等一系列的行为。观察应进行多次,在每次观察前观察者都要明确观察的重点、方式,以保证观察的针对性。

2. 确定观察对象

这里应包括三方面的内容:一要确定观察的总体范围;二要确定观察的样本,具体观察哪些对象;三要确定观察的具体项目。例如,要研究某市新毕业的教师对岗位的适应情况。观察的范围是某市所有新毕业的教师;观察的样本是在该市随机抽取的一些学校的新毕业教师,确定出具体的教师名单;再确定出观察的时间、地点、具体项目等。

3. 选择观察的类型、方法和途径

观察的目的和对象确定以后,就要确定相应的观察类型和方法。如果观察者能够亲自到现场进行观察,可以采用直接观察法;不能到现场可以采用间接观察法。如果观察者想与观察对象有更深入的接触可以采用参与观察法;只想做旁观者可以采用非参与观察法。需要全面观察,可以采用实况详录法,只观察某一种或几种行为,可以采用时间取样法、事件取样法、行为核对表法,需要知道行为细节,可以采用实况详录法、日记描述法、轶事记录法等。无论采用哪一种观察类型和方法都需要选好可行的观察途径。

常用的观察途径一般有以下几种:

(1)参观。主要参观整个校园,包括教学楼、宿舍楼、食堂、体育馆、图书馆等,这主要是对整个学校有一个初步的、整体的了解。

(2)听课。听课可以了解教师的教学情况和学生的学习情况,以及师生关系情况。

(3)列席学校会议。如全校师生员工大会、教研组课题教学讨论会、学生集会等,这有利于了解整个学校的办学思想、学术水平和学术气氛,以及学生的自我管理能力等。

(4)参加学校的各种集体活动。尤其是学生的实践类课程,这有利于了解学校的课程改革状况和学生的精神面貌等。

4. 准备观察手段

观察手段一般分为两种：一种是获得观察资料的手段；另一种是保存资料的手段。

获得观察资料除了做笔记外，还可以利用录音机、录像机、照相机、观察屏等仪器辅助观察。保存资料可以运用文字、图形等符号手段，还可以运用摄影、录音、录像等技术手段，把观察时瞬间发生的事、物、状况以永久的方式，准确、全面地记录下来，供研究过程中反复观察、分析资料时使用。

5. 制订观察步骤

观察研究怎样进行，观察的程序是什么，先观察什么，后观察什么，观察时间怎样安排、分配，要获取什么材料等问题在每次观察前都应做周密的计划。

6. 进行观察并做好记录

进行观察，首先要选择好观察的位置，保证观察全面、精确。其次，不能干扰观察对象的活动。如果是非参与观察，最好不让观察对象知道；如果是参与观察，就要与观察对象建立良好的关系。应注意不要干扰观察对象的活动或受观察对象的感染而影响观察的客观性。要按照观察的目的、方法科学地收集资料，边观察边记录，具体的记录方法在后面讲解。

7. 统计分析观察结果

观察结束后还要对观察所得的资料进行统计分析。统计分析的方法因观察的类型和记录资料的方式等因素的不同而有差异。一般来说，对运用非正式观察及其他类似的观察收集的资料，常进行定性分析；而正式观察收集的资料可以进行定量分析。

在统计分析的基础上，还要对观察研究的结果进行科学的推论，但要注意推论的程度和科学性。

8. 写出观察报告

最后，要将观察研究的结果写成观察报告，以便于进行交流和进一步研究。观察报告中不仅应写清观察对象的自然情况，还要写清观察过程中出现的现象，包括观察的背景，统计结果和推论。研究报告要尽量详细，为进一步研究或其他研究者的验证性研究提供丰富的资料。

（二）观察记录方法

把观测到的事实客观地记录下来，是实施科学观察的一项必要工作。以下介绍几种常用的观察记录方法。

1. 连续记录法

连续记录法，是要求对被观察者的行为表现作非常详细的、不间断的记录的方法。

在运用实况详录法、事件取样法、轶事记录法进行观察时都可以用连续记录法记录下来。记录时既可用做笔记的方法当场连续记录，也可以配以录音机、录像机，将现场的情况录入录音机或录像机里，过后再作整理工作。

2. 频率记录法

频率记录法是在一段时间内将所观察行为出现的频率记录下来的方法。

在时间取样法、频率计数图示法中，都使用频率记录法记录行为的出现频率。实施频率记录法要求预先规定所要观察行为的详细操作定义及行为分类系统，并制定好记录表格。按照分类标准进行现场观察，当观察到相应的行为时记入表内。记录时常把观察时间分为若干时段，在每一时段中记录某种行为类型（为简便快速起见常用代号），观察工作结束后，可根据从各时段中累计的各类行为频率加以分析。

3. 等级记录法

等级记录法是观察者把观察到的现象记录在预先制定好的等级评定量表中的方法。

等级记录法常用在特性等级评定法中。评定时要根据多次观察得到的综合印象尽量客观、全面。为克服评定误差，可以选择多个有经验的观察者同时对一个观察对象进行评定，采用其平均值来确定等级。

4. 符号记录法

符号记录法是用预先规定好的符号，对所观察的行为和现象进行记录的方法。

在对某种活动或事件进行连续观察、记录时，如果涉及的对象多，用言语记录比较困难，可以用预先规定好的符号系统进行记录，迅速方便，一目了然。

在运用符号记录法时，应先分析可能观察到的行为，对这些行为进行分类并设计好不同的符号。使用时，应配有符号说明表，以免当时遗忘或用错符号。

随着现代科学技术的发展，观察记录的手段也从单纯地观察做笔记，发展到了运用录音、录像、照相、电子计算机等现代设备与技术进行观测。在李秉德主编的《教育科学研究方法》一书中，介绍了以下几种现代观察技术与记录手段：

（1）重点跟踪观察：利用摄影机、录像机镜头的推、拉、摇、移、跟、变焦等多种运动方式，以及远景、全景、中景、近景、特写等手段来跟踪观察对象。

（2）非临场遥控观察：为避免观察者在场效应，可采用遥控摄影手段，如把一台广角镜头相机固定在教室一角，能很快拍下照片而不让观察对象察觉。再如利用遥控变焦摄像镜头和遥控台，能有效跟踪观察或作局部观察而不被察觉。

（3）多场面对比性观察：在同一电视画面中显示分割画面，即把用不同摄像机在不同地方摄下的情景，利用电视特技发生器出现在同一屏幕上。可对两个或四个不同位置上发生的行为作对比性观察。

（4）搜索性观察：对照片、录像、影片反复播放观察，使已拍下的行为过程重新出现，以便重复地观察，有助于发现规律，不致遗漏细节。现代电视放像技术，如慢动作放映、定格放映、快速前进、倒进搜索图像等，可将每一行为的局部表现作精细的分析。

利用现代设备与技术，可记录各种有价值的资料，如瞬时静态资料（照片、幻灯等）、复制有用的资料（文字、图形等供反复使用）、动态过程资料（电影、电视录像片）、语言资料（录音），以及数据资料（用电子计算机程序输入存贮并处理分析）。

第三节　教育调查研究法

作为一名教师，职业意识和责任感常常会使我们产生一种强烈的愿望：希望了解自己的教育对象在学习、生活、身心发展等诸多方面的情况；了解家长对自己教育教学情况的反映。当我们看到某位学生情绪异常时，或许还会找他谈话，了解在他身上究竟发生了什么，以便为他提供切实的帮助。以上我们想要做的，实际上就是进行调查，以便发现问题，改进教育实践，这就是本章要讲的调查研究。

一、教育调查研究法概述

调查研究，作为了解事实、收集第一手资料的手段，已被广泛地运用于社会各个领域，而其中尤以教育活动中的调查研究最为活跃、最有成效。

（一）教育调查研究法概念及作用

教育调查研究法是指在教育理论指导下，研究者为了深入了解教育实际、弄清事实、发现存在问题、探索教育规律，通过运用观察、列表、问卷、访谈、个案研究以及测验等科学方式，搜集教育问题的资料，从而对教育的现状做出科学的分析认识并提出具体工作建议的一整套有目的、有计划、系统的研究方法。它区别于一般的社会调查，是以当前教育问题为研究对象，是为了认识某种教育现象、过程或解决某个实际问题而进行的有目的、有计划的实地考察活动。它有一套研究的方法和工作程序，有一套搜集、处理资料的技术手段，并以调查报告（含现状分析、理论结论和实际建议）作为研究成果的表现形式。

教育调查研究法的作用是：一是为教育科学研究人员提供既定研究课题的第一手材料和数据；二是为教育行政部门制定教育政策、教育规划、教育改革提供事实依据；三是明了教育的现状，发现新的研究课题、先进的教育经验或教育上存在着的问题，并提出解决问题的新见解、新理论，从而推进教育事业与教育科学的发展。

我国目前正处在一场伟大变革的关键时期，为适应社会主义市场经济发展的需要，教育内部体制必须进行根本的改造，从而带来了各种新的问题、新的矛盾。只有通过调查研究，摸清情况，才能明确方向，避免政策制定上的失误以及工作上的盲目性。

（二）教育调查研究的种类

1. 依据调查目的分类

依据调查目的，教育调查可分为常模调查和比较调查。常模调查，其目的在于了解教育的一般情况，或寻找一般数据，如高师院校历届毕业生在中学服务的情况，或高师毕业生在中学教师中的比例等。比较调查，旨在比较两个群体、地区或两个时期的教育情况，如甲地区与乙地区初等教育质量的调查、"九五"计划的前一年与最后一年中小学师资质量的调查等。

2. 依据调查内容的性质分类

依据调查内容的性质，教育调查可以分为事实调查和征询意见调查两种。前者要求调查对象提供现成的事实或数据，如小学教师学历水平的比例；后者要求调查对象提出自己对某个问题的看法和意见，如对改革中等教育结构的看法和建议。

3. 依据调查范围大小，事项多寡分类

依据调查范围大小、事项多寡，又可分为综合调查和专题调查两种。调查范围可大可小，大则包括全国或出国考察，小则可以限于一班一校、一人一事。调查的事项可多可少。调查事多的，为综合调查，或称一般性调查，如某省、市教育情况的调查。它涉及全省、市教育各个方面的问题，包括学前教育、普通中小学教育、高等教育、师范教育、职业教育、业余教育、社会教育等各个领域的问题。调查事项少的为专题调查，仅就某地区教育的某个方面的问题进行调查，如学校行政组织的调查、教职员的调查、课程的调查、教材或教学法的调查、教育经费的调查、学生的学习、学生的健康及课外活动的调查等。

4. 依据调查对象分类

依据调查对象则可以分为全面调查和非全面调查两种。全面调查亦称普遍调查，即对调查对象全部加以调查，如高师毕业生在中学服务情况的调查。其调查对象是分布在全国、全省的所有中学，需要逐一进行调查才能得到准确的总体的概念，其优点在于可以了解全面情况，缺点是往往要花很大的人力物力。为节省人力、财力和时间，通常是从调查对象的总体中抽选一部分有代表性的对象作为样本进行调查，这种调查就是非全面调查。

非全面调查有三种。①随机抽样调查。它是从总体的全部单位（个体）中用随机取样法抽取一部分单位进行调查，并根据调查结果来推断或说明总体。②重点调查。它是从调查对象总体中选出一部分重点单位作为样本进行调查，借以了解总体全部的基本情况。所谓"重点单位"是指在总体中占很大比重或者对总体的发展起着重大作用的单位。重点单位仅相对于一般单位而言。③典型调查。它是从总体中选择一部分具有代表性的单位进行深入的调查。

（三）运用教育调查研究法应注意的事项

调查人员往往是帮助决策机关出主意、提供决策根据的参谋人员。调查结果关系重大，因此调查人员除了要有高尚品格和负责精神以外，还要注意如下几点。

1. 要甘当学生，虚心求教

调查求知，犹如求学，要肯拜人为师。在调查过程中调查对象往往会存在种种的思想顾虑，不敢讲真话。这时调查人员要诚恳地向他们解释说明，解除他们的顾虑，他们才会把真实情况告诉你，把心里话说给你听。调查人员若自以为是，或以"钦差大臣"自居，他会敬而远之，你就会一无所得，或者只能听到一些空话，看到一些假象。

2. 要忠于事实，不带框框

科学的调查研究，探索规律，要讲究真实，讲究准确，不能有丝毫的偏见。有的人带着框框去调查，他们下去调查是为自己的观点或结论找证明材料。教育现象纷繁复杂，带着主观的框框，往往也能找到符合它的个别例子或某些材料，但这些例子或材料除了用来证明预先做出的结论外，毫无用处。

3. 要深入，不要浮于表面

浮于表面的调查，听听少数人的汇报，远远地看一看表面现象，以为这也是亲自调查的第一手材料，而不问环境的情况，不看事情的整体、全部历史和现状，不看这一事情与其他事情的内部联系，是不能揭露事物的本质从而找到规律的。

4. 要有数量观念

调查人员对情况和问题一定要注意到它的数量关系，要有基本的数量分析。任何质量都表现为一定的数量，没有数量也就没有质量。搞教育调查，只有注意事物的数量方面，注意基本的统计、主要的百分比，注意事物的质量界限，才能得出科学的结论，才有说服力。

二、教育调查研究的一般步骤及主要方法

（一）教育调查研究的一般步骤

教育调查是一种有目的、有计划的活动，需要有严格的工作程序。就调查过程的顺序而言，大致可以分为四个步骤。

1. 调查前的准备工作

调查前的准备工作是搞好调查研究的基础和前提。在某种意义上说，调查工作成功与否，取决于调查前的准备工作是否完善。调查人员无论是个人或集体，都要做好调查前的准备工作。它包括以下几个方面。

（1）确定调查课题。选择什么样的课题进行调查，是我们在调查研究中首先遇到的问题。一般情况下，课题的选择不要太大，涉及的范围不要太广，要根据自己的需要和能力确定课题。在确定课题时还要考虑课题本身的科学价值和实际意义。不要为

没有价值和实际意义的课题去浪费时间。

调查课题的选择必须遵循三个原则。

其一,目的性原则。开展教育调查,要花时间、人力和财力,有时需要动员各方面的人员参加。所以,每次调查要达到什么目的,回答和解决什么问题,事前都要有明确的规定。目的不明确或者毫无目的的调查会造成极大的浪费,应当避免。

其二,价值性原则。任何调查课题都应以是否能丰富和发展教育科学理论、解决实际问题为原则,即要考虑调查课题的科学价值和实际意义。如果用其他研究方法可以解决的课题就不一定要用调查法,尤其是规模较大的调查工作,如出国考察、跨省调查,更要强调科学价值。

其三,量力性原则。这是指调查课题和调查范围的大小,要视参加调查的人力物力条件而定。调查课题越大,范围越广,所需要的人力和费用越多,时间越长。在一般情况下,课题不宜太大,既要看需要,也要看可能,不能不顾主客观条件,搞形式主义的所谓调查。

(2) 选取调查对象。调查对象就是被调查的单位或个人。当调查课题确定好以后,实际上调查目的、任务也就基本确定了,接下来就是选择调查对象。调查资料主要来源于调查对象,所以调查对象的选择是否恰当,将直接影响到调查结果。调查对象应视调查课题和调查目的加以选取,不同的调查课题和目的,要用不同的方法去选取调查对象。有的课题的调查对象是固定的,如某特级教师教学经验的调查,这类调查对象是不需要进行选择的。有的课题的调查对象会有许多,我们无法逐一进行调查,这就需要用抽样的方法去选取调查对象。如学生学习负担的调查,我们不可能对所有的学生进行调查,只能采取抽样的方法选取学生中的部分作为调查对象。

(3) 拟订调查提纲。调查提纲,就是调查的项目。调查提纲是收集资料的依据。有了提纲,才可能有序地进行工作,避免顾此失彼。调查提纲实际上是调查报告的梗概,其内容必须符合调查课题的需要。在调查过程中,调查提纲往往要修改好几次,有时要增添原先没有的项目,有时要取消其实可以不要的项目。这就需要在调查过程中对调查提纲作必要的增删和修改。调查提纲列好以后,还要根据提纲的要求设计适当的调查表、问卷、测验题目等。

(4) 制订调查计划。调查计划是调查工作的程序安排,一般应包括如下内容:①调查课题和目的;②调查对象及范围;③调查地点及时间;④调查的方式、方法;⑤调查步骤及日程安排;⑥调查的组织领导及人员分工;⑦调查报告完成的日期。调查计划的制订要切合实际,尽可能详细、周密。当计划与实际有矛盾时,要善于根据调查课题的要求,修改计划。

另外,在确定调查提纲和安排调查工作程序时要考虑三方面的问题:一是调查项目能否有效地反映所要研究的问题,项目的构成是否合理简便;二是对项目如何进行比较科学的分类,大项目如何分解成若干具体的小项目并形成较完善的可操作的调查提纲;三是如何制定与分类标准相适应的评价标准,以便对获得的资料能进行统计处理。

(5) 调查工作的组织领导。调查工作若是由个人来进行的,就无所谓组织领导的问题。如果是由少数几个志同道合的人来进行的，也只要推选一个召集人就行。这里的所谓调查工作的组织领导，是指规模较大的教育调查组或调查团的组织领导。主要包括如下三方面的内容：

首先是根据调查课题的要求，选择和分配合适的调查人员。一般来说，调查人员要符合三个基本条件：①熟悉调查课题的有关业务知识；②具有一定的独立研究能力；③有高度的工作责任感，善于克服调查工作中可能遇到的困难。

其次是调查组内部的组织领导。调查组是一个工作集体，调查人员选定之后，必须从中指定一至二名具有调查工作经验和组织指挥能力的人担任调查组（团）的负责人，指挥全盘工作。调查组（团）的其他人员也要有明确的分工，各司其职。调查组的负责人应组织全体成员学习有关文件和资料，以统一认识、统一计划、统一步调和方法。调查组还要有一定的纪律和制度，如汇报制度、会议制度等。

再次是调查组以外的组织领导，主要是要争取被调查单位或个人及有关党、政领导的支持和合作。调查前应派人或写信与调查对象联系，取得他们同意。

以上五项工作都是调查工作的第一步，只有做好调查前的各项准备工作，方可进入调查工作的第二步。

2. 开展调查，收集资料

收集资料是调查的关键。一般来说，调查资料有两大类：一类是书面资料，如教科书、教师教案、学生作业、学校工作总结、计划、教育行政部门的档案、报刊上发表的有关文章等。另一类是来自调查对象的口述的资料，以及由调查者观察所得的教育现象的事实材料等。收集资料要力求全面、系统，要注意资料的典型性、客观性和真实性。口头材料，尤其是对于某种教育现象的评判材料，往往要受评判者的立场、观点、情感、好恶、亲疏的影响而产生片面性。这种片面性就是材料的误差。这种误差即使是书面材料有时也不可避免。调查者要善于辨别材料的真伪，做到实事求是。

3. 整理资料

用各种方法搜集得来的资料，必须加以整理，使之系统化。整理资料的方法，通常按资料的性质分为两大类：一为叙述的材料；一为数量的材料。叙述的材料，要用明白流畅的文字加以整理；数量的材料，则要用统计法、表列法和图示法等加以整理。

4. 撰写调查报告

调查的材料整理完以后，应当对调查事实进行分析和讨论，在此基础上，作出结论，提出建议。作出结论是综述现在的实际情况，要准确、突出概括性；提出建议是筹划将来的发展，要从实际出发，中肯可行，并写成文字报告。至此，调查研究的全部过程结束。

（二）教育调查研究的主要方法

教育调查有各种方法，或者由调查人员直接访问、观察、记录；或者发给调查表，由被调查者填写；或者由调查人员施行测验；或者查阅档案文件及统计资料。应视实际需要选择最佳方法。根据调查时收集资料的方式不同，我们着重介绍教育调查中常用的几种主要方法：开会调查、填表调查、问卷调查、访谈调查、查阅资料。

1. 开会调查

开会调查，就是通过召开座谈会进行调查。它是在小范围内，通过与少数人的谈话来了解情况、收集资料的一种调查研究的方法。它是教育调查中最普遍使用的一种了解情况、搜集资料的方法。

开调查会有很多优点。与会者人多，可以集思广益，互相启发，彼此印证。调查者可以根据众人提供的线索，顺藤摸瓜，一问到底，直到弄清事实真相为止。毛泽东同志做农村调查时就很喜欢用开调查会的方法，他强调要开调查会做讨论式的调查。

开调查会也有不足之处。一方面，如果与会者受人事关系的影响，他们就会知而不言，言而不尽。如果与会者是由什么人指定的，他们的发言就可能有较大的倾向性。另一方面，如果与会者事先无充分准备，加之各人看问题的角度和方法不同，那么他们所提供的材料，就难免会产生遗漏、误差甚至错误。所以调查者要有较高的洞察力，善于发现问题，提出问题跟与会者展开讨论，或者会后用其他方法作进一步的调查，以补充开调查会之不足。

通过召开座谈会进行调查，需要注意下面几个问题：

其一，到会的人必须是与调查课题有关的人员。调查某个问题时，和那个问题无关的人员不必在座。要尽可能避免因领导或专人指定带来倾向性、暗示性，尽可能避免人事关系对与会者的影响。

其二，参加座谈会的人，每次数量不宜太多，3～5个、7～8个即够。人数不多大家都有发言的机会，可以畅所欲言，互为补充和印证。究竟需要多少人，这要根据调查会的要求和调查者的指挥能力而定。

其三，调查者要事先拟定好详细的调查提纲，并尽可能事先发给每一位与会者，请他们事先做好准备。事前还要约定好开会的地点和时间。

其四，调查者必须讲清楚开调查会的目的，采取谦虚的、同志式的态度，争取与会者的合作。

其五，调查者要按照提纲一一发问，也可以根据调查课题的需要临时提出提纲上没有的问题，请与会者作答。调查者要自己记录或者指定专人记录。

2. 填表调查

调查表是调查研究工作中用以对调查对象进行调查登记，并列有一系列调查项目的表格，如"学龄儿童人数调查表"、"高中毕业生就业情况调查表"等。填表调查，就是由调查者根据调查的内容设定调查表，请调查对象如实填写的一种调查研究的方法。填调查表和发问卷一样，都是调查人员用书面或通信形式收集资料的一种手段。二者的区别在于：调查表偏重于事实及数字的材料收集，而问卷则偏重于意见的征询。

调查表有"单一表"和"一览表"两种。"单一表"是在一张调查表上只登记一个调查事项的情况，"一览表"是在一张调查表上登记若干调查事项的情况。

编制调查表要符合以下要求：①调查表的标题应简明醒目，让人一目了然。②调查表的大小须能容纳所有调查项目，并便于携带和保管。③调查表中的调查项目要有系统的排列，表述清晰，每一项要留有足够的填写答案的空白。④为防止答案不确实，宜有相互参证的调查项目。既有本科、专科、中等学校三个不同学历层次的教师数量的调查，又有被调查教师的总数的调查，以便前后参照。⑤表尾应注明调查单位，并留有书写调查员及填表者姓名和填写日期的空当。⑥调查表应附有"填表说明"。首先，应说明调查的目的和重要意义，以解除被调查者的怀疑，争取被调查者的协作和配合；其次，要说明填表要求，有关指标的计算方法及填表时应注意的事项等。

3. 查阅资料

查阅资料，是调查者通过查阅书面资料来获得信息、掌握情况的一种调查研究的方法。例如，常用字句的研究、错别字的研究、儿童绘画能力发展水平的研究等都要用这种研究方法。可查阅的材料一般包括档案、文件、经验总结、汇报资料、统计数字等。在教育科学研究中，通常包括以下几个方面的资料：一是教育工作情况的资料，如总结、工作计划等。二是教学工作的资料，如教师的教学计划、总结、工作日志等。三是学生方面的资料，如笔记本、练习本、作业本、试卷、班级日志、个人日记，成绩等。

调查研究中，除了以上介绍的几种方法，我们还可用观察、测验等手段来收集资料。无论采用哪一种方法，都应该强调调查者对自身主观意向的有效控制，采取积极措施，力求获取第一手的真实的调查资料。

三、问卷调查

(一) 问卷调查的概念与特点

1. 概念

问卷调查是调查者用书面或通信形式收集资料的一种手段，是由研究者设计、邮寄或交给被调查对象填写"问题表格"的一种研究方法。它把要研究的主题分为详细的纲目，拟成简明易答的一系列问题，编制成标准化的问卷，分发或邮寄给有关人员，请求填写答案，然后根据收回的答案，进行统计处理，从而得出结论。

2. 特点

(1) 高效性。问卷调查是获取信息较快捷、较高效的一种方式，它通过格式化的问卷使调查人员从调查对象那里最省时地获得想要的信息。问卷资料适于计算机处理，也节省了分析的时间。

(2) 客观性。问卷调查一般采用匿名形式答卷，不要求调查对象在问卷上署名。

这样，有利于调查对象表达自己的真实情况和想法，对问卷中涉及的一些较为敏感的问题和个人隐私问题，调查对象一般都能如实回答。

（3）匿名性。问卷调查往往不要求被调查者在问卷上署名，被调查者可以比较自如、随意、真实地反映自己的态度和观点。因此在一定程度上，问卷结果的真实性是有保证的。尤其当问卷涉及某些政治敏感、社会禁忌、伦理道德、领导权威、自身利益和个人隐私方面的内容时，匿名会减少被调查者的顾虑，促使其如实回答问卷中的问题。

（4）统一性。问卷调查对所有的调查对象都以同一种格式进行询问，为了便于调查对象方便容易地作出答案，往往给出答案的可能范围，由调查对象选择。这样，有利于对某种社会同质性调查对象的平均趋势与一般情况进行比较分析，又可以对某种社会异质性调查对象的情况进行差异分析。

（5）广泛性。问卷调查涉及的范围可以较大，人数可以较多。因此，在一定时间内，可以进行广泛的、大样本的调查。

（二）问卷的类型与适用条件

1. 问卷的类型

鉴于研究目的不同，研究者会确立不同的内容及结构以便编制问卷。为此，问卷的种类颇为繁多。在教育科学研究中，根据问卷中提出问题的结构程度，可将问卷分为结构问卷和无结构问卷；按照问卷的载体不同，可分为纸质问卷和电子问卷；按照问卷传递方式的不同，可将问卷分为发送问卷、访问问卷、邮寄问卷和报刊问卷。通常，问卷的基本类型还是以结构问卷和无结构问卷两类为主。

结构问卷是一种限制式的问卷，调查对象不能随意回答，必须根据研究者的设计，从预先设定的几个答案中挑选一个。例如，你是否进行过学生家长的调查？是（ ）或否（ ）。在结构问卷中，回答简单，调查对象比较容易完成问卷，因此问卷的回收率比较高。另外，由于回答是统一的，也便于对调查资料进行统计分析。但是，由于事先规定了问题的答案，调查对象只能被动的选择，而不能完整深入的进行回答，难于表达自己独特的观点。

而无结构问卷中，问题虽然是统一的，但是事先并没有列出供选择的答案，调查对象可根据自己的情况自由回答。无结构问卷与结构问卷相比，限制很少，调查对象可以自由回答，因而可以获得更丰富的资料。但是，由于无结构问卷的回答没有统一格式，因此难以进行定量分析，这是无结构问卷调查的不足。考虑到结构问卷和无结构问卷的这些特点，教育科学研究者应当根据具体情况选择适当的调查方法。一般来说，结构问卷可以进行大范围的调查研究，而无结构问卷适合于对小样本的深入研究。

2. 适用条件

结构问卷是一种最常用、最普遍的问卷形式，具有问卷的一般特点和优势。其便于回答、节省时间、易于操作、信息量大，适用于各种不同阶层和背景的调查对象，便于资料的整理和统计分析。它的缺点是被调查者自由发挥的空间比较小，只有少数开放式问题。

无结构问卷只能针对小样本被调查者使用，提供的信息量不像结构问卷那样大，但是无结构问卷可以为研究课题提供深层信息。因此，适合在对某些问题进行深层访谈或调研时使用。

（三）问卷设计的步骤

问卷的设计过程是研究者根据调查研究的目的和需要，编写问题和形成问卷的过程，一般包括以下几个步骤：

（1）明确研究目的，根据研究目的和假设范围收集所需资料，并确定调查对象。这是问卷设计的最初步骤。问卷设计之初，往往不清楚从什么具体问题入手来设计问题，这就需要根据研究的目的或假设以及有关理论，收集有关资料，确定问卷设计的指标体系。

（2）列出问卷调查所需研究问题的纲要，确定所要搜集的信息和问卷类型。

（3）围绕主题草拟问题，列出标题和各部分具体项目。

根据研究目的和指标体系列出问卷的题目和其他结构的具体内容，如指导语、问题、结束语等。此时，可不对问卷进行排列或编号。

（4）征求有关人员、专家的意见，修订项目。

通过专家或有关人员的评定对已设计出的项目进行修订。

（5）试测。从总体样本中抽取30～50人为试测样本，以检查问卷表述的方式、项目、内容能否被受试者所理解，并求出信度、效度。

（6）再修订。根据试测结果，对项目内容、排列方式加以改进，然后打印。

（7）按合理的顺序排序与编号。

至此，问卷的编制工作完成，可以按计划发放问卷，进行正式调查。

（四）问卷的结构

一份完整的问卷，一般包括标题、指导语、主体和结语等部分。

1. 标题

如同一部著作或一篇文章一样，任何一份问卷都应该有一个标题。问卷的标题是被调查者首先看到和阅读的部分，它说明了要调查的方面和主题，是调查内容高度、简洁而概括的反映，它既要与研究内容一致，又要注意对被调查者的影响。标题的设计虽不复杂，但十分重要，它可以引起被调查者的第一印象和态度，从而影响到被调查者回答倾向性，决定着合作的程度。

标题的设计一般有几方面的要求：第一，题目要与调查的目的相符。题目是问卷的主题，被调查者先阅读到，如果二者不符，会引起回答者的茫然。第二，题目不要给被调查者不良的心理刺激，否则会影响被调查者的行为。第三，题目不要含有暗示的成分，否则，会影响到人回答的倾向性。

由此可见，题目的设计与调查的目的相符，并不是把真实的目的全盘托出，而是使被调查者尽量真实地回答将要提出的问题。在题目设计中，单纯地考虑其反应目的和内容的确切性是不够的，还必须考虑对被调查者感情方面的影响。鉴于这个原因，有的设计者故意将题目设计得不十分明确，以便使被调查者更好地合作。

反映问卷标题内容的语句应精炼、明了和准确，通常用"关于……的调查问卷"来表述。

2. 指导语

指导语是对调查目的、内容的扼要说明，以引起被调查对象回答问题的热情，消除顾虑，愉快合作。

指导语是问卷开头附加的一段说明文字。目的在于介绍调查研究的目的和性质，对研究者的重要性，承诺保证调查对象的隐私不受侵害，保证不公开调查对象的姓名和身份，不将所得资料用于研究以外的目的，请求对方配合，反映真实的思想和情况，以期获得准确的数据，并致以感谢。

3. 主体

主体，包括从研究课题与理论假设中引申出来的调查问题、回答的方式及其说明等内容，它是问卷的主要组成部分。

问题是表达问卷的核心内容，问题的设计要具体、清楚、客观、可操作、通俗易懂而且应是被调查对象熟悉的。问题有开放式和封闭式两种，开放式只提问题不提供答案，被调查对象可以根据题意自由作答。封闭式不仅要提出问题，而且还要提供答案。封闭式问题所提供的答案要准确、要符合实际，便于被调查者进行选择。

关于问题设计等方面将在后面的部分详细介绍。

4. 结语

这是问卷的最后一部分。结语，可以只是简短的几句话，对被调查者的合作表示真诚的感谢；也可以稍长一些，顺便征询一下对问卷设计和问卷调查本身的看法和感受。例如，在问卷的最后可设计这样一组问题：

你填完问卷后对我们这次调查有何感想？

你填完这份问卷感到还有需要补充的吗？如有，请写在下面：

问卷的结语要力求简短。有的问卷可不要结语，但指导语和主体却是不可缺少的部分。

（五）问题回答的类型

1. 封闭式（又称定案型）

封闭式问卷的题目是指事先由调查者列出若干种可供答卷人进行选择的答案或者

对填答方式做出规定或限制，由被调查对象选择填答或做出记号。封闭式问卷在编制时又包括以下问题形式。

（1）填空题。

用于容易回答和书写的客观题。

如：您的教龄____年。

（2）单选题。

即给出的答案至少在两个以上，答题者选择其一。它是问卷中最常用的形式之一。这种题型易于编码，容易统计，尤其适用于态度倾向调查及常规事项的了解。

如：①您认为目前小学生课业负担重吗？（   ）

A. 非常重   B. 比较重   C. 一般   D. 不太重

②您的文化程度是（   ）。

A. 小学及以下   B. 初中   C. 高中   D. 大专以上

（3）是否式问题。

此类题型是一种极端选择，受访者被迫在两个极端选项中非此即彼地判断。是否式问题是让答卷人在调查者事先提供的两种相反的答案中选择其中一个，并在要求的位置上作特定的标志即可，如"是"与"否"、"同意"与"不同意"、"赞成"与"不赞成"等。

如：①你认为学生必须服从教师吗？（   ）

A. 是   B. 否

②您赞同教师聘任中的末位淘汰制度吗？（   ）

A. 是   B. 否

（4）排序式问题。

多用于态度问题，排序式问题统计处理比较复杂，排序式问题是由调查者列出若干反应项目，由填答者用数字按一定依据为这些反应项目编排顺序。例如，调查高中学生的学科兴趣时，可列出这样的题目：

请将下列你喜欢的课依次编号。

数学（   ）   语文（   ）   外语（   ）   物理（   ）

化学（   ）   生物（   ）   历史（   ）   地理（   ）

体育（   ）   信息技术教育（   ）   综合实践活动（   ）

（5）多项选择题。

多项选择用于客观问题，态度上不会有多选，我们不会说自己既"很喜欢"又"比较喜欢"，所以这类题型处理的类别是选择。例如，询问"你课余时间经常做些什么活动"，就会是多选。选择式问题是由调查者为答卷人提供不同类型的答案，让回答者选择最适宜的一个或几个答案。

如：你报考师范院校的原因是（   ）。

A. 喜欢教师这个职业   B. 听从父母的意见

C. 听从班主任的意见   D. 受同学朋友的影响

E. 其他

（6）配对式问题。

配对式问题是要求答卷人在已经搭配好的成对的答案中进行选择。

如：你学习是为了什么？

①甲：学习好能受到老师和家长的表扬。

　　乙：因为对读书有兴趣。

②甲：为了将来受到别人的尊敬。

　　乙：为了将来国家的建设发展。

（7）条件式问题。

在拟定问卷题目时，有些问题仅适合一部分答卷人回答，因此，就必须采用有条件的题目。另外，有时对某些问题需要更深入的了解，也需要用条件式题目。如：

①高中毕业后你是否想考入大学？（　　　）

　　A. 是　　　　　B. 否

如果是，请回答第②题，如果不是，就回答第③题。

②高中毕业后，你想考入哪类大学？（　　　）

　　A. 师范院校　　B. 综合大学　　　　C. 其他

③高中毕业后，你想从事何种工作？（　　　）

　　A. 自己创业　　B. 给别人打工　　　C. 其他

上面问卷题目中，①叫做过滤问题，②、③叫做有条件问题，因为是否需要回答要视第①个题目的答案而定。

（8）表格式问题。

表格式问题适用于一连串问题的问答。如果调查者需要了解答卷人对连续好几个问题的态度，这时便不必把每题分开选择，只要把它们集中在一个表格中，一边是问题排列，一边是选择的答案，如表8-1。

表 8-1　对学校后勤管理满意程度的问卷表

问题 ＼ 等级	①很满意	②满意	③不满意	④很不满意
①对学生公寓管理				
②对学校食堂管理				
③对学校图书馆管理				
④对校园公共设施管理				

封闭式问卷的优势在于：因事先设计好标准答案，进而有利于被调查者正确理解问题和回答问题，保证有较高的填答率和问卷的回收率；再有它的问题是统一的，选择题是一致的，因此便于调查者对问卷结果的处理、分析和比较研究；并且它还可以在匿名的情况下填答，因而能够收集到一些客观的真实材料。

封闭式问卷也有其局限性：一是问卷本身的设计比较困难，一份科学合理的问卷是调查成功的关键，因此，调查者要认真考虑、反复推敲每一份问卷的选答项目，这是一项复杂而艰巨的工作；二是它的填答方式比较机械，没有弹性，难以发挥调查对象的主观能动性；三是它的填答比较容易，这样就会使那些不知怎样回答、无主见的被调查者随便选答或猜答，从而降低了回答的真实性和可靠性。

2. 半封闭式

研究者对回答部分限制，还有一部分让调查对象自由回答。它是前两种形式的组合，对于基本内容提供答案，让调查对象选择，同时加上一些开放式的问题，让调查对象随意填写。如在上面封闭式的答案后边，再加上一个"其他_____"或"为什么"就成为半封闭式。

半封闭式问题主要有两种形式，一种是在备选答案中增加"其他"选择项。

例如，你在学习中遇到困难时经常找谁寻求帮助？（　　　）

A. 父母　　　　　　B. 老师　　　　　　C. 同学　　　　　　D. 其他

值得注意的是，如果调查对象经常填写"其他"选项，说明该题目编得不好，遗漏了主要的备选项目。

半封闭式的另一种形式是在列出的答案后加上进一步了解动机、理由类的问题，以弥补封闭式问卷的不足。

例如，你最喜欢哪一类课外阅读书籍？（　　　）

A. 文学类　　　　　B. 电脑类　　　　　C. 科普类　　　　　D. 其他

你这样选择的理由是_____。

3. 开放式（又称不定案型、自由答题式）

开放式问卷的题目只是提出问题，不作回答范围的限制，不提供可选择的答案，它是由答卷人根据自己的情况自由作答的一种问卷形式。就题型分析，可以是填空式的，也可以是问答式的。例如，我们要对学校管理中的班级教育进行调查，就可以设计以下问题："学生犯了错误，您通常怎么教育？"、"学生学习上遇到困难后向您反映，您一般怎么做？"等。

例：一项对中学生目前兴趣倾向情况调查。

请你用最简洁的语言，回答你在日常生活和学习中

（1）最感兴趣的问题是什么？_____

（2）最想从事的职业是什么？_____

（3）最崇拜的人是谁？_____

（4）最不满意的问题是什么？_____

（5）最苦恼的问题是什么？_____

开放式问卷往往用于以下情况：一是较深层次的问题研究。被调查者不受研究者和题目答案选择范围已界定的限制，按各自对问题的理解回答。这种问卷能如实地反映出被调查者的态度、特征、对有关情况的了解程度以及所持看法的依据等。因此，用于探讨那些只能进行描述性分析的较复杂问题，以及获得有关人士对某些问题的看法。二是在研究初期，对所研究的问题或研究的对象有关情况还不十分清楚的情况下，采用开放式问卷，来帮助研究人员设计封闭式问卷。一般做法是：在小范围内进行开

放式问卷调查，并对搜集的资料进行归纳分析。在掌握相当的资料后，再采用封闭式问卷进行较大规模的调查和进行定量分析。因此，在一定意义上，开放式问卷调查正是封闭式问卷调查的基础。这种问答式问卷，搜集到的材料丰富、具体，往往能得到许多意想不到的很有价值的资料。但是，由于答案不集中，材料分散，难于对答案进行横向比较，所以不易进行统计处理。

开放式问卷的优点体现在：一是灵活性大，适应性强，它可用于回答各种类型的问题；二是有利于调查对象发挥主动性和创造性，充分自由地表达自己的意见、建议或看法；三是调查者可得到各种合适的答案，甚至是意想不到的答案。

开放式问卷的局限性表现在：这种问卷形式往往会收集到一些与调查内容不相关和无价值的资料；再就是适用范围偏窄，它只能适用于那些有较高的文化素养和相当文字表达能力的调查对象；同时由于该问卷的回答需要更多时间和精力，因而问卷的回收率和有效率可能会降低。

总之，封闭式问卷和开放式问卷各有优缺点，在实际应用中需灵活选择。根据调查课题和调查项目的需要，或者采用开放式，或者采用封闭式，或者采用半开放半封闭式。

（六）问题的排列

1. 时间顺序

按照时间上的顺序，由近及远，连贯排列。

时间顺序，即按照事件发生先后排列。这类有时间序列的问题，应有序排列，不要杂乱，以免被测者的记忆遭受干扰，而无法理出正确的时间观念。按照时间顺序排列，可以先问较近的，再问较远的；也可以先问较远的，再问较近的。总之，要让被测者容易回答。

2. 理解顺序

理解顺序即按照被测者理解的难易程度排列。依对研究的内容理解难易排列也是比较常见的方法。一是属于一般的或总论的应放在问卷的前面，特殊的或专门的放在较后；二是容易回答的放在前面，不易回答的放在后面；三是比较熟悉的放在前面，生疏的放在后面。这样可以使被测者由浅入深，由易入难，不致一开始就产生畏惧之感，而产生排斥心理。

3. 内容顺序

编排题目时，应符合人的认识规律，一般来说，应把容易回答的问题、人们感兴趣的问题放在前面，不容易回答的或生疏的问题放在后面，由浅到深，由易到难，由一般到特殊。一些含有知识的问题也要放在后面，以防因回答者回答不上而产生情绪激动。

4. 逻辑顺序

要注意各种功能问题在编排顺序上的逻辑性。过滤性问题要排在实质性问题之前，否则，就起不到过滤的作用，而验证性问题不能紧跟在与它有相依关系的实质性问题之后，以免因回答者的思维定势而起不到验证效果，或因回答者觉察出这种意图而影响回答的真实性。

5. 类别顺序

按问题的类别（静态资料、行为、态度）编排题目。排序为静态资料的项目、行为项目、态度项目。此外，开放式的题目最好安排在封闭式的题目后面，因为回答开放式问题要花较多的时间。如果放在前面，回答者很可能不愿完成整个问卷。对于问卷中问题答案的排列，也应按一定的顺序编排。按其程度或水平的高低而论，多数问题答案的排列从小到大或从低到高。

（七）问卷的发放

1. 发放对象的选择

问卷的实施首先要考虑选择发放对象。同一个问卷选择的发放对象不同，得出的结论可能不一样。因此，一个问卷必须清楚是针对什么对象设计的，使用范围是什么。另外，被发放对象的选择还要考虑样本的代表性，选用什么样的发放对象应根据研究的目的或假设进行选取。例如，要考虑性别、城乡、年龄、职业、文化程度等。

2. 确定发放时间、地点

问卷的发放时间、地点很有讲究。调查者如能选择最佳的发放时间和适宜的答题地点，对于调动答题人的参与热情会有很大帮助。为此，每当完成一份调查问卷的设计后，调查者必须及时筹划通过何种方式、在什么时间和地点召集答题人。

我们重点推荐的是在中小学问卷调查中，如何在教师和学生两大群体中，选择最佳发放时间和选择适宜答题地点。

教师问卷发放的最佳时间，是在教师集体开会或例行的业务学习时，选择这一时机，不仅能保证到场人数还能使教师们较快地进入答题状态。其地点选在学校的会议室和教研室最为合适。

学生答卷的最佳时间应选在自习课或开班会时的空当，多数学生的心态平稳，负担较轻，学生参与和配合教师工作的积极性较高。地点以学生所在教室为宜。

教师问卷不应占用教师休息时间（如公休日、午休等）。学生问卷不应占用课间休息和午休等时间。

3. 选择发放方式

（1）团体回答式。团体回答式是将调查对象预先集中到一定的地点，先由调查者口头做以说明，然后让被调查对象对问卷统一进行回答的方式。这种方式适用于人数较多的被调查对象便于集中、差异不大的情况。其优点是效率高、进度快，问卷的回收率也高，问卷调查一般多采用这种形式。

（2）个别回答式。个别回答式是由调查者根据问卷内容直接向调查对象提问并记录其回答结果的形式。这种方式适用于调查人数较少、被调查者不易集中，或是适合于儿童或文盲。其优点是得到的调查结果较真实、准确，调查者与被调查者有较多沟通和反馈的机会，并能获得较多的信息，回收率较高，但往往要花费较多的人力和物力。

（3）邮寄式。邮寄式是一种通过邮寄的方式把问卷寄予被调查对象，请他们回答的一种方式。这种方式适用于对一些无法直接接触对象的调查。例如，对全国特级教师的有关问卷调查就较适用于邮寄式。其优点是可以超越地域的空间限制，扩大取样数量，以便收取到更有效的资料。缺点是回收率低或不能按期寄回。解决这个缺点有三个方法。第一，委托组织或熟人代理；第二，在问卷编制上下工夫，特别是在指导语中，使人充分认识到该问卷的重要性而按期寄回；第三，在问卷寄出后，如果未按期寄回，可发催促信，在催促信中一般再附上一张问卷。如果问卷的回收率过低，要在调查报告中对被调查者的样本加以详细说明，并分析回收率低的原因。

（4）报刊发送。在社会调查中比较常见的还有报刊发送方式。就是把问卷印在特定报刊上，随报刊的传递发送问卷。教育类研究也经常利用此种形式，将问卷印制在教育专业刊物上，有的月刊杂志每期附上一份问卷，旨在及时了解读者对当月所出版刊物的意见和看法。由于教育研究报刊的读者具有比较强的样本特征，在一定程度上可以提高问卷回收的代表性。缺点是研究者对被调查者的影响力和控制力低，导致回收率也比较低。

（5）网上发送。随着网络技术的应用和普及，利用互联网发送问卷成为一种可供选择的问卷调查方式。从概率统计的角度来看，问卷调查的对象越多，调查结果的可信度就越高。互联网提供了这样一种比较经济的、面向更多调查对象的问卷平台。当面发送和邮寄发送都需要利用人工进行问卷调查，必然要耗费大量的人力、物力和科研经费，其代价是相当高昂的。与人工问卷发送相比，利用互联网进行问卷调查具有许多特点。网上发送问卷的回收数量相对较大，反馈速度快，数据整理和统计较为便捷。但是被调查者的代表性有待审核，调查对象信息资料的有效性也值得怀疑。教育研究中的问卷调查可以在校园网和局域网中进行，这样可以在一定程度上控制调查对象的来源，提高样本的代表性。

以上五种实施方式各有其适用范围及优缺点，实际研究中具体采用哪种形式，应根据实际情况而定。

4. 明确填写要求

任何教育工作都有其特定的要求，体现在问卷调查中也同样如此。被调查者在答题前若能对问卷要求有充分了解，不仅能很好地配合调查，而且对提高问卷的有效率都有很大帮助。

在中小学调查中尤应对两类群体格外留意。一是学生家长（由于工作性质和文化程度差异很大），二是低年级的学生（生活阅历浅，缺少对事物的认识和体验）。对于这些特殊群体，很有必要在答题前召开现场短会，将调查目的、答题要求做进一步重点强调。

对于大众群体，调查者要在卷首语（又称导语或前言）中对答题事项作出明确交代。通过卷首语的真诚道白，答题人可从情感上接纳研究者，接受这份问卷，愿意占用自己的时间如实回答问卷中提出的各种问题，这对保证问卷质量很有益处。

（八）问卷的回收

1. 确定回收时间

回收的时间越短、越及时，对防止问卷的遗失和剔除无效问卷（答题不完整、未按指导语要求作答的问卷）都有很大帮助。这里需要特别强调的是，通过熟人或邮寄等形式转发的问卷，主办方一定要突出强调回收时间，否则对方很有可能漫不经心，一拖再拖。

2. 确定回收方式

（1）当场回收。在学校开展调查采用这种方式，几乎能保证所有的问卷悉数回收，并且在回收时，如能迅速的检查一遍，发现没有完全作答的还可要求被调查者补上，这样做可以避免回收无效问卷。

（2）委托回收。指定专人送给被调查者（如教师、学生或家长）。等填写完后及时收回，这种方式回收率也高。

（3）邮寄方式。将问卷邮寄给被调查者，填好后再寄回，与前两种方式相比较，虽然简单、省事，但回收率较低。如果在发送时附上回邮信封和邮票，对提高回收率会有帮助。

（九）问卷的整理

1. 确定问卷的回收率

在某种程度上，回收率可看成是对问卷设计总的评价。如果回收率较低，比如说60％以下，说明问卷设计有较大问题，必须做较大修改，甚至重新设计。

一般来说，回收率如果仅30％左右，资料只能作参考；50％以上，可以采纳建议；当回收率达到70％以上时，方可作为研究结论的依据。因此，回收率一般不应少于70％。

2. 确定问卷的有效回收率

有效回收率，即除掉各种废卷后的回收率。它比一般的回收率更能反映出问卷本身的质量。如果某一问卷的回收率比较高，如占80％，但明显乱填乱写或个人背景资料等重要信息未填的问卷占了30％，仍说明问卷设计中存在较大问题。对回收的问卷，在剔除废卷的同时要统计问卷的有效回收率。

如果有效问卷的回收率不足70%，要再发一封信及一份问卷。另外，为保证结论的可靠性，如果有可能，可以做小范围的跟踪调查，了解未回答问题那部分被试者的基本看法，以防止问卷结果分析的片面性。

3. 选择问卷的统计工具

问卷回收之后，要及时对问卷进行整理，剔除无效问卷，对有效问卷进行编码。之后，就可以在电脑上输入数据，进行统计分析了。统计分析软件种类繁多，根据中小学教师从事科研的特点、实际需要以及教师的整体水平，SPSS比较合适。虽然Excel这样的办公软件也具有较强的统计功能，但是推荐一开始就使用专业的统计工具。统计分析包括两个相继的部分，首先是描述统计，有助于把一堆资料整理成清晰的统计图表；然后是推断统计，根据样本资料对研究假设进行检验，得到有说服力的结论。

《当前高中教师工作压力问题与对策》调查问卷

尊敬的老师：您好！

伴随基础教育改革步伐的加快，中小学教师的工作压力也逐渐加大。其中，高中教师又是这一群体中压力最大的一族。倘若工作压力不能得到及时有效的减轻，不仅给教师的身心健康造成危害，也对日常的教学工作产生诸多不良影响。为此，找到适宜的"减压"方法便显得格外重要。目前，我们正在进行这方面的研究，但急需了解教师的压力状况及压力来源。您的合作将有利于我们破解这一难题。请您按照题目要求，根据实际情况进行回答。所答问题没有正确与错误之分，请不要漏题。本调查不记名，不外传，请不必有任何顾虑。谢谢您的合作！

　　　　　　　　　　　　　　　　　　《中学教师教学工作现状研究》课题组
　　　　　　　　　　　　　　　　　　　　　　　　　　　2013年12月

（1）您的性别：A. 男　　　　　　　　　B. 女

（2）您的学历：A. 本科　　　　　　　　B. 研究生

（3）您的职称：A. 二级及以下　　　　　B. 一级　　　　　　C. 高级

（4）您的教龄：A. 0～5年　　　　　　　B. 6～10年　　　　　C. 10年以上

（5）任教科目：A. 文科　　　　　　　　B. 理科　　　　　　C. 其他

（6）任教学校：A 普通高中　　　　　　B. 重点高中

（7）您对自身从事的职业如何看待　　　　　　　　　　　　（　　）

　　　A. 非常喜欢　　　B. 过得去　　　C. 一般　　　　D. 不喜欢

（8）您认为目前教师的社会地位　　　　　　　　　　　　　（　　）

　　　A. 较低　　　　　B. 一般　　　　C. 较高　　　　D. 很高

(9) 教师这一职业还没有被所有人都看好的原因　　　　　　　　（　　）

　　A. 教师的工作很难赢得学生家长的认可

　　B. 家长维权意识强，教师不敢放开管学生

　　C. 工资和生活待遇还不够高

　　D. 维护学生利益的条款多，关注教师的少

(10) 您一天的工作时间　　　　　　　　　　　　　　　　　　（　　）

　　A. 6 小时以下　　　　　　　　B. 6～8 小时

　　C. 8～10 个小时　　　　　　　D. 10 小时以上

(11) 您的日常工作主要有（注：本题可以多选）　　　　　　　（　　）

　　A. 备课　　　　B. 上课　　　　C. 批改作业　　D. 个别辅导

　　E. 开会等活动

(12) 下列陈述中，哪项最符合目前学校给您的感觉　　　　　　（　　）

　　A. 非常温暖，像一个大家庭　　B. 只是工作场所而已

　　C. 人际关系不够和谐　　　　　D. 没有特别感觉

(13) 您对工作的稳定性是否有过忧虑？　　　　　　　　　　　（　　）

　　A. 总感觉有　　　B. 经常有　　　C. 偶尔有　　　D. 从未有过

(14) 您每日来学校的感觉　　　　　　　　　　　　　　　　　（　　）

　　A. 精力充沛，神清气爽　　　　B. 顺心时，情绪高涨

　　C. 主要看周围人对我的态度　　D. 总是打不起精神

(15) 在学校工作中，您是否出现过烦躁、忍不住发脾气等现象　（　　）

　　A. 经常　　　　B. 有时　　　　C. 很少　　　　D. 基本没有

(16) 您认为自己的付出与收入　　　　　　　　　　　　　　　（　　）

　　A. 成正比　　　　　　　　　　B. 付出大于收入

　　C. 付出小于收入　　　　　　　D. 从未想过

(17) 每天工作回家后，您总觉得　　　　　　　　　　　　　　（　　）

　　A. 疲惫不堪　　　　　　　　　B. 虽感觉到累，但是心里感到满足

　　C. 心里很轻松　　　　　　　　D. 不管如何，总是为能维持生活而高兴

(18) 在处理工作与家庭的关系时，您的习惯做法是　　　　　　（　　）

　　A. 工作忙时，几乎不顾及家人的感受

　　B. 工作与家庭生活虽有冲突，但尽力协调

　　C. 工作与家庭生活协调较好

　　D. 工作与家庭生活协调很好

(19) 假若处理不好工作与家庭生活，给您带来的心理压力　　　（　　）

　　A. 非常大　　　B. 较大　　　　C. 有点　　　　D. 没感觉

(20) 目前学生和家长过多依赖学校教师，您是否感觉压力很大　（　　）

　　A. 是　　　　　B. 否　　　　　C. 无所谓

(21) 您对学校各类评比持什么态度　　　　　　　　　　　　　（　　）

　　A. 很重视　　　B. 比较重视　　C. 偶尔关注　　D. 无所谓

（22）您认为学校设立的各类规章制度合理吗？ （ ）
    A. 合理   B. 基本合理   C. 不太合理   D. 不合理

（23）您所在的学校给教师提供的晋职机会 （ ）
    A. 十分公平   B. 较为公平   C. 过得去   D. 不太公平

（24）您所在的学校将升学率与教师的奖金挂钩吗？ （ ）
    A. 总这样做   B. 经常做   C. 几乎不做   D. 从未做过

（25）您认为现在的学生难教吗？ （ ）
    A. 很难教   B. 比较难教
    C. 一般   D. 可以接受，不难教

（26）您认为现在学生难教的原因 （ ）
    A. 学习动力足   B. 学习基础差异大
    C. 学生难管，较调皮   D. 其他

（27）您觉得，实施"新课改"后，您的工作量与以往相比 （ ）
    A. 增加很多   B. 有所增加   C. 基本没变   D. 有所减少

（28）在实施"新课改"中，您对学生将来的升学情况 （ ）
    A. 特别关注   B. 很关注   C. 比较关注   D. 不太关注

（29）在实施"新课改"中，您认为上级主管部门或学校领导对您提出的要求
                                                （ ）
    A. 很高   B. 较高   C. 一般   D. 较低

（30）您认为"新课改"对学生将来的升学 （ ）
    A. 很有帮助   B. 比较有帮助   C. 没有帮助   D. 有些负面影响

（31）在实施"新课改"中，学生家长对您提出的要求，给您带来的压力 （ ）
    A. 很小   B. 一般   C. 较大   D. 很大

（32）实施"新课改"后，您认为您和同事的关系与以往相比 （ ）
    A. 更加融洽   B. 较为融洽   C. 没有变化   D. 有所紧张

（33）实施"新课改"后，您在规定的课时内，圆满地完成教学任务比以前 （ ）
    A. 更加困难   B. 较为困难   C. 没有变化   D. 较为容易

（34）自"新课改"后，您觉得自身专业水平 （ ）
    A. 有所下降   B. 没有变化   C. 有所提高   D. 有很大提高

（35）每当困难和压力来袭时 （ ）
    A. 会竭尽全力，直到解决为止   B. 虽付出行动，但大多半途而废
    C. 想要改变，但是有心无力   D. 无所谓态度，随遇而安

（36）面对高考升学的竞争，谁承受的压力最大？ （ ）
    A. 学校   B. 教师   C. 学生   D. 家长

（37）您认为减压的最佳方式是 （ ）
    A. 旅游散心   B. 提高待遇
    C. 向要好朋友倾诉   D. 其他

（38）您认为在学校工作中，教师的最大压力来自哪里？

（39）您认为在学校各种人际交往中，与哪类群体交往给您的压力较大？为什么？

（40）结合自身体验，您认为在日常生活和工作中如何排解压力？

评析：高中教师的压力来自日常生活和学校工作的方方面面。既有内部的（许多教师进取心强，什么工作都争创一流，其工作压力超出常人），也有外部的（社会和学生家庭对教育寄予的厚望）；既有来自家庭的（赡养老人、子女教育和家庭琐事），也有来自学校的（同行间的竞争、升学率的困扰）。如果将这些内容不分主次，在设计问卷时都考虑进去，篇幅要很大。所以，必须有所侧重。鉴于调查重点放在"工作压力"上，在确立观测维度时要以下列内容为主：工作负荷、人际关系、心理需求、学生管理、学校管理、新课改等方面，然后依据这些维度，围绕多个指标展开进一步分解，所设计的问题也就逐渐明晰了。

四、访谈调查

（一）访谈调查的优缺点

访谈法是研究者通过与研究对象有目的的交谈来收集研究资料的一种方法。

1. 访谈法的优点

（1）灵活性强。与观察法、问卷法相比，访谈法更具灵活性。在观察法中，观察者具有一定的被动性，在很多情形下，只能等观察对象行为的出现，而且只能获得"是什么"、"怎么样"等外在信息，无从了解被观察者的内在动机、情感。在问卷法中，研究对象只就研究者所呈现的确定的问题进行回答，研究者对研究对象为什么如此作答也无从知晓。而访谈法则不然，研究者可以对感兴趣的行为表现、活动结果刨根问底。

（2）能够使用比较复杂的访谈提纲。访谈法与其他研究方法一样，具有目的性和一系列的操作规范，不是随意、无目的的聊天，而是为回答某些问题或检验研究假设而谈，对访谈的人数、谈话内容、谈话的程序等都有明确的规定。同时能够使用比较复杂的访谈提纲，使访谈有序进行。

（3）能够获得直接、可靠的信息和资料。因为访谈通常是面对面的交谈，容易引导深入交谈，进而获得可靠有效的资料。

（4）不受书面语言文字的限制。与问卷法不同，访谈法不受书面语言文字的限制，被试思想观点的表达一般不受文化水平的限制。

（5）容易进行深入调查。追问是访谈法特有的一种方式。在访谈过程中，访谈者根据访谈对象的回答情况，可以不断追问，让访谈对象对自己的回答做出解释、补充和澄清，从而保证获得的资料全面、深入和具体。

2. 访谈法的局限性

（1）样本量有限，而且需要较多人力、物力和时间，应用上受到一定限制。

（2）无法控制被试受主试的种种影响。

（3）干扰因素、不可控因素较多。诸如访谈者的偏见、访谈对象的情绪状态、访谈地点等均会对访谈结果产生直接影响。

（4）访谈结果不易量化处理。

访谈法一般在调查对象较少的情况下采用，且常与问卷法结合使用。

（二）访谈调查的类型

1. 结构性访谈调查和非结构性访谈调查

这是根据访谈过程是否有经过严格设计的访谈问卷和访谈提纲，实际访谈过程是否严格按计划所作的分类。

结构性访谈又称结构式访问、定向访谈、标准化访谈、口头式问卷，是指按照统一设计的要求和访谈内容依次向访谈对象提问，并要求受访者按规定标准进行回答的访谈调查。结构性访谈要求实际访谈过程严格按照访谈设计进行，对不同受访者提出相同问题，谈话的顺序、时间、记录方式都有统一规定。其突出特点是问题与答案的确定性，有利于克服访谈过程中的随意性，访谈结果便于量化分析。其不足之处在于访谈过程的"刻板性"，比较死板，无法发挥积极性和主动性。

非结构性访谈法又称非结构式访问、非定向访谈，是指只有一个粗略的访谈提纲，对访谈过程没有严格规定的访谈调查。非定向访谈对谈话时间、提问的顺序和方式、提问的多少都不作明确的规定，只要访谈过程围绕一定的调查主题，按照粗略的访谈提纲进行。其最突出的特点就是灵活性。访谈者可以根据具体情况，灵活采用适当方法进行访谈，访谈对象可以自由发挥，充分表达自己观点。访谈双方都可以充分发挥其主动性和创造性，因而便于全面深入地收集资料。但标准化程度较低，资料零散，数量化程度低，不利于统计。另外，相对于结构性访谈，非结构性访谈对访谈者的基本素养和访谈技巧的要求也是比较高的。

2. 一次性访谈调查和重复性访谈调查

这是根据某一问题对同一访谈对象进行访谈的时间或次数所作的分类。

一次性访谈又称横向访谈，是指对人们在某一生活时刻或某段时期的想法、态度及行为等方面的情况进行的一次性完成的调查方法。它的特点是一次性完成，所获得的资料一般属于静态信息，不易了解教育现象变化过程与发展趋势。

重复性访谈也称跟踪访谈或纵向访谈，是指要经过多次访谈才能完成的访谈。这种调查方法主要用于随着时间推移和其他环境条件的变化，人们在思想、态度和行为等方面所发生的变化和调查研究。重复性访谈是一种深度访谈调查，它具有较强的科学研究性质，得到的结果具有动态性。但费用高，耗时长，对访谈者也有较高的要求，一般多用于小范围的专题研究。

3. 个别访谈调查和集体访谈调查

这是根据访谈者一次访谈对象的多少作的分类。

个别访谈是指由访谈员对每一个被调查者逐个进行单独访谈的调查。在个别访谈中，访谈员一次与一个被调查者单独进行谈话，有利于访谈员与被调查者之间的沟通。个别访谈的方式也较灵活，适应性较强，对某些敏感性问题的谈话也能达到一定的深度，但访谈效率较低。个别访谈在个案研究以及对一些敏感问题的调查中发挥了重要作用。

集体访谈是指一名或数名访谈调查员亲自召集一些被调查者，就有关问题通过集体谈话进行调查。集体访谈的对象是多个，往往是一个小组或一个班级，它是以座谈会的形式组织进行的访谈调查。集体访谈扩大了调查对象，有利于减轻被调查者的心理压力，有利于提高访谈调查的效率。但是，难以充分征询每个受访者的意见，访谈结果的代表性值得考虑，且对于敏感性问题难以展开深入谈话。另外，成功的集体访谈需要有高水平的访谈者。要求访谈者既能够激发大家的思维，使每个受访者畅所欲言，又能够左右局面。而这种类型的访谈者是不易选拔与训练的。

（三）访谈调查的过程

1. 选择访谈对象

访谈对象是否合适，关系到资料收集之成败。选取访谈对象要考虑以下问题：①要考虑研究目的，依据研究目的来确定抽样范围。②要考虑抽样的特殊要求，如访谈对象是否愿意参与研究，访谈对象可否把自己的想法清楚地表达出来等。③要考虑研究条件，即经费是否充足、访谈员的数量多少、访谈的复杂程度、耗时长短等，以决定取样范围与数量。

2. 准备访谈提纲和访谈计划

访谈提纲是实施访谈的依据。编制访谈提纲是访谈准备阶段至关重要的一环，能否形成一份比较严格、规范的访谈提纲直接关系到访谈效果。访谈提纲不仅包括访谈对象的问题，而且对访谈对象的回答也应有所规定。编制访谈提纲主要包括设计问题形式、编写具体访谈句式、选择访谈问题的反应式和组织与编排问题等。除准备好访谈提纲外，还要有周密的访谈计划，包括了解受访者的特点，访谈的时间、地点，准备与访谈有关的资料、证件和记录设备等。

3. 正式访谈

正式访谈即访谈的实施阶段。主要包括以下四个环节。

（1）初步接触。初步接触，即接近访谈对象，是访谈阶段的第一步。在接触访谈对象的过程中，要着重注意三方面问题。一是要给访谈对象一个好的印象；二是取得访谈对象的信任；三是要简明扼要地说明自己的身份，介绍访谈研究的目的、访谈任务要求，简要交代访谈结果的用途等。

（2）进行提问。提问中有些基本原则需要遵守。第一，为保证研究结果客观、可靠，访谈的内容、顺序应按照访谈提纲进行。第二，访谈者发问的语气、方式应保持中立。第三，访谈过程中，要使访谈在轻松、愉快、友好的气氛中进行。第四，访谈过程中，不要突然打断或中止访谈对象的话，以免引起受访者不良情绪。第五，对访谈对象的回答，不要流露出批评、惊讶、赞成等语气与态度，尽量保持不做是非判断的态度。第六，访谈者要保持倾听的注意力等。另外，在访谈中，若出现访谈对象的回答不符合研究要求的情况，可以采取重复问题、复述回答、表示理解与兴趣、停顿、提出中性问题或评论等方式进行进一步的探究，以弄清问题症结所在。

（3）注意记录。在访谈过程中，访谈者不仅要注意倾听，还要注意记录。记录可分为现场记录和事后记录两类。现场记录即边访谈、边记录。其记录方式主要有现场录音、现场笔录和录像。事后记录，是在无法进行现场记录的情况下，等访谈结束后再记录。通常要求是在访谈一结束，应马上进行回忆，对访谈过程中被试的回答情况、态度和反应等进行记录和整理。

（4）结束访谈。结束访谈是访谈活动的最后一环。要注意：一是对访谈对象表示感谢；二是要注意为以后研究抽样做铺垫；三是要在访谈表上或记录纸上写明访谈者、访谈日期、持续时间、地点等基本信息。如有特殊事件，也要记录。

思考与练习

（1）请用简单随机抽样、等距随机抽样和分层随机抽样三种方法，从某校初一500名学生中抽取样本容量为50人的样本。

（2）结合一项教育问卷调查和教育实验，确定该项研究假设，并尝试对其进行检验。

（3）针对当前基础教育改革的热点问题，选取其中一项进行深入探索，在完成资料收集后，撰写一篇该项热点问题的文献综述。

（4）通过本课理论知识的学习，并结合自身专业实际，在确立一项研究课题后，尝试围绕"研究计划内容"的12个方面撰写一份课题研究申请书。

（5）以"学生在课堂上注意听课的表现"为题，设计一个观察计划，并到附近中小学去实施观察，写一份观察报告。

（6）围绕"基础教育课程改革中的教师体验"相关问题设计一份调查问卷。

（7）围绕"小学生良好生活习惯培养"设计一份调查问卷。

（8）围绕"中学生学业情绪"相关问题设计一份调查问卷。

拓展阅读 »

（1）刘良华.教育研究方法专题与案例.上海：华东师范大学出版社，2007.

（2）温忠麟.教育研究方法基础.北京：高等教育出版社，2004.

参 考 文 献

李臣之.2010.教师做科研——过程、方法与保障.深圳：海天出版社.

李丽芳.2005.教育科学研究方法.石家庄：河北人民出版社.

邵光华.2012.教育研究方法.北京：高等教育出版社.

王君，赵世明.2006.问卷编制指导.北京：教育科学出版社.

严开宏.2010.小学教育研究方法.上海：华东师范大学出版社.

郑金洲.2003.学校教育研究方法.北京：教育科学出版社.